インディオ社会史

アンデス植民地時代を生きた人々

網野徹哉

みすず書房

目次

第1章　インカ王の隷属民——ヤナコーナ、アクリャ、ミティマエス

はじめに

アンデスの歴史には究明されていない問題が数多くあるが、インカ社会における隷属民ヤナコーナについても、いまだ鮮明な像は描かれていない。スペインによる征服がおこなわれる以前、アンデスの広大な地を支配したインカ王、帝国の宗教を具現した諸神殿、そして地方共同体の首長層クラカに「ヤナコーナ」と呼ばれる男性集団が従属していたことが一般に知られてきた。

一九六〇年代以前、インカ社会の性格をめぐっては、「社会主義的国家」、「福祉的国家」、「専制的国家」、「奴隷制国家」などさまざまな社会像の構築が試みられていた。しかしそれらの像は、史料に基づく厳密な歴史的追求によって彫塑したというよりも、二十世紀西欧社会の諸問題を印象論的に反転したり、発展段階論的スキームを構築するための学術操作によって抽出したモデルであった。そうした研究潮流にあって、ヤナコーナと呼ばれた人々も、これらの社会像との関連において論じられていたのである。

当時もちいられていた中心史料は、「クロニカ」(征服後、スペイン人征服者、官僚や聖職者たちが遺した記録類をこう総称する。例外的に先住民の手になるクロニカも存在する。クロニカの著者を「クロニスタ」と呼ぶ)であったが、そこには

各地の共同体から切り離され、インカ王の家政や神殿、王領地において奉仕をする男性の存在が、やはり共同体との紐帯を切断し、インカ王権に専属して仕える特殊身分を構成していた「アクリャ」と呼ばれる女性の集団とともに漠然と描かれており、当時問題となっていたのは、はたしてこれらの人々を「奴隷」と規定しうるか否かということであった(1)。

これに対し、新しい視角と史料を手に、アンデス社会史研究の革新を牽引してきたムラは、六〇年代に入り、それまでの国家論、あるいは奴隷論が意味論的・語彙論的性格のものであったことを鋭くも指摘し、いまアンデス史研究において求められるのは、ヨーロッパ的な概念を投影して済ませることではなく、当該社会の存在様態、およびそこに見いだしうる隷属関係のような諸問題を、アンデス固有の環境のなかで生成したものとして理解することであるとし、考察の転換をうながした(2)。

このムラの提起の背景には、従来のクロニカを中心史料とする研究から、植民地時代に入って作成された裁判記録や巡察記録など、いわゆる「地方文書」と呼ばれる史料に研究の重心を移し、よりミクロなレベルにおいて纖細な差異を明らかにしようという探求の深化があった。この過程で、ヤナコーナという階層が、インカ登場以前の時代から存在していた可能性が明らかにされるとともに、ムラやペルーを代表する女性研究者ロストウォロフスキによって、インカ王権に隷属していたヤナコーナを均質な階層として一元的にとらえることはできないという重要な指摘がなされた。そして前述の社会像を置き換えるように、アンデス社会を通底する経済システムとして「互酬・再分配」の原理が措定されると、そのシステムから逸脱するようにして生成したインカ王権の私領に包摂されていたヤナコーナは、タワンティンスーユ（四つの地方の統合体を意味する。先スペイン期、インカの人々はその社会をこう呼んでいた）の重大な変化の兆候として新たな注目の対象となるが、しかしそれ以降、ヤナコーナに関する本格的な論究は現れなかった(3)。

これに対し、やはりインカ史研究の中心的存在であったロウは、八〇年代に入り、ヤナコーナを擬似貴族的な階層としてとらえようとする新しい方向を示した。(4) 彼はヤナコーナの職務を貴族的なものとしてとらえ、インカ王によって地方首長に任ぜられたヤナコーナの例を引証しつつ、ヤナコーナを機会さえあれば身分的上昇が可能な階層であったと再規定した。

これは従来の奴隷制論を見直す契機となる重要な指摘であった。しかしロウは、ヤナコーナの上昇傾向を強調するあまり、ヤナコーナ階層が確実に有する「奴隷」的な側面、すなわち金や銀、高級織物と同じように、インカ王から地方首長などへの「贈与」の対象となっていたという事実については深く論じていない。いっぽう、ヤナコーナが共同体から切り離されてインカ王権に直属し、貴族的属性を得るにいたる肝心のプロセスも十分に論じていない。ヤナコーナと一概に呼ばれていた人々に内在する多様性、差異を直視していないといえよう。

本章では、ムラの示唆を導きの糸とし、またロウの知見をも参照しながら、ヤナコーナという隷属民の多様性と特殊性を究明しつつ、インカ国家の基本的性格に迫っていきたい。その際、特に注目したいのは二つの点である。ひとつめは、インカの帝国的発展の過程で顕著な存在となった強制的移住民ミティマエス（ミトゥマック、ミティマエ）とヤナコーナとの関係性である。

インカの帝国的拡張において発現した特異な政策のひとつは、インカ王権の支配下に入った地方の住民家族が、何千、何万世帯という単位で帝国領内各地に移住させられたミティマエス制であった。距離にしてじつに千キロ以上もの移動を強制されたミティマエスは、しばしば出身の共同体との関係を喪失し、ヤナコーナと同様、非共同体的な性格を示しはじめていた。このミティマエスとヤナコーナが、史料において、カテゴリーとしての境界を失って混同されているケースをしばしば観察できるのである。このことがヤナコーナの性格規定を複雑にしている。

こうした不透明さは、ヤナコーナ、ミティマエスの名辞の曖昧性にも由来している。ヤナコーナの語義はまだよくわかっていない。(5) スペイン人は征服後それを「クリアード criado」と訳すようになった。このスペイン語がとても模糊としているのである。“criado”は、動詞の“criar”（＝養育する／教育する）の過去分詞が名詞化したものであり、「育てられた者、教育された者」を意味し、社会的上位者の家政で養育されつつ「主《あるじ》」に従属していた人間を意味する名辞であった。(6)「家政の一員である従属者」という隷属の不透明さをこの言葉は内蔵している。(7)結果として、「主」の性質如何で、クリアードの性格も大きく変わってくるのである。たとえば「主」が王であれば、クリアードは宮廷に祇候する貴族的従者を意味しようし、「主」が平民であれば、平民以下の隷属者を意味することになろう。

しかしスペイン人たちは、なぜヤナコーナに「奴隷 esclavo」という訳語を当てなかったのだろうか。ひとつ考えられるのは、アンデスの征服がおこなわれたとき、すでにインディオを奴隷化することが法制的に難しくなっていたという状況に対応するための征服者側の戦略である。第二章で見るように、征服後、スペイン人たちは、それぞれの経済的利害関心から、帝国崩壊後に無主的な存在となっていたインカ王権の隷属者階層を積極的に自らの家政に吸収し、使役していった。彼らはこうして従属するようになった先住民を「奴隷」ではなく、従属性が曖昧な「クリアード」というカテゴリーに回収することにより、王室とのややこしい法的コンフリクトを避けようとしていたのかもしれない。

もうひとつの可能性は、ヤナコーナ階層を目の当たりにしたスペイン人が、ヨーロッパ社会においては商品として流通し、彼らが慣れ親しんでいた「奴隷」という存在とは異質な性格をヤナコーナに見いだしていたということがあろう。アンデスにおける隷属のあり方を考える本章の行論の過程で、この第二の考え方の重要性は明らかになっていこうが、しかし、スペイン人による「戦略的翻訳」の可能性についても考慮せねばならない。

いっぽうミティマエスについては、十七世紀のケチュア語辞書は「別の場所に移り住んだ他所者」(8)というほどの意味を示すのみであり、これもまたじつに曖昧である。インカ王権のヤナコーナとなった者の多くは、生まれた共同体を離れて大きな距離を移動した「他所者」でもあった。それゆえ、王権に直属する奉仕者という面で見ればヤナコーナととらえられ、いっぽう居住の面で見るとミティマエスととらえられるような「ヤヌス的存在」となった者がいた可能性は高いのである。(9)ヤナコーナとミティマエスとの相互関連性、そして異質性を丁寧に吟味していく必要があるゆえんである。

本論でとりわけ強調したいもうひとつの視点は、ヤナコーナを、神聖王、すなわち帝国統合の宗教的シンボルたる太陽神インティの「子息」という認識のもとに彼岸的存在となっていた「神聖王インカ」に直属した隷属者としてとらえることである。従来はおもに経済的な観点から、そしてヨーロッパ史の奴隷概念を分析のメルクマールとしてヤナコーナの隷属性を論じてきた。(10)しかしヤナコーナの性格の複雑性を考えるためには、人間が神聖な存在に従属したときに生みだされる関係の特質を注視することが必要であり、こうした視角こそがヤナコーナ層のヴァリアントの分析を可能にすると考えるからである。たとえばクロニスタのベタンソスによれば、第九代パチャクティ王は、帝都クスコの壮麗な太陽神殿を建立したのち、そこでの奉仕者としてヤナコーナを割り充てているが、神殿が聖なるものとみなされていたのみならず、そこではたらくヤナコーナたち自身も「祝福された聖なる存在」と考えられていたという。(11)神殿への隷属者であると同時に聖なる存在でもあるというこの両義性をどのようにして説明したらよいだろうか。本章の議論の中心である。

以下の考察でもちいるのは、二つのタイプの史料である。ひとつはクロニカであり、十六―十七世紀におもにスペイン人著述者（クロニスタ）が、インカ貴族をはじめとする土着の人々をインフォーマントとして書いたインカの歴史をめぐる記録類である。これらはインカ王権のあり方や、王国の儀礼、国家システムの総体的な様相を知るために今日においてもまず第一に参看されるべき史料価値をもつが、そこから抽出されるインカ社会像はえてして一枚岩《モノリシック》なものになりがちである。それをローカル社会の視点から修正し、地方支配の実像に迫ることを可能にするのがいわゆる「地方文書」と呼ばれる行政・司法文書であり、植民地時代に入っておこなわれた地方巡察や訴訟の記録などを通して、インカ帝国の地方レヴェルにおける支配の実質を把捉することが可能となる。(12)

この二つの史料群のメリットを相補的に利用することが今日のアンデス研究においてはたいせつになるが、第一節では、おもに行政・司法文書に依拠しつつ、まず地方共同体に見られるヤナコーナを検討する。(13)たとえばワシュテルは、地方社会のヤナコーナを論じた際、それと王権のレヴェルにおいて見られるヤナコーナとを一括し、同じ次元において認識していた。(14)ヤナコーナの隷属の一般的性格を考究するときには、地方共同体の首長に隷属する者たちにあらわれる特質を理解することがもとより不可欠ではあるが、しかし私見では、ヤナコーナ階層が王権のレヴェルにおいて形成するとき、地方共同体とは異質な性格が生まれていく。第二節では、クロニカと地方文書に依拠しながら、インカ王権に直属したヤナコーナの形成過程、および社会的機能を分析しつつ、第三節ではそれを踏まえ、ヤナコーナの隷属性について私見を叙したい。その際、ヤナコーナと多くの点で性格を共有していた「選ばれし処女アクリャ」、そして移住者集団ミティマエスをも考察の対象とすることで、ヤナコーナの特質がより鮮明になると思われる。

次章で見るように、ヤナコーナという階層は、スペイン人による征服によってタワンティンスーユが崩壊したのちも、植民地時代を通じて、まったく異なった性格をもちつつ存続するが、インカ社会のヤナコーナを検討することは、ペルー植民地社会を生きた先住民の歴史を解明するための前提的課題ともなろう。

1　地方社会におけるヤナコーナ

文字という、記憶・記録のための媒体をもたなかった先スペイン期のアンデス社会の歴史的様相を詳《つまび》らかにすることは、もとより多くの制約を受けているといわざるをえないが、タワンティンスーユに直属したヤナコーナの祖型を知るうえで、地方共同体レヴェルにおいて見いだされるヤナコーナをまず検討せねばならない。以下では三つの地方社会、すなわちペルー中部ワヌコ地方のヤチャおよびチュパイチュと呼ばれる民族集団、リマ近郊の山地村落ピスカス、そしてティティカカ湖畔チュクイト地方のルパカ社会に見いだされたヤナコーナを検討の対象とする。(15)

各共同体《アイユ》には、生産、共同体の運営・統轄をおこなったクラカと呼ばれる首長層が存在した[16]。それは民族集団全体を支配する大首長から、ひとつの共同体を率いる小首長にいたるまでさまざまな存在形態があり、しばしばひとつの民族集団の内部において大小の共同体による階層的秩序ができている場合もあったが[17]、地方共同体におけるヤナコーナは、共同体の生産に携わることなく、このクラカ層にのみ専務した人々であった。

一般的にクラカ層は共同体の統御者としての特権により、自らの私的所有地の耕作や家の新築、薪や飼い葉の備蓄などのさまざまな機会に成員の労力を得ていることが史料から明らかになるが[18]、クラカたちはこれとは別個に、専従の男女の奉仕人を確保していた。たとえばルパカの最高首長には、このような奉仕人が大勢おり、プーナ（高原地帯）に放牧されている首長の畜群の管理やトウモロコシ生産に服事していた。またワヌコのヤチャ族の上級首長は、四人のヤナコーナと、三人の未婚女性による奉仕を受けているが、これらのヤナコーナは当該首長の衣服の製作や原料の入手、私領地・畜群の生産管理にあたっていた。そしてピスカス村のヤナコーナは、首長が所有する家禽の世話を専門的におこなっていた[19]。このようにヤナコーナの社会的機能は、クラカ層の私有財の生産・管理にあったことがうかがわれる。

それではこうした地方共同体のヤナコーナたちはどのようにしてクラカ層たちに隷属するようになっていったのか。ひとつの契機は贈与であった。すなわち下位のクラカが上位のクラカにヤナコーナを供していた。ルパカの最高首長のヤナコーナたちは、配下の地区から献上されたものであった。いっぽうチュパイチュ族のあるクラカも、上級クラカへのヤナコーナの贈与があったことを証言している。この首長はさらに奉仕するヤナコーナをもたない下位の首長に対しては、上位の首長がそれを与えることが慣例になっていたと証言しており、またチュパイチュ族の各クラカの家政で奉仕をしていた数名の副妻の多くも、上級首長からの贈与によるものであったことが史料からわかる[20]。

アンデス社会においては、モノや労働力の互酬が再分配のシステムと接合して社会内の物流を促すと同時に、人と人との関係を密接に結びつけるものとして柔らかに機能していたことはよく知られている。ここに挙げた諸例から、ヤナコーナがこうした互恵関係の媒体となっていたことがわかるのだが、それを明瞭に伝えるのがピスカス村の史料である。この村落では、すでに死亡した前の上級クラカの私有地とヤナコーナ二名が、その息子に継承されたのち、首長職を継いだ新クラカによって横領されたことを契機のひとつとして訴訟へと発展したのだったが、興味深いのは、訴訟の途上で模索された示談の賠償要件である。被告は原告に対し、訴因となった物件を返還するほかに、一着の衣裳、十頭のリャマ、二十頭の羊、そして被告の保有する五人のヤナコーナを賠償することと取り決められたのである。(21)

アンデス世界において、衣裳やリャマなどの家畜は「威信財」として機能していた。(22)この事例はヤナコーナがこうした特異な意味をもつ財と同質であったことを示しており、首長のあいだで相互に贈与されていたという点から見て、ヤナコーナを保有することは首長層の威信・特権に深く関わるものであったことが理解できる。

しかし地方共同体におけるヤナコーナ層をどのような人々が構成していたかについての情報は少ない。ただ注目すべきは、チュパイチュのひとりのクラカの証言である。それによれば、クラカが奉仕人を必要とする場合、独身の男女が集められ、そのなかから首長に仕える意思のある者を選抜したのだという。先スペイン期、これが地方における一般的な慣行であったと断ずることはできないが、共同体に対してクラカがもつ特権がこうしたかたちで拡大され、贈与の対象となる人々を決めていたのかもしれない。(23)

それでは、地方共同体におけるヤナコーナは、社会的にどのような位置にある人々だったろうか。その特徴として以下の点を挙げることができる。第一に、彼らは共同体成員が全体として負担した貢租を免除されている。(24)第二に、彼らは独自に家を所有し、世帯を形成していた。たとえば、チュパイチュ族のクラカのヤナコーナのひとりは、正式な婚姻をしていない二人の女性、および彼女たちとのあいだにできた四人の子供とともに世帯を営んでおり、また同じクラカに仕えるもうひとりのヤナコーナも、正妻のほかに副妻、およびそのあいだにできた子供三人とともに住んでいる。ヤナコーナ固有の土地が存在していたかについては一般化できないが、各首長の証言から、ヤナコーナには反対給付として、食糧、衣料、衣裳をつくるための原料、家畜などが与えられていた[25]。

第三に、ヤナコーナの世襲はかならずしも厳密におこなわれていたわけではないこともうかがわれる。ルパカ社会の上級首長は「ヤナコーナのひとりが死んだ場合、その息子のうち長子が彼を嗣いでヤナコーナになる。長子にその能力が欠如していた場合、他の息子がなる。もしそのヤナコーナが子供を遺さなかった場合には、その代で奉仕は終わる」と陳述している。またピスカス村のヤナコーナの息子も、当時教区の警吏をしており、彼は父親のヤナコーナ職を世襲してはいなかった[26]。

情報はあくまでも断片的であり、ここから地方共同体におけるヤナコーナの実態を一般化することはむずかしいが、次のようにいうことは許されよう。たしかに、ヤナコーナは貢納義務を免じられて、クラカに専従するという点で、生産活動においては他の共同体成員と明確に区別されていた。また首長のあいだで贈与対象としてやり取りされる存在ともなっていた。こうした特性は、ヤナコーナがインカ帝国の興隆とともに国家レヴェルで現れたときにも認められるものであり、ヤナコーナの基本的属性は国家が生成する以前の共同体においてすでに発現していたことを推測しうる。

とはいえしかし、ヤナコーナの贈与はひとつの民族集団の内部で実現したものであり、その意味で、ヤナコーナはあくまでも共同体「内」的性格をとどめている。さらに彼らの住居、生活の質が確保されており、また一夫多妻のもとにあるヤナコーナの存在を確認しうることなどからみても[27]、物質面で彼らが他の共同体メンバーより低いレヴェルにあったとは考えにくい。またその世襲が厳密ではなかったことからも、少なくとも叙上の三つの地方共同体においてはヤナコーナはひとつの特殊な身分としては立ち現れていない。

ところが、一六三一年に首都リマで出版された一冊の書物が、地方の首長層に従属していたヤナコーナのある特異な側面を照射する。その書物とは、先住民社会で活動する布教区司祭のために聖職者ペレス・ボカネグラが著した、カトリックの諸秘蹟を挙行するためのスペイン語／ケチュア語二言語併記によるマニュアルである。とりわけ「告解」の秘蹟に関する章は、先住民布教の現場で多くの経験を積んだ著者が、告解に際して先住民信者とのあいだで交わされる問答を想定した質問項目を扱っているのだが、興味深いのは次の問いである。

五四番　首長が死亡したとき、汝は、彼とともにその妻、息子たち、あるいは彼の下僕《クリアード》を、「あの世でお仕えするために、首長のあとに続きなさい」といって、一緒に埋葬するか？(28)

十七世紀に入ってもほんとうにこうした殉死慣行が先住民社会に遺っていたのか、それを実証する術はないが、しかしこれは明らかに先スペイン期、カトリック布教以前から存在した伝統的埋葬習慣について、聖職者ボカネグラがその実務を通して得た知見であり、地方社会の事情を伝える貴重な記事である。ここに現れる「下僕《クリアード》」が、地方首長のヤナコーナのことであることは確実であり、首長とヤナコーナのあいだに、生死を超越する契機を孕《はら》む絆が存在したことが示唆されている。このような特異な関係こそ、これから見ていくインカ王権のヤナコーナにおいてより鮮明になるものであり、証拠はあくまでも間接的ではあるが、共同体内的性格をとどめる地方社会の隷属者に、すでにインカ王権のヤナコーナ層と接がるような性質が潜在していたことがわかるのである。(29)

こうした観察を受けて、次節以下では、インカ王権に直属したヤナコーナの実像を描いていきたい。王権・国家の次元において現れるヤナコーナは、基本的には地方共同体のヤナコーナ層とある連続性のもとでとらえうるものの、しかしそれはタワンティンスーユ帝国の性格を反映させつつ、地方社会のヤナコーナには顕在していなかった特質を具えるようになっていた。

2　インカ王権のヤナコーナ

さまざまな文明の興隆の舞台となったアンデス世界において、旧世界に統合される以前の最後の古代文明インカ社会がどのようにして生成したかについては、今日も熱を帯びた議論が続いている。しかし歴史的にほぼ確実であろうとされているのは、十五世紀前半、第九代パチャクティ王の治世の下、それまでクスコを拠点としていた一地方部族が、他の民族集団との軍事的コンフリクトを契機として、急激な帝国的拡大をアンデス全域に向けて開始したということである。

そして次王第十代トゥパク・インカ・ユパンキ、第十一代ワイナ・カパックの統治下で、インカ族の領域的拡大はその頂点に達した。この三代の王の治世下で、タワンティンスーユと呼ばれる帝国的社会が立ち現れるとともに、その中枢にあったインカ王は、強い神聖性を帯びていった(30)。

地方社会のインカ国家への統合が、行政、経済、宗教の局面においてさまざまなかたちでおよんでいたことはこれまでの研究により明らかであるが、全般的にいえるのは、インカ王権による征服・統合が、既存の社会秩序の一方的な破摧によるのではなく、それを拡張・再解釈するかたちで実現したということである(31)。

急激な帝国的拡大は、インカ王国がアンデス世界に通底する宗教的・政治的伝統の多くを尊重したことによって可能になったといえるが、この伝統の延長上で行使されたインカ支配を正当化する根拠となっていたのが「インカ＝太陽の御子」というイデオロギーであり、そしてふんだんな贈与の源としての豊かな王権であったと考えられる。

カパック・ユパンキという王に併呑されたペルー中部海岸の大社会チンチャをめぐる史料には、クスコより大軍を率いて当地にいたったこのインカが、自分は太陽の息子であり、すべての安寧のためにやって来た、銀も、金も、娘も、その他汝らの宝はなにも望まない、と宣したのち、まず自ら携えてきた衣裳、黄金の玉などを地元の首長に贈与したと記されている。(32)

インカが登場する以前には、汎アンデス的に、自然の異なる力によって生成した存在物（太陽・月・星・雷・奇石・奇木など）や特定の場（峻嶺・泉・湖・海など）がワカとして措定され、信仰の対象となっていた。インカはこれらの伝統的宗教形態を基本的に温存するいっぽう、太陽神を国家的信仰の中核に据えて帝国の宗教的統一をはかったのである。インカはその宗教哲学に背馳しないかぎり、ローカル社会の土着のワカを尊重し、それらの一部を王都クスコに運び、王自身も崇敬したという。(33)

インカによる地方社会の宗教的統合の様相は、クスコで挙行された定例の祭典のひとつ「シトゥア」によく現れている。この浄めを目的とした大祭では、後述する「選ばれし処女《アクリャ》」がリャマの血とトウモロコシを捏《こね》て作ったサンク団子が地方の祭祀場や首長に送られ、インカと連帯し、忠誠を尽くすことのしるしとされたという。(34)

地方部族の征服のプロセスにおいては、暴力を伴う強制力が行使された場面も多々生じたが、統合の要は、太陽神による土着のワカ諸信仰の圧倒と、このような宗教的権威を背にしたインカ王の側からまず発する贈与を契機として、被征服部族を互酬・再分配原理に基づく帝国の貢納体系へ編制することにあった。その意味で、地方社会の王権への統合は、宗教的包摂と不可分であり、(35)そしてヤナコーナこそがまさしくこの宗教的統合の絆として機能していたと考えることができる。それを明らかにすべく、まずはヤナコーナが従属することになるインカ王権の性格を見てみよう。

タワンティンスーユの精神的核である太陽神殿《コリカンチャ》を擁し、日常的にさまざまな供犠が営まれる帝都クスコに座したインカ王は、帝国の発展とともに、アフリカなどの伝統的社会の諸王権に似た強い呪術的な力を有する「神聖王」と化し、多くの禁忌が取り巻く不可侵な存在となった。たとえば、ペドロ・ピサロの記すところによると、インカ王の身体に触れたもの、衣裳、王が食べ残した獣や鳥の骨などは、何人《なんぴと》の手にも触れないように特殊な箱のなかで厳重に保管しなければならなかった。またインカの面前に参上する者は、靴を脱ぎ、背中に荷を載せ、身を投げだして儀礼的拝礼モチャをおこなう義務があった(36)。

この属性は王の死後も持続し、よく知られているように、王の遺骸はミイラとなり、彼岸と現世とを媒介する神聖な紐帯として帝国臣民は敬拝したのである。インカ王権に直属したヤナコーナは、こうした神聖王権と密接な関係にあった人々であると考えられる。それでは具体的な彼らの社会的機能を見ていこう。当時の記録者たちは、「インカ王に直接奉仕したヤナコーナ」、「神殿において仕えたヤナコーナ」、「王の家産においてさまざまな生産活動にあたっていたヤナコーナ」と大きく三つのタイプを抽出している。

「インカが王宮で奉仕させていた人々の数は、想像を絶するものであった」とベルナベ・コボは記している。混血の記録者インカ・ガルシラーソ・デ・ラ・ベガによれば、これら宮廷に服事していた人々は、掃除夫、水汲み、樵、廷臣の食事を調える料理番、飲料係、門番、衣裳や宝石の保管人、庭師、執事などであった(37)。また王が行幸や戦役のために宮廷を離れる際にも、多数のヤナコーナや女たち（アクリャ）が随行したという記録もある。インカ王が具有すると信じられていた力はおおいに畏怖されており、インカの乗った輿は、毛製の蔽いで厳重に覆われ、臣民の視線から守られていた。輿の前は、御仕着せを纏った人々が、道を掃き清めながら進んでいったという(38)。

ヤナコーナはこうして神聖化されていた王権に接近することができる限られた人々であったと考えられるが、それを示唆する象徴的な記録を、征服者のひとり、ペドロ・サンチョが遺している。彼は、一五三三年にアタワルパ王が処刑されたのち、スペイン人の傀儡王として推戴されたトゥパク・ワルパ「トゥパルパ」（ワイナ・カパックの子）の即位の様子を目撃した。ごく短期間のうちに設《しつら》えられた館のなかに籠もった新しい王は、即位に伴う伝統的義務たる断食をはじめたが、その期間中、何人もその場に入ったり、見たりすることはできず、新王に接近することができたのは、王の奉仕人だけであったという(39)。

王に服事するヤナコーナ、アクリャの奉仕は、王の死後も続く。王が死ぬと、それまで仕えていた多くのヤナコーナが殉死を遂げた。先に見たように、地方社会においても首長の死に伴って奉仕人がその命を絶つという慣習が存在した可能性があるが、後述するようにインカのそれはきわめて大きな規模でおこなわれた。王と命をともにしなかった者は、ミイラ化した王の遺骸につき随った。記録者ベタンソスによると、第九代パチャクティ王は故王の遺骸に土地や家畜を贈り、さらに一定数のヤナコーナやアクリャを割り充てている。彼らは日々身を清め、正装をしたうえで、遺骸のために食事や供物を捧げることを義務づけられていたという[40]。

これはスペインによる征服から四十年を経てクスコで開廷した訴訟に喚問されたインディオの証言からも確かめることができる。それによれば、クスコ近郊のユカイの谷に安置されたワイナ・カパック王の亡骸には、当時五十人ほどのヤナコーナが付き添っており、遺骸に給仕したり、重要な祭典が挙行されるときには彼らがミイラを輿に乗せ運び出したという[41]。ここにはインカ社会独自の来世観があるが、ヤナコーナは不変の神聖性を刻印された王権に仕えた存在であったといえよう。

タワンティンスーユの宗教的シンボルであったクスコの太陽神殿《コリカンチャ》をはじめ、各地に建立された神殿や国家的聖所、さらにインカ帝国に統合される過程で王国のワカとして祀られることになった地方の聖地においても、ヤナコーナやアクリャが奉仕していたことが記録されている。

ベタンソスの記録には、パチャクティ王が太陽神殿をより荘厳なものにすべく再建した際、五百人の乙女を捧げるとともに、太陽神に土地や家畜を割り充て、それを管理させるために二百人の若者をヤナコーナとして寄進したとある[42]。またシエサもクスコにおいて「この神殿のまわりには、そこで奉仕するために選別されたインディオたちの小さな家がたくさんあった」ことを目撃しているが、最高神官が居住し、黄金製の「太陽の像」が安置されたこの太陽神殿は、インカの国家宗教の最重要の中枢であったがゆえに、一般の庶民には禁裡となる空間であった。無名の征服者は、クスコに入場したスペイン人征服者たちが太陽神殿の財宝を掠奪するさまを描写しているが、その際、随行したインディオたちは「入ると死ぬ」といってためらったために、スペイン人が独力で宝物を集めなければならなかったという。[43] このような聖域に結びつけられていた人々が何らかの特殊な属性を帯びていたことは容易に想像されるが、本章の冒頭で述べたように、太陽神殿に勤めるヤナコーナたち自身が「祝福された、神聖な存在」となっていたのである。[44]

これらのヤナコーナは、儀礼で費消されるチチャ酒醸造用のトウモロコシや供犠に捧げられるリャマなどの獣畜の生産・管理にあたっていたと考えられるが、こうした奉仕は、インカ王権が各地に「王国のワカ」として設定した聖地や神殿（たとえばグァナカウレの丘、ビルカノータの神殿、コロプーナの神殿）などでも見られた。たとえば、インカ創世神話ときわめて密接な関係をもつグァナカウレの丘が、神官層が管轄する一種の神託所となっており、ヤナコーナやアクリャがそこに附属した畑や家畜を維持して神官の利用に供していたことをシエサは記録している。[45]このように、神殿に勤めたヤナコーナたちは王国諸儀礼の運用をささえていた。

ガルシラーソは、インカ王の宮廷と太陽神殿におけるこれらの人々の奉仕は同等のものとみなされていたと記すが、これらのヤナコーナがつねにアクリャとともに記されていること、またインカ王権が太陽神の人格化されたものとしてあったことを考えれば、両者をひとつのカテゴリーとしてとらえることは可能である。一応以下では、このヤナコーナたちを、「王権のヤナコーナ」と呼んでおこう。[46] ところが、これまで研究者が多くの関心を払ってきた王の家産における生産に従事してきた者たちに目を転ずると、叙上の人々とははっきりと区別されるヤナコーナの集団が見いだされる。

インカは支配下においた地方の土地を「神の土地」・「国家の土地」・「民の土地」に三分割したとされる。この土地の分割法が現実にどこまで適用されていたかについては議論があるが、理念的には、インカに臣従した人々は、前二者の土地を耕し、その収穫物を国家に納付することによってインカ帝国の貢納体系に組み込まれたと考えられている。[47]

しかしこれらの土地での生産は儀礼的な性格を強く帯びており、[48] また生産物も、けっして王権のもとに滞留することはなかった。それらは王国の祭典において消費されたり、あるいは再分配の原理に基づいて、臣民による労役・軍務の提供に対する報酬として、また身体障害者や高齢者への給付、飢饉や災害時の緊急放出のためにもちいられた。ワシュテルが的確に指摘するように「農民は税金として納めた生産物の消費に加わる、という意識をもちえたのである。(49)それゆえ王権がその巨大な家政を維持するためには、再分配・互酬の関係性に拠らない独自の領地を確保する必要があった。

クスコ近郊のウルバンバ川流域に拡がるユカイの谷は、「聖なる谷」とも称されるが、まさしくこのような王領地が占めていた。征服後、土着の人々、スペイン人双方がおおいに利害関心を寄せることになったこの豊かな地に関しては、比較的多くの史料が遺っている。それらによれば、この付近一帯に、少なくとも第十代トゥパク・インカ・ユパンキ王、第十一代ワイナ・カパック王、そして第十二代ワスカル王の王領地、放牧地があり、それぞれの王家《パナカ》に属する人々を給養するために利用されていたことがわかる。

ペドロ・ピサロはインカ王権独自の家産継承の形式を記録しており、故王を嗣いで玉座についた新王は、故王の土地や財産を継受することができず、遺産はそのままのかたちで残されて亡骸や故王のパナカに連なる遺族の給養に充てられたという。ウルバンバ川流域においても、各パナカの領域は厳密に劃定してあり、個々が独立した家産となっていた。(50)ワイナ・カパックの私領をめぐる訴訟に出頭した証人は、この土地が、インカ王国を構成する四つの地方いずれにも属さなかった、と明瞭に述べており、(51)これら王領地が、前述の三分割された土地とは別の次元にあったことを示している。

これらの王領地では、トウモロコシをはじめ、コカやトウガラシ、落花生など、温暖な谷なればこそ栽培しうる貴重な産物が生産されていたが、(52)それでは、これらの土地を耕作したのはどのような人々であっただろうか。ワイナ・カパック王領を例にとって見てみよう。彼らは事実ヤナコーナと呼ばれた人々であったが、実際には二つの異質な集団よりなっていたことがわかる。

第一の集団は、インカによる征服以前からそこに居住していた土着の共同体の人々である。その土地が王領に編入されることによって自動的に彼らはヤナコーナとなり、王の家産の生産に従事していた。(53) このような王領経営の形態は、すでにユカイ以外の地でも見られた。シエサは「クスコはあらゆる地方に属領をもっていた」と書いているが、たとえばクスコ西方のチュンビビルカス地方のアチャンビ、トーロ、アルカの各村は、それぞれインカ王（パチャクティ、あるいはトゥパク・インカ・ユパンキ）に接収され、そのヤナコーナとなって貢租を納めていたという調査記録が『インディアス地理報告書』にある。同地方も、ユカイと同様に、トウモロコシの生産が可能な温暖湿潤な地帯であり、インカ王権はその拡大の過程で、豊かな生産性をもつ地域を王領に積極的に統合していったものと考えられる。(54)

もうひとつの部分を構成していたのがミティマエスと呼ばれた人々であった。ワイナ・カパック王はこの地に、チンチャイスーユ（インカ帝国北部地方）、コリャスーユ（同南部地方）から、さまざまな民族集団よりなる二千人もの人々をミティマエスとして移動させていた。王領地は、いくつかの階段状の耕地（アンデネス）より構成されていたが、それぞれの階段状耕地が名称をもっており、そこに播種のためにやってきていた各地方にちなんだ名前がつけられていた、という証言から、集団で移動したのちも、各民族集団の枠組みは維持されていたことがわかる。(55)

このようにユカイ谷の王領地のヤナコーナは、その土地ごと王領に統合された人々と、各地から移住してきた多様な民族集団に属するミティマエスという人々よりなっていたのであるが、ここで注目されるのは後者の人々であり、すなわち移住民ミティマエスと呼ばれつつヤナコーナとも称されていた者たちの場合も、共同体的関係を失うことなく王領地に編入されている点である。これまでの研究史においては、ヤナコーナの基本的属性として「無共同体的性格」があげられてきたことを想起するとき、(56) これは看過することのできない問題であると思われるが、ユカイの王領地に関する史料は、さらに興味深い事実を垣間見せる。

ユカイのワイナ・カパック王領には、やはりヤナコーナと呼ばれ、しかし王領での生産にあたった人々とは明確に区別されたもうひとつの集団が存在した。ケチュア語で「要人・貴人」を意味するアポ apo という言葉が冠され「アポ・ヤナコーナ（史料では、スペイン語で「君主のおもだった奉仕人」と言い換えられている）」と呼ばれた五十人ほどの男性が、ワイナ・カパック王の遺族につき随い、先に述べたような遺骸崇拝・儀礼に携わっていたのである。ワイナ・カパックの孫にあたるティト・アタウチェを首領として構成されたこの集団は、土着の住民やミティマエスがおこなっていた農地での生産労働に従事することなく、遺骸儀礼にのみ献身していた。さらにこのアポ・ヤナコーナの集団は、ワイナ・カパック王家の呼称であり、また王がエクアドル地方に築いた新しい王都の名でもあった「トゥメバンバ（トメバンバ）」という別称でも呼ばれているが、(58) このことはアポ・ヤナコーナと王権との深い繋がりを示唆している。この王権と密接に関係するヤナコーナと、王領地で畑を耕していたヤナコーナとは、どのような点で区別されるのだろうか。このユカイの例からも、ヤナコーナと呼ばれていた人々にはさまざまなヴァリアントが存在していたことがわかってくるが、これらの差異を明らかにするためには、王権のヤナコーナの形成過程を検討することが必要となろう。神殿に勤め、「聖性」を賦与されていたヤナコーナ、神聖不可侵な存在であったインカ王に近侍したヤナコーナ層を構成していたのはどのような人々であったか。

先にみたワイナ・カパック王領のアポ・ヤナコーナの首長は、王自身の孫であったが、神殿や王宮に勤める人々のなかには、オレホンと呼ばれるインカの貴族階層に属する人々がいたようだ。(59) 一五七一年、第五代ペルー副王フランシスコ・デ・トレドの命令により、クスコ地方を中心に、征服以前の社会状況を明らかにするための調査がおこなわれ、インカ族の古老などに聞き取り調査が実施された。そのなかにはインカ王に奉仕していたというオレホンたちが見受けられる。そのひとり、九十歳になるファン・ワルパは「インカ貴族の系譜に属し、ワイナ・カパック王の時代、その衣裳の吟味役として王の背丈に合わせて衣服を調整していた」と述べている。この他にも、太陽神の奉仕人の統率者であったというオレホンの存在も確かめられ、また証言のひとつによって「オレホン・クリアード」と称される貴族的奉仕人集団が存在したこともわかる。(60) これまで、インカ貴族層は王国の行政官僚や軍事指揮官に登用されたと考えられていたが、他にも王の近習になる者、そしてヤナコーナを束ねる者がいたのである。

インカ王権のヤナコーナとして問題になるのは、征服などの契機を経てタワンティンスーユに包摂された諸地方の民族集団がインカ王へ供した人々の存在である。記録者サンティリャンは、王権のヤナコーナは「地方の最良の人々からなっていた」と述べているが、[61] たとえばチンチャ文書には次のように記されている。インカ王が二年ごとに派遣した巡察使は、当地方の人口の増減を調べ上げたのち、「インカ王に仕えるに最も相応しいと思われる人々を、ヤナコーナとして常に引き抜き、そしてインカと太陽神のための女を任命した」[62]。「インカと太陽神のための女」とは聖なる乙女、あるいは選別された処女として知られるアクリャ（ママコーナともいう）のことであり、このように王権に隷属するヤナコーナは、アクリャと対になる地方の選良であったことがわかるのだが、インカ王に献上されたこうした人々を、地方文書に現れる貢納記録に追ってみたい。

ペルー中部地方、ワウラ、カンタ、グァンカヨという三つの民族集団についての史料が、この点について詳しい。ワウラは、インカが設定した土地で生産されたトウモロコシ、コカ、トウガラシのほか、各種の毛織物製品を貢納し、さらに人間の供出として、「女たち」と、「首長の主要な息子たち」をヤナコーナとしてインカ王に差し出していた[63]。

カンタの貢納に関する記録はより詳細である。まず金・銀、リャマ、コカ、トウモロコシ、毛製の衣裳などがクスコへ運ばれ、また五十名の兵士、百名の担ぎ手が供出された。これらは輪番労働《ミタ》による提供であったと考えられる。これに加えて「十名の女、およびインカのヤナコーナとして女の兄弟十名」が供出されている[64]。

同様にグァンカヨの史料においても農産物や加工品の貢租が記されたのち、貢納された男女が挙げられているが、それによれば、三人の首長の三人の勇敢な息子がインカの奉仕者として、そして選別された十人の美しい女が王のママコーナ（＝アクリャ）として差し出されていた[65]。

シエサも、女性・子供の貢納が地方に割り充てられていたことを記しているが、叙上の諸記録から、地方の諸共同体が、選別された男女を王の奉仕者として貢納していたことがわかる。チンチャ文書には、ヤナコーナの選定に関する記述のすぐあとに、インカの巡察官が人口調査に来たとき、首長が子供たちを洞穴などに隠して罰せられたと書かれており、[66]ヤナコーナとして貢納された人々のなかには年少者が含まれていたと考えられ、またヤナコーナ、アクリャが出身の共同体の首長の権限から切り離され、インカの行政官僚の管轄下へ移行していたことも同文書から判明する。[67]

これらの史料から、地方共同体が貢納したヤナコーナと、若い女性、すなわちアクリャとが、ある相似性のもとでとらえられていたことがわかるが、それゆえアクリャの属性を検討することによって、ヤナコーナの像もより鮮明になると考えられる。

十七世紀にオルギンが編纂した『ケチュア語＝スペイン語辞書』では「太陽神に奉仕するために選び出され、隠棲する宗教的女性」[68]と定義されているアクリャは、明らかに聖性を帯びた女性であった。記録者コボによると、インカの地方行政官は管轄下の村から眉目秀麗にして健やかな処女を選別し、各地に設置されたアクリャ・ワシと呼ばれる館に収監した。彼女たちはそこで指導役の女性からさまざまな技芸を学ぶ。アンデス社会において織物は呪術的・宗教的に高い価値を有していたが、アクリャたちは特にインカ王が身に纏ったクンビと呼ばれる最上質の織物などを生産し、あるいは王権と地方社会との互酬関係において重要な媒介物となり、宗教儀礼において大量に費消された御神酒チチャの醸造に従事していた。[69]こうして選別された女性たちがその後にたどる運命はさまざまであった。ある者は太陽神殿などの宗教施設に身を捧げ、生涯貞操を保ちながら神事に携わり、また特に佳容な女子はインカの後宮に入って王の側妻として仕え、さらに後述するように、ある少女たちは、神々への生贄として供えられてその稚い命を失ったのである。

アクリャたちはこのように、神聖王や聖域、聖なる諸物の生産と深く関わっていた。それゆえ、彼女ら自身もその聖性＝処女性を保持することが厳しく求められていた。すなわち彼女たちの純潔を穢すことは禁忌であり、男性と関係をもったアクリャは、相手の男とともにその生命を絶たれたという。[70]

王権に隷属したヤナコーナは、アクリャとある対称性のもとにあったと考えられる。アクリャ集団は、アンデス社会の歴史を探究したスペイン人たちのキリスト教徒としての道徳的観念をいたく刺激し、好奇の関心を呼び覚ましたため、彼女たちをめぐる豊かな叙述が遺されたいっぽうで、少女たちと対になっていたであろう少年・青年たちに対する記述は比較的に淡泊である。これは男性叙述者のジェンダー・バイアスによる歪みであったともいえるが、アンデス世界における男性・女性の「聖性」をめぐる観念の差異をも反映していよう。

アクリャとの対称性に関連して、ヤナコーナとの婚姻という問題がある。チンチャ文書によれば、役目を終えて還俗したアクリャが結婚する際には、その相手となったのはいつも太陽神のヤナコーナ、そしてインカ王のヤナコーナであったという。[71]このことはヤナコーナもアクリャと相通ずる聖性を具有していたことの証左であろうが、事実、先述の通り、太陽神殿において奉仕するヤナコーナは、祝福された聖なる人々とみなされていた。また王宮における奉仕人になるということは、やはり聖性を帯びていたインカ貴族層への同化であったこともうかがわれる。[72]それでは、地方から貢納されたヤナコーナが、聖なる存在に統合され、そして彼ら自身が聖化されるに際しては、どのような契機が介在していたのだろうか。それを知るうえで興味深いのは、チュクイト地方（ルパカ）の貢納記録である。

ルパカ社会の二人の首長、前最高首長のクティンボと、上級クラカのビルカクティパ（当時百歳前後の長老であった）によれば、チュクイト地方は、インカ王権に対して負った義務として、数千人の兵士、およびクスコでの建築業務に携わった人々を、輪番労働《ミタ》として送り出し、またインカ領内各地にミティマエスを派遣していた。さらに物納貢租として金・銀、鳥類、鮮魚、王権によって設定された畑で育ったジャガイモやキヌアの初穂、および儀礼用の織物クンビ、祭礼用の家畜を差し出していた。[73]

これらのミタによる人員提供や貢納とともに、記録には、前述のカンタなどの諸地方と同様、インカと太陽、月、雷に「処女」が納められたとあり、さらに首長ビルカクティパは、処女は諸首長の娘だったとしている。

ここで注目すべきは、二人の首長が、これらの乙女たちと対にして、それぞれ「犠牲のための息子たち」「ワカの犠牲のためのインディオ」が供されたとしていることである。(74) この人身御供の少年たちが、アクリャとなる少女たちと併記されているところから考えると、彼らが前述の諸地方からアクリャとともに差し出されていたヤナコーナたちと相通ずる人々であった可能性が高い。ここにヤナコーナと人身供犠との関係という問題が浮上する。

そもそもタワンティンスーユに人身御供という慣習は存在していたのか。インカ族の血を引き、インカ王朝の歴史を、ヨーロッパの諸王朝史に引けを取らないものとして称揚することを叙述の通奏音としているインカ・ガルシラーソ・デ・ラ・ベガは、インカ社会には人身御供が存在しなかったことをその著作のなかで繰り返し強調している。インディアス各地でおこなわれていた人身供犠こそがアメリカ諸文明の「野蛮性」の象徴となり、スペイン王権による征服・植民地支配を正当化する根拠となっていた時代の雰囲気を想起すれば、それを懸命に否定しようとするガルシラーソの気持ちもよくわかるのだが、しかしいっぽう、冷静な観察家で通るシエサは「一般に言われているようなものでは全然ない」と理性的な留保をつけながらも、人身供犠の存在自体については否定していない。(75)

ガルシラーソの苦渋にもかかわらず、「カパック・コチャ」あるいは「カパック・ウチャ」と呼ばれた人間の生命を神々に捧げる儀礼がインカ帝国の宗教の根幹にあったことは確実である。クロニスタたちが収集した情報によれば、インカ王が病気になったときや新王が即位するとき、あるいは天変地異に際して、供犠として最も高い価値をもつとされた子供たちの生命が捧げられ、またその際には、傷や痣《あざ》などのない、より穢れなき存在を求めたという。たとえばベタンソスは、パチャクティ王の即位に際して、諸首長の息子、娘が盛装し、二人一組となり、生きながらにして埋められたと記す。彼らは新婚者に用意するような金・銀の食器や生活用具一式とともに捧げられた。(76)

クロニカを通じて朧げに浮かび上がる人身御供のイメージは、近年、六千メートルを超越する峻嶺の絶頂において凍結した状態で発見される少年・少女の亡骸を通じて、より鮮明に結像するようになった。インカ社会研究における最近の特筆すべき動向は、考古学研究の急速な深化であるが、とりわけアメリカの考古学者ラインハルトが牽引する「高高度考古学 high altitude archaeology」という新分野における研究の進展は、インカ帝国の人身供犠の具体像をなまなましく明らかにした。

ラインハルトらは、一九九五年、アレキパ地方に聳えるアンパト山（標高六、三一二メートル）の頂上付近で、年齢十二―十四歳くらいと推定される少女の凍った亡軀をさまざまな副葬品とともに発見した。また同山の別の場所からも、二人の少女と一人の少年の亡軀が見つかった。さらに一九九九年には、アルゼンチンとチリの国境に跨がる標高六、七三九メートルのユヤイヤコ山の頂で、推定年齢十五歳くらいの少女と七歳くらいの少年、六歳くらいの少女の凍結した遺骸が、やはりラインハルトが率いる調査隊によって、たくさんの副葬品とともに発見された。極寒地ゆえに、生前そのままの表情を保って凍てついた子供たちの姿がセンセーショナルに報道され、世界が驚いたことも記憶に新しい。副葬品は、金や銀、スポンディルス貝（ウミギクガイ）で製作された人物やリャマのお人形、そして繊細な織物などであり、神に生命を捧げた子供たちの来世でのお供となるようなモノであった[77]。

こうした驚くべき発見によって、インカ王権によって犠牲として捧げられた少年・少女の具体的な姿が像を結んだのであるが、ここで問題にされるべきは、人身御供の存在自体ではなく、犠牲にされる人々とヤナコーナの関係如何である。カンタ地方やチュクイト地方などで実施された巡察の記録を総合的に解析すると、首長層の子息たちが、選ばれた女性たちとともに、インカ王権に差し出されていたことがわかるのだが、それはあるときにはヤナコーナとして記され、またあるときには「生贄の子供」として記録されていた。これらが同じ人々であった可能性があるのではないか。つまりヤナコーナと「犠牲」とは表裏一体的な存在ではなかったかと考えられるのである[78]。

ここで考慮すべきは、ヤナコーナ層形成のもうひとつの契機である「戦争捕虜のヤナコーナ化」である。インカが征服戦争で獲得した捕虜をクスコに連行したことは多くのクロニスタが述べているが、たとえば副王トレドがおこなった調査の証人のひとりは、その祖父が第十代トゥパク・インカ・ユパンキの遠征に際して「戦勝の徴《しるし》」として王都に連れて来られたと語っている。興味深いのは、同調査の証言者プイキンの陳述である。彼の父は、トゥパク・インカ・ユパンキ王の奉仕人であった。キト方面にある父の生地が同王によって征服された際、住民が帰順しようとせず、最後まで抵抗を試みたため、王の怒りに触れて殲滅させられた。しかしプイキンの父親は幼かったために死を免れ、王の奉仕人にさせられたのだという。(79) ここには、捕虜となり、無共同体的存在になった者が王権のヤナコーナとなるプロセスが明示されている。

犠牲とヤナコーナとの関係は、ピサロの征服に同行したエステーテの捕虜をめぐる記述を通してさらに明瞭になる。彼は虜囚の身にあるアタワルパ王自身が「[スペイン人を捕らえたら] 慣習に従って、ある者は太陽神への犠牲として捧げ、他の者は去勢して宮中の奉仕に使うか、女たちの番人にするつもりであった」と語ったと記している。(80) 捕虜とされた者には、ヤナコーナにするか、犠牲に捧げるかの措置がとられていたことがわかる。ここから見ても、ヤナコーナと犠牲とはきわめて近接した存在だったことがわかる。この点は、ヤナコーナの相似的存在であったアクリャについてみればより明確である。高峰でその命を捧げた処女たちも、地方から選別されたアクリャだったからである。どのような人間が犠牲とされ、あるいはヤナコーナとなったのか、その選別の実態は不明であるが、トレドの調査の証人は、クスコに集まった少年たちのなかから、最も清らかで、穢れのない者のみを犠牲の対象として精選したとあり、択ばれなかった人々が、その後ヤナコーナになった可能性を指摘しうる。(81)

この問題は、インカ王が死去した際に大規模におこなわれた「殉死」を考えるとさらにはっきりしてくる。第十一代ワイナ・カパック王が死去した際には、シエサによれば四千人以上、ポロ・デ・オンデガルドによれば千人もの人々が、王のヤナコーナやアクリャのなかから選ばれて、財宝や織物とともに埋められたという。そして犠牲にならなかった人々は、それ以降は、王の遺骸儀礼に携わったのである。(82)

このように見てくるならば、王権のヤナコーナ、およびアクリャは、犠牲になる可能性を潜在させた人々であったといえよう。インカの観念において、犠牲は神意を伺い、あるいは神を慰撫する際に、現世と神の世界との媒介者として求められ、生命を捧げた者は神に仕える「聖なる人」として昇華された。王権のヤナコーナやアクリャは、貢納、あるいは捕虜という契機を経て、共同体から切り離され、「潜在的な犠牲」となり、太陽神、およびそれが現世において具現したインカ王権という聖なる存在の圏域に包摂された、いわば異界に住まう人々であった。太陽神殿などの禁制空間や不可侵の神聖王権に接近することがヤナコーナに可能であったのは、このような過程を経て、ヤナコーナ自身が聖化していたからであると私は考える。

ところで、すでに前節で見たように、ユカイの谷には、王のミイラを手厚く見守るヤナコーナのほかに、ミティマエスとして各地方から派遣されてきた集団がやはりヤナコーナとして農業生産にあたっていた。従来の研究は、同じヤナコーナという言葉で記録されてきた人々に見られるこうした差異を配慮することなく、一括して議論してきた傾向にあり、それゆえヤナコーナの実像が見えにくくなっていたと思われる。それゆえ、次節ではこのミティマエスにしてヤナコーナと呼ばれる人々（以下、ミティマエス＝ヤナコーナ）をさらに詳しく検討することにより、インカ王権に隷属した人々の全体像を描き出してみたい。

3　インカ帝国における隷属の諸相

インカ帝国が興隆する以前から、アンデス山岳地帯に存在したと考えられるミティマエスの制度は、ジョン・ムラが「垂直統御」と名づけた、アンデス独自の経済システムの機動力となっていた。そのシステムの特性は、さまざまな高度差をもって散らばった生態系ゾーンに、地方共同体の核となる地域から、植民者集団＝ミティマエスが家族単位で派遣され、親族的・互恵的関係を通して核地域との紐帯を維持しつつ、生産物の流通を確保しようとするものであった。

インカはこのミティマエスの制度を、帝国レヴェルにまで拡大し、さまざまな目的のために利用した。緻密な観察眼をもつシエサは、ミティマエスを派遣する目的を、一、反乱防止のための被征服民族の強制的な移住、二、帝国辺境の守備、三、資源の開発、の三つに大別しているが、特に一と三とが密接に結びついて、本節で問題にするミティマエス＝ヤナコーナの集団が生成していた(83)。

インカ期のミティマエスの基本的特質は、それが地方共同体のレヴェルにおいてそうであったように、世帯単位の移動であったことである(84)。そしてこの世帯は、ユカイの谷のインカ王領地において見られたように、移住したのちも、出身の民族集団のアイデンティティを、統率する首長を核として保持していた。シエサは、クスコ市にはこうしてさまざまな民族集団が移住・定着しており、それぞれの集団の居住区域が定められ、各グループは伝統的習俗を維持していた、と述べているが、これはユカイの谷において、各部族のミティマエスが担当した耕地に、それぞれの民族集団の名前がつけられていたという事実と呼応する。さらにコボによれば、各民族集団には、その固有の衣裳、頭飾りなどを集住後も着用する義務があり、部族的差異を明瞭にすることを企図していたという(85)。

このようにして家族、部族単位で集住させられた人々は、王権の命ずるさまざまな義務に従事したが、そのなかのある部分が、ユカイの谷において見いだされた人々のようにミティマエスにしてヤナコーナと称する集団になっていた。史料からは、彼らが特にインカ王領地で農業生産、家畜管理に携わったり、あるいは特殊な手工業生産に従事していたことが明らかになる(86)。

ユカイの谷と同様に、ペルー南西部アバンカイの谷も、ミティマエスが大規模に開発していた。インカによる征服ののち、この地にそれまでいた住民はすべてミティマエスとして各地に強制集住させられ、主《あるじ》を失った土地は王領地となり、そこに十五の異なる民族集団に属する人々が集住してきた。ミティマエスたちは王の直轄民として、トウモロコシ、トウガラシ、コカなどの産物やインカが楽器として好んで奏させた木の実の生産にあたっていた(87)。ミティマエス＝ヤナコーナの果たした機能はこうした王権が儀礼的にもちいた物品の生産と密接に結びついていたと考えられる。山地カハマルカのシュルティンに移動させられた海岸部コリィケのミティマエスは陶工の専業者集団であり、当地の良質な陶土をもちいて、インカ王に供された壺や皿などの製作にあたっていたが、彼らもまたミティマエスと呼ばれると同時に、王のヤナコーナとも称されていた(88)。ワヌコ地方チュパイチュ族の上級首長シャグアは、スペインによる征服がおこなわれるまでクスコに祇候していたが、彼の証言によれば、インカに負った義務の一部として、ひとりの首長が率いる集団がクスコに常駐し、王権の命ずる仕事にのみ従事していたという。彼らはクスコにおいて、盾や槍、戦争で着用された羽根の衣裳などの武具、そしてとりわけ彼らが熟達していた「王の乗る輿」の製作に携わっていた。シャグア自身がこの集団を統率していたようだが、彼は彼らがインカのヤナコーナであったと述べている(89)。

このようにミティマエスの集団が同時にインカ王のヤナコーナとして、王領地で、あるいは専業職人として生産に従事していたことがわかるのだが、ミティマエス＝ヤナコーナ集団の性格を考えるうえで注視すべきは、移動後の集団と出身の共同体との関係である。カハマルカ・シュルティンの例から、彼らが移動先の土着の権力に従属することなく、インカの行政官僚であるトクリクックの直轄下におかれたことがわかり、それゆえ彼らは出身の共同体の権限からは切り離されていた(90)。またトレドの調査からは、クスコに移住したミティマエス＝ヤナコーナのうち、すでに第二世代、第三世代となっている人々の存在も確認でき、彼らが移動地に半ば永続的に定住させられた可能性は大きい(91)。

とはいえ、ミティマエス＝ヤナコーナは前述の王権のヤナコーナのごとく、まったく無共同体的存在にはなっていない。移動先の地において、出身地の習俗、衣裳をそのまま保持していたという事実は、ミティマエス個々の民族集団への帰属が担保され、ひとつの共同体としての自律性が維持されていたことを示唆している。そのうえ出身の共同体の管轄の外にあったとはいえ、ミティマエス集団と出身地とのあいだに移動後も何らかの絆が存在していたことを示す事実もある。チュクイト文書は、当地の人々がクスコやユカイの谷、キト、ハウハをはじめとする帝国領内のさまざまな地方にミティマエスとして派遣されていたことを記すが、前最高首長はインカ国家が実施した人口算定について興味深い証言を寄せている。スペイン人巡察使が結縄《キープ》に記録された人口数と、実際の住民数との不整合を指摘すると、首長は、インカの査定に際しては、チュクイト在住者のみならず、ミティマエスの数をも含めて算定したゆえ、数の不一致が生じたと述べていた。またミティマエスが死亡した際には、その穴を埋めるべく、新たな人員を派遣したという別の首長の陳述もある。[92]ミティマエスとして移住してしまった人々が出身の共同体とまったく無関係な存在にはなっていなかったことがわかるのであり、ミティマエス＝ヤナコーナは、ある意味で異界的存在となっていた王権のヤナコーナとは、この共同体「内」的性格を保持していたという点において明瞭に峻別される。それゆえ、このようにして導かれたヤナコーナの二つの存在形態はその隷属の性格においても異なったものとしてとらえなければならないだろう。まずミティマエス＝ヤナコーナについて考えてみよう。

シエサ・デ・レオンは、ロペス・デ・ゴマラがワイナ・カパックのミティマエスを「奴隷であった」と叙したことに対して、その著作のなかで異を唱え、むしろ名誉と特権を賦与された人々であったと記し、その論拠として王権がミティマエスに授けた贈与や褒賞を挙げている。[93]たしかにミティマエス＝ヤナコーナ集団が顕在的に示す民族集団としての一体性を見れば、シエサと同様、それを奴隷とみなすことはできない。現実には、出身の共同体との関係が形骸化し、タワンティンスーユの拡大とともに重要性を増すインカ私領の直属民として定着させられていたとはいえ、彼らは先インカ期の時代からローカル世界で展開していたミティマエス、すなわち民族集団としての一体感によって核地域と飛び地とをひとつの連続体として包摂するミティマエスの基本的特徴を依然としてとどめていた。それは先インカ期の伝統的社会構造の延長線上に成立したインカ帝国の特質を照らし出す、特殊アンデス的な隷属者集団であったといえよう。

いっぽう、もうひとつのカテゴリーに属する王権のヤナコーナについては次のような特徴を挙げることができる。第一に、彼らはミティマエス＝ヤナコーナとは異なり、個人単位で王権に直属していた。第二に、これらのヤナコーナは選別された処女《アクリャ》と対になる人々であり、両者は婚姻を通じて結びつけられることすらあった。ヤナコーナがどのように家庭を営んだか、その具体相は史料からはわからないが、王の遺骸儀礼に携わったヤナコーナに関するベタンソスの記述によれば、ヤナコーナの身分はその子息が継承したという(94)。第三に、彼らは貢納や捕虜として共同体より切り離され、犠牲という契機を媒介として、神聖王権、そして神殿のような聖なる場に結びつけられていた。それではこの人々を、奴隷と規定することは可能であろうか。叙上の特徴を踏まえたうえで、ヤナコーナの隷属の性格を確定してみたい。

包括的に述べるならば、奴隷とは「第三者の所有物・動産」としてある存在のことであろう。もとよりヤナコーナは、インカ王権によって生殺与奪の権を掌握され、人身供犠の対象となる可能性を潜在させていた。またヤナコーナが王権から地方の首長への「贈与」の対象となっていたことも確認でき、その意味で「動産的奴隷」としての属性があることは否めない。とはいえしかし、インカ・ガルシラーソ・デ・ラ・ベガの次のような叙述を前にするとき、ヤナコーナを古典古代世界における奴隷と同定することは躊躇《ためら》われる。ガルシラーソはインカ王の愛妾となったアクリャについてこう記す。

> なにしろ、インカ王の奴隷である方がクラーカ〔地方首長〕の妻であるより、はるかに名誉なことと思われていたのだ。すなわち、選ばれた乙女たちが、インカ王の奴隷（一応この語を用いておくが、彼らの間には奴隷という語もなければ、そんな概念もなかった〔傍点強調は引用者〕）ということで、唯ただインカ王の所有になる女であるが故に、何か神聖なものとして崇拝された(95)……

この記述からは、当時の西欧的概念を十分に知悉していた彼が、あえて「奴隷」という危険な言葉をもちいながら、聖なる存在に従属する人々に内在する特性とヨーロッパ的観念によってとらえられる奴隷との差異を浮き彫りにしようと懸命になっていることが領解される。ヤナコーナを「奴隷」とみなす際には、ガルシラーソが繊細に覚知していたこの差異に十分な注意を払わねばならない。

ヤナコーナは王権から地方首長に贈与されていた。クスコのモリーナの記録には、コヤ・ライミというインカの大祭において、地方首長がその地のワカとともにクスコに参集した際、彼らの労をねぎらうべく、男女の奉仕人が贈られたとある。しかし、インカの贈与が単にモノの供与ではなく、半ば呪術的な意味を蔵していた織物や御神酒であるチチャ酒、王権がその消費を厳しく統制していたコカ、貴金属などを通じて、インカの神性を被贈与者の裡《うち》に浸透させるものであったことを考えるならば、聖性を帯びていたヤナコーナであったからこそ、このような地方社会の宗教的統合においてその媒体となりえたと考えられるのである。つまり、地方社会からインカ王権に贈られ、インカの神域に包摂された首長層の子女を含む人々が仲立ちとなって、地方共同体はタワンティンスーユに宗教的に統合され、そしてこの人々は今度は逆の方向をたどり、インカ＝神からの贈与物となって地方共同体を王権に包摂する媒体となっていたのである。ヤナコーナはけっして単なる動産ではなかったのである。[96]

さらにヤナコーナの属性のもうひとつの側面を示すものとして、王国の行政的職務への登用という点を挙げられよう。インカ王権によってヤナコーナが首長職に任ぜられていたことを史料的に確認できる。先に引用したトレド調査の証人プイキンの父親は、捕虜から王権のヤナコーナになるというプロセスを経たのち、インカによって首長に任命されていた。[97]またチャチャポーヤ族の反インカ的な首長がその職を剥奪され、ワイナ・カパックのヤナコーナのひとりが当該部族の上級首長に任ぜられた事実も知られている。[98]一般的には、王国の行政官にはインカ貴族が充てられていたとされるが、ヤナコーナは王権に包摂されるとともに、貴族身分と同化していたと考えられる。

このように見てくるならば、太陽神、そしてそれが人格化されたインカ王権の隷属者、あえてガルシラーソと同じ危険を冒していうならば「奴隷」となることは、社会的に零落することではなく、聖なる存在・場に包摂されることを意味し、それを契機に彼ら自身も聖性を帯び、さらにはインカ貴族に同化する道が開かれていたといえよう。こうした属性を有する人々を西欧的な奴隷概念でとらえることはできない。

たしかに、これらのヤナコーナは第三者たる王権が自由に処分しうる無共同体的存在になっていた。しかしその第三者が絶対的に神聖な存在であり、しかもその神性を隷属者が確たるものとして受け入れていたならば、共同体から切り離されるに際し、かならずしも暴力的な強制は必要なかったろう。いうなれば、王権・太陽神殿に従属したヤナコーナとは、インカ王権の絶対的神性を前提として成立し、その神域に統合された人々であり、隷属性と聖性という、一見相矛盾する両義的な性質を内蔵する「奴隷」であったと私は考える。

おわりに

以上、先スペイン期におけるアンデス社会の隷属民の存在形態を考察した。その結果、共同体的性格をとどめていた地方社会のヤナコーナ、そして世帯単位で移動したミティマエス＝ヤナコーナ集団とは明らかに異質な「聖なる奴隷」という属性をもつインカ王権・神殿のヤナコーナが像を結んだのだが、最後に指摘すべきは、こうしたインカ社会の特異な隷属民を、世界史的により広いコンテクストのもと把握しうる可能性である。興味深いことに、たとえばアフリカの神聖王権に隷属した人々はヤナコーナを想起させる特性を示している。エヴァンズ＝プリチャードによれば、スーダン、シルックの神聖王権には、捕虜や殺人者、神話的王の聖霊に捕らえられた人、宮廷に託身した人よりなる「王の召人」がおり、それがいわゆる「貴族身分」を構成していたという(99)。

またマダガスカル、サカラバ族の神聖王には、王の奴隷であるサンビァリブが仕えていた。この人々は、戦争捕虜、輸入奴隷、王国の慣習の侵犯者、王権への託身者よりなっていたが、彼らは多くの禁忌に包まれた聖なる存在に近接しうる直接の奉仕人であった。王とタブーを共有した彼らはその輿を担ぎ、王と平民とのあいだの対話を取り次ぐことができ、さらに王国の政治・儀礼の中枢を担った。その一部は、王と死をともにしたが、彼らサンビァリブは、王権と平民の、そして死者と生者の媒介者となっていた(100)。

これらの例は、神聖な存在に仕える人々に内在する、一元的な隷属関係ではとらえることのできない複雑な性格を物語っている。インカ王権のヤナコーナも、まさしくこの文脈のなかに位置づけられるであろう。ムラがこれまでしばしば強調してきたように、インカ帝国の他のさまざまな側面も、アフリカやポリネシアなどの伝統的社会との比較によって明らかになっていくと思われる。

誕生してから一世紀を経たばかりの若い帝国が発展させようとしていた諸制度は、その成熟した姿を私たちに伝えぬまま、スペイン人による征服《コンキスタ》とともに灰燼に帰した。しかし征服後、ヤナコーナは再び蘇生し、あたかもコンキスタの産み出した「鬼子」のごとく生き長らえていく。「聖なる奴隷」とはまったく異なる新しい相貌を纏うことになる植民地社会のヤナコーナに関しては、次の章で考察しよう。

第2章　植民地時代を生きたヤナコーナたち

はじめに

十六世紀後半、ペルー南部の都市アレキパにおいて作成された公文書は、当市と千七百キロメートル以上も隔たったカニャルというエクアドルの一地方を故地とするインディオたちが、この町で生活を営んでいたことを伝えている。この人々はその頃、ヤナコーナと呼ばれる階層に属していた。

スペインによる新世界の支配がまずエンコミエンダ制を通して実現したことはよく知られている。この制度によって、スペイン国王は、その支配を受け入れ「王室の自由な臣民」と規定されたインディオを、征服《コンキスタ》において勲功あったスペイン人征服者《コンキスタドール》／入植者に「委託《エンコミエンダ》」し、彼らの保護とキリスト教化を義務づけるとともに、インディオから貢租・賦役を徴収する権利を譲渡した。十六世紀のペルー植民地では、この制度をあくまでもスペイン王権が先住民に対して有する権利の一時的譲渡とみなす王室の思惑と、それを封建的特権ととらえようとするエンコメンデロ（特権享受者）の意志とが齟齬をきたし、結果として大きな社会的混乱が生じてしまうのだが、社会構造という点から見れば、エンコミエンダ制を軸として植民地体制・インディオ支配の大きな枠組みは定まったといえる。

親族組織を通じて形成された伝統的なアイユ共同体は、大きく解体することなくエンコミエンダに包摂され、先スペイン期の社会構造はかろうじて生き残った。そしてインディオ共同体の実質的な「領主」となったエンコメンデロは、都市に邸宅を構えて一年の大半をそこで生活しつつ、委託下のインディオたちが提供する貢租・労働力を、都市を軸とする社会的・経済的活動に投じていく。しかし彼らと都市の後背地にあるエンコミエンダ下のインディオとの関係はあくまでも間接的なものにとどまった。すなわち、先住民の直接の収奪は、エンコメンデロと契約をしたスペイン人や混血の監督者《マヨルドモ》(1)に、そして貢租産物の生産や賦役の調達責任などは、先スペイン期以来の共同体の伝統的統括者たる首長層クラカに託された。結果としてペルー植民地社会は、エンコミエンダという制度を背景として、スペイン人有力者層によって都市を核に形成された「スペイン人の公共体 República de Españoles」と、都市の外部空間に存在する「インディオの公共体 República de Indios」という固有の律動をもつ二つの世界によって理念的に構成されることになったのである。(2)

ところが征服後の混乱状況において、伝統的な共同体を離れ、スペイン人が私的に形成した経済領域に包摂されていくインディオの姿が顕在化していた。このインディオたちは、スペイン人の家政や農地で、いわば下僕として奉仕した人々であったが、彼らが本章で検討するヤナコーナである。すでに第一章で見たように、ヤナコーナという階層は先スペイン期からアンデスに存在していた。インカ帝国においては、王権や地方首長層に隷属する人々がこう呼ばれていた。スペイン人はインカの遺制である社会階層を再利用し、それを私的な経済搾取の具として貪欲に利用していったのである。

一九六〇年代以降、アンデス植民地史研究は、未刊行文書館史料の活用と相俟って大きく進展した。都市におけるスペイン人社会の具体相、エンコミエンダの機能とその体制下でのインディオ共同体の実態と変化、そして商業的生産を目的とする大農園《アシエンダ》の生成過程などの多様な問題の解明は大きく進展した。(3) しかしながら、先住民社会とスペイン人社会とのあいだに見え隠れする植民地期のヤナコーナ層の実体については、かつてキュブラーがその概括的な様態を提示して以降、いまだ十分な光があたっていないように思われる。キュブラーは植民地行政官の覚書やクロニカをおもな典拠としつつヤナコーナに言及し、彼らを「放浪プロレタリアート」と定義した。そしてヤナコーナはキリスト教徒の社会の一員となっていたがゆえに、伝統的なアイユ共同体に生きるインディオ＝ハトゥンルナよりも優位な条件のもとにあり、それは後者が前者の層に愈々《いよいよ》加わり、植民地社会におけるヤナコーナ集団が増大する要因であったとする。キュブラーが示したヤナコーナの像はおおむね適切である。しかし、ヤナコーナ層がいかなる歴史的過程のなかで復活したのか、そしてペルー植民地社会における彼らの具体的な存在様態がどのようなものであったかを考えることは依然たいせつな課題である。(4)

スペイン支配下の法制ではヤナコーナは「奴隷」ではなかった。しかし、すでに第一章で詳述したように、スペイン語へのその訳語である“criado”がその隷従の性格の不透明さを物語っている。「家族の一員である従属者」という言葉本来が包蔵する隷属の性格の曖昧さ、自由の「質」の不分明さが、ヤナコーナにはつきまとっていた。(5)彼らは、スペイン王室が示した先述の二つの公共体《レプブリカ》を基軸とする統治の枠組みから逸脱していく存在であったが、そうであったからこそ、植民地社会が抱える現実の諸問題を体現する人々であったともいえる。冒頭で触れたエクアドルのカニャル人たちは、征服後もなぜ、故地から千七百キロメートル以上も離れたアレキパ市に住まわねばならなかったのだろうか。

すでにスポルディングは、エンコミエンダ体制下のインディオ社会とスペイン人社会との結節点にあって二つの世界を媒介した存在として先住民首長層に着目し、彼らの経済的・文化的変容がインディオ社会に与えた影響の重要性を指摘しているが、(6)先住民共同体を離れてスペイン人の社会に貫入していったヤナコーナもまた、異文化に対する先住民側の応答の、そして征服者のもたらした新しい社会様式に対する征服された者たちの向きあい方のひとつのかたちを表現する存在であった。

王室行政官マティエンソは、一五六七年に著した『建白書』のなかで、ヤナコーナを、その労働の種類によって、

一、スペイン人のチャカラ（農園）ではたらく者、二、スペイン人の邸宅で使役される者、三、ポトシ、ポルコなどの鉱山ではたらく者、四、アンデス山脈東斜面のコカ畑ではたらく者、と四つに分類しているが[7]、本章では公証人文書（公正証書）や行政・司法文書など、都市に居住したヤナコーナ（マティエンソの分類では、一、二に該当する）の日常の諸断面を伝える史料に依拠しつつ、おもに植民地都市アレキパ市を中心に、征服後、ヤナコーナ層がどのように生成したか、彼らを取り囲む社会状況や社会的結合関係などの諸点を明らかにしていきたい[8]。

1　再生するヤナコーナ

インカ帝国が一五三二年にスペイン人によって破砕されたのち、各地にスペイン風の都市が建設されていき、領袖ピサロは論功行賞としてのエンコミエンダを征服者たちに分配していった。こうして植民地社会の大きな枠組みのかたちは整ってゆく。ところがその後、植民地におけるヘゲモニーをめぐり、ピサロ一派と、もうひとりの領袖アルマグロの派閥とのあいだに権力闘争が生じ、そこにエンコミエンダの下賜に与れないスペイン人の不満が流れ込むと不穏な雰囲気が醸成する。さらにエンコミエンダの漸次廃止を目論む王室が一連の法令（一五四二年の「インディアス新法」、一五四九年のインディオ私賦役禁令）を発布したことが引き金となり、六〇年代にいたるまで、全ペルー領域を巻き込む内乱状態が継起することとなった。植民地社会に平穏がもたらされるためには、鉄の意志をもって植民地の諸機構や先住民共同体の構造的改革を断行した副王トレドの統治をまたなければならなかった[9]。

しかしこの内乱的状況のなかで、すでにヤナコーナ層の形成ははじまっていた。一五四三年、ペルー総督バカ・デ・カストロが発した「宿駅《タンボ》に関する条例」は、国内を通行するスペイン人に同行することが許されるヤナコーナの数について規定している[10]。またアレキパ市においては一五四六年に都市のヤナコーナの居住問題が都市参事会《カビルド》の議題にあがっている。すなわち議会は、市を流れるチリ川流域にあったスペイン人が所有する農地に、掘立小屋

ranchos y bohíos をかけて住みつつあるヤナコーナを、地方官吏コレヒドールが指定した場所に移動させるよう決定しているのである。[11]

ペルー南部最大の都市となるアレキパは一五四〇年に建設され、すでに創られていたリマ市やクスコ市の中小市民から選ばれた人々がこの地方にエンコミエンダを獲得し、市民《ベシーノ》となって定住した。[12] 都市建設と同時に、これらの市民はチリ川流域の土地を都市参事会を通じて分配・下賜されていたが、四六年に市会で問題となったのは、市域内のこれらの土地に住み着き、農耕に従事していたインディオたちであった。インカ帝国の崩壊から十年もした頃には、このようにヤナコーナと呼ばれるインディオたちが再び姿を現していた。

だがいっぽう、当初から、「王室の自由な臣民」であるインディオとスペイン人のあいだに私的な隷従関係は存在しえないという法制的原則が存在した。新世界の発見直後に各地で広く見られたインディオの動産奴隷化はまもなく厳重に禁止された。唯一の例外措置として、スペイン人の支配に対して反乱を起こし、その結果捕虜となったインディオを奴隷化することだけが許容されていたが、一五四二年の「インディアス新法」により、王室はこの例外的適用をも撤回した。[13] インディオの奴隷化が不可能となった以上、スペイン人は別の隷属の形態を求めていかなければならなかったが、そこで彼らが目につけたのが、インカ社会の遺制であるヤナコーナであった。

しかし「インディアス新法」には、インディオの自由意志に反する私的な労働利用を禁ずる条項が存在しており、これは明らかにペルーに生まれはじめていたヤナコーナにもあてはまるものであった。[14] じっさい王室は一五五〇年、リマのアウディエンシア（植民地社会における最高司法・行政機関）に宛てた書簡のなかで、当時同機関の議長であったラ・ガスカがポトシ銀鉱で実施した鉱山経営者へのヤナコーナの割り充てに対し、「新法」のこの条項を引用しつつ、ヤナコーナを自由意志に基づく賃金労働者として雇用するよう命じている。[15]

このようにペルーにふたたび出現したヤナコーナの存在は、王室の先住民政策に明らかに背馳するものであった。しかしながら、植民者の意向の総体としてあったアレキパ市参事会の四六年の議事では、ヤナコーナの存在自体はまったく問題とされていない。征服後の混乱のなかで、本国の意向が植民地にスムースに反映することは難しかったのであり、ヤナコーナはスペイン人、先住民双方の利害を反映しつつ存続していく。

ヤナコーナの数は着実に増えていった。一五六三年に報告書を著したサンティリャンは、明らかに事実を誇張していると思われるが、スペイン人が際限なくインディオをヤナコーナとした結果、その数は一般のインディオ《ハトゥンルナ》のそれにおよぶほどであるとして対策を講じている。[16] それでは、征服後どのようにしてヤナコーナ層は生成していったのか。それを示す好個の史料が、アレキパ市の有力なエンコメンデロであったルーカス・マルティネスが一五五九年、当市の公証人マルティン・アルバレスのもとで作成した土地の贈与文書である。贈与の対象者として列挙されていたのは、当時ルーカス・マルティネスに奉仕していた五十五名にもおよぶヤナコーナたちであった。[17]

ルーカス・マルティネスは、ペルー征服の頭領フランシスコ・ピサロと同じスペイン南部トゥルヒーリョの出身で、ピサロの征服に随行し、ともにクスコに入城した。最初クスコ市民となり同地にエンコミエンダを得たが、アレキパ市を建設するためにクスコを離れ、その創設者のひとりとなる。同時に市管内のタラパカ、イーロ、アサパに大きなエンコミエンダを獲得した。[18] 彼のヤナコーナには、この証書によって四片のチャカラ（農地）が贈与されたのだが、興味深いのは、この文書にヤナコーナ各々の姓名のみならず、出身地が記載されている点である。

ヤナコーナ集団は、ペルー北部ワマチュコ出身のドン・フランシスコ・グァチャ、およびその弟クリストバル、カンチス（クスコ地方）出身のペドロという三人の長《おさ》が統率していた。五十五名のヤナコーナの年齢などについての記述はないが、そのなかには女性もおり、また一部家族を営むものがあったこともわかる。さらにある者については、出身地のほかに職種も明記されていて、銀細工職人 **platero** のルカケ、絹職人 **sedero** のフランシスコ、靴職人 **zapatero** のフランシスコ・タパラ、馬丁頭 **caballerizo** のフランシスコとディエゴ、大工 **carpintero** のエルナンド・ディコの六人を確認できる。出身地がわかる四十三名のヤナコーナについて、それを分類するとエクアドル地方（カニャル）三名、ペルー北部地方（ワマチュコ、カハマルカ）三名、ペルー中部地方（ワンカ）二名、ティティカカ湖岸・コリャオ地方（チュクイトなど）八名、クスコ市十名、クスコ西南地方（カナス、カンチス）十三名、海岸部諸地域三名、アレキパ市管内一名となり、彼らの生地はペルー副王領全土に拡がっている。マルティネスのヤナコーナたちの出身地を手がかりとしながら、植民地時代のヤナコーナ層の形成過程を検討していくと、まさに征服者ルーカス・マルティネスがアレキパ市民になるまでの足跡にそれが浮き彫りになる。

まずは征服期の混沌とした情況のなかで、コンキスタドールたちが先住民共同体から強制的に徴発したインディオたちが、そのあと村に戻ることなく、スペイン人のヤナコーナになったというひとつの契機が浮かびあがってくる。ペルー北部の地カハマルカでインカ王アタワルパを処刑したピサロ一行は、ワマチュコを経て、ハウハ（ワンカ）地方を通り、クスコに向かっている。マルティネスはこの間、ずっとピサロに随行していた。北部出身のヤナコーナたちは、おそらくこの際に徴用され、マルティネスに従属するようになったと推定しうる。

またカナス、カンチス地方出身者が多いこと（十三名）が注目される。一五三六年、ピサロが擁立した傀儡インカ王マンコがクスコ市から逃亡し、それからの数カ月、クスコ市のスペイン人たちは先住民反乱軍に包囲され、窮乏の日々を送ることになったのだが、このとき、カナス、カンチス地方から多くの糧食が徴発された。[19] ルーカス・マルティネスとその仲間も彼地に赴き、強制的に二百頭ものリャマを押収した事実が知られており、マルティネスはおそらくその際、リャマのみならず人間をも徴発していたものと思われる。相次いだ内乱や対インディオ戦役において、スペイン人が従者、荷役夫として頻繁に先住民共同体からインディオを連行していたことは、サンティリャンの記録からもうかがい知ることができるが、いっぽうそうして徴発されていったインディオの多くが共同体に戻ってこなかったことは、別の史料からもわかる。ティティカカ湖畔チュクイト地方の大首長制社会ルパカの旧最高首長は、スペイン人の巡察使に対して、当地の人口がインカ時代に比べて減少してしまった理由のひとつとして、スペイン人がチリ地方などへ遠征する際、インディオをヤナコーナとして連れていってしまったことを挙げている。[20]

またアレキパ市のラ・チンバ村落の諸首長が、一五六九年にひとりのスペイン人に対して作成した権利委任状は、一五五三年に起きたスペイン人エルナンデス・ヒロンの蜂起以来、共同体に戻ってこないインディオたちを帰村させることを要請・委任する内容のものであった(21)。

こうしてスペイン人の強制的な徴発がヤナコーナ層形成の重要な契機となっていた。「インディアス新法」が謳う先住民の人権保護のための条項も、新法自体の廃絶を目指してスペイン人が反乱を起こすという不穏な情況にあっては、遵守されようはずもなかったのである。また別の地方の史料からは、エンコメンデロ自身が、委託された先住民をヤナコーナ化していたこともわかる。一般にエンコメンデロは、一五四九年に発布された前述の私賦役禁令を行政府が貫徹するまでは、委託下のインディオたちを自由に使役していた。共同体のインディオたちはインカ時代と同様、輪番でエンコメンデロの要求に応じていたが、奉仕の期間が終わっても共同体に戻らず、エンコメンデロのヤナコーナとして留まることを選ぶ者もいた。一五六二年に地方巡察が実施されたワヌコでは、各首長が共同体の外部に居住するインディオについて言及し、これらの人々がエンコメンデロの家政のヤナコーナとなってさまざまな労働に服事していると述べている(22)。征服という外部からの衝撃が、共同体から先住民を切り放し、ヤナコーナ層の形成を促していた。

次に考えるべきは、先スペイン期にインカ王権のもとに存在した隷属民と植民地社会におけるヤナコーナとの関係である。第一章で詳しく検討したように、すでにインカ社会には、インカ王権、諸神殿に隷属するヤナコーナと呼ばれる集団が存在していた。この人々は、その隷属の性格によって二つに分類される。そのひとつは、選別された処女《アクリャ》と対になって各地方から供出され、共同体との紐帯を完全に失って、神聖王インカの宮廷や宗教センターにおいて奉仕した人々であり、なかには隷属性というよりも、むしろ「聖なる属性」を賦与されている者もいた。もうひとつは民族集団としての一体性を保持したまま、世帯単位で各地に移動させられ、特殊な産物や王領での生産にあたったミティマエスと呼ばれる人々である。彼らは、インカ王権の庇護を失ってのち、どのような命運をたどるのだろうか。

ケチュア語のヤナコーナという言辞を、征服後まもなくスペイン人が採用したということは、ヤナコーナという集団がすぐに再活用できるものとして彼らの目の前にあったことを示している。サンティリャンは、スペイン人が「乙女の館」に収容されていたアクリャたちをインカ王から「継承した」としているが(23)、男性であるヤナコーナの多くもスペイン人の配下に置かれたことは想像に難くない。マルティネスのヤナコーナのなかには、クスコ出身者が十名もいるが、王都のインカ宮廷や神殿に集まっていた隷属民のうち、インカ帝国崩壊後、新しい支配者たちのヤナコーナになった者がいたことは、たとえば『インディアス地理報告書』に現れるインディオ、ディエゴ・グァルパの例からわかる。ポトシ銀山の第一発見者であると自称する彼は、クスコ地方の首長の子弟であり、スペイン人によって征服されるまでインカ王ワスカルが頭に飾る羽根の管理者として君主に奉仕していた。彼はコンキスタの最中は故地に戻っていたが、クスコ市をスペイン人が占拠した際「いったいどんな人間か」を見定めるために出かけていく。そこでひとりのポルトガル出身の兵士に魅せられ、そのヤナコーナとなり、結句ポトシに入ったと証言している(24)。

スペイン征服直前のインカ帝国が、支配領域の拡大に伴い、重大な社会変化を迎えていたことは夙《つと》に指摘されるところだが、それに呼応して生じていた人間の流動性は、植民地社会におけるヤナコーナ層の再生に大きく寄与していたと思われる。その流動性は、とりわけミティマエスと呼ばれる社会集団に顕著に表現されていた。第一章で詳述したように、インカ王権は、広大な支配域に統合された諸民族集団を適切に制御し、またさまざまな天然資源を開発するため、大規模な人口移動政策を展開していた。インカ帝国が崩壊したのち、ミティマエスのある者は出身の共同体に帰還したが、移動先の土地に留まる集団もあった。たとえばペルー西南部アバンカイの谷では、インカ時代、先住民がやはりミティマエスとして各地に移動させられたのち、空いた土地はインカ王領となり、農業生産のために各地からさまざまな民族集団がやってきていた。征服以降、インカ王領や神殿領は植民地行政府が接収し、各都市参事会の管轄のもとで植民者に下賜・分配されたが、アバンカイの谷でも、旧インカ王領がスペイン人の所有地となったあとも、ミティマエスは帰村することなくそこに留まり続け、ヤナコーナとなってスペイン人のために耕作していた。(25)

ルーカス・マルティネスのヤナコーナのなかには三名のカニャル人、および二名のワンカ人が確認されるが、先スペイン期の社会情況が征服後のヤナコーナ層形成に反響したものとして看過できないのが、このカニャル人とペルー北部地方のチャチャポーヤ人、そしてペルー中部のワンカ人の存在である。さまざまな史料より、これらの民族集団に属する人々がアレキパ市で生活していたことが判明するが、(26)彼らはインカの支配に対して特に激しく抵抗したことで知られている。シエサ・デ・レオンのクロニカをはじめとする記録は、征服されたのちも、しばしばインカ王に反旗を翻したカニャル、チャチャポーヤの地からは、多くの世帯がミティマとして王都クスコに送られ、王領などで奉公していたことを伝えているが、(27)この人々のインカ王権への敵愾心は、彼らが征服後、いちはやくスペイン人支配に協調し、その熱烈な協力者になったという事実に示される。たとえば、征服後ビルカバンバの山中に立て籠もったインカの反乱軍を追捕する際、その先陣を切ったのは彼らカニャル人であった。(28)マルティネスに仕えていたヤナコーナを含めて、アレキパ市のカニャル、チャチャポーヤ人は、インカ王権が行使していた強制力が消滅したのち、自らの意志でスペイン人を主《あるじ》として選び、古都クスコなどからアレキパ市へと移り住んだものと推定される。

太陽神信仰を背景とするインカ王権の支配に心から同化していたのならばともかく、強制力によってインカに束縛されていた人々は、征服当初の時期においては、スペイン人の支配を承服することと、インカ支配を甘受することとのあいだに大きな差異を見いだしえなかったであろう。ペルー中部ハウハ地方に盤踞したワンカ人も、インカの軛《くびき》をスペイン人と結びつくことによって断ち切ろうとした人々であった。ワンカ人もやはりインカとの大戦闘の末にその支配下に置かれていたが、ワンカの首長たちは、スペイン人が侵入したという報を受けるや、上質の衣料、トウモロコシ、金・銀を、アタワルパを捕縛したピサロの滞在するカハマルカへ、多数の荷役夫の手で届けさせるともに、スペイン人への忠誠の証として大勢のヤナコーナを献上したという。(29) ヤナコーナの贈与は、インカ社会においては地方社会のインカ王権への統合の契機となる行為であり、インカ王の政治的・宗教的権威の受容を意味していた。多数のヤナコーナの呈上もこの文脈の延長上で理解することができる。その意味で、植民地社会におけるヤナコーナの再生は、単にスペイン人の暴力的強要の結果にとどまらず、被支配者側の意思が反映するものであったという事実を看過することができない。

以上、ルーカス・マルティネスのヤナコーナたちを通して、征服後のヤナコーナ層形成の契機を検討した。彼らが、征服後の混乱期に強制的に従属状態に置かれる場合もありえたが、征服直後の局面においては、個人、あるいは集団が置かれていた先スペイン期の社会関係、インカ社会に固有の人間集団の流動性に規定されつつ、自発的に新たな支配者に仕えることを選んだ人々が存在したことも確実であった。前出のディエゴ・グァルパは、ポルトガル人兵士に奉仕するようになった理由として、彼が最も力量のある人物と思われたから、ときっぱり述べているが、このようなインディオの側からのスペイン人に対する応答のあり方が、ヤナコーナ層を存続させ、のちに見るような、主人とそれに従属する者とのあいだの柔らかな関係を生みだす要因のひとつであったと私は考える。(30) 次節では都市社会で生活するインディオの諸様相を見ながら、ヤナコーナの存在が植民地社会において惹起していた問題を概観してみたい。

2　都市社会を生きるヤナコーナ

その著作のなかで、ヤナコーナを、「出身の共同体を出て、スペイン人とともに生活しているインディオ」と定義したマティエンソは、しかし続いて、ヤナコーナのなかには、一所《ひとところ》に定着することなく怠惰な浮浪者と化してしまう者が見られることを指摘し、このような弊害を除去するためには、ヤナコーナを決まった主人のもとに定着させ、いっぽう新たにエンコミエンダを離れてヤナコーナになる者については、その道を断つ必要を説いている。マティエンソの建白の趣旨は、インディオの私的奉仕を廃絶せんとする王室の方針に対して、ヤナコーナ層の存在自体は肯定し、階層として固定化することによって存続を図るものであったが、彼が指摘した状況は、すでに都市社会において顕在化していた。(31)

一五五〇年八月十四日、アレキパ市参事会は、怠惰にして、かつ犯罪の温床となっていた自立して生活する黒人奴隷、解放黒人奴隷を適当な主人のもとで定着させるよう命じると同時に、「ヤナコーナ・シマロネス」についても同様の措置をとるよう指示している。こうした人々が発見された場合には、鞭打ち百回の罰が科せられることにもなっていた。この「シマロネス」と形容されている人々は、特定の主人をもたず流離するインディオであり、彼らを月一ペソで特定の雇い主のもとに就業させるよう命じていた。(32) 植民地時代に使われたヤナコーナという名辞の曖昧性については夙に指摘されているところだが、(33) 叙上の史料から、少なくともアレキパ市においては主人を特定している者(文書では「何某のヤナコーナ」と出てくる)だけではなく、共同体を出て浮浪する人々を含めて、ヤナコーナというひとつのカテゴリーができあがっていたことがわかる。

この流動するヤナコーナ層の問題に抜本的な改革をもって応じたのが一五七〇年代に第五代副王として執政したフランシスコ・デ・トレドであったが、その改革に触れるまえに、一五六四年から七一年にかけて、アレキパ市の公証人ファン・デ・ベラ、およびディエゴ・デ・アギラールが作成した、スペイン人とインディオのあいだで交わされた六十八件の労務契約書を通して上記の実態を点検してみよう。(34) 労務契約書が作成されるようになるのは一五五〇年代に入ってからであり、それまでインディオは無保護・無権利の剝き出しの状態でスペイン人に酷使されていた。(35) この契約書には、雇用者の姓名、被雇用者の姓名と出身地、労務内容、労務期間、報酬などが記されており、特にインディオが雇用される際には、地方官吏コレヒドール、もしくは「インディオ保護官」が契約に臨席することとなっていた。六十八名の内訳は、男性四十四名、女性二十四名であり、そのうち出身地を確認しうる者は六十名だが、それはペルー副王領全域に散らばっている。ちなみにこれをアレキパ市管内地域、管外地域で区分すると、前者が十五名、後者が四十五名となる。管内出身者十五名のうち七名については、出身地域のみならず、出身の村落名、そして該村を支配しているエンコメンデロの名前が記されており、これらの場合には、該インディオがエンコミエンダに従属し、貢納義務を負っているということが契約に際して念頭に置かれ、また被雇用者の先住民共同体への帰属が明確に意識されていたと考えうる。

いっぽう、管外出身者は北から見ていくと、キト地方二名、ペルー北部地方八名、ワヌコ地方一名、リマ市管内三名、ハウハ地方五名、ワマンガ地方二名、クスコ地方二十名、コリャオ地方一名、チャルカス地方二名、海岸部地方一名によって構成されている。惜しむらくは、文書に彼らの前歴が記載されておらず、いかなる経路をたどってアレキパ市にまでたどり着いていたのかが詳らかではないが、なかには往復に数ヵ月を要する僻遠の地に生まれた者もおり、「ヤナコーナ・シマロネス」と都市参事会が呼んだ流離の民が、この管外出身者のなかに含まれていた可能性は高い。

平均的な契約は、期間一年、報酬年八—十二ペソ（流通銀）、および二着の衣料であり、被雇用者は雇用者の家の内外での労働、たとえば家事、チャカラ（農園）の管理・耕作、雇用者の子弟の育児などにあたったとみられるが、(36) 興味深いのは、明らかに該契約以前にスペイン人と関係していたとみられる人々がなかに含まれていることである。たとえば、契約書に「われらがスペイン語に通じたラディーノ ladino en nuestra lengua española」と記されているインディオがいる。これは彼らがスペイン人の社会で生活しながら、かなり文化的な変容を遂げていたことの証左であろうが、スペイン人と日常的に接触をもったヤナコーナがいちはやくスペイン語を身につけることができた先住民であったことは疑いを容れない。たとえば、これはリマ市のヤナコーナの例であるが、アルゼンチン・トゥクマン出身のファンの労務契約書（一五七六年）には「このヤナコーナはラディーノであるから文書の意味するところを理解した」と付記されている。さらに一五七四年ワイラス地方を視察中であった巡察使アロンソ・サントヨはマルティンというヤナコーナを通訳として伴っていた。また大がかりな地方巡察をおこなった副王トレドは、訪問先の先住民布教区には、土着の言葉を解すことのできない宣教師ばかりがいて、スペイン語の祈禱の通訳がヤナコーナに任されてはいるものの、しかしその訳し加減は不適切であると嘆いている(37)。

さらにスペイン人とヤナコーナの関係を示唆する例として注目すべきは、一五六四年にロペス・デ・アリエタという靴職人と契約したフランシスコ・タパラというインディオである。彼は年二百二十ペソというスペイン人並みの法外な給金を得ているが、フランシスコは先に紹介した富裕なエンコメンデロ、ルーカス・マルティネスの贈与文書中、土地を贈られることになっていた五十五名のヤナコーナのひとりとして名を連ねていたのである(38)。ルーカス・マルティネスは一五六一年にアレキパ市を離れ、余生を首都リマで過ごしていたことがわかっており(39)、フランシスコはマルティネスが上京して以降、靴職人として独り立ちした可能性が強い。これは特定の主人に仕えるヤナコーナとその主《あるじ》との関係における融通性を示唆するものとして貴重な例であるといえるが、前出の自称ポトシ銀山発見者ディエゴ・グァルパも最初ポルトガル人兵士に仕えたのち、さらに主人を替えている。マティエンソの指摘する、一所に定着しないヤナコーナの存在も、このような主人とヤナコーナとの関係によって説明しうるだろう。

これらの例から、スペイン人のヤナコーナとなることは、扈従するあいだに獲得する技量や言語運用能力により、スペイン人の経済圏において、一般のインディオよりも有利な活動を可能にする一因であったことが知られる。それゆえ、アレキパ市管外からやってきて、おそらくそれ以前はスペイン人との日常的接触が少なかった平均的契約をおこなったインディオたちが、契約期間ののちも有力者のもとに留まって奉仕し続け、その後雇用者のヤナコーナや、あるいは職人になっていったこともありえたであろう。たとえばハウハ出身のキスペは、その労務契約において報酬として衣料二着しか供与されておらず、おそらくは未成年者であったと推定されるが、彼は仕立屋の見習いとして契約している。契約書では、奉仕期間中、雇用者である親方が、キスペが独立できるよう技術を伝授することになっており、これはキスペにとって、都市社会に包摂されていく最初の扉となったのだろう(40)。

このようにアレキパ市で作成された労務契約書は、アンデス世界各地から蝟集し、スペイン語の運用能力や職人としての高い技術を身につけて逞しく都市社会を生き抜こうとするヤナコーナたちの姿を垣間見せるが、いっぽう一五六〇年代以降、行政当局が重要な問題として認識するようになっていたのは、このようなかたちで非共同体的存在となっていくヤナコーナたちを王室が確立した貢納体系にいかに組み込んでいくかということであった。すなわち、エンコミエンダに従属していることを明示して労務契約に臨んだインディオはさておき、自らの意思で共同体との紐帯を断ち切り、都市に定着したインディオたちは、その結果、共同体成員としての貢納義務を逃れている状態にあったわけである。すでに一五六三年、リマのアウディエンシアに宛てた指令のなかで王室は、貢納義務を履行していないヤナコーナの問題に憂慮し、彼らから貢租を徴収していくよう命じているが、一五六九年にペルー副王に着任したトレドはこの流れを受けて、ヤナコーナに対する「貢租査定」、および強制集住政策《レドゥクシオン》を実施した。(41)

副王トレドはヤナコーナの問題を放置しておくと、ときを経ずしてインディオはみなヤナコーナと化し、先住民共同体は荒廃するだろうという危惧の念を表明していたが、(42)彼はスペイン人の家政や農地《チャカラ》で奉仕しているこれらのヤナコーナを、都市周辺に定められた「教区」に、キリスト教化の目的をかねて集住させ、その住民原簿を作成した。そしてヤナコーナを「王室直属のインディオ」と規定し、貢納年齢（十八―五十歳）にある成年男子については、一律の貢租を賦課していったのである。このトレドの改革は、法制的にヤナコーナを王権に直属する貢納義務をもつ自由民インディオとして規定し、スペイン人とヤナコーナのあいだに生まれていた私的な隷属関係を否定するとともに、税負担を逃れて共同体をあとにする先住民の流れを堰き止めることを目指していた。(43)

一五七〇年にリマを出発し、全国巡察の途についたトレドは、アレキパ市において五百十四名の貢納義務を負うヤナコーナを確定し、そのおのおのに銀四ペソ半の貢租を課した。(44)またトレドの発した指令からは、アレキパ市ではすでにヤナコーナ層が教区に居住していることがわかる。先述のように、アレキパ市では市建設当初から、スペイン人の農園《チャカラ》などで生活するヤナコーナをそこから切り離し、一定地域に集住させる方針が明確化しており、トレドの巡察以前にすでに彼らは市はずれの「サンタ・マルタ教区」「サン・ラサロ教区」などに集住していたことがうかがわれる。リマ市においても同様に、市の東部に「セルカード」というインディオ居住区が設定されているが（セルカードについては第四章で詳しく述べたい）、都市におけるこうした教区の整備は、ヤナコーナ層の固定化を目指す行政府の方針が、その空間的布置にまでおよんでいたことを示している。すなわち「スペイン人の公共体《レプブリカ》＝都市」の周縁に、それとは異質な空間としてインディオの居住地域を設定するというかたちで、ヤナコーナたちの静態化は進んでいった(45)。

しかしリマのアウディエンシアのオイドール（判事・行政官）が王室に宛てた書簡は、トレドがヤナコーナを主人のもとから引き離し、強制的に集住させたことにより、ヤナコーナをそれまで給養し、使役してきたスペイン人住民の不満を惹起したことを報告している。また王室直属のインディオと規定されて以降、行政府がその労働力を管理するようになり、ヤナコーナを恣意的にスペイン人に割り充てていったため、ヤナコーナ自身からもその弊害を訴える請願書が提出されていたこともわかり、トレドの施策がただちに状況の改善に結びつかなかったことが理解される(46)。また教区に登録されたとはいえ、依然としてスペイン人の所有する農園《チャカラ》に居住するヤナコーナも確認され、さらには改革以降も「何某のヤナコーナ」という文言はしばしば文書に出現しており、トレド以降もヤナコーナと主人との関係は維持される場合があったと推定される。おそらくヤナコーナは、教区とチャカラやスペイン人の邸宅のあいだで二重生活を送っていたのではないだろうか(47)。

トレド改革をもってしても、共同体からのインディオの離反に対する抑止にはならなかった。その後トレドを引き継いだ副王へ王室が送った指示のなかでも、再びヤナコーナ問題の解決が要請されているし、また一五九九年、副王ベラスコが王室に宛てた書簡によれば、現ボリビア、チュキサカ管内では、トレド改革以降もスペイン人の農園《チャカラ》に住み着くヤナコーナがおり、このような者のうち、定住して二年に満たない者については、出身の共同体に帰村させる裁定をとったことが報告されている(48)。

共同体を離れる先住民がヤナコーナ化する問題が顕在化していた十六世紀末、そのプロセスを明瞭に伝えるのが、アレキパ市近郊グァサカチェにあったイエズス会の学院《コレヒオ》が所有する農園《チャカラ》にあったヤナコーナをめぐる史料である。一七世紀初頭の一六一一年、この農園のヤナコーナを対象とする巡察があり、行政府がヤナコーナと認定した者について住民原簿が作成された[49]。この文書から、イエズス会に服事していたヤナコーナ層が形成されるいくつかの要因を知ることができる。

まず副王からの「恩恵《メルセー》」としてヤナコーナが当コレヒオに割り充てられていた。トレド改革以降、理論上王室に直属するものとされていたヤナコーナは、行政府が恣意的に動かすことのできる人間集団となっており、イエズス会学院側の申請を受けた副王は、特定の雇用者をもたず、エンコミエンダにも属していないと認定されたヤナコーナ十二名を学院に割り充てていた。また二人の孤児の兄弟が幼時より当コレヒオで育てられ、コレヒオのヤナコーナと認定されていた。さらに山岳地帯の先住民共同体を逃亡してきたインディオが、コレヒオの農地に居着いてそのままヤナコーナになっていた。原簿が作成された契機は、まさしく、アレキパ市管内のコリャグアス地方の先住民首長からコレヒオに対して、インディオを返還せよという要求が出されたことにあった[50]。原簿によると、農園《チャカラ》のヤナコーナの総数は百五名、二十五家族がそこで生活していた。たとえばそのうちのひとり、コリャグアス地方出身のヤナコーナで、妻イサベルと生後六カ月の息子とともにコレヒオの原簿に登録されているアロンソ・アンコの名前は、この文書とはまったく別の文書、すなわち一五九一年に山間部コリャグアス地方を対象とした巡察に際して作成された住民原簿に妻の名とともに記されている[51]。コレヒオの農地のヤナコーナ原簿は、一五九三年、一六〇四年にも作成されているが、アンコの名は九三年のそれには現れない。このことから、九三年以降にアンコは妻とともに山の共同体を離れてこの農地に住み着き、子供をもうけていたと推測できる。そしてこれらのヤナコーナ層は、副王ベラスコの定めた二年以上の居住規定に準拠しているとみなされ、当コレヒオのヤナコーナと公的に認定された。

共同体からのインディオの離脱＝ヤナコーナ化現象の要因については、個別のケースについての精密な分析が必要であり、今後の課題となろうが、全般的に述べるならば、それはワシュテルが「構造喪失」と呼んだ事態に求められるであろう。成員をつなぎ止めていた共同体固有の伝統的な生活・社会規範が、スペインの征服という衝撃波によって弛緩し、さらに疫病のせいで人口が減って生産力が大幅に低下したことにより、共同体の存続そのものが危うくなった、そうした事態である(52)。トレド改革は、かかる状況を、先住民共同体の強制集住化政策《レドゥクシオン》によって修復しようとするものであり、貢納の義務化、定住化を通してヤナコーナ層を限定し、共同体の崩壊を抑止しようとした。だが実際には、十七世紀以降も、ヤナコーナは「ヤナコナヘ yanaconaje」というかたちで制度化され、以降数世紀にわたってペルーの大土地所有制における重要な労働形態として存続していくのである(53)。

ヤナコーナ存続の背景には、この「構造喪失」という事態、そして先に見た、スペイン人社会で通用する技術・言語能力を取得したのちにもたらされる社会的上昇の機会が大きな意味をもっていたことは確実である。しかしさらに、共同体をあとにした先住民たちをヤナコーナとして款待したスペイン人側の利害関心にも目を向けなければならないであろう。次節では、ヤナコーナとスペイン人との関係を検討しながら、都市社会を生きたヤナコーナ層の実相に迫りたい。

3　ヤナコーナたちの相貌

インディアス総文書館にはアレキパ司教がインディアス諮問会議 Consejo de Indias に送付した一綴の報告書が遺されている。それは一六二四年、前節で触れたグァサカチェのイエズス会学院《コレヒオ》の学長であるビリャロボスと、アレキパ市のサンタ・マルタ教区司祭アリアス・ベセラとのあいだに生じていた、コレヒオ所属のヤナコーナをめぐる紛糾を伝える文書である。紛争の焦点は、当該ヤナコーナ集団に対する「秘蹟」授与の権限が、イエズス会、教区

司祭、いずれに存するかという宗教的な問題であったが、同時にヤナコーナたちが生きた社会的状況が浮き彫りとなる。(54)

両者の繫争の根柢には、ヤナコーナの隷属の性格に対する解釈の相違があった。イエズス会側が、ヤナコーナに対する秘蹟授与権の根拠としていたのは「家僕 domésticos/familiares」に秘蹟を施すことを同会に認可した一五四九年のパウロ三世の教書であった。イエズス会側は、ヤナコーナとは、ペルー地方の「共通語〔ケチュア語〕の専門家によって一般的に受容されているところでは、奉仕のための下僕を意味する」とし、(55)教書中の「家僕」に相当することを主張する。さらにイエズス会は、日常的にヤナコーナたちにキリスト教的訓育をおこなっていること、また王室に対してヤナコーナが負う貢租を肩代わりするとともに、彼らの活計のための土地を供与し、週三日はその耕作に携わることを認めている（三日間はイエズス会の農地を耕作する）という事実を挙げ、ヤナコーナの「家僕」としての性格を強調した。

こうした主張に対して、サンタ・マルタ教区司祭ベセラは、「家僕」という概念は家内にて奉仕する者を指し、イエズス会のヤナコーナのように、コレヒオの農園《チャカラ》で労働する者には適用されえないと反駁した。さらに興味深いのは、ヤナコーナが純粋な家僕ではなく、同会の利潤追求の具として利用されているに過ぎないという司祭の見解であり、それを裏付けるために彼がおこなったヤナコーナの労働力の価値算定である。それによれば、コレヒオの土地での三日間の無償労働を、日当二レアル（一ペソ＝八レアル）で算出すると、年間一人あたり三百六レアル、すなわち三十七ペソ半になる。(56)すなわちイエズス会は、ヤナコーナ一人あたり七ペソ貢租を負担しているという主張にもかかわらず、じつにその四倍以上の収益を彼らの労働から手にしていることになる。それは厳しいエンコメンデロの搾取に匹敵するものであり、彼らをたんなる家僕と規定できようはずはないと断じた。

十七世紀に入っても依然として不明瞭であったヤナコーナの属性に起因するこの両者の対立局面にこそ、当時、ヤナコーナが置かれていた状況がよく表現されていると思われる。つまり、双方の主張それぞれが、ヤナコーナのもつ二つの側面を照射しているのである。

教区司祭の見解にうかがわれるヤナコーナの労働力としての価値、とりわけ専門的な職能を身につけた彼らの重要性は、十六世紀後半以降、植民者たちの経済開発において大きな意味をもっていた。一五六〇年代には、すでにエンコメンデロは配下の先住民を無償で役使する権利を失っていた。インディオの労働力の分配は行政府の管轄下に置かれ、先住民労働力を必要とする者は、当局による輪番労働《ミタ》の分配を申請するか、先に見た労務契約を官吏による立ち会いのもとで締結せねばならなかったのである。

ルーカス・マルティネスのようなエンコメンデロにとって、その家政において、靴職人、銀細工師、絹職人、あるいは馬丁頭として日常に必要な物品を供給し、贅沢品の生産や運輸に携わってくれたヤナコーナたちはすこぶる貴重な意味をもっていた。さらに都市や鉱山などの大消費地周辺に農園《チャカラ》を所有していたイエズス会や大小のアセンダード（土地所有者）にとっては常傭いのはたらき手であるヤナコーナの労働力を土地経営に投入しうることは、まさしく教区司祭が開陳している意味において、多大な利徳をもたらしていたと考えられる。チャルカス地方を巡察した副王トレド自身も、ポトシ銀山への食糧供給において、農園《チャカラ》におけるヤナコーナの労働力が不可欠であることを認めるに吝かではなかった。(57)

しかしヤナコーナとスペイン人の間柄が、たんなる一方的な搾取・隷属関係だけではなかったこともまた事実である。ヤナコーナに自給のための手段を供給し、貢租をも負担したイエズス会の姿勢に見られるように、スペイン人側はヤナコーナの庇護者としての相貌をもって（会のヤナコーナたちは、巡察使がその生活状況を問うたところ、まったくよく扱われている、と回答している）、いっぽうヤナコーナはスペイン人にとって信頼の置けるパートナーとして立ち現れてくる。たとえば、あるスペイン人のヤナコーナであったアントニオ・ヤカサは遺言書のなかで、主人に対し、主人の所有するアルファルファ畑に与えられた土地と家に住む妻と息子の行く末に心を配るよう懇願している。(58) また逆に、ディエゴ・デ・トーレスというスペイン人は、彼のヤナコーナであったアロンソ・カサヤに対して権利委任状を発給し、彼の所有下にある道具類の一切を、彼の名において別のスペイン人から回収してくることを要請していた。通常、こうした権利委任はスペイン人同士のあいだで取り交わされるのがつねであったから、この文書は、ヤナコーナとスペイン人のあいだに確たる信用関係が生じる場合がありえたことを示唆している。(59)

こうした関係は、スペイン人がヤナコーナに対してかけた恩顧としても現れていた。先に見たルーカス・マルティネスの贈与にみられたごとく、多くのスペイン人は、遺言書のなかで、ヤナコーナの長年にわたる奉仕に対する謝意として、幾ばくかの財を遺贈している。クスコのエンコメンデロ、ファン・デ・パンコルボのヤナコーナで、おそらく主人の死後にアレキパ市にやってきたと思われるディエゴ・デ・ウィガは、一五七五年に作成した遺言書のなかで、主人から銀百ペソを遺贈されたと述べている。また同じパンコルボに仕えていた女性、フランシスカ・カンコが一五七六年に認《したた》めた遺言書にも、パンコルボの遺志として、彼女に十二ペソが支払われることになっていると記されていた。(60)そして主人が遺贈したこれらの財貨がヤナコーナたちの致富の契機になっていたとも考えられる。マテオ・デ・サラマンカに仕えていたヤナコーナ、ブスカマイタは、土地のほかに百五十ペソを遺贈されており、それでさらに十二トポの土地を購入していた。(61)

このように、ヤナコーナはいっぽうでは貴重な労働力を提供する者として、他方では主人とのあいだに柔軟な主従の関係を形成しつつ、「下僕・家僕」という曖昧な性格のままであり続けたわけだが、このような存在様態ゆえに、彼らが都市社会のなかである程度の自律性を維持していく余地も残されていた。たとえばそれは教区に集住させられた主人を異にするヤナコーナたちが取り結んでいた諸関係に見て取ることができる。

アレキパ市においてヤナコーナが集住したサンタ・マルタの教区民、カニャル人のフランシスコは一五七〇年にその遺言書を作成した。彼は前出のルーカス・マルティネスのヤナコーナたちの長であったペルー北部出身者グァチャの娘と結婚していた。そして遺言執行人としてグァチャを指定している。遺言書の証人には、三名のスペイン人のほか、二名のヤナコーナの名が挙げられている。彼は一五七五年にもその姉妹が遺した土地（同教区内にあり、チャチャポーヤ人の土地と隣接していた）の権利を確保するために委任状を作成したが、その代理人としてグァチャ、当市のドミニコ会修道院付のヤナコーナでカニャル人のマルティン、やはりマルティネスのヤナコーナのひとりであったカニャル人アロンソを指定している。またクスコ生まれのインディオ女性パリアチュンベも、その遺言書においてフランシスコをその執行人に指定し、おそらくは妾として関係をもっていたスペイン人から贈与されたものであろう銀三百ペソと家財道具の管理を彼に委ねていた。(62)

これらの事例は、ヤナコーナたちがその財・権利を、教区における社会的結合関係を通して確保しようとしていたことを物語っているが、インディオ相互の結びつきを考えるうえで、先住民を会員としてもつ信心講《コフラディア》 cofradía にも触れておかねばならない。アレキパ市にはさまざまな信心講が存在したことが史料からわかるが、ヤナコーナたちは多くの場合、その遺言書のなかで、当人が所属する信心講の蠟燭とともに遺骸を埋葬するよう指示している。ペルー植民地時代、信心講は白人、先住民、黒人など「人種」ごとに集束することが普通であったが、アレキパには「煉獄の魂信心講」「ロサリオ信心講」のように黒人を会員とするコフラディアと並んで、サンタ・マルタ教区に結成された「インディオの信心講 Cofradía de los indios」、その講頭が先住民であることが史料から判明する聖フランシスコ修道院に基盤をもつ「無原罪の御宿りの聖母信心講」、同様に聖フランシスコ修道院に結成された「至高御聖体の信心講」など、インディオ講衆を擁するコフラディアが複数存在した。(63)

先住民信心講の具体的な活動、運営のあり方についての研究は緒に就いたばかりであるが、最近の研究は、征服後の構造喪失の状況のもとで、信心講がインディオの連帯意識、共同体の結束を強化・再生する機能を果たしていたことを指摘している。(64) その意味で、サンタ・マルタ教区のように、出身地を異にするさまざまな民族集団に属するヤナコーナが集住していた場においては、信心講こそが先住民相互の関係を強固なものにするたいせつな役割を果たしていたと考えられる（信心講の実相については、本書第四章、第五章を読まれたい）。

たとえばアンデス高地からはじめて都市に降りてきたインディオがまず目の前にしたのは、このようなかたちで都市の周縁に形成されていたヤナコーナ社会だったであろう。現ボリビアのチュキサカ地方に生まれたアロンソ・ピチャは一五八八年にその遺言書を作成しているが、彼は遺言する二十日前に妻と二頭の馬（「生きていくため」に馬一頭は売却していた）を伴ってアレキパ市にやってきたばかりであった。彼は遺言のなかでサンタ・マルタ教区教会に、同教区の「インディオの信心講」の蠟燭とともに埋葬するよう請い、遺言執行人のひとりには教区司祭のハイメ神父を指定していた。遠方の地からやってきたアロンソにとって都市における最初の寄る辺となっていたのが、インディオ居住地サンタ・マルタ教区であり、そしてまた「インディオの信心講」であった[65]。

こうして、スペイン人とのあいだに柔らかな従属関係を保つヤナコーナたちが、たしかに上から与えられた枠組み（教区、信心講）を介してであったにせよ、部族的差異にとらわれることのない疑似共同体的なヨコの繋がりを、その生活のなかで創造していたことが仄見えてくる。しかしながら、次に見る史料は、このような曖昧な存在形態をとりつつ生成していたヤナコーナ層の自律というものが、じつはとても脆いものであったことをも伝えている。

一五九八年副王ベラスコは、アレキパ市に居住する十四名のヤナコーナが提出した訴状を受けて、一連の指令を当市のコレヒドールに送る。訴えたのは、かのルーカス・マルティネスのヤナコーナたちであった。訴状は、彼らのうち六名が、前副王カニェテ侯によってアレキパの市民アルバロ・デ・ベドヤ・モグロベッホに恩恵 merced として割り充てられたがゆえに大きな害を蒙ったとして、現副王に対し、カニェテ侯の裁定を無効にし、かつ損失を賠償するよう求めたものであった[66]。

一五五九年、ルーカス・マルティネスが彼のヤナコーナたちに土地の贈与文書を発給してからもう四十年もの歳月が流れていた。すでに当主マルティネスは死去し、訴えたヤナコーナたちも五九年の文書に名を連ねていたインディオの息子や孫の代になっていた。さらにトレド改革以降、正式には、彼らはマルティネス家のヤナコーナではなく、王室直属のインディオとなっていたのである。またマルティネスの死後、その寡婦マリア・ダバロスは、アロンソ・デ・バルガス・カラバハルと再婚し、当時はアレキパ市からリマ市へと居を替えており、マルティネスのヤナコーナのうちのある者は、夫妻とともにリマの新居に移っていた。このことは、トレドの改革後、ヤナコーナが王室直属のインディオと規定されて以降も、彼らと主人との関係が依然として存続していたことを物語っているが、十四名のヤナコーナはおそらくはその意思でアレキパ市に居残る道を選び、そして深甚な損害を被ったのであった。(67)

副王の指令を受けたコレヒドールはただちに調査を開始し、訴状の内容の正否を吟味した。この一件書類は後半部を欠落しており、最終的にいかなる裁定がコレヒドールによってなされたのかは不明だが、ヤナコーナの長《おさ》ペドロ・チュキチャイコ側から出された六名のスペイン人証人の陳述が記載されている。以下にその証言内容をまとめてみよう。

証言によれば、まずヤナコーナたちはおよそ二十年前、すなわちトレドの改革まではマルティネスのヤナコーナであったがゆえにいっさいの貢租を納めてはいなかったが、改革以降、四ペソ半の貢租を国庫に納入している。そして彼らもまた他のヤナコーナと同様にサンタ・マルタ教区に集住していた。(68)

ところが一五九四年にベドヤが副王に依頼して十四名のヤナコーナのうち六名の奉仕を譲り受けてから、彼らに対する苛斂誅求が始まった。六名のヤナコーナはベドヤによってその邸宅やトウモロコシ・小麦のチャカラではたらかされ、ベドヤのみならず、その親族の畑でも、「あたかも奴隷のごとく」扱き使われた。そして農閑期には、彼ら自身の馬を使ってキルカ、チュレの港から魚を運搬しなければならなかった。結句、彼らは病気になり、馬も死んでしまったという。

ヤナコーナたちにとって最も過酷であったのは、ベドヤがアレキパ市から四十キロ近く離れたビトルの谷に所有する葡萄畑での労働であった。高地都市アレキパの気候条件に適応したインディオが、ビトル谷のような温暖湿潤な地帯で労働することの健康上の危険性についてはすでに問題となっていた。たとえば一五六四年にマヘスのインディオ首長が、ビトル谷でのインディオの労働を禁止するよう、リマのアウディエンシアに請願しているという事例も確認でき、[69] 実際九八年にはこのような地域における先住民の使役はすでに禁止されていた。[70] それにもかかわらず、ベドヤはヤナコーナの手を縛り上げて谷に連行し、鞭を振るいつつ、日がな一日はたらかせた。またヤナコーナが小屋に飼っていた鶏などの財産も、ベドヤの執事がみな巻き上げてしまったという証言もあった。

しかし、マルティネスのヤナコーナほど、このような牛馬のごとき扱いに似つかわしくない者たちはいなかった。各証言を通じて、ヤナコーナたちがスペイン人社会のなかで確固たる地歩を築いてきたインディオであったことが理解できるからである。ベドヤはヤナコーナにこれだけの労働をさせておきながら、一日一レアルしか支払わず、食事も支給してはいなかった。しかしそれはヤナコーナたちの能力を考慮すると、たいへんに不当な金額であった。なぜならば、「ヤナコーナの大部分は、荷役業者、仕立職人、靴職人、椅子職人であり、毎日少なくも六レアルは稼ぐことができるから」であった。[71] 実際、ヤナコーナのひとりを雇用したことがある仕立職人の親方ミゲル・デ・ベラは、彼に一日一ペソ（八レアル）を支払い、しばしば食事を供与したと証言している。[72] わずかな賃金しか手にすることができず、自らの畑を耕す時間すら捻出できなかったヤナコーナたちは、結局貢租を支払うことができず、なかには債務監獄に収容される者もいたという。証人のひとりは「ベドヤに役使されているこのヤナコーナたちは、かつてこの地方で最も裕福で、疲労とは縁なきインディオであったが、この四年間で、全財産を食い潰してしまった」が、いっぽう、リマ市に夫妻とともに移り住んだヤナコーナたちは、主人から愛情をかけられ、援助を受けている、とアレキパに留まったヤナコーナたちの窮状を慨歎していた。[73] ヤナコーナたちのキリスト教化にあたっていた証人のひとり、サンタ・アナ教区の司祭アロンソ・ハイメは、副王からの指令が届いてほどなく、ベドヤが怒号を発しながら、ヤナコーナの長チュキチャイコを「血の海に沈めた lo bañó en sangre」のを目撃している。[74]

これらの証言から浮かび上がるヤナコーナが、ペルー植民地時代のヤナコーナ層の一般像であったということはできない。しかし支配者たちの文化的シンボルともいうべき馬を操り、スペイン人並みの賃金を稼ぎ出すことのできる職能を身につけ、それにもかかわらず主人の庇護から切り離されるや否や、奴隷のごとく扱き使われた、この故ルーカス・マルティネスの家僕たちこそ、スペイン人社会とインディオ社会の狭間に身を置きつつ、曖昧な存在形態のなかに自律的生活を見いだしていたヤナコーナと呼ばれた人々の特質を鮮やかに象徴しているといえよう。

おわりに

先住民共同体を離れて、スペイン人社会のなかに融け込んでいったヤナコーナは、スペイン人のもたらした社会様式を積極的に選び取ったインディオであった。ヤナコーナたちは、征服以前の社会関係に規定されて、あるいは崩壊しつつある伝統的社会に見切りをつけ、新しくひらかれた植民地社会に用意された「家僕」や「職人」という地位に向け、自らのイニシアティヴで託身していった。その意味で、キュブラーが用いた「放浪プロレタリアート」というタームだけでは、ヤナコーナの実相をとらえることはできまい。都市のヤナコーナは、行政当局によって上から与えられたものではあったものの、都市周縁に形成された新しい先住民空間を軸に、相互に結びつきながら、スペイン人の公共体《レプブリカ》に果敢に貫入したのである。自らの権利、生活の安寧を確保すべく、やはりスペイン人によって提供された公証制度を巧みに利用しつつ、副王庁に直訴することさえ辞さなかったヤナコーナたちが示した生きる姿勢を本章では明らかにしたかった。

だが、それがけっして真の意味での「自律《オートノミー》」ではありえなかったこともまた事実であった。ルーカス・マルティネスのヤナコーナたちの末路に示されているがごとく、その自律はあくまでもスペイン人との緩やかな従属関係を前提として可能となったものであり、イエズス会のコレヒオに緊縛されたヤナコーナの例に示されるように、労働の成果が暗黙裡に収奪されていくことに目をつぶらなければいけない脆弱な存在でもあった。矛盾を孕んだこの「自律」こそが植民地期のヤナコーナの特異性であったと私は考える。

しかし「スペイン人の公共体《レプブリカ》」「インディオの公共体」というスペイン王権が設定した秩序理念を横断する存在

として、ヤナコーナという階層が生成したことは重要な意義をもっているのではないか。本章では、都市に定着したヤナコーナ層と後背地のインディオ共同体との関係にまで論究することはできなかった。しかしスティーヴ・スターンの研究はヤナコーナと共同体との関係について、興味深い事実を示している。一五六四年に発生し、アンデス一帯を震撼させたとされるタキ・オンコイの反乱——伝統的宗教であるワカ信仰の復活を基軸に、スペイン人をアンデスの地から排斥することを目的とした千年王国主義的インディオの抵抗運動——を詳述した彼は、反乱が展開する過程において、都市のヤナコーナ層が指導者として現れ、各地の先住民共同体を経巡り、運動への参加を呼びかけていたことを明らかにしている。[75] このことは、都市社会に生きたヤナコーナが、アンデスの伝統的世界と依然として深い繋がりを保持していたことを物語ると同時に、共同体との紐帯を解き放った彼らのみがもちえた機動性をも示唆している。[76]

このようにして生みだされた新しい先住民層を含みつつ、ペルー植民地社会の歴史はどのように展開していくのだろうか。本書第四、五章では、都市リマにおいて、ある奇蹟を生きたヤナコーナたちの活動を通して、さらにこの問題に迫っていきたい。

第3章　通辞と征服

はじめに

アンデス植民地社会において、先住民言語とスペイン語が交錯する空間には、いつも通辞がいた。聖俗の裁判所、公正証書の作成される現場、そして地方行政巡察の執行地等において、スペイン語を解さない先住民が、被告・原告、依頼人、あるいは証人として姿を見せるとき、そこにはintérprete, lenguaと称される通辞の姿がかならずあった。スペイン語を自らのものとした先住民、スペイン人と先住民のあいだに生まれ、二つの言語を操ることができた混血者《メスティソ》、あるいはスペイン系の人々が公式の通辞を務めていた。

先住民を当事者とする公文書が作成される現場にこうしてかならず姿を見せる通辞ではあったが、その存在を感知できるのは、通常、彼らの名前と、彼らが通辞の役を務める旨を記す文字を通じてのみである。裁判が開廷し、通辞たちが自らの名と身分を告げ、先住民当事者の供述を正しく伝えることを宣誓し終えると、そしてまた公正証書の作成がはじまり、通辞の名前が記されたのち、公証人文書独特のいつもの書式の羅列がはじまると、通辞たちの姿はたちまち背景に退いていってしまう。そしてその後は、見慣れないスペイン人の官吏や裁判官の存在に萎縮し、身を固くすることもあったであろうインディオの被告や証人の口から発せられたケチュア語やアイマラ語の言葉たちは、まったくそうした現場の空気を感じさせることのない滑らかなスペイン語へと化身し、文書空間を淡々と埋めてゆくことになる。いわば通辞たちは、その名を公文書の表面に薄く刻み込むくらいで、二つの異言語の転換装置としての機能を過不足なく果たしている限りにおいては、不可視の存在として、やがて紙背に潜んでいくのである。

しかしながら、通辞たちがなまなましくその身を露わにする瞬間が、とても稀有なこととはいえ、ある。彼らの身体を媒介としておこなわれた異文化間のコミュニケーションに甚大な不調が生じたとき、通辞たちはまさにその不具合の体現者として、その生身の姿を文書のなかに現すのである。そしてまさに、彼らが惹起した意思疎通の不首尾の局面にこそ、逆に、二つの異なった文化が対峙した局面において生じていた言葉や思考、肉体の「やり取り」のリアルな情景が浮かび上がってくるのである。本章では、そうした稀な状況下にその身を晒した通辞たちの発話や振る舞いを通じて見えてくる、十六世紀前半から後半にかけてのアンデス植民地社会において生起していたいくつかの問題を考察してみよう。

まず第一節では、通辞という職がスペイン王室によって新世界にどのように設置・導入されたか、その制度史的側面をごく簡単に概観し、ついで第二節、第三節では、ピサロによるインカ帝国征服の最前線において、相対峙する二つの文化の緊張界面にその身を置いた二人の先住民通辞に焦点をあててみたい。そして第四節では、征服が終了し三十年が経とうとしていた一五六〇年代、植民地社会の構造を動揺させるある事態が生起しようとしていたとき、通辞として起用されたものの、しかしその言語変換の不出来によって社会秩序を紊乱した廉《かど》で告発されたひとりの混血者《メスティソ》の事例を取りあげたい。彼はある重要なことがらをスペイン語から土着のケチュア語へと不適切に翻訳したことで先住民に大きな動揺を生じさせ、騒擾の起爆的役割を担ったとして逮捕・収監、そして告訴された。そのときに作成された訴訟の記録を分析し、通辞という存在が可視化される稀有な瞬間に生じる亀裂の隙間から、当時の植民地社会のインディオの動態を垣間見てみよう。本章はただたんに征服期から植民地時代初期にかけての通辞の存在様態のみを叙述するものではなく、通辞と、彼が生きた時間とが交錯する局面に浮かび上がる歴史の模様を描出しようとするひとつの試みである。(1)

1 イスパノアメリカにおける通辞職の確立

新世界における通辞の歴史的生成過程を知るために不可欠な文献は、フランシスコ・デ・ソラーノが編んだ史料集成である。(2) ここに集録された史料などをもとに、ラテンアメリカ植民地に通辞という職が確立されていく様子を見てみよう。

一四九二年に実現したコロンの新世界到達という歴史的事業においても、未知の世界との遭遇時に想定されていた異言語間の意思疎通という問題に対応すべく、すでに準備は調えられていた。たとえば第一回の航海には、多言語に通じる人物が同行しており、彼はキューバ島内部の探索を命じられている。名前をルイス・デ・トーレスというこの男は、ヘブライ語とカルデア語、そしてアラビア語に精通したユダヤ人であった。(3) しかし、かかるポリグロットですら、カリブ海における初期の探索行において実際に「通辞」として機能したとは考えにくい。というのも、コロン一行と、彼らを迎え入れた先住民とは、もっぱら「手振り、身振り」に拠って意思の交流をはかっていたからである。「手が舌〔＝通訳〕の役目を果たした」(4) のであり、それゆえ「舌としての手」は、しばしばヨーロッパ人にとって都合の良い解釈や誤った認識を生みだした。

間もなく二つ三つの集落と、男女合わせてたくさんのひとびとが見えはじめ、キリスト教徒たちを大声で呼びながら、そして神に感謝をささげながら、浜辺のほうへ集まって来るのが見えた。或る者は冷たい水を、他の者は食べ物を持って来た。また或る者はキリスト教徒たちが上陸しようとしないのを見て海へ飛び込み、泳いで舟艇のところへやって来た。キリスト教徒たちは島民が自分らに、天から降りて来たのかと、身ぶり手まねでたずねているものと了解した。一人の老人が舟艇《バテル》の上に乗りたがり、入って来てキリスト教徒と一緒に行こうとした。他の連中は大声をあげて仲間の男や女をさそい、こう言っているようだった。「みんな来てみろよ。天から降りて来た人間たちがいるぞ。食べ物と飲み物を持って来てやれよ」。……以上は提督〔コロン〕がその航海日誌の中で述べていることばそのままで、私がいま引用したように描写している。(5)

言語を媒介とした意思伝達を何とかかなえるべくコロンが選択した方途は、先住民を通辞として育成するということであった。すなわち彼は何人かのインディオを本国に連行し、スペイン語を覚えさせ、情報蒐集のための手だてとして利用し、またキリスト教信仰に関する事柄を彼らに教えようと試みたのである。実際彼は、この目的で先住民の男女を抑留したのだが、インディオの意思を無視して彼らの自由を奪ったコロンのかかる振る舞いは、先住民の人権を擁護する運動の先陣を切っていたラス・カサスによって厳しく指弾されている。(6) 先住民を、その意思にかかわらず拉致・連行してスペイン語を覚えさせ、通辞として育成するというこの方法を、しかしのちにペルーの征服を企図するピサロも踏襲する。

こうした身体所作を介した意思伝達というプリミティヴな段階を経て、徐々に先住民言語のエキスパートとしての通辞が姿を現していく。そしてこのプロセスには王室も強い影響力を行使した。一五二六年カルロス五世（スペイン国王としてはカルロス一世）が発布した勅令は、発見や征服の遠征において、現地の言語に明るい通辞を介し、先住民たちに、スペイン人が彼地に派遣された目的、すなわちインディオたちを「食人」といった悪しき慣習から切り離し、良き習慣へと導くこと、そしてカトリックの教えを伝えるという、彼らの到来の意義を理解させるよう要請していた。この勅令だけからは、具体的にどのような人材が通辞として育成・登用されていたかはわからないが、こうしたかたちで国家的な権力に裏付けられた通辞職が確立していく。(7)

またその三年後の一五二九年に発された王令は、先住民社会において活動する「スペイン人の通辞」の不品行についてすでに言及している。すなわち王令は、先住民が関係する司法・行政的事案において、これらスペイン人通辞たちが、先住民から貴金属や織物、食料、さらには女子の供与を受けているといった事態を指摘し、かかる挙措におよんだ通辞に対しては、財産没収、所払いといった重罪を適用することを告知していたのである(8)。この史料は、通辞という職が、すでに異文化集団の利害関心が交錯する司法などの場において、戦略的に重要な意味を担いはじめていることをも示唆している。

行政・司法職としての公定通辞の制度的実質をとらえるためには、植民地法大全としての『インディアス法令集』を参看するに如くはない(9)。同法令集「第二巻」第二九項「通辞について De los interpretes」の第一条においては、通辞という存在がインディオをめぐる司法領域に深く関わり、またインディオを統治するための具であるがゆえに、それに相応しい能力とキリスト教徒としての資質、善良さを備えた人間を選別しなければならないとし、その給養についても裁判費用等からまかなうよう命じられている。

ついで第二条においては、植民地社会の最高司法機関であるアウディエンシアに、一定数の通辞を配置することを規定すると同時に、通辞の根柢的要件が示される。すなわち、通訳に携わるに際しては、職務を忠実に履行し、委ねられた訴訟案件等を明瞭かつ公然と通弁し、また事実を包み隠したり、あるいは水増ししたりすることなく、すべての関係者に対して不偏不党の立場を貫く旨、宣誓することを求めている。通辞の根本的属性たる「透明性」はこうして担保されていた。

第三条では、通辞は訴訟当事者である先住民、スペイン人どちらの側からも不正な贈与を受けてはならぬことが示され、また第六条においては、関係する先住民を通辞宅に迎え入れたり、アウディエンシアの外部でその言葉を聞いてはならないとしている。

さらに通辞が介在する場、つまり「スペイン人＝支配する者、先住民＝支配される者」という植民地主義的関係が強く作用する場において、通辞がこの不均衡な権力バランスの影響を受けやすい傾向があるということを前提とし、先住民に対する王権のパタナリスティックな視線を投げかけている。王室はすでに以下のような情報に接していた。すなわち、先住民が関与する訴訟などにおいて、通辞たちが、先住民の発話していないことを通訳したり、あるいは歪めたかたちで弁ずるために、彼らに大きな害悪がもたらされている。それゆえ、今後先住民が通辞を必要とする場に招喚された際には、彼らのために通訳の真純性を確保すべく、スペイン人の友人（スペイン語のできる者）を伴うことを法的に認めたのである。[10] 支配／被支配の関係性のなかで、通辞という存在が、かならずしも言語を「等価交換」しうる装置たりえないことを見越した王室のこの措置は、しかし逆に、新世界各地において生起していたさまざまな「通訳」状況において、多くの先住民を不利な立場に置く事態が日々生起していたことをも示唆しているのである（第七章補論参照）。さらにいっぽうでは、通辞として養成されたインディオたちが、二つの言語の界面である通訳現場において、窮境に立たされる場面が生じていた。これからそれを具体的に見てみよう。

2　二人の先住民通辞とカハマルカの出来事

ペルーの征服者となるフランシスコ・ピサロは、拠点をパナマにおき、南方に拡がる未知の世界に向けて二度にわたる準備的航海をおこなった。そして三度目の遠征に際し、ペルー北部の地カハマルカにおいてインカ帝国軍の本隊と対峙・衝突し、その結果、アンデス世界の征服を達成している。

第二回の遠征によって南の大陸に巨大な社会が存在することを確信したピサロは、第三回の航海に先立ち、一五二九年本国スペインに帰還した。本格的征服に必要な人員の確保に奔走したのみならず、王室のあいだに協約書《カピトゥラシオン》を締結し、征服が完了した暁に下賜されるべき特権を確保する政治的取引の必要があったからである。彼はまた、征服を遂行するための技術的準備、とりわけ異文化が対峙する状況において不可避的に現出するであろう言語をめぐる困難を克服するための方途についても、配慮することを忘れなかった。すなわちピサロは通辞を育成することを企図し、コロンの先例にしたがった。現地の住民を連行し、スペイン人と行動をともにさせつつ、スペイン語を学ばせたのである。(11)

その結果、数名のインディオが第二回航海に際して現地から連れてゆかれ、一時帰国するピサロたちと一緒にスペインに渡った。そのうちの二人が、このあと生起する征服をめぐる一連の出来事において、のっぴきならない役割を果たすことになる。

その二人とは、カトリックの洗礼を受けてフェリピリョ Felipillo とマルティニリョ Martinillo と呼ばれていた先住民、本来の洗礼名は「フェリペ Felipe」、「マルティン Martín」であったはずだが、語末に「〜ィリョ -illo」という、スペイン語文法で「指小辞／縮小辞」と呼ばれる接尾辞が付いていた。日本語では「フェリペ坊」とか「マルティンくん」くらいに訳せようか。つまり彼らの呼称には、いくぶんかの親愛と、そしていくぶんかの蔑《さげす》みの感情がこもっていた。

彼らはピサロが第二回航海においてペルー北部トゥンベス付近に上陸した際に徴発されたと考えられている。(12) その出自であるが、マルティンにかんしては、後年、彼自身が作成した遺言書において、ペルー中部海岸地方に存在した大先住民社会チンチャの首長家の系譜に属すると記されている。征服当時、彼がなぜペルー北部のトゥンベスに居たのか、その理由は詳らかではないが、いずれにせよマルティニリョが先住民貴族層と深い繋がりをもっていたことは確かであろう。征服が完了したのち、彼はその功績によってさまざまな特権を得たが、そのひとつは「ドン」という貴族的属性を示す称号の授与であり、このこともマルティニリョの貴種の証左となろうか。

対照的にフェリピリョは、各記録において、社会の下層出身者として描かれる傾向にある。特にこれから見ていくように、フェリピリョには、スペイン人側からも、そして先住民側からも、征服という出来事がもつ「負の価値」が産出する泉源としての歴史性を纏わされている。フェリピリョという人物に接近するときには、この言説の恣意性をつねに意識しなければならない。

すなわちフェリピリョは、カハマルカを舞台として生成した歴史において、最もクリティカルな意味をもつ二つのモメントそれぞれに深刻なかたちで関わったとして、糾弾・断罪されているのである。モメントのひとつは、巨大なインカ帝国軍とスペイン人征服者が対峙する状況下、スペイン側からインカ陣営に派遣されたドミニコ会修道士とインカ皇帝とが対面・会談する場景である。このときの双方の対話が不調に終わったことが、征服者軍のインカ軍に対する獰猛かつ速攻的な突撃をもたらし、先住民の大量虐殺として結果したのであった。この出来事は、先住民の側から事後的に見れば、悔やんでも悔やみきれない事態であり、もしも両軍の悲劇的な衝突が回避され、インカ王と征服者たちとのあいだに真摯かつ豊かな対話が紡がれていれば、その後のアンデスの歴史は異なった道を歩んでいたのではないだろうか、という条件法的な説話となっている。まさにこの痛恨事の核心に、フェリピリョがいた。

この出来事が皇帝アタワルパの捕縛、および数千人の先住民の死とともに決着してその一年後、もうひとつのモメントが出来する。王国中から大量の黄金・財宝を集めさせることを条件として、アタワルパの生命を保証する約束をしたピサロであったが、ひとたび金・銀を手にするや、アタワルパが潜伏するインカ軍残党を扇動してスペイン人に対する反逆を企図している、という嫌疑をかけ、結句彼を処刑してしまったのである。このことはスペイン人征服者の側にも大きな外傷的な痕跡をのこす出来事となった。たとえ異教徒であるとはいえ、かりにもアタワルパは巨大な帝国の王、やんごとなき存在であった。ピサロの処刑方針に対し、虜囚の身にあったアタワルパと親交をもつようになっていた征服者のなかには、インカ王を生かしおき、たとえばスペインに送致して王室の裁定を仰ぐべしというような見解を述べる者もあった。多くが平民身分から構成されていた征服者たちに潜在する階層意識からすれば、野蛮の徒であるとはいえ、ひとつの社会の頂点にある存在を弑逆することは憚《はばか》られたのである。それにもかかわらず、ピサロは王を処刑した。(13)

これは本国の皇帝カルロス五世をも衝き動かす出来事であった。皇帝はピサロに「朕は、其方《そなた》が、捕らえた首長アタワルパを処刑したという報に接しておる」と書き送る。皇帝は、アタワルパが軍勢を集めて反乱を企てようとしていた、という言い分についてはそれを認めてはいたものの、しかし次のように続ける。「しかしながら、朕はアタワルパの死について遺憾に思う。彼は君主であるからだ……この件については、十分な調査がなされたのち、しかるべき措置がとられることとなろう。」ヘミングは、皇帝が「王」という存在のもつ崇高さを認識しており、ピサロのごとき成り上がりが、当時世界においても類を見ない権力を有していた王アタワルパを処刑したということを、かかる神聖性に対する侵害であると考えていたとする。(14)

こうしてアタワルパの処刑は、フランシスコ・ピサロら征服者の立場を不安定にする危険性を潜ませる出来事となっていた。そしてこのとき、征服者を難境から救うべく、決定的な役割を演じる存在としてフェリピリョが言説空間に招喚されるのである。それでは、こうした一連の事態のなかに先住民通辞たちがいかに組み込まれていくか、すこし詳しく見てみよう。

ピサロら征服者たちとともに大西洋をわたった先住民フェリピリョとマルティニリョは、どのようにしてスペイン語を学んだのだろうか。スペインのセビージャに設置されていた学校で習得したとする研究者もいる。というのも一五一二年、スペイン国王はドミニコ会士の要請を受け、スペインに連れてこられた先住民の子供たちを教育する目的で同地に学院《コレヒオ》を設立し、その運営を同修道会に委ねていたからだ。ペルーの研究者フォッサは、フェリピリョがここでスペイン語を学習したとする。(15)

しかしいっぽう、先住民系の記録者であるインカ・ガルシラーソ・デ・ラ・ベガは、(16)通辞たちがそうした正規の語学教育とは無縁のスペイン語世界に浸かっていた可能性を示唆する。彼はフェリピリョの知的水準をめぐり、以下のように描写している。

齢《よわい》二十二歳の彼は、受洗はしていたものの、キリスト教の素養を著しく欠いていた。またインカ帝国の国家語であるケチュア語に関しては、王都クスコで話されている公定ケチュア語ではなく、ペルー北部の野卑で堕落した形態のケチュア語を知っているにすぎなかった。そのスペイン語についても、誰かについてきちんと学習したものではなく、スペイン人たちが話しているのを耳で聴いて覚えた体のものであり、しかも日常的に接していたのは新米兵士だったから、彼らが口にする「糞っ喰らえだ！」「覚えてやがれ！」といった荒《すさ》んだ言葉を、アフリカから連れてこられたばかりの黒人奴隷のように身につけていったのだという。(17) ガルシラーソのこうした評価がフェリピリョをめぐる現実を正しく写し出しているかはわからない。しかしカハマルカにおける第一のモメントをめぐる説話論的構造にとって、フェリピリョの言語力は大きな意味をもっていく。

一五三二年十一月十六日、カハマルカの広場で起きた事態をめぐっては、これまで、性格を異とする数多くの叙述が生み出されてきた。しかし出来事の当事者自身の手になる記録も、あるいは彼らの声を直接聴き、採録した文書も存在しない。だから私たちは、歴史的舞台の上にいる三名の人物が、こちらからは聴き取ることのできない言葉を交わしつつ、その肉体を動かしているさまを遠望し、彼らの口の動きや仕草からしかそのやり取りを想像することのできない歯痒さに疼いている観衆のようなものである。三名の人物とは、インカ王アタワルパ、ドミニコ会修道士ビセンテ・バルベルデ、そして先住民通訳である。大軍を従え、輿に担がれたインカ皇帝に、ピサロによって派遣された修道士が近づき、同行する先住民通訳を介してなにかを語りかけている。やがて皇帝の顔貌に不機嫌な色が差したかと思うと、修道士から渡された書物と思しきものが、皇帝の手を離れて宙に放たれる。それを見た修道士は、身を潜めて様子をうかがうピサロをはじめとする征服者に合図を送り、これを契機にスペイン人たちはインカ軍に襲いかかり、阿鼻叫喚の大混乱が発生する……音声を欠くなかで、未曾有の歴史的惨事へと帰結していく一連の出来事を辿りなおすために、その後の記述者たちは、それぞれの利害関心から、不在の声を再生しようとつとめてきた。

表1は、征服前後の歴史を叙述したスペイン系、先住民系の記録者《クロニスタ》が、二つのモメントに対していかなる筆致で

第2のモメント	特記事項
処刑への通辞の関与	
通辞は非関与	
通辞は非関与	
通辞は非関与	第1のモメントについては，Martín と記されている．
通辞（非特定）が関与	二人の通辞が現れる．通辞の名前は特定されていない．ひとりはアタワルパの女にいれあげてアタワルパの陰謀を捏造，王の処刑因となる．もうひとりは陰謀計画を否定する．また別の文脈においてカハマルカの会談前にマルティニリョがスペイン人の神＝不死説を否定する重要情報をインカ側に提供していることが記されている．
フェリピリョが関与	この叙述をそのままインカ・ガルシラーソ・デ・ラ・ベガが引用している．
フェリピリョが関与	フェリピリョはアタワルパの女性と性的関係をもつ．殺されることを怖れて，アタワルパの反乱計画を捏造する．フェリピリョのことを Don Felipe と記している．
フェリピリョが関与	フェリピリョのことは Felipillo，マルティニリョのことは Don Martín と記している．
フェリピリョが関与	当時のアタワルパの処刑因としてフェリピリョ関与説と，アルマグロ関与説が流布していたことがわかる．また一平民であるフェリピリョが犯した罪に対するアタワルパの激しい怒り，そしてインカ法制における刑罰の具体相が述べられている．
フェリピリョが関与	コミュニケーションの成立についてはマルティニリョ，捏造についてはフェリピリョと役割分担が最も顕著に現れている．
フェリピリョが関与	ゴマラを引用してフェリピリョの悪巧みを弾劾している．
フェリピリョが関与	

表1　2つのモメントをめぐる記録者《クロニスタ》の叙述

執筆者名	時期	区分	第1のモメント	
			会談の通辞	意思疎通
フランシスコ・デ・ヘレス	征服直後	スペイン	非特定	成立
無名征服者〔メーナ〕	征服直後	スペイン	非特定	成立
ミゲル・デ・エステーテ	征服直後	スペイン	マルティニリョ	成立
ベタンソス	1550年代	スペイン／先住民	非特定	非成立（お互いの文化的差異が顕在化し，十分な相互理解がなされていない）
ロペス・デ・ゴマラ	1550年代	スペイン	通辞への言及なし	成立
インカ族パスカ（インカ・ユパンキの子供．アタワルパとは別のアイユに属するとの言）	1554年	先住民		
シエサ・デ・レオン	1550年代	スペイン	フェリピリョ	成立
アグスティン・デ・サラテ	1550年代	スペイン	通辞への言及なし	成立
ペドロ・ピサロ	1570年代	スペイン	マルティニリョ	成立
インカ・ガルシラーソ	1600年頃	先住民	フェリピリョ	非成立
グァマン・ポマ	1600年頃	先住民	フェリピリョ	一応，成立

向き合ったかをまとめたものである。

第一のモメント、すなわち王とドミニコ会士と通辞のやり取りをめぐる記述群は二つのグループにはっきりと分かれる。スペイン人側の記録者と、先住民系の記録者である。冷静かつ精緻な情報提示で知られるシエサ・デ・レオンをはじめスペイン人記録者たちのほとんどは、一連のものごとの流れ、すなわちドミニコ会士バルベルデがインカ王にキリスト教布教および和平締結という征服者側の大義名分を示し、それに対してアタワルパが顔を曇らせる、王は修道士のもつ聖書、あるいは聖務日課書に興味を示すものの、書物という概念を知らぬ彼がそれを抛擲し、書物が大地と接触したことを契機として征服者部隊による総攻撃がはじまる……という一連の事態の推移を叙すのみである。先住民通訳が、いかに修道士の語るスペイン語をケチュア語に置き換えて伝えたのか、通辞の発話内容、そしてその翻訳の質についてはいっさい触れられない。通訳については、その名前が記録されるのみで、彼はいわば不可視の存在であり続ける。(18)

いやむしろ、透明な存在であり続けなければいけなかったというべきか。なぜならば、スペイン人側が紡ぎ出す「征服正史」においては、コンキスタドールたちがキリスト教をアンデスの地に平和裡に届けるために到来したという事実をアタワルパは言語の差異にもかかわらず確実に理解しており、にもかかわらず、そのことを「聖なる書物の投擲」という冒瀆的行為によって拒絶したがゆえに、やむを得ず武力を行使せねばならなかった、という言説構造が維持されなければならないからである。

その意味で興味深いのは、ペドロ・ピサロとエステーテが通辞について、彼をマルティニリョとしている点である。後述するように、征服という出来事をめぐるすべての負の価値を一身に背負わされるフェリピリョに対し、マルティニリョは戦後、さまざまな特権を与えられ、さらに先住民としてはきわめて異例なことだが、スペイン人の正妻をも娶《めと》り、いわばスペイン人貴紳のごとき地位を手に入れる。スペイン的価値の体現者となる先住民マルティニリョを、最も重要な政治的交渉の核に配することによって、すくなくともスペイン側からのメッセージは何の瑕疵も違和もなくインカ王側に伝えられたという事実を確保しようとしているとも考えられる。そのいっぽうで、実際にこの会談ではマルティニリョが通辞の役を引き受けていた可能性も想定しうる。これから詳細に見るように、先住民系の記録者たちは、通辞フェリピリョの言語的無能さこそが、ドミニコ会士とアタワルパの十全なコミュニケーションを不首尾に終わらせた終局因であると断ずる。もしかすると、先住民系の記録者たちは実際のマルティニリョをこの場面から削り取り、負の価値の体現者たるフェリピリョを無理やりそこに押し込んでいるのかもしれない。

それでは先住民系の記録者の出来事の提示のありさまを知るべく、まずはガルシラーソによるフェリピリョの描写から見てみよう。この混血の著述家によれば、カハマルカの出来事の一部始終はインカの「編年史結縄《キープ》」にゆわえられていたという(19)。「ペルーがもちえた最初の通訳は、かくも優秀な御仁であった」と自暴自棄にも似た皮肉的述懐からはじめるガルシラーソによれば、フェリピリョの通訳は、言葉の意味を真逆に取り違えるほどの酷い代物であったが、しかしこれはフェリピリョの悪意によるものではなく、ひとえに彼の無知によるものであった。たとえば彼は「三位にして一なる神」というべきところ、「三足す一は四の神」というありさま、むしろアタワルパのほうが通辞の無能さに同情し、フェリピリョが記憶し、理解しやすいようにと、自らの話を細かく区切って、部分、部分の訳をつけさせたり、またクスコで語られるインカ公定のケチュア語ではなく、あえてフェリピリョの出身地であるペルー北海岸のケチュア語で話しかけるという気配りをしていたともいう。しかしインカ王の側からの言語運用をめぐるこうした知的配慮にもかかわらず、修道士バルベルデが語るキリスト教の本義、そして教皇権力とスペイン王権の関係性をめぐるアタワルパの理解はひどく混乱した状態にあった。

それゆえインカ王は、修道士の解説する五つの傑出した存在、すなわち全世界の創造者たる「三足す一は四の神」、「すべての人間の父〔アダム〕」、「イエス・キリスト」と呼ばれる存在、「教皇」と呼ばれる存在、そして世界で最も権力のある至高の君主たる「カルロス」という五つの存在者については認識することができたものの、これらの関係についての理解はその混迷度を増していた。たとえばこの「カルロス」が全世界の王であり領主であるならば、なぜ「教皇」が、インカの王国を攻め、簒奪する権利をこの「カルロス」に譲渡するなどということが起きるのだろうか、修道士は、インカ王は「カルロス」に貢納をせよ、というが、貢租を納めるのならば、まずはすべてを創造したという神、ついですべての人間の父なる存在、イエス・キリスト、そしてこの国の支配権を譲渡したとされる教皇に差し出すのが筋ではないのか、これらの存在に何も差し出す必要はない、というならば、いわんや見も知らぬ、このアンデス地方の領主でもない「カルロス」に対してをや！

フェリピリョを媒介として、全知性を傾けてバルベルデの言説に向き合う聡明な王アタワルパ、しかしその十全な理解を妨げたのは通辞の要領を得ない通訳力、そして知力であった。相互の意思疎通が沈滞し、いたずらに時間ばかりが過ぎゆくなか、最悪の事態が出来する。修道士とインカ王とのいつまでも終わらぬ会談にしびれを切らした征服者たちは、その欲望の赴くがまま、蝟集する先住民たちに対する略奪行為をはたらきはじめたのだ。それは終局的な事態、すなわちアタワルパの捕縛と、何千ものインディオの生命が奪われるという悲劇へと結果するのである。(20)

次に挙げる記録者ベタンソスはスペイン人である。しかし彼はインカの血統に連なる皇女を娶ったこともあり、その叙述は、インカ族の内部で口承伝統として流通していた帝国時代から征服期にかけての歴史を豊かに湛えており、こうした特質により本章では「先住民系記録者」として分類したい。とりわけ近年、それまで一部しか知られていなかった彼の著作の全容が明らかになったが、カハマルカの出来事に前後する事態の推移についての記述は、先住民の視点からとらえられた鮮やかな歴史分析となっており、スペイン陣営にいる通辞「像」を、インカ族の視点から描くことができる。(21) たとえばすでにカハマルカの出来事に先立ち、インカ王自身、先住民通辞たちが短期間のうちに異人の言語を習得したことに驚くとともに、彼らが王の支配下の土地の出身者であることを知っておおいに喜び、自らの領民であるならば、通辞たちを通して異人たちについての情報を得ることができるだろうという楽観的な見通しを示していた、といったこともベタンソスは叙述している。

また征服者に仕える先住民通辞がインカ勢にあらかじめスペイン人にかんする重要情報を伝えていた可能性も、彼が採録した口承的歴史は示唆している。アタワルパはスペイン人征服者たちの動静を探るべくシキンチャラという名の間諜を送り込んでいたが、彼は通辞と個人的に接触し、異人たちの本質について知らされる。インカの民はスペイン人たちをヴィラコチャ、すなわちアンデスの創造神の再来だとして畏怖していたが、通辞は「異人たちはヴィラコチャでも神々でも何でもなく、彼らと同じ人間であり、死する存在である、馬も同様に死ぬ存在である」という内容をシキンチャラに語っていた。彼らがどこから来たのかと問うと、「大地の涯、終わるところ」と通辞は答えたという(22)。

こうしたやり取りがほんとうにあったのならば、ヨーロッパ文明とアンデス文明の「運命的衝突」としてとらえられてきたカハマルカの出来事が生起する以前に、すでに、海を越えてやってきた異人たちの、また馬という未知の巨大獣たちが纏わされはじめていた「神性」「神秘性」のヴェールは剝がされていたことになる。むろん、通辞がプライヴェイトな空間で発したこれらの言説の歴史的真実性について確実なことは何もいえぬが、インカ王族が結縄《キープ》を利用して王朝口伝史にこうした「客観的情況分析」の実態を結え込んでいた可能性を直視すべきであろう。インカたちは、無知蒙昧のままに、為す術もなく、征服者たちに蹂躙されたわけではなかったと思う。

ベタンソスが叙するカハマルカにおける会見の様子も、インカ王が乗る輿に当日密着していたとされる現場の先住民諸首長からの伝聞情報の紹介となっており、ここにおいても先住民の側から見た通訳のありさまが興味深いかたちで示されている。しかしやはり、通辞の仕事ぶりはけっして満足のいくものではなかったようだ。修道士バルベルデが「本」を取り出して開くと、通辞は「この神父は「太陽」の子であり、やはり「太陽」の子である「隊長」に対し戦いを挑むことなく帰順する旨アタワルパに伝えるように「太陽」によって派遣された、そのことはこの本の「絵」に書いてある」といったところ、アタワルパは「絵」に興味を示し、それを手にする。王がそれを開くと、そこには文字行の連なりがあるのみ、「これが語るのか？」、「これが其方《そち》を「太陽」の子であるといっているのか」と問い、朕も「太陽」の子なり、と言葉を発するや、王に随従する臣下の人々は「仰せの通り、唯一の君主《サパ・インカ》」と大声で唱和した。インカ王は再び、朕も「太陽」のおられる処から生まれたり、と叫ぶや、「本」を放擲した。彼の全臣下は「仰せの通り、唯一の君主」と再び声を合わせたが、修道士から会見の様子を聞いたピサロは、大砲に点火することを命じ、これ以降は、すべての記録者が語る凄惨な場面が展開することになる。(23)

よく知られているように、インカ帝国期の信仰体系において、太陽は最高神と位置づけられており、この考えを基にして、先住民通辞はキリスト教の神あるいは至高の存在としてのスペイン王権を表象しようとしていたと考えられるが、しかしそのことが逆に、自らを太陽の御子と任じ、それを帝国統一の根幹イデオロギーとしてきたインカ王とのあいだに深刻な齟齬を生じさせていることが鮮烈に示されている。しかしそもそも、先住民言語によってカトリックの教義を伝えるということ自体が、たいへんな難事だったのである。

植民地時代が進み十六世紀後半から十七世紀にかけて、先住民を対象とするスペイン語教育は拡充し、それに伴ってキリスト教布教も深化していった。しかし宗教界では依然として、カトリック神学の基本概念を先住民言語を媒介として伝えていくことの困難さが痛感されていた。たとえばインカ・ガルシラーソ・デ・ラ・ベガは、十六―十七世紀にかけての言語状況を示すものとして、混血の記録者ブラス・バレーラの談を紹介している。それによると、スペイン人のあいだで生まれ、成長する過程でスペイン語に習熟し、カトリックの教義にもよく通じたクスコ生まれの先住民でさえ、スペイン人宣教師が語る説教の内容を、スペイン語を解さない余所から来た先住民にケチュア語で話して聞かせるという挙におよぶ者はいない、それはケチュア語に内在する欠陥と難しさゆえの錯誤を怖れてのことだった。(24)そうした事情を知るとき、スペイン語とケチュア語の狭間に立たされた先住民通辞がカハマルカの地で唯一なしえたのは、案外、ベタンソスが記すような「神＝太陽」というアンデスの伝統に根ざす基本的概念をもちいた即興的対話ではなかったかと思われてくるのだが、しかしそう確言する根拠を欠くいま、指摘しておくべきは、ガルシラーソにせよ、ベタンソスにせよ、先住民の視点に立ってカハマルカの遭遇を描き出そうとする者たちは、先住民通辞を媒介とした意思疎通、相互理解が結果として不調に終わったことこそが、インカ帝国瓦解の根本因であったという認識を共有している点である。通訳の存在はたしかに記しはするものの、それを十全に機能することが保証された透明な翻訳機械のようなものとして叙述するスペイン人の記録者たちとの、この歴然としたコントラストを念頭に置きつつ、また先住民通辞というちっぽけな存在が負わされた過剰な歴史性を注視しつつ、ついで第二のモメントに目を転じてみよう。

一五三三年七月二十六日。カハマルカの広場でインカ王アタワルパと修道士との劇的な対面があってから八カ月が過ぎ、第二のモメントが生起する。捕縛されていたアタワルパの処刑である。この処刑の原因をめぐっては、やはり二つの異なった説が存在し、いっぽうの説は、またしてもフェリピリョを出来事の影の中心人物として舞台に配している。

再び表1をごらんいただきたい。はっきりわかるのは、征服直後になされた諸叙述と、一五五〇年代以降に書かれた記録類とのあいだに看取しうる差異である。前者に属するヘレス、無名征服者〔メーナ〕、そしてエステーテなど、カハマルカの現場に居合わせた征服者たちは、第一のモメントにおける通辞の翻訳には言及せず、彼を透明な存在として描き出していたが、第二のモメントの事態をめぐる叙述においても通辞はまったく姿を現さない。(25)

彼らが叙する情景は至極すっきりしている。虜囚の身にあるインカ王は、金・銀への欲望に衝き動かされたスペイン人の無謀な要求に唯々諾々と順《したが》っていたかのようだったが、じつは暗々裡に、散開していたインカ残党軍に指令を発し、スペイン人を殲滅すべく総攻撃を加えようとしていた。しかしこの邪悪な野望は先住民首長の密告などのおかげで事前に露呈し、おもだった征服者たちと協議をしたピサロは、ただちにアタワルパに極刑を宣告した。バルベルデ師の説得を受け入れてキリスト教に改宗したインカ王は「火刑」から一等減じられ、「絞首」によってその命を絶たれた。事実提示の細部において相違はあるものの、これらの叙述には、専制主たるインカ王のスペイン人支配に対する反逆・裏切り行為の発覚、その応報としての処刑というスキームが一貫している。通辞が顔を出すスペースなどそこにはまったく与えられていない。

ところが一五五〇年代以降に書かれた記録等では、この第二のモメントにおいて、通辞のひとりフェリピリョがクリティカルな役割を果たすようになる。スペイン人系の記録においてはロペス・デ・ゴマラ、シエサ・デ・レオン、アグスティン・デ・サラテ、ペドロ・ピサロが、そして先住民系の記録者ではベタンソス、インカ族パスト、インカ・ガルシラーソ・デ・ラ・ベガ、グァマン・ポマのいずれもが、フェリピリョこそ、インカ帝国最後の王を憤死に追いやった導因であるとして糾弾しているのである。

ペドロ・ピサロの叙述から事態を追ってみよう。アタワルパを処刑すべしという声は、たしかにすでにスペイン人の側に存在した。アタワルパが捕縛され、その身代としての宝器が、王国の隅々からカハマルカに陸続と集まりつつあったその頃、ピサロの征服事業におけるパートナーであり、後方支援を担当していた大物アルマグロ率いる一党が遅れて到着する。インカ軍との直接対決という決定的な場面に不在であった彼らには、しかしインカの財宝のわずかしか与えられなかった。不満分子と化した男たちは、アタワルパが生存している限り、さらに集まりくる金・銀を手にすることはできないのではないか、と焦燥感をつのらせている。(26)

こうした不穏な情況に油を注ぐ役目を果たしたのがフェリピリョであった。俘虜の身であったとはいえ、幽閉されていたアタワルパは依然として家臣団を随え、また側女たちに傅《かしず》かれ、王としての威厳を維持していた。(27) ところが、通辞フェリピリョが「邪心を起こして、アタワルパの女のひとりに懸想し、女を手に入れたくて、アタワルパがカハスに大部隊を集結させ、エスパニャ人を殺そうとしている、と侯爵に信じこませた」のである。これを知ったピサロはただちに調査を開始する。しかし、先住民から情報を得ようにも、あいだに立つフェリピリョが「逆に通訳し」インディオたちの言葉を歪曲して伝えた。ピサロは殺す気持ちなどまったくもっていなかったにもかかわらず、いっぽうではアルマグロらの圧力もあり、結局アタワルパに対する死刑判決を下す以外に術はなかった。ペドロ・ピサロが描き出す第二のモメントの全容である。

客観史家として知られるシエサも、細部に多少異同はあるものの、やはり同じようなプロットにおいてフェリピリョを舞台の中央に配置し、キリスト教徒に対してはこういい、先住民に対してはああいう、という、中間者たる通辞の立場を巧みに利用した手管を弄して、本来はアタワルパを生存させておきたかった征服者たちの心を動かすにいたったと断ずる。(28)

いっぽう先住民系の記録も、アタワルパの側女への淫らな邪心を完うすべく、フェリピリョがインカ王の反乱計画を捏造したというモチーフを共有している。事実はいったいどこにあるか。

フェリピリョのかかる策動が実際に存在したのであれば、現場で処刑を目撃したであろう初期記録者たちがこの点にいっさい言及していないことはいかにも不自然である。一五七〇年頃に征服の歴史を執筆したペドロ・ピサロの叙述を軸に、この問題を考えてみよう。ペドロ・ピサロは、領袖フランシスコ・ピサロの親族であり、またその小姓でもあった。フランシスコが第二次遠征を終え、人員増強のためにスペインに一時帰国した際にリクルートされて征服行に加わっている。一五三二年の出来事が生起したときにはまだ未成年であり、カハマルカにはいなかったという説もある。その彼が、征服が終わって三十年以上も経過した時点において、征服時代の歴史を執筆しようと思い立った事情は那辺にあったのか。

ペルーの史家バロン・ガバイによれば、一五七〇年代にペルーの最高権力者として統治した副王フランシスコ・デ・トレドの政治的利害関心がそこに作用していたと考えられる。(29)トレドの統治はスペイン王権の絶対的権威をアンデス植民地に確立することを究極の目的とし、それを達成すべく、全領土に対する総巡察をはじめ、さまざまな政策を断行した。改革は行政面にとどまらず、思想・宗教の面にもおよんでいた。特に歴史叙述の面では、当時卓越しつつあったラス・カサス一党の思想的な影響力、すなわち具体的にはスペインの軍事的征服の意義を否定し、先住民を主体とする新しいかたちの植民地経営を構想せんとするイデオロギー的な動きを抑止すべく、ラス・カサスの書物の流通を阻止したり、さらにはインカ国家を、征服される内的必然性を潜在させた専制王権・暴君国家として描きだすべく、独自のインカ王朝史を執筆させたこともよく知られている。(30)

さらにトレドは、「征服」という事業自体をも肯定的に再評価する方向性を示していたとされる。インカ帝国の征服という出来事が遠い過去のものとなりつつあった当時、かつての征服者たちへの敬意も薄れ、むしろ征服事業について各方面から批判的視線が注がれていた。たとえば一五七〇年代には、先住民をおもな証人として、征服前後の実態を明らかにするための調査が実施されているが、証言からは、金銀の贈与を条件にその命を保証とするという約束をアタワルパ王とのあいだに交わしていたにもかかわらず、それを反故にして王を処刑したピサロの不実を糾弾する声が先住民社会において広く響き渡っていたこともうかがわれる。そうした雰囲気のなかで、征服の英雄的偉業性を忘却から救い出し、征服に対する不信感を払拭せんと、征服者を代表する存在であったペドロ・ピサロが、副王トレドの打ち出した修正主義的歴史再構成の動きを見すえつつ筆を執ったとも考えられる。(31)

そうした前提を考慮すれば、不名誉に塗れる首領フランシスコ・ピサロを免罪しようとするペドロの記述の筆致もよく理解することができよう。曰く、「侯爵が彼を殺したくなかったことは確かである」、曰く、「彼を助命してやれないのを悲しんで侯爵が泣くのを、私は見ている」(32)……「高潔な征服者」たちというイメージを恢復するために格好の素材を提供してくれたのが、アタワルパの女に横恋慕した通辞フェリピリョであったということになる。

だが実際のところ、フェリピリョはインカ王に死をもたらす淫行をはたらいていたのだろうか。研究者のなかには、ヘレスや「無名征服者」ら初期記録者がこの問題にいっさい触れていない情況のなかで、フェリピリョは「贖罪の山羊」として招喚されたとする者もいる。(33)しかしいっぽう、先住民系の記録者の多くも、フェリピリョの不純な動機がインカ王処刑の背景に存在することを確言しているのである。

その意味で興味深いのは、一五五四年にクスコでおこなわれたある調査記録に現れる証言である。この年、暮らしに窮した故アタワルパ王の遺児たちが生活の糧を求める請願書を王室に提出した。これを契機に、征服時に遺児たちのおかれていた実態を明らかにするための調査がなされたのだが、その際、カハマルカの出来事に密接に関わった征服者やインカ王族の生存者らが証人として出頭し、カハマルカでのアタワルパの様子や、彼の子供たちとの関係について、往時を想起しつつ、貴重な陳述を展開しているのである(34)。

証人のひとりが調査当時六十歳になっていたパスカという名前のインカ族の先住民であり、彼はインカ・ユパンキ（インカ王統史で第十代とされるトゥパク・インカ・ユパンキのことか）の子であった。パスカは次のように述べている。

> カハマルカでスペイン人はアタバリバ〔アタワルパ〕を殺害したが、それは通辞であったドン・フェリペ〔フェリピリョ〕の虚言による。というのも、彼はアタバリバが反乱を起こそうとしていると偽証したのだ。なぜならば、彼はアタバリバの女のひとりと懇《ねんご》ろになったのだが、このことで殺されることを怖れ、反乱を企図しているということを捏造したのである。その結果、アタバリバは殺されてしまったのである(35)。

この証言は、書斎等で執筆されたクロニカとは異なって、調査現場の書記により口述筆記されたものであり(36)、実際にインカ族のあいだに流布していたアタワルパ王の死をめぐるひとつの通説であったと仮定することができる。もちろん先住民が保存していたからといって、ただちにフェリピリョ姦淫陰謀説が事実であったと単純に考えることもできないであろう(37)。当時クスコで生活していた旧インカ王族の人々にとって、カハマルカのアタワルパがスペイン人に対して反旗を翻す意志を有していたという可能性はけっして好ましくないものであった。当時、インカ族のなかには、スペイン人に対する抵抗を続ける人々もいたが、その多くは、旧都クスコで生活しつつスペイン人の支配を甘んじて受け入れ、積極的な協力者となっていた。そうした立場にあった彼らにとって、アタワルパの反乱計画という不吉な記号を根本から消去することを可能にするフェリピリョの邪心という言説は、大変に好都合のも

のであったと考えられるからである。(38)

このように見てくるならば、アタワルパ処刑の原因としてフェリピリョの淫行を措定することは、スペイン人征服者にとっても、また先住民にとっても、まことに具合の良いことであったことがわかる。実際にフェリピリョがどういう行動をとったのか、それを立証することはもはや不可能だが、こうして出来事の細部をひととおり点検し終えたいま、しかしひどく心を揺さぶられるのは、本来保証されていた通辞としての透明性を剝ぎ取られ、生身の肉体を露呈してしまった先住民が、痛々しいほどの壮絶さで、ひとり歴史の流れに抗しているかに見えるその姿である。各人が理想として思い描く歴史の動態が、それを裏切って進んでいってしまうとき、そのすべての責任が、激しい憎悪とともに、フェリピリョに押しつけられているのである。だがしかし、フェリピリョはまだけっしてめげない。彼自身のやり方で、さらに歴史に抗しつづけてゆくのである。

3　カハマルカ以降の二人の通辞

フェリピリョとマルティニリョそれぞれの、カハマルカ以降にたどった道には甚だしいコントラストがある。フェリピリョのそれは、すでに見た淫行問題のように、つねに陰湿な雰囲気を漂わせており、彼が積み重ねてゆくさまざまな行為が、変節漢としてのイメージをさらに固着させていく。

いっぽうマルティニリョは、成功したスペイン人征服者と見紛うほどの華やかな経歴を歩んでいった。終始一貫して領袖フランシスコ・ピサロ、そしてピサロ家の面々と行動をともにしつつ、植民地初期の激動を生き延びていったマルティニリョは、スペイン人と同格、あるいはそれ以上の地位と富を手に入れた。しかしそれにもかかわらず、先住民という彼の立場の脆弱性は、やはり死ぬまで彼につき纏う。

征服後、はやばやと植民地社会の輪郭が安定したメキシコとは対照的に、アンデス世界では、カハマルカの出来事以降数十年間は、征服者《コンキスタドール》同士が血で血を洗う凄惨な内乱状況が現出した。その根本因は、征服事業において本来ピサロと対等な朋輩であったはずのディエゴ・デ・アルマグロと彼に連なる人々が、インカ王国征服の戦利品や諸特権から意図的に遠ざけられているという不満を爆発させたことにあったが、ピサロ党、アルマグロ党の私闘の末、結句、それぞれの領袖は無残な死を遂げた。しかし、生まれたての植民地の白人層を二分した内乱状況は収束するどころか、王室がエンコミエンダなどの征服者の既得権を切り崩す姿勢を見せたこともあり（第二章参照）、それを嫌悪した男たちは王旗に対して真っ向から反乱した。ペルー社会が植民地として安定的に確立するのは、一五七〇年代、先に述べた副王トレドの治世を待たなければならなかったのである。

こうした不安定な状況下にあって、征服者たちにはその場にはたらく力関係を瞬時に読み切る即妙さが要求された。ある陣営で闘ってはいるものの、状況次第では敵対する側に身を滑り込ませるという姑息な動きをする者は大勢いた。いったりきたりせわしなく陣営を変える彼らは、皮肉を込めて「機織」に喩えられたのである[39]。

征服者たちのそうした生き様を間近に見ていたフェリピリョは、彼らの身の処し方を模倣することにおのれの生存の可能性をかけたのだろうか。アタワルパの処刑後、アルマグロと行動をともにするようになった彼は、キト方面への遠征に参加した。これはアンデスの財宝を目指して新たに征服事業に参入せんとしていたペドロ・デ・アルバラードの動きを牽制することを目的としていたが、フェリピリョはアルマグロを捨ててアルバラードの許へと走ったばかりか、なんとアルマグロとアルバラードが交戦して疲弊した隙をつき、征服者たちを殲滅すべく、地元のインディオたちを扇動しようとしたのだという。結局両陣営は和解し、立場を失ったフェリピリョは危うく処刑されそうになるが、やがてアルマグロの怒りも解け、九死に一生を得た[40]。

その後フェリピリョはインカの旧都クスコに向かったようだが、同地では、もうひとりの通辞マルティニリョとの対立の構図が浮かんでくる。裏切るとはいえアルマグロと結びついたフェリピリョ、そして生涯ピサロ一党と行動をともにしたマルティニリョが、それぞれの主人の対抗関係の影響下にあったことは想像に難くないが、それは傀儡王マンコ・インカをめぐるある逸話からわかる。

カハマルカの戦いののち、ピサロら征服者たちは、被征服民族の支配を円滑にすすめるべく、第十一代ワイナ・カパック王の息子のひとりマンコ・インカを傀儡王として即位させ、先住民統制の具とせんとした。しかしながら記録者モリーナによれば、インカ王統内部における権力闘争が顕在化して反マンコの情勢も昂じ、さらにマンコ自身がアルマグロ党とより親和的になったために、インカ王族の内紛に征服者領袖間の対立構造が反響し、複雑な様相を呈していく。この錯雑とする関係に組み込まれていったのが二人の先住民通辞だった。ピサロ党のマルティニリョは、マンコがピサロと不仲であると知るや傀儡インカ王を恫喝し、いっぽうアルマグロ党のフェリピリョはマンコ・インカとの交情を深めていく。二人の通辞は相互に啀《いが》み合い、自らが仕える領袖こそが征服者の真の首魁なり、と先住民たちを相手にいい募りつつ、混乱に拍車をかける要因となっていたとされる(41)。

アンデスの支配圏域をめぐってピサロと諍っていたアルマグロは、黄金を求めて南部チリ方面の未知の世界へと旅立っていった。アルマグロ派のフェリピリョも統領に随行した。このチリ征服行において、フェリピリョはその変節漢としての後世の評価をさらに確たるものにするような不実、かつ致命的な挙におよんでしまう。彼はチリへの遠征中、当地の先住民を秘密裡に使嗾して数的不利の状況にある征服者たちに対して奇襲をかけるよう促し、自らもアルマグロの陣営から逃亡した。フェリピリョは、マンコにはたらきかけて、スペイン人の殲滅を計画していたとされる。やがて捕縛され、すべての悪事をアルマグロに告白したインディオ通辞は、結句、領袖の命により四つ裂きの刑に処せられ、その遺骸の諸部位は街道沿いに晒された。カハマルカから四年、フェリピリョはこうして波乱の生涯を閉じた(42)。

征服という出来事に伴うすべての汚濁をひっかぶり、歴史によって蕩尽されたがごときフェリピリョ、しかし彼を歴史の埒外に放逐せんとする記録者や歴史家の視点にではなく、敢えて先住民通辞自身の立場に私たちの身を置いてみると、フェリピリョをもひとつの抵抗の主体として描き出しうるかもしれない。すなわち、二つの文化を言語的に同時に操作できる立場を活かして、かつての軛《くびき》であった専制支配者インカ王を、そして新たに支配者として立ち上がらんとするスペイン人征服者たちそれぞれを、通辞という絶妙のポジションを利用して殲滅せんとする特異な抵抗の潜勢を、彼の生きざまに見いだすこともできるのではないだろうか。歴史の汚穢に塗れた向こう側から、フェリピリョの哄笑が響き渡るようだ。

いっぽうマルティニリョは、そうしたぶざまなフェリピリョとは異なり、遺された豊かな史料によって歴史のなかに定位することができる。彼の忘れ形見の娘が父の死後、スペイン国王に対し、生前の亡父の王権に対する奉公の顕彰、およびその対価として、遺児である自身への特権下賜を求めて奉上した請願書や功労調書などの書類一式が保存されており、またマルティニリョは、フェリピリョとは対照的に、平穏無事の一生を過ごすことができたようにも思われるのだが、しかしそれらの文書を丹念に読んでいくと、マルティニリョの生きざまにも、先住民通辞に内在していた儚《はかな》さが浮き彫りになる。(43)

端的にいえば、マルティニリョはペルー征服成功後のピサロ家の興隆とともにその運気を上昇させ、そしてまた一家の衰微と歩調をあわせるように、自らの命運をも消尽してしまった。娘が父親の功労調書作成のために招喚した証人たちの供述によれば、マルティニリョはカハマルカの戦い以降も、フランシスコ・ピサロの扈従として服仕しつづけた。通辞としての彼の能力は、征服者集団が行軍中に対峙した先住民との関係の仲媒《なかだち》になる場面でおおいに発揮され、先住民言語を駆使した彼の説得の結果、大勢のインディオがスペイン人の支配下に入り、キリスト教に改宗したとみな証言している。また先住民が反乱を起こした際にも、彼の尽力によって多くのインディオは帰順したという。(44)

戦時にはマルティニリョ自身も騎馬兵として武器を揮った。ピサロと対立したディエゴ・デ・アルマグロは、結局、権力闘争に敗れて処刑された。しかしアルマグロ党はフランシスコ・ピサロを暗殺して復讐を果たし、さらにアルマグロの遺児を担ぎ出してペルーの支配を目論んだものの、結局、新総督バカ・デ・カストロの支持を得たピサロ党によって一敗地に塗れる。これが「チュパスの戦い」だが、証人たちによればマルティニリョは武器を手に馬を御し、ピサロ派の一兵として奮闘したのだという。

こうした征服前後の目覚ましいはたらきにより、マルティニリョにはさまざまな褒賞や特権が授けられたが、最大の栄誉は、エンコミエンダの下賜を受けたことであろう（エンコミエンダについては、第二章三三頁以下を参照のこと）。インカ帝国征服に参戦し、その後アンデスに留まる道を選択した征服者の多くが、エンコミエンダとして先住民の分配に与ったが、これはすぐれてスペイン人の貴族的特権とみなされており、インディオがこの恩賜を享受するのはきわめて稀有なことであった[45]。

さらにマルティニリョをめぐる例外的事態として特筆すべきは、先住民である彼がスペイン人の女性と結婚したことであろう。人種的・宗教的純粋性を極度に重んじる「血の純潔イデオロギー」に充たされていたスペイン的心性にとって、先住民男性が白人女性を娶るなどということは本来ありえないことであった。先住民通辞としての征服におけるマルティニリョの勲功は、こうした人種的偏見を凌駕するにあまりあるものであったといえるだろう。妻の名はドニャ・ルイサ・デ・メディーナといった。

ヨーロッパ人と見まごう衣裳を身に纏い、スペインからやって来た貴婦人を伴いながら、リマ市内に邸宅を構えたマルティニリョは、西洋人貴顕としての生活を送っていた。諸証言によれば、彼の邸宅は「カサ・ポブラーダ casa poblada」、すなわち賓客や居候を接待・給養するに十分な余席をもち、富と権力のシンボルである奴隷や馬を備えた当時の理想的生活の粋である「満ち足りた家宅」となっていた。また彼の遺言書では、その埋葬場所としてリマ大聖堂が指定されており、このことからも、彼が一流スペイン人と同等の生活を送っていたことが知れる[46]。

スペイン人妻とのあいだには二人の娘が生まれたようであるが、長女であるフランシスカこそが[47]、のちにスペインに居住し、亡父の勲功に相応しい褒賞を国王に求めていたのである。とても恵まれた生活を送っていたと考えられるマルティニリョ家の令嬢が、なぜ当時スペインにいて、国王に年金の下賜を請願せねばならない状況にあったのか。

マルティニリョは実際ピサロ党にあまりにも寄り添いすぎていた。それが最終的に彼の命運を断つことになったのである。フランシスコ・ピサロの暗殺後も、マルティニリョはピサロ閥の郎党でありつづけた。しかしやがて、誕生したばかりのアンデス植民地を根柢から揺り動かす出来事が起こる。ゴンサロ・ピサロの反乱である。一五四二年、カルロス五世は、擬似封建領主として新世界に隠然たる影響力をもちはじめていたエンコメンデロ層を掣肘すべく、エンコミエンダ特権の漸次廃絶を目指す「インディアス新法」を公布するが、それを激しく嫌悪したのがペルーの征服者たちであった。

彼らはピサロ一党の当主であったゴンサロを頭領として担ぎ出し、スペイン王権の支配を断固として拒絶した。植民地社会における国王の人格的代理者である副王が処刑されるという前代未聞の動乱状況のもと、植民地のスペイン人は王統派と逆軍とに二分して干戈を交えた。しかし本国から急遽派遣されたラ・ガスカ学士が叛徒たちの懐柔に成功したことによって、戦局は王統派に傾き、結局、首謀者ゴンサロ・ピサロも処刑され、反乱は終わった。だがマルティニリョは、この反乱で行き場を失ってしまった。機を見るに敏な多くの征服者たちが「機織」のごとく陣営を移動したにもかかわらず、彼は最後までゴンサロの側に留まり続けた。戦後、ラ・ガスカ学士はマルティニリョをペルーからの追放刑に処す。豊かな富を彼に供給していたエンコミエンダも王権に接収された。

功労調書の証人となったスペイン人たちは、マルティニリョの非運をともに嘆き、異口同音に、マルティニリョがインディオであったことが彼に不幸をもたらした、と述べている。すなわち、一般に先住民というのは無知の徒であり、マルティニリョですらその例外ではなく、カスティーリャの「法」というものを知らなかった彼は、王に忠誠を尽くす、ということの意味を理解しえなかったのだ、と。

マルティニリョ自身はゴンサロ陣営から離脱する意志をもっていたようだ。しかし幼少時からピサロ家と濃密な関係を保ち、家人のごとき存在であった彼に、行動と選択の自由は与えられてはいなかった。彼が周囲の者に「いつスペインのアポ apo はゴンサロの許から私たちを救い出しにやってきてくださるのだろう」と語っていたという証言もある。「アポ」とはケチュア語で「王」「君主」を意味し、先スペイン期はインカ王を意味していたが、征服後の世界を生きるマルティニリョにとっての「アポ」は、スペイン王であった(48)。

マルティニリョは妻子をリマに残し、スペインに追放された。彼のあとを追って大西洋を渡った娘フランシスカとその母親が知らされたのは、先住民通辞がアンダルシアの都セビーリャにおいて他界したという事実であった。

年端もいかない少年の頃から征服者たちに寄り添い、未知の言葉を習得し、征服の決定的瞬間をその身で生きたフェリピリョとマルティニリョ。二人の生が描き出した軌跡の模様は大きく異なっている。言語の不出来を痛罵され、婦女暴行の末にインカ王の処刑を導くための絵図を描き、あげくは主君に対する裏切り行為をはたらいたという、ありとあらゆる不名誉でその身を覆い尽くされ、ついにその肉体を断裂されてしまったフェリピリョ。彼の身体はスペイン文化とインディオ文化という相反する斥力に引っ張られて裂けてしまった。いっぽう、征服者の栄光のオーラに包まれて数多くの特権とスペイン人女性との生活を享受し、二つの文化を見事に生ききったかに見えたマルティニリョも、しかし最後は二つの文化の圧力に抗しきれずにアンデスの地から弾かれてしまった。本来、文書にその名前をとどめるだけの無的存在であるはずだった二人の先住民は、しかし征服という出来事の強い磁場にその姿を現すことによって、歴史の生の触感を私たちに伝え、やがてそれぞれの仕方で無に戻っていった。

4 誤訳と騒擾

すでに見たように、スペイン人征服者の致富のための不可欠なシステムであったエンコミエンダは、先住民社会にとっては外部から押し付けられた過重な負担であった。インディオたちは重税を支払うために厳しい労働を強いられ、共同体は疲弊していくばかりであった。衰退する村落を逃れ、多くの先住民がヤナコーナ階層に身を投じていったことは前章で見たとおりである。いっぽう、スペイン人たちにとっても、エンコミエンダという特権は、それをめぐって白人同士がその血を流し合う内乱の主要因でもあった。すでに見たように、一五四二年、その廃止を目指して発布された「新法」は、ゴンサロ・ピサロの反乱として帰結した。反乱は王統軍によって鎮圧されたものの、エンコミエンダ制存続をめぐる問題が決着することはなかった。ところが一五五〇年代に入り、エンコミエンダをめぐって、スペイン王室から発する別の風が吹きはじめた。エンコミエンダにあえて裁判権を付与し、完き封建的特権に格上げし、永代にわたって所有する権利を現受益者に売却してしまおうという案が浮上してきたのである。(49)

よく知られているように、神聖ローマ皇帝でもあったカルロスの宮廷王庫は、その巨大な支配権を維持するための財政支出によって破綻寸前の状態にあった。逼迫する国家財政を立て直すべく、王位を継承したフェリペ二世は、たとえば貴族の爵位や官職を売却したりして新しい財源の創出につとめるのだが、その経済政策のひとつとしてもちあがったのが、エンコミエンダ永代保有権の売却であった。

すでにカルロス五世在位中にエンコミエンダ世襲化・売却問題の検討ははじまった。一五五〇年、スペイン・バリャドリッドにおいて、メキシコ、ペルーからの利害関係者や、インディアス諮問会議のメンバー、そしてインディオの人権擁護運動の旗手であったラス・カサスをはじめとする聖職者が一堂に会し、この問題をめぐって激論をたたかわせたことが、メキシコの征服者世代の代表としてやはり会議に参加したかのベルナル・ディアス・デル・カスティーリョの筆による記録から判明する。(50)メキシコ組は、エンコミエンダが永代保有されると、領民となった先住民はより愛顧されるようになり、彼らの改宗も促進しようし、さらに永代保有者となったエンコメンデロも農牧畜産業の育成に一層力を入れるであろうと、そのポジティヴな側面を強調した。いっぽう当然予想されるように、反対派の急先鋒はラス・カサス師であったが、しかし彼のみならず、エンコミエンダの存続問題で混沌を極めたペルー社会の秩序をやっとのことで回復し、帰国したばかりのラ・ガスカ学士も永代化案に反撥した。結局、この会議では結着せず、問題は先送りされる。

エンコミエンダ永代保有化問題が再燃するのは一五五三年のこと。この年、国王カルロスは対トルコ戦役の費用を工面するために「インディオの売却」をローマ教皇に申請することの可否を論ずる会議を招集した。この問題は当時ロンドンにいた皇太子フェリペに委ねられ、継続して審議された。(51) まさしくその頃、フェリペのもとに、ペルーのエンコメンデロ層の利害関心を代表して裕福なリマ市民アントニオ・デ・リベラが祇候した。リベラはフェリペに対し、民事・刑事の司法権をもつ封建的特権化したエンコミエンダの永代保有権が下賜されることを条件に、七百六十万ペソもの献金を約束したのである。これは当時スペイン王室が抱えていた国家的債務の二倍にあたる莫大な金額であった。(52)

この提案に心おおきく揺れ動いたフェリペは、エンコミエンダ売却を日程に上らせた。しかしながら、政府内にもエンコミエンダの完全封建化に対する抵抗は根強く存在した。当時、大貴族層をはじめとする封建的諸勢力を制圧し終え、絶対王制の礎を固めつつあったその頃のスペイン王権にとって、僻遠の世界アメリカに中世的権力が再生することを認めるのは、歴史の流れに対する逆行であることは明白だったからである。結局、会議で結論は出ず、フェリペはエンコミエンダ売却案を現実化する土台を作るべく、検討委員会をペルーに派遣した。一五六一年のことである。(53)

ここでフェリペの構想に対する最大の抵抗主体として立ち現れたのは、まさしく売却の対象となる先住民であった。エンコミエンダをめぐるドラスティックな改革プランが浮上したことを知ったアンデスのインディオたちは、連帯する道を選び、彼らを飲み込まんとする波に向かっていった。一五五九年、先住民首長たちは二度にわたりリマで会議を開催し、本国において彼らの利害を代弁し、王室と交渉することを依頼すべく、聖ドミニコ修道会の二名の聖職者、すなわちラス・カサス師と、ペルーにおけるその右腕的存在、ドミンゴ・デ・サント・トマス師に権利委任状を発給し、また王室から譲歩を引き出すための資金提供の意思も相互に確認した(54)。

全権を委任された二人のドミニコ会士は、実際一五六〇年、国王に請願書を提出する。そのなかで、エンコミエンダが永代譲渡されれば国王は多くの臣下と収入を失い、すでに無法の地と化している植民地において、エンコメンデロたちを王権に対する反乱に駆り立てる許多《あまた》の契機を提供することになろうと危機意識に訴えた。そして先住民側からの代替提案として、エンコメンデロ側が提示する献金額に、さらに十万ペソを上乗せすることを約束し、その見返りとして、エンコミエンダ受益者が死去した場合には、それを王の直轄領に統合し、また貢納についても現在エンコメンデロに支払う貢租の半額を国王に納めることとする、さらにまた先住民共同体の代議員の集合体を結成し、そこに自律的な政治的決定権を付与することなどを要請した(55)。ラス・カサスらは、こうしたことが実現されれば、スペイン国王の絶対的な統治権のもとで先住民は安寧を恢復し、人口もいや増すことになろう、いっぽうエンコミエンダの特権から排除されてきた大勢のスペイン人の不満も解消されることになると、エンコミエンダを王領に統合することの最大限のメリットを開陳したのであった(56)。先住民を主体とする植民地運営というラス・カサスの理想が実現する契機がここに現れた。

こうして、漸次廃止を目論んだと思えば献金目当てに永代保有を構想するというスペイン王室がみせた一貫性を欠く姿勢のせいで、状況は、封建領主に成り上がらんと夢見るエンコメンデロと、それに真っ向から対峙する先住民共同体、および前衛的ドミニコ会士との全面的対立の様相を示すことになったのだが、その拮抗局面が露骨に顕在化したのが、かつてのインカ帝国の首都クスコにおいてであった。騒然とした情勢が現出するなか、出来事の中核におかれたのがひとりの通辞、混血者アントン・ルイスであった。

植民地時代に入ってもインカ族が多く生活し、先住民文化がまだ色濃く息づくクスコでも(57)、エンコミエンダの売却・永代保有化の動きが伝えられると、先住民首長層がただちに立ち上がった。特にクスコでは、先住民のみならず、それまでエンコミエンダの特権から排除されてきた中・下層のスペイン人らも永代保有化に抗する姿勢を強めており、同地のコレヒドール、ペドロ・パチェコすらも抵抗運動の背景にいた。この出来事の全貌を詳細に伝える史料が遺ったのは、騒動を秘密裡に調査すべく、リマのアウディエンシアから判事クエンカ博士がクスコに派遣され、騒擾の中心に混血通辞アントン・ルイスがいたことが突き止められ、彼の行状をめぐる調査・訴訟記録が作成されたからであった(58)。それでは出来事の全容を見てみよう。

騒ぎが発生したのは一五六一年十月頃のことであった。コレヒドールのパチェコはインディオの首長層を招喚し、アントン・ルイスを介して次のように告げた。すなわち、国王は現在、エンコミエンダの売却を構想しておられる、もしもそうなったときには、君らは顔に烙印を押され、奴隷のように扱われることになろう、先住民が現在所有する家畜の群れも、牧草地も、畜群の水飲み場も、農地も、すべて売却されることになり、インディオたちは馬糞の処理係、豚飼いといった身分に甘んずることになろう、あるいは遥か僻遠の地、北方トゥンベス、または南方チリまで勤労奉仕のためにおもむかねばならない、たとい首長であったとしてもその職は剝奪され、戦役に駆り出されよう、また現在はエンコミエンダとは無縁の状態にあるインカ系貴族ですら、平民身分に格下げされてしまうだろう、もしもそうした事態を望まないのであれば、首都リマに設置された検討委員会に異議を申し立てるべく、代表団を派遣し、またその資金を捻出するための募金活動をすべきである、そしてリマにおもむくときには示威のためにインカ時代の盛装をしていくがよい。通辞アントンは、コレヒドールのこうした言葉をケチュア語に翻訳し、集まったインディオたちに伝えたのである。

このパチェコの言動は、本来、王室の意向を植民地において体現すべき勅任官吏であるコレヒドールのそれとしては違和感がある。しかしエンコミエンダ売却・永代保有化は、かならずしも先住民集団の利害関心のみに関わるものではなく、将来的に特権階層から疎外されてしまうという危機感を募らせる中・下層スペイン人をも強く刺激していたのである。事実、パチェコの黙認のもと、スペイン人商人たちも、売却に反対する署名活動を開始していた。

コレヒドールから事情を知らされた先住民は悲しみに暮れ、怒りの感情を顕わにした。ある者は、インカ王ワイナ・カパックの時代にも彼らは奴隷などではなく、売られたりすることなどなかった、スペイン国王の臣民となった今日、なにゆえにコカの葉や肉のように売買されなければならないのだ、と泣き崩れ、スペイン国王のもとにおもむきたい、たとえ旅の途上で落命することになったとしても、と壮絶な覚悟を示した。またある者は、顔に烙印を押されるくらいならば、崖から川の激流に身を投じ、その命を絶たんと悲憤した。ワマンガ地方では、エンコミエンダの永代保有化について説明された先住民たちが「永代保有化を欲するなどということは《マナンカンチョ》！」とケチュア語で嘆じたことが、その場に立ち合ったドミニコ会士ドミンゴ・デ・サント・トマス師によって記録されている。マナンカンチョとはケチュア語で「否」を意味する否定辞であった(59)。

インディオ首長たちの集会は所を変えて三回にわたり開催されるが、興味深いのは先スペイン期以来の民族的不和を超越した大同団結が達成されていたことだ。すなわちクスコのインカ族は、彼らの不倶戴天の仇であったカニャル族と、歴史的な蟠《わだかま》りを越えて共同歩調をとったのである(60)。集会において首長たちはその財力が許す限り醵金しあった。そして集まった金額をもとに、インカ族の者が先導し、言語的補助者としての通辞アントンを伴った代表団が、おそらくは古式ゆかしいインカ時代の衣裳に身を包んで首都リマに向かった。

クスコに派遣されたクエンカ博士はこうした事態を重く見た。状況は、都市参事会《カビルド》において抜身の剣が振り回され、コレヒドールの身が危うくなるほど切迫していた。クエンカは騒擾の根本因はアントン・ルイスであると認識した。先住民の集会において、エンコミエンダの永代保有化の具体的内実を説明する際、顔に烙印を押されて奴隷のごとく売買される、と混血通辞が誤って伝えたことにより、インディオたちは周章狼狽し、醵金活動やリマへの抗議行動へと駆り立てられた、と判断したのである。やはりここクスコの地においても、騒擾のすべての責めを負わされたのは通辞であった。先住民を動揺させるきっかけをつくった国王役人パチェコにも、また実際に反対運動を導いた先住民首長連にも、司直の裁きは下らなかったようだ。該社会の悶着を解決し、沈静させるための犠牲獣として、通辞とは、かくも手頃な存在であったのか。

通辞アントンは一五六三年三月に起訴され、簡単な事情聴取や証人訊問がおこなわれたのち、五月十六日に判決がいい渡された。通辞職の永久剝奪、そしてクスコ市管轄圏内からの六年間の所払いというのがその内容であった。しかしながら判決を不服としたアントンは、リマのアウディエンシアに控訴し、通辞職の恢復に向けて司法闘争に踏み込んでいく。この第二審の過程で、混血通辞の人物像、そしてこの出来事の核となる言語的問題が見えてくる。

アントン・ルイスは一五六二年時点で三十二歳くらいであると述べている。そこから導き出される生年は一五三〇年頃、ピサロのペルー征服以前ということになる。通辞は出生地を述べていないので、申告した年齢を信ずるならば、彼がアンデス以外の土地で生まれた可能性もある。(61) また訴訟記録には、彼を通辞に任ずる二通の免状も添付されており、そのうち一五六〇年六月に発給されたものによると、彼の通辞歴は二十年におよび、アルゼンチン地方への征服行や、アンデスに頻発した内乱に従軍し、自弁の武器と馬で戦役に参加しつつ、通辞としては地元の先住民にはたらきかけ、行軍する兵士を給養するための援助を取り付けていた。その通訳としての能力は高く評価されており、給金として年百五十ペソが用意されていた。(62)

第二審ではアントン・ルイス側が用意した十三名の証人たちが陳述したが、そのなかには二名の通辞も含まれている。証人たちは、アントンの通辞としての経歴と能力を高く評価し、また彼が、コレヒドール・パチェコがインディオに向かって発した言葉を、それに何を附加することも、また何を差し引くこともなく、忠実に翻訳したにすぎないと通辞の言語的透明性を強調していた。

この訴訟記録の特異な点は、先住民を浮き足立たせ、騒擾を惹起した根本因として、通辞の翻訳内容が問題にされている点であるが、控訴審においてはアントン側が以下のような質問条項を用意し、証人たちに答えさせている。

第五項、以下のことを諒知しているか。永代保有化という事案と、それがいかなる意味なのかをインカの言葉でインディオに理解させるには、この〔ケチュア語の〕「ランディ landi」という言葉をもちいて宣明する必要があり、それは〔スペイン語の〕「譲渡 enajenación」という意味である。知るところを陳述されたし。(63)

この問いに対し、自身も通辞であるという混血のペドロ・デ・ニーサは次のように証言する。すなわち「永代保有化」という事柄を先住民に説明するためには「譲渡」を意味する「ランディ」という言葉を使うしかなく、それ以外の言葉では先住民は理解することができなかったであろう、本証人もこの永代保有化問題で通辞を務めた経験があるから、このことはよくわかるのである、と述べていた。(64)

それでは「ランディ（ランティ）」とはどのような言葉であったか。原史料において、このケチュア語に対応するスペイン語として挙げられているのが“enajenación”という言葉である。これは十八世紀のスペイン王立言語アカデミー編纂による辞書では「あるものの領有権、支配権を甲から乙へと移行させるためにとられる法的行為・措置」とあり、このことから類推しても、“landi＝enajenación”という翻訳は、先住民に対する政治的・経済的支配権をスペイン王権がエンコメンデロに下賜するものであった「永代保有化」の本質をとらえていたといえよう。(65)

しかしながら、当時スペイン語からケチュア語、あるいはその逆方向への翻訳の困難さ、あるいは不可能性については、とりわけカトリックを先住民に布教する現場において夙《つと》に認識されており、翻訳の際に採用されたケチュア語のもつ多義性によって、解釈やコミュニケーションに不調和が生じることはしばしばあった。(66)「ランディ」についても例外ではない。

十六—十七世紀のアンデス世界における布教現場での翻訳・コミュニケーションという問題について繊細な分析を施したハリソンによれば、本来的にはランディは「交換」を意味し、一般的な用法の領域においては「あるものを別のもので代用する・補足する」ことをあらわす言葉であった。そこからさらに「継承」「後継者」という意味を担うこともあったとされる。しかしながら、先スペイン期、モノとモノ、ヒトとヒトとの「交換」を意味していたこの言葉は、植民地時代がはじまり、貨幣経済・市場経済が激烈に浸透してくると、意味の変容を蒙り、「売る」「買う」という意味をも担うようになっていったのだという。(67)

こうして見てくるならば、エンコミエンダ永代保有化をめぐる論争の通訳現場でアントンがもちいた「ランディ」という言辞自体が、非貨幣的交換経済から市場経済への本格的移行局面を体現しており、本来的には「代用・譲渡」という意味を内包していたとしても、その言葉を受容する者がすでに十分に貨幣経済に統合されていた場合には、「人身売買」というイメージを喚起する可能性があったのである。実際、この言葉を聞いて悲憤慷慨した先住民首長層は、一五六〇年の時点で、すでに十分に新しいヨーロッパ型の経済に統合されていたであろう。

貧しく、養うべき家族がいる自分にとって、生計《たつき》を立てるためにのこされた道は通辞職しかないと控訴審で嘆じたアントン・ルイスに対し、アウディエンシアの判事は、一五六三年二月十六日、通辞職の永久剝奪などを命じた一審の判決を破棄し、混血通辞の無罪を宣した。

おわりに

クスコの町を混乱に陥れたエンコミエンダ永代保有化論争であったが、しかしこの問題の落ち着き先は、エンコメンデロにも、またインディオにも微笑むものではなかった。結局、王室は既得権享受者、先住民双方に対して、強権的な支配を貫徹する方向へと政策の舵を切る。この政治的転換を体現する存在が副王トレドであり、彼はエンコメンデロを単なる年金受益者のような立場に格下げしつつ、いっぽう先住民に対しても、輪番労働制《ミタ》を導入し、また次章で論ずる強制集住政策《レドゥクシオン》を施行しつつ、その自律性を殺いでいった。トレドの統治によってその構造が定まった植民地の風景には、エンコメンデロが中世的領主然として君臨する封建社会も、インディオたちが豊かな自由を享受しつつ自律的な公共体を統括する社会も存在しなかった。

本章では、征服から植民地時代初期の時代を生きた三人の通辞が文書の表層に浮上した際、そこに穿たれた穴隙をのぞき込むようにして、歴史の動態に触れんと試みた。拙い手つきのこの作業の過程で痛感したことは、おそらく日々、ラテンアメリカ植民地のどこかでかならず繰り広げられていたであろう先住民言語とスペイン語との相互的通訳の実践の現場に、歴史的に接近していくことの困難さである。たとえば本書第七章で取り上げている、「悪魔」への崇拝、そして「悪魔」との交合を「自白」する先住民老婆の例をごらんいただきたい。この取り調べ記録においては、通訳は冒頭にさっと姿を現し、簡単な宣誓をするや、その存在はまったく消えてしまい、それ以降は、老女が発していたケチュア語の言葉たちは、その影すら覚知できぬままに、途切れることのない整然としたスペイン語の流体へと化身し、そして私たちには俄《にわか》には信じがたい、老女と悪魔のなまなましい性交渉の言説が縷々溢れ出してくるのである。私たちが普段手に取る、先住民が主体となり、その発話が通辞を介してスペイン語となって記録される諸文書においても、コミュニケーションの破綻や、言葉の通訳をめぐる齟齬が察知されることは皆無である。

三人の通辞の事例を通して、翻訳の現場を垣間見ることができたいま、紙葉に刻印されたスペイン語の文字列の滑らかな記号的連なりを湛えるインディオ関係文書を面前に置いて読み進めつつ、しかしその向こう側に、二つの文化の狭間にあって当惑している通辞たちの姿を想起することができたなら、そしてまた体を強張らせて言葉と格闘する彼らの緊張感を共有することができたなら、史料のあちらにある世界に、また一歩、近づけるかもしれない。

第4章　コパカバーナの聖母の涙――マリア像の奇蹟と離散のインディオたち

はじめに

一五九一年十二月二十八日、「無辜聖嬰児《むこせいえいじ》の日」の早朝、リマ市にひとつの奇蹟がおきた。ある粗末な御堂に安置された一体のマリア像が、とつじょその美しい頬からおびただしい量の水滴を流しはじめたのである。聖像は、あたかも泣いているかのように、あるいは汗をかいているかのように液体を発していた。聖母だけではない。彼女が胸に抱く幼子イエスもまた水滴を散らしていた。

「乾ききった木製の聖像が涙を流すことなんてありえるだろうか?」科学の理路により整序されたこの二十一世紀を生きる私たちにとって、マリア像の奇蹟というような事態をそのまま受け入れることはなかなかにむずかしい。たしかに現代社会において、こうした超常現象への興味は日常のさまざまな領域でみられるが、しかしもしも今、目の前で木製の像が涙を流しはじめたとしても、私たちは、目の錯覚だと訝《いぶか》しがるだろうし、あるいは何らかのトリックが背後にあるのではないかと合理的な説明を躍起になってさがすことだろう。だが、本章がこれから探求しようとしている近世の時代、すなわちカトリック教会がその秘蹟や奇蹟譚によって人々の心をとらえようとしていた時代において、事情はおおいに異なっていた。そこでは「超自然」なるものはごく自然に存在している。それは普段は不可視の領域にあるものの、ある日、機が訪れると、期待と畏怖の交錯する人々の視線の前にその姿を現し、彼らの日常の情況に深く関与したのだ。

宗教的な超常現象は中世・近世のヨーロッパをはじめとする諸社会にあふれていた。それにもかかわらず、現代歴史学の研究成果を振り返れば、民衆世界に生成したマリアや聖人の出現や奇蹟といった現象に対して、かならずしも緻密な関心が払われてきたとはいえない。その意味で、一九八一年に上梓されたクリスティアン・ジュニアの諸研究は画期的であったといえよう。

「ひとはいつ神と出会うのだろうか。」素朴な、しかし意味深い問いを投げかけてはじまるその『後期中世、およびルネッサンスにおけるマリアの出現』という彼の書は、民衆宗教史を理解するための新鮮なパースペクティヴをもたらすものであった。(1) この書物が、宗教社会史の分野における新しい一ページを開いたといっても過言ではないだろう。そしてまた彼の研究はそれまでほとんど看過されてきた一連の文書群に潜在する新しい可能性を示したものとしても注目できる。つまりクリスティアンは、マリアたちの出現や奇蹟が生じたのち、事実を確認・確定するために作成された調書や縁起物など、スペイン各地の教区文書館で埃をかぶっていた諸文書に光を当て、そこに刻み込まれた、出来事を目の当たりにしたばかりの人々のなまなましい肉声を浮き彫りにしたのである。

奇蹟というものは、いわば日常性の牢固とした構造に生じた歪みである。その歪みの屈曲を通して、それまで歴史家の目には隠されていた当該社会のさまざまな宗教的・社会的要素が浮かびあがってくる。それらの諸要素は、ローカル社会の日常的営みを再構成するための大きな手がかりとなる。だがそればかりではない。奇蹟は、人々を取り囲んでいたある社会的力をも顕現させるのである。

奇蹟はまったくの虚無の場に生まれるものではない。クリスティアンが明らかにしたスペインの十四世紀から十五世紀までのさまざまな事例では、聖母マリアの出現の多くはある社会的危機の瞬間に一致していた。つまり、カタストロフィックな疫病や政治的な混沌状況が差し迫り、人々が天を仰いで安寧を乞い、何らかの導きを与えてくれるような徴候を切実に求めていたまさにそのとき、奇蹟は起きたのである。そして聖なる出来事をきっかけとして、人々は信心講《コフラディア》や行列《プロセシオン》を組織し、あるいは御堂《カピーリャ》が建造され、また改悛《ペニテンシア》の業や苦行によって人々が精神的に変革し、成長していくことを通じて、結局解体の危機に瀕していた社会は、こうした媒体を軸に再び統合されていった。

奇蹟は優れて社会的な現象であった。それはしごく偶然的なかたちで、社会的なコンテクスト、緊張、あるいはコンフリクト、そしてそれに関与する人々の揺れ動く感情などを強烈に表出させている場でもあった。それゆえクリスティアンが見事に示したように、奇蹟の周辺で生みだされた文書群は、たとえば行政・財務文書によってはけっして与えられることのない、当該集団が直面していた現実を汲みあげることを可能にするさまざまな鍵を私たちに提供してくれるものと思われる。本章が探求する問題はそこにある。

インディアス総文書館の“Patronato Real”セクションに一篇の興味深い文書が保管されている。それは一五九一年、リマ市郊外の「セルカード」と呼ばれていた先住民居住区で起きた聖母マリア像の奇蹟をめぐる調書である。(2)この文書を繙《ひもと》いたのは私が最初ではない。二十世紀のペルー史学界を代表する歴史家のひとりバルガス・ウガルテは、ラテンアメリカ各地に生成した聖母信仰を包括的に叙述する著書において、簡潔ではあるが、すでにこの文書について言及していた。(3)しかしこの奇蹟の調書に新たな一瞥を差し向けることはけっして無意味ではなかった。なぜならば、この奇蹟は、まさに前述のように、当時の特殊な社会的コンテクストを濃厚に反響させながら生まれたと考えられるにもかかわらず、これまでこの文書に言及してきた人々は、奇蹟の舞台の背後の世界にかならずしも周到な注意を向けることはなく、またその奇蹟そのものから流れだした歴史に関心を払うこともなかったからである。

ところがこの出来事の背景には、植民地都市リマを舞台とする、聖俗の諸権力を巻き込む闘争的情況が潜在していた。それは十六世紀後半のアンデス社会に生じていたある歴史的動態を反響させており、奇蹟を分析することによって、この局面を明確にすることが可能になってくる。その歴史的な動きとは、十六世紀後半にアンデス全域の先住民に対して振るわれた大鉈《おおなた》ともいうべき「レドゥクシオン」政策であり、それに巻き込まれたリマに住むインディオの一団が、この政策に対抗して、生存を賭けた闘いを展開していたのである。また同時に、これらの先住民に対する布教権をめぐる大司教座権力とイエズス会との闘争も生起し、さらにそこにはリマの都市参事会の人々やさまざまな聖職者たちの利害関心も蠢《うごめ》いていた。

すなわち奇蹟が起きたのは、リマ市中に居住し、確固たる経済的地歩を築きつつあったヤナコーナと呼ばれたインディオ集団（本書第一章、第二章参照）に対してレドゥクシオンという強引な集住政策がおこなわれたときであった。この強制執行をめぐり、ときの大司教、のちに列聖されるトリビオ・アルフォンソ・モグロベッホと、植民地行政の長たる副王により支援されたイエズス会とのあいだに厳しい対立が生じていたのである。これから見ていくように、マリア像の奇蹟はまさにそのとき起きなければならぬものだったのであり、情況に深くアンガージュするものだった。たとえば大司教モグロベッホの伝記的研究をおこなったロドリゲス・バレンシアは、この奇蹟を評して、イエズス会との確執に苦悩する大司教に対して「神が授けたもうた聖なる贈り物」であったと記すが、現実の情況は、このようなロマンチックな言説に収まりきるものではとうていなかった。(4)

本章の中心的史料となる「奇蹟調書」はオリジナル（正本）ではない。本国スペインに送付された「写し」であり、モグロベッホ大司教が送付したほかの幾多の請願書や関係書類とともに、インディアス総文書館の“Patronato Real”セクションのひとつの文書束《レガッホ》に挟まれている。このことから自然に湧く問《とい》は、どうして奇蹟調書の複写が大司教によって本国に送致されなければならなかったのか？　ということである。(5)

この調書をほかの請願書とともに本国スペインに送った大司教の真意は何であったのか。奇蹟はたんに人々の信仰心を喚起するのみならず、さまざまな権力が錯綜する状況をひとつの方向に回路づける機能を果たし、そしてまた、そのとき作成される諸文書は、物語的言説として出来事が記憶化されることを補助するだけでなく、直接的なかたちで「権力」を支える意味をもちえたのではないか。ペルー、およびスペインに現存するほかの史料を併せもちいながら、以下ではこの出来事を十六世紀後半から十七世紀にかけてのアンデス社会史の文脈において考察してみたい。

この出来事をめぐるもうひとつの論点は、本書の第二章で扱った植民地期のヤナコーナたちの存在様態とも深く関わる。征服後の社会のなかにその自律的活動のスペースを見いだしつつあった彼らの、それを抑制しようとする植民地権力に対しておこなった抵抗のあり方が、この出来事の分析を通して鮮明に浮かび上がるのである。強制集住化政策《レドゥクシオン》の執行によってその政治的・経済的オートノミーを深く毀損された彼らは、しかし、聖母マリアの奇蹟と、それを媒介にして結集した宗教的社団である信心講《コフラディア》（兄弟会）を核として組織された活動を通じて、喪失されつつあった集団としての矜恃を回復しようとしていた。この問題についてはさらに第五章でも詳述するが、彼らの運動は、たしかに暴力や破壊を伴う「反乱」としては現出しなかったものの、それは植民地主義による抑圧的体制に対する静かな、しかし効果的な抵抗のあり方であった。この運動性のなかに、当時姿を見せつつあった新世代のインディオのありさまが浮き彫りになる。彼らは「ヨーロッパ的文明観」が支配する都市社会＝「スペイン人の公共体《レプブリカ》」において、インカ時代以前の社会における結合の原理とは異質な価値観に基づく、新しい「自由」を模索していくのである。

1 セルカード誕生

遡及的になるが、まず十七世紀の後半、一六七七年に書かれたひとつの文書を紹介しつつはじめてみたい。この年、スペイン本国のインディアス諮問会議 Consejo de Indias に向けて、「聖母コパカバーナ Nuestra Señora de Copacabana」の信心講の講頭《マヨルドモ》 mayordomo と称するインディオたちから、一通の請願書が送付された。彼らはそのなかで、リマ市のサン・ラサロ街区にある同信心講が所有する御堂に賦与されている権利を安堵するよう諮問会議に嘆願していた。跣足カルメル修道会が、御堂があるまさにその同じ場所に修道院を建設しようとしており、それを阻止しようとしていたのである。

彼らは跣足カルメル修道会の企図に対して、御堂に対して有する既得権を主張し、次のように述べている。

われわれは、すでに百年以上前から、「聖母コパカバーナ」と名付けられた聖なる像に対する庇護を享受してきた。この像は大変に霊験《れいげん》あらたかなもので、昔はさまざまな御堂に安置されていたが、およそ七十年ほど前、当リマ市のラ・アラメダという街区〔サン・ラサロ街区の別称〕に御堂が建立され、今日もその恩恵にあずかっている。この御堂は、それに払われたすべての尽力によって、当市にある教会のなかでも、その建てぶり、装飾の点で最も優れたもののひとつであり、今日もインディオの帰依によってますます興隆しつつある。(6)

いかなる修道院にも御堂を寄進することを禁ずる旨を明言した「講規則」の一部を引用しつつ、リマの住民によって確信されるにいたった信心講とその御堂の歴史を、彼らはこのように得々と述べあげていた。しかしインディオたちの主張するこの権利は、けっして一夜のうちに手に入れられたものではなく、いやむしろ、彼らの先達《せんだち》が長い苦難の末にようやく獲得したものであった。この信心講の艱難《かんなん》の道のりを、十六世紀後半のその始点からたどりなおしてみよう。それは、リマ市を流れるリマック河岸のサン・ラサロ街区に居住していたあるインディオの集団が、市郊外に衛星空間のように設置されたインディオ居住区「セルカード（囲われた地）」への強制集住化政策＝レドゥクシオンの対象になったことに端を発していた。(7)

リマのセルカード。それは一五七〇年代にアンデス世界を副王として統治し、ペルー植民地社会の構造改革を断行したフランシスコ・デ・トレドの強権的政治を象徴する空間であった。トレドの諸施策のうちでも先住民社会に最も強い変動をおよぼしたのが、レドゥクシオンであったことは間違いない。先スペイン期、先住民たちはアンデス山脈がつくりだす多様性に満ちた空間とその生態系を可能な限り利用するために、さまざまな高度差を伴って飛び地のように展開する場所で散在的な生活を営んでいた。スペイン国家が支配する時代に入り、しかし植民地当局者を悩ませたのは、アンデスの地理がつくりだす襞《ひだ》のような狭所にこうして潜み棲む先住民を、いかに効率良く統治するかということであった。貢納や労働力を徴するにせよ、あるいはカトリックの教育や秘蹟を施すにせよ、当時のインディオの居住形態はスペイン人の聖俗の行政にとってこのうえない障碍となっていた。

この問題を一挙に解決すべく、副王トレドの統治下、アンデス山間の村落において住民の大規模な強制集住が実施された。この政策によってインディオたちは、それまでルースに散らばっていた居住地からひきちぎられるようにして、人工的に新たに造られた集住村《レドゥクシオン》、すなわちスペイン型の都市を範型とし、中心部に広場や聖俗の権力機構を擁し、グリッド状に区画された居住空間をもつ新しい村に移り住むことを余儀なくされたのである。レドゥクシオン政策は副王トレドの治世中、アンデス高地の諸地方において大々的に施行されていくが、じつはその原型となるような空間が都市的世界においても生まれていた。それがリマ市のセルカードである。

第二章で詳述したように、インカ帝国時代に王権や貴族層、地方首長層に隷属していたヤナコーナ階層は、征服後の渾沌とした情況のなかで、私的な隷従者を求めるスペイン人征服者の利害関心によって再び蘇生し、スペイン植民地体制下の一身分として確立していく。スペイン人が生活する各地の都市では、生まれた共同体を離れ、スペイン人に服事する者、あるいは小売業を営んだり、職人、徒弟として自律的な生活を追求する先住民の姿が顕著になっていた。

リマ市においては、すでに一五六〇年代、カストロ学士がペルー副王領を統治していた時期、都市内部で生活するヤナコーナ的インディオを、特別な空間を創出して集住させる計画が日程にのぼっていた。一五九〇年に作成されたある記録が当時の様子を懐古的に伝えている(8)。

リマ市（当時は「諸王の都」と呼ばれていたが、本書ではリマ市と表記する）は一五三五年にリマック川が太平洋に注ぎ込むオアシス地帯に建設された。同市に拠点を置くスペイン人たちは、都市の後背地にエンコミエンダを下賜された。エンコメンデロと呼ばれるようになった彼らはみな、市内に豪邸を構えた。(9) やがて先住民たちの実質的な領主となったエンコメンデロたちに雑役を提供すべく、山間村落などから、委託下のインディオたちがたくさん都市に降りてくるようになる。これらインディオたちの一時的な居住場所としては、リマ市中に土地が割り充てられていたが、それらは秩序なく散らばっていた。インディオたちはそこで日夜酩酊し、非キリスト教的な儀礼に耽ったりしていたので、渾沌とした情況が現出していたという。これを重く見たカストロ学士は、当時のリマ大司教ヘロニモ・デ・ロアイサの協力を得て、まずこれらの土地をすべて競売にかけ、その売却益でリマ市郊外に大きな土地を購入し、ヤナコーナ的インディオたちの居住区とした。この空間は長方形をしており、夜半には鍵のかかる二つの門を構えた高い塀で囲われていたがゆえにやがて「セルカード」と呼ばれるようになる。(10) 塀で囲んだのは、当時横行していた逃亡黒人奴隷などによる暴力や強盗などから先住民を保護するためであったとされる。

セルカード空間はグリッド状に区画されており、広場や教会、病院、先住民の参事会や監獄などを完備し、あたかも小都市のような相貌をもっていた。整備が済むと、市中に散らばっていた先住民たちは新調された空間に移り住んできた。彼らには、果樹畑や、牛馬・鶏を飼育するための家畜用のスペースをもつ、日干煉瓦《アドベ》で造られた頑丈な家屋が宛てがわれた。(11)

セルカードが公式に誕生したのは一五七一年七月二十五日、その創設を高らかに宣したのが副王トレドであった。七月二十五日は「サンティアゴ＝聖ヤコブの祝日」でもあったため、セルカードはその後「サンティアゴ・デル・セルカード」と呼ばれるようになる。セルカードのその後の歴史にとって決定的に重要なことは、副王トレドが、ここに集住してきた先住民の霊的管理をイエズス会に委ねたことであった。ペルー副王領の宗教界に参入してまだ日の浅いイエズス会ではあったが、その新しい宗教哲学と高度な布教技術は当時たいへん高く評価されていたのである。

こうして人工的に設《しつら》えられた居住空間では、イエズス会の先鋭的な布教戦略のもと、先住民が平穏な生活を送っていたようだ。しかし創設から二十年が経とうとしていた一五九〇年、ある出来事をきっかけに突如この静かな空気が乱れる。

2　サン・ラサロ教区先住民に対するレドゥクシオン

一五九〇年、ときの副王ガルシア・ウルタード・デ・メンドーサは、新たにある先住民の集団をセルカードに集住させることを決定した。この集団は、当時リマック川の向こう岸、サン・ラサロと呼ばれる街区に居住していたインディオたちであった。いつ頃から彼らがそこに住むようになったかははっきりとわからない。そのうちのある者は「川エビ採り camaroneros」と呼ばれているので漁業にも従事していたと思われる。また彼らの多くはペルー副王領各地からやってきた余所者であったとみられ、千キロ以上も離れたキトやチャチャポーヤ、カハマルカ出身のインディオも見受けられる。(12)この人々は、エンコメンデロや特定の主人に従属することなく、また外来語であるスペイン語を上手に操り、手につけた職を支えとして、副王領の首都において自律的に生きるインディオ、すなわち典型的な「ヤナコーナ＝ラディーノ」であったと考えられる。(13)

一五八九年六月二十八日に開催されたリマ市参事会の議事録から、彼らがどうしてサン・ラサロ街区に定着したか、その理由のひとつがわかる。この年、悪疫が流行し、リマの多くの先住民の命が失われた。その状況に鑑み、市参事会はサン・ラサロ街区に先住民専用の病院を建設することを決議しているのだが、その理由を次のように説明している。

> 本会議において、当市および近郊のインディオの居住区において、天然痘や麻疹が流行し、毎日多くのインディオの命が失われていることについて念入りに論議された……とりわけサン・ラサロ街区近辺に住む先住民については、彼らを収容すべき病院がないために、多くのインディオが落命している。そもそも当市の最初の礎は、リマック川が〔氾濫して〕当市にもたらす害を防いだり、修復したり、その他の必要のためにインディオたちが前述の街区に定住したことに負うているのであるからして、インディオたちを救援し、彼らの必要に応じてやることがいまや当市の義務としてある、ということでサン・ラサロの教会のかたわらに彼らのための病院を創設することが議決された[14]……

つまりインディオたちは当初、暴れ川として白人市民を悩ませていたリマック川の氾濫を防ぐため、その治水事業に従事し、それを機に街区に定着していったのである。参事会員たちも街区の先住民への心情的負債をこのように素直に吐露しており、一五八九年の時点では、リマ市参事会とサン・ラサロの先住民との関係は健やかなものであったと考えられる。だがこれから見ていくように、サン・ラサロのインディオ住民に対する参事会員の共感はやがて消散してしまう。

サン・ラサロのインディオについては、もうひとつ取り上げるべきたいせつな事柄がある。一五八八年という日付をもつ断簡がある。[15] これは「やすらぎの聖母 Nuestra Señora del Reposo」と呼ばれる信心講《コフラディア》の創設文書である。この信心講は、サン・ラサロ街区の先住民たちが、所有する同名の聖母像に肖《あやか》って設立した宗教的結社であった。文書に記されている創立の動機は、当時アンデス世界でさかんに設立されていた他の同種の先住民信心講と大きな差異はない。目的は、聖母にちなむ諸祭日をお祝いすること、マリア様のために御布施を集めること、病気の信心講衆《コフラーデ》を介助すること、亡くなった講衆の埋葬に参列することなどであり、信心講に加入するためには、ただ一ペソの銀と半リブラの蠟を寄進すればよいとされていた。草創時の講衆はおよそ五十名を数えていたが、その多くは夫婦であった。

産声をあげたときはこのように慎ましい信心講であったが、聖母像とそれを軸に結ばれたこのグループは、のちにとても大きな重要性をもつことになる。というのもこの二年後、街区のインディオたちがセルカードに暴力的に集住させられたとき、彼らはこの聖母像を集団のアイデンティティの証としてたいせつに運び込み、のちに信心講を再結成するからである。ただ不思議なことは、彼らがセルカードで講を再生させるに際し、本尊および講名として「やすらぎの聖母」ではなく「コパカバーナの聖母」という名称を新たに選び取ることである。

「コパカバーナの聖母」とはなにか。それはアンデス南部のティティカカ湖畔の地コパカバーナに生を享けた奇蹟の聖母像であった。一五八二年、この地に住むひとりのインカ系先住民によって彫られた粗末な聖母像が、驚嘆すべき奇蹟的業《わざ》をもたらしたのである。この聖母への信仰は瞬く間にアンデス全域に拡散し、先住民の間で最も人気の高いマリア信仰となっていた。

リマの聖母は、サン・ラサロの街区ではたしかに最初は「やすらぎ」という通名をもっていた。ここに聖像の来歴を語る興味深い証言がある。この聖像に色付けをした画師クリストバル・デ・オルテガその人が次のように証言をしている。

今日、コパカバーナと呼ばれている前述の聖像については、その製作を、本証人が、前述の聖母の信心講のインディオたちの依頼でいたしました。サン・ラサロ街区にあった聖母像とセルカードの聖母像、そして現在〔大聖堂内部の〕コパカバーナの御堂〔後述〕にある聖像はみな同一のものであり、かつては「やすらぎ」と呼ばれておりました。(16)

「やすらぎ」から「コパカバーナ」への変化は、単に名称の変更にとどまらず、聖界の権力闘争と密接に関係した政治問題が反響しているのだが、それはのちに詳しく見よう。

さてリマ大司教座の認識では、サン・ラサロ街区は大聖堂《カテドラル》に附属するひとつの教区であった。この教区では、ときの大司教モグロベッホによって派遣された司祭たちが、そこに住む先住民の霊的ケアにあたっており、インディオたちは、ミサに与かり、お説教を聴くためにサン・ラサロの病院に隣接した教会に日々足を運んでいたのである。この平穏な状態は、しかしながら、リマ市参事会とイエズス会の協賛を得た副王メンドーサが、住民をセルカードに強制的に集住させる命令を発したことにより俄《にわか》に掻き乱されることになった。

強制執行ののち、それを正当化する理由としてリマ市参事会は、サン・ラサロ街区が道徳的・キリスト教的に見て住環境としては相応しくなかったという点を強調している。曰く、同所は石塊《いしくれ》だらけの荒地であり、湿気も多く不衛生であって、先住民にとって致命的な悪疫の源となっていた、曰く、同所では先住民の酩酊や姦淫関係が日常的に横行している、曰く、そこでは適切なカトリック教育が施されていなかった、などなどと。そしてリマ市参事会は以下のように断ずる。

> ……それゆえ、サン・ラサロのインディオをセルカードに移住させたことはわれらが神にお仕えするためにも、われらが公共体《レプブリカ》のためにも、適切かつ有益なことであった。セルカードには非常にたいせつな設備が調えられている。まずはとても快美かつ清潔な教会があり、そこではイエズス会の神父たちが先住民に秘蹟を施し、われらがカトリックの教えを宣布しているのみならず、先住民の魂や肉体の健やかな管理に相応しいことどもを教育しているのである。[17]

都市参事会のみならず、副王メンドーサもインディオの強制移住にかんする報告書を作成するよう命じているが、その目的は、報告書に付された質問条項を見るに、やはり先住民の安寧にとってレドゥクシオンが最善の処置であったということをいい募るためであった。上述の市参事会側が挙げた理由のほかに、副王の報告書の質問二〇は「不良黒人」がインディオに与える悪しき影響を強調している。

サン・ラサロのインディオが住む場所は、リマ市の盗賊黒人や逃亡奴隷が蝟集する場所となっており、黒人たちはインディオから盗みをはたらいたり、家に火を放って、婦女子を略取したりと、そこではわれらが主なる神への冒瀆となるようなさまざまな罪が犯されていたのである。(18)

サン・ラサロはほんとうにそんなに酷《ひど》い場所だったのか、などと容易に信じてはならぬ。先住民社会をめぐる既存の秩序の改変（改悪）が行政当局によって試みられるとき、こうした植民地主義的イデオロギーに彩られた言葉がいつもかならず議論の俎上に載せられていくのを、私たち植民地時代を研究する歴史家は史料を読みながら日々目撃しているからである。さらにこの副王の報告書には興味深い証言も含まれている。供述したのは、一五七〇年代に副王トレドが総巡察(19)をおこなった際に巡察使として勤務したフアン・デ・カダルソ・サラサールという人物であり、セルカードが創設されるに際して、リマ市のあちらこちらに散らばっていたインディオを集住させたのがほかならぬ彼であった。

本証人は、副王フランシスコ・デ・トレドの時代、リマ市を担当した巡察使であり、副王より特に依頼されていたのは、市中の掘立小屋やエンコミエンダのインディオ用の土地・畑で生活するインディオをすべて集め、セルカードと呼ばれるサンティアゴの村に収容することであった。命令通りに、それらの雑居地区や畑から多くのインディオを集めさせ、セルカードに連行した。それはこうした場所でおこなわれている偶像崇拝や飲酒酩酊、窃盗や贓品隠匿を停止させるためであり、事実、執行中にはこうした場所において、先住民が秘匿する

[20]ワカや呪物が発見されたのである。そしてインディオたちが戻ってこられぬように、こうした土地や掘立小屋は売却処分された[21]。

飲酒酩酊や内縁同棲を阻止する、致死的悪疫から先住民の健康を守る、逃亡黒人の非道徳的影響を排除する、適切な宗教的訓導のもとキリスト教的正しき秩序をたたき込む、さらには偶像崇拝を根絶すべく闘う……これらの理路を提示することができさえすれば、聖俗の行政当局が先住民に対する植民地主義的施策を展開することはいとも容易《たやす》かったのである[22]。

　しかしながら、サン・ラサロの先住民を街区から排除した副王庁とリマ市参事会の思惑は、もっと此岸《このよ》的なものであった。なぜなら彼らは、先住民を強制的に退去させ、住居趾を破壊・洗浄したのち、無主となった土地を、当時日ごと増えつつあったリマ市住民たちに分配しはじめたからである。一五九一年一月十一日に開催された市参事会議事録がそのことを語る。

> 本議会では、かつてインディオが居住していた土地等について本市がもつ権利が議された。それは橋からサン・ラサロ街区、川エビ採りたちの住むサン・ペドロ街区に拡がる地域であり、これらの土地を副王閣下は新たに当市に御下賜くださった。これらの土地を欲するリマの住民がおり、彼らに対して土地の配分がなされ、希望する者が申請できるよう、御触れによって周知されることが命じられた[23]。

「文明化」の美しい言説の背景には、非常に世俗的な欲望が潜んでいたことがここに露わになる。

　一五九〇年八月、サン・ラサロ街区の先住民に対する強制集住化政策《レドゥクシオン》は、インディオたちの後ろ盾であった大司教モグロベッホが首都リマを不在にしているときに奇襲的に決行された。モグロベッホは、トレント公会議の精神を体現する大司教に相応しく、大司教座管轄諸地区を巡察する途上にあった。いっぽう彼の右腕的存在であった司教代理バルカサルも、強制執行に介入しようとしたがために、副王が派遣した矛槍兵と火縄銃射手によりカリャオ港に連行されてしまった。

しかしサン・ラサロのインディオも強制集住に素直には随わなかったから、結果として執行には激しい暴力がともなうことになった。三百人以上の先住民（一説には七百人以上という数も示されている）が街区から引き剝がされた。ある者は裸にされ、ある者は髪を剃られ、またある者は鞭打たれてセルカードに追いやられていく。彼らの残した家屋には火が放たれた。インディオの多くはリマック川の葦原を遁走しようとしたため、逃げる際に川に溺れて落命する者もいたという(24)。

思いもかけぬ事態が発生したことを知るやいなや、モグロベッホ大司教もただちに動く(25)。行政府とイエズス会による謀略に対抗するため、対峙する相手の陣営セルカードの真芯に楔《くさび》を打ち込んだ。彼自身の教区サン・ラサロから集住させられた先住民たちを霊的に慰撫すべく、イエズス会が管理するセルカードの内部に大司教座が管轄する教会を新たに建築し、当時ケチュア語学者として名を馳せていたアロンソ・デ・ウエルタ神父を教会付の司祭に任命したのである(26)。

リマ大司教座文書館には、ウエルタ神父に賦与された「セルカードの司祭」の任命状が保管されている。登用されたのは一五九〇年十二月三日。

余、ドン・トリビオ・アルフォンソ・モグロベッホは、本状をもって、その高き能力、教養、キリスト教の素養に鑑み、汝、アロンソ・デ・ウエルタ師に対し、セルカードが国王陛下の教会保護権によって正式に教区として確立されるまでのあいだ、そしてそれ以降も、結婚をはじめとする秘蹟を、セルカード、およびそれに付属する地区に居住するすべてのインディオに施す権能を授ける。これらのインディオには、副王メンドーサの命によりサン・ラサロの教区や市のほかの地域から集住させられた者、また今後、さまざまな地域、教区からセルカードに移住させられる者が含まれよう。これらのインディオに対しては汝ウエルタ師のみが結婚をはじめとする秘蹟を授けることができるのであり、その他の聖職者・修道士は、たとえイエズス会に属する者であろうとも、余の許しを得ることなくかかる秘蹟を施すことはまかりならない……また汝には、今後リマ市、およびその郊外に居住する、あるいは居住するであろうすべてのインディオに対し、結婚をはじめとする秘蹟を施す権能を授ける。(27)

己《おの》が陣営のただなかに打ち込まれた「大司教の教会」と「ウエルタ神父」という橋頭堡を眼前にしたイエズス会士たちも、当然のごとく即応し、自らの領域から邪魔物を除去すべく、大司教を司法に訴えた。この訴訟はしかし、リマで解決をみることはなく、翌一五九一年、一件書類は本国スペインに送られ、国王の裁定を待つことになった。こうして、イエズス会、副王庁、都市参事会、大司教、そしてサン・ラサロの先住民という、リマのさまざまなセクターがなんとも渾沌とした情況の渦中にあったとき、卒然、聖母が、幼子イエスを胸に抱き、いまやコパカバーナと呼ばれるようになったマリア像が、藁と葦だけで覆われた粗末な教会でその涙を流しはじめたのである。

すでに見たように、聖母マリアは、セルカードに運び込まれる以前、サン・ラサロ街区においては「やすらぎの聖母」という名をもち、聖母像を中心とする信心講《コフラディア》が結成されていた。しかしセルカードでは異なった名称で呼ばれるようになっていた。だれが、どのような目的で聖母の呼称を変更したのだろうか。奇蹟の出来事からいくぶんのちにもたらされた、聖母コパカバーナ信心講の講頭《マヨルドモ》の証言によれば、コパカバーナという新しい名称を択《えら》び取ったのは大司教その人であったという。

私たちは、提出された信心講の記録簿からもわかりますように「やすらぎの聖母」として〔最初は〕敬っていましたが、のちにいとも気高き大司教さまが、コパカバーナと名づけるようにお命じになりました。[28]

それではなぜモグロベッホ大司教は「やすらぎ」の聖母像を、コパカバーナという新しく、しかもすぐれてインディオ的な名称に改めたのだろうか。それを理解する鍵は、先に引用したアロンソ・デ・ウエルタ神父の任命状に見いだせよう。そこに記されている通り、モグロベッホは腹心のウエルタ神父に、サン・ラサロからセルカードに強制集住させられたインディオのみならず、他の地域から今後移り住むであろうすべてのインディオに対する霊的管理をも命じていたのであった。かてて加えて、文書にはモグロベッホの真意がほの見えている。すなわち、彼は首都リマの市域内に居住するすべての先住民を大司教座に従属させるという支配欲をそこに滲ませていたのである。この大司教の強い意思を考慮に入れれば、奇蹟のマリア像と、「コパカバーナ」という汎アンデス的なディメンションを獲得せんとしているインディオの信仰のシンボルとを、リマの先住民たちを大司教の威光のもとに精神的に包摂するための、象徴的核として利用しえたことが理解されるのである。

聖母像の名称変更の背景にあった理由については、推定の域を出ないゆえこれ以上論究を続けることは控えよう。いずれにせよ、コパカバーナという新しい御名とともに崇拝されはじめた聖母像とその教会、そして大司教座から派遣された教区司祭という「異物」を含み込むにいたったイエズス会の拠点セルカードの空気が、聖母マリアの穏やかな美とは裏腹に、とてもぎすぎすしたものであったろうことは疑いを容れない。[29]

そうした緊迫した雰囲気の漂う一五九一年の暮れ、聖母マリア像はその麗しい頬を流れる涙を通して、偉大なる奇蹟を民衆に贈りはじめた。

3　聖母の奇蹟

一五九一年十二月二十八日、「無辜聖嬰児」祝日の朝九時をまわった頃のこと、インディオ居住区セルカードで奇蹟がはじまった。大司教に命じられた総代理バルカサルがその日のうちに出来事をめぐる事実調査を開始し、この審究の結果が百十五葉の報告書に纏《まと》められた。この史料をもとに、奇蹟にめぐりあった人々に強い感情の揺らぎを与えることになった情景をのぞいてみよう。(30)

この日、セルカードに建立された御堂に勤務する司祭アロンソ・デ・ウエルタ神父は、リマ市中で先住民への布教活動をおこなうためにセルカードを留守にせねばならなかった。それゆえ、聖母の御堂で挙行すべきミサの勤めを、同僚の司祭であるファン・デ・ピネーダに委ねていた。ピネーダ神父は当初、リマ市内からインディオ居住区までの道のりの長さや、十二月の夏の太陽が照りつけるペルー海岸部の辛い暑さを理由に要請を固辞していたが、ウエルタ神父から騾馬を借り受けることを条件に、渋々と承諾した。別の史料から、大司教モグロベッホに仕える司祭たちが、イエズス会士たちが盤踞するセルカードに近づくことを忌避する傾向があったことがわかる。大司教モグロベッホはのちに列福・列聖されるのだが、列福審査に際してウエルタ神父が提供した証言がその情況を鮮明にする。

〔モグロベッホ大司教は〕ファン・デ・サン・マルティンに秘蹟を施すべくセルカードに行くように命じたが、彼はイエズス会士たちと関わり合いになりたくないという理由で断っていた。当時本証人はようやくミサを授けることができる叙任を受けたばかりであったが、大司教から、サン・ラサロからセルカードに集住させられたインディオの司祭となるべく勤務するようにいわれた。司祭を採用する旨を報せる布告が出されたが、誰ひとり、応募する者はいなかった。

結句、ウエルタ神父ひとりが採用試験を受け、セルカードのコパカバーナ御堂の司祭に任命されたのである。(31)

さあ御堂に目を向けてみよう。この日の早朝七時には、マリア降誕祭週間を祝うために王冠をかぶせられ、マントを羽織った聖母像の前で、すでに二人の人物がお参りをしていた。リマの「精霊病院」に勤務するひとりのスペイン人が、重い病に伏せ、医者からは絶望視されていた病院ではたらく黒人女奴隷につき随っていた。彼の証言によれば、この黒人女性は、すでに歩くことすらままならぬ容態であったが、仲間の女奴隷の勧めにしたがって、マリアの加護を授かるため、這いつくばるようにして御堂にまで辿り着いていた。このスペイン人と女奴隷がミサを挙行する司祭の到着を待っていると、九時頃、五人のスペイン人女性のグループが御堂に入ってきた。

彼女たちの証言によると、このグループは、日曜日ごとに御堂を訪れることをつねとしていた。とりわけこの日は、グループのひとりが夫の事業の成功を祈願して始めていた「九日間供養《ノベナ》」の第七日目にあたっていたため、朝早くから御堂に詰めていたのだという。

やがてインディオたちをミサに誘《いざな》う鐘が鳴る。ウエルタ神父の代理として聖餐式を司るピネーダ神父に付き添われ、先住民たちが御堂に入場する。このほかにもまだ数名のスペイン人が同席していたようである。ミサを聴くための椅子が用意されていたのか、それは史料からはわからない。

ミサを終えたピネーダ神父は、礼服を着替えるために聖具室にもどった。そのときそこへ、スペイン人女性グループのひとりが息急き切って駆け込んできた、聖母像に雫《しずく》が数滴認められることを告げながら。この三十三歳の独身女性はすでにミサの最中に聖母像の雫の存在に気づいていた。仲間の女性に次のように囁《ささや》いている。「見てごらんよ、あの聖母像、汗を流しているように見えるよ。」しかし朋輩は相手にしてくれない。そのひとりは「なにいっているんだい。あれはニスを塗った跡の残りかなにかさ」とまったく問題にもしなかった。(32) それにもかかわらず、女はその目でみたものを信じて疑わず、司祭に告げ知らせたのである。

雫の存在をただちに神父は確認した。御堂はたちまちのうちに混乱の渦巻く場となる。調書は、奇蹟の舞台の様相を鮮やかに描き出す。居合わせたインディオたちは啜《すす》り泣きはじめた。彼らは「神の御母堂¡Madre de Dios!」と叫びながら嗚咽《おえつ》した。スペイン人女性たちも同様である。まもなく御堂はインディオ、スペイン人、黒人、ムラート[33]、そして子供たちではち切れんばかりとなり、遅れてやってきた人々は御堂に入ることもできず、たとえ入れたとしても「熱気と悲鳴に耐えきれずに」退場せねばならないありさまであった、と調書は記す。

なかには遠く離れたリマ市中の住民にこのニュースを伝えるために脱兎のごとく駆け出した者もいた。彼らの口から事の次第を知ったリマ市民は「取るものも取りあえず、ケープにも目を呉れず、扉を開けっ放しにして」セルカードに向けて飛び出していった[34]。またあるスペイン人は、セルカードで起きていることを知らされるや「髪が総毛立ってしまい、帽子が落ちないように頭にしっかりとかぶしつけなければならなかった」とすら証言している[35]。

奇蹟の徴《しるし》は、聖母の頬からしたたり落ちていた「ガラスのように」あるいは「真珠のように」透明なヒヨコマメほどの大きさの雫、そしてふだんとは比べものにならぬほどに輝き燃えるマリア像の面容であった。マリアはあたかも「苦悩に満ちた女性のように」あるいは「悲嘆に暮れる女のように」雫を落としていた。雫の存在が確認されると、ピネーダ神父は――彼もやはり泣いていたのだが――蝟集した群衆の要求に負けて、その雫を拭き取るべく祭壇の上に這いのぼった。奇蹟調書から、ときを経ずして、雫の「聖遺物化」がはじまったことがわかる。

インディオたちはセルカードの住処《すみか》から持ってきた綿を神父に渡し、またスペイン人たちはその場にもち合わせたロサリオやスカプラリオを手渡す。居合わせた証人たちの言によると、それらの物でマリアの美しい顔を拭けば拭くほど、雫はますます迸《ほとばし》り出て、その量は聖餐杯《カリス》の半分にまで達するばかりであったという。さらにこの滴は芳香を放っていた。証人たちはそれぞれの言葉で、雫を拭き取った物から発せられる香りを表現しようとしている。「マンネンロウの香り」、「カーネーションの香り」、「天上的な香り」、「この地上にあるものとは比較することのできない、深い慰撫を与えてくれる香り」等々。この叫騒は大司教モグロベッホが御堂を訪れるその日の夕暮れまで続いていたようであったが、しかしそのときにはもう雫はほとんど見えなくなっていた。それでは、この出来事から浮かび上がってくるいくつかの重要と思われる点について考察してみたい。

この奇蹟調書を作成するために、のべ五十人もの証人が召喚された。しかし、そのなかにはインディオの証人はひとりも見あたらない。召集されているのはもっぱらスペイン人であり、わずかに黒人とムラート女性の証人がみられるにすぎないのである。

奇蹟文書からわかるのは、セルカードという先住民集住区の内部に建立されていたにもかかわらず、この御堂が建立されて一年後には、インディオ以外にも、リマ社会を構成するあらゆる人種《カスタ》——スペイン人、スペイン人と黒人の混血であるムラート、スペイン人とインディオの混血であるメスティソ、そして黒人奴隷——が日常的に蝟集していたという点である。レドゥクシオン＝インディオの専一的な居住空間というのがこれまでのペルー史学における一般的な共通理解であったと思うが、都市において形成されたレドゥクシオンであるセルカードが、多様なエスニシティの交錯する場になっていた点は大変興味深い。だがそれではなぜ、インディオたちは証人としてこの文書のなかに出てこないのか。

精霊病院ではたらき、重病を患っていた先述の黒人女性エスペランサの証言は、その意味で重要である。彼女はこう述べている。

前述の司祭のミサも半ばにさしかかった頃、本証人はコパカバーナの聖母が雫を散らしているのを認めた。……そこで本証人は心のなかでこういった。「あらまあ、神の御母堂は私の身体の具合のために何をしてくださるというのだろう。」しかし本証人は、聖像が泣いているのか、汗を流しているのかわからなかったし、あえてそれを誰かに伝えようとも思わなかった。なぜならば本証人は黒人であるし、誰も自分のことを相手にし

てくれるわけがないとわかっていたからだ。(36)〔傍点強調は引用者による〕

おそらくはエスペランサの諦念に象徴されるように、インディオの証言者としての能力、そして証言する「権利」は最初から排除されていたと私は考える（インディオの証言能力については次章を参照のこと）。

それにもかかわらず、奇蹟の舞台の背景には、群衆としてのインディオたちの影が蠢いていることをたしかに感知しうる。あるスペイン人の証言によれば、彼が御堂のなかに入ったとき、インディオたちが司祭の周りに詰めかけていて、奇蹟文書では主人公とでもいうべき役割を担っていた最初に来ていた五人のスペイン人女性たちは、先住民の後塵を拝するかたちで、うしろのほうに追いやられてしまっている。またインディオたちの「聖遺物」に対する強い執着もうかがわれる。インディオたちは瞬時にセルカードの住処から「大量の綿」を運び込んで司祭に手渡したのみならず、それをそこにいたスペイン人に分けてもいる。綿だけでなかった。司祭は大変に小柄な人物であったと描写されているが、インディオたちが彼に委ねる「小さな子供たち」をマリア像に触れさせるべくもち上げてやらねばならず、一時間後には疲れきって聖壇を降り、床几に腰をおろしてしまった。

この出来事の「お触れ役」を勤めたのも、彼らインディオたちであった。御堂に駆けつけたスペイン人たちは、まずリマの市中めざして疾駆するインディオたちと遭遇し、最初は彼らがミサに与るのを忌避して遁走していると勘違いしたものの、奇蹟の報せを彼らの口からはじめて知ったのである。このように、聖像の所有者として本来ならばこの奇蹟の主人公たるべきサン・ラサロ街区からやってきたインディオたちは、終始、奇蹟文書の隅に追いやられてしまっていた。そしてじつは、この報告書の一部始終の展開を手に握っていたのは、まさしく大司教モグロベッホその人であったと考えられるのである。

この報告書は奇蹟が起きてから約一ヵ月たった一五九二年一月二十五日に作成が終了しているが、この日大司教は、公を前に、聖母マリアの奇蹟を「真実のもの」として認証・宣言した。奇蹟文書は二部からなっている。第一部には、奇蹟の舞台と直接関係のある人々が証人として登場し、聖母の涙の奇蹟についてなまなましく供述し、いっぽう第二部では、大司教によって召集された四十人以上の聖界関係の学識経験者、すなわち各修道会の院長、異端審問官、リマの大学の神学教授らが見解を寄せていた。

さらに聖像を制作した彫刻師の次のような陳述も記録されている。「上述の聖像をニカラグア産のヒマラヤスギの材木から造った。多量の水分が製材から、あるいは絵の具やニスから出たとは考えられない。なぜならそれらのすべてが乾燥しており、堅くなっていたからである。」また先述の、サン・ラサロ街区にあった「やすらぎの聖母」像とセルカードの聖母像とが同一のものであることを証言した聖像画師も奇蹟調書に登場し、彫刻師と同様のことを語っている。

奇蹟が真純なることを認証するにあたり、モグロベッホ大司教は、雫、聖像の顔貌の変化、雫の放つ芳香、そして雫を拭きとった綿による治癒効果という四つの事実を根拠として挙げている。とりわけ最後の「綿による治癒効果」については、驚くべき陳述が複数寄せられていた。すでに奇蹟の起きた翌日から、証人のなかには慢性の腰痛や熱が消失したと報告する者も現れていたが、なかでも注目すべきは、特に微に入り細をうがって報告されている二件である。

まず絶命しかかっていた三歳の幼児が命を取り留めていた。「パン」の大きさにまで膨れ上がっていた脾臓が、雫の染み込んだ綿を触らせただけでたちまち平常の大きさに戻り、その幼児はすぐにほかの子供たちと元気に遊びはじめたのだという。

本証人は、かかる両目の回復はコパカバーナの聖母の恩寵であり、そして綿の効果によるものと信じている。

こう述べたのは、やはり瞬時に失明を免れた十一歳の少女である。その証言によれば、ある大きな事故によって生じていた両目の激痛がやはり例の綿に触れた一時間後に消え去り、光明を取り戻したのであった[37]。

奇蹟はほんとうに起きていたと思う。もちろん現実に聖像が涙を流したとか、その顔色がほんとうに変わったという意味でそういうのではない。ただそこに居合わせた人々が、眼前で起きていることを心底から信じ、そしてある「超自然」の存在が、ピュアな確信とともに受け入れられていたという意味で奇蹟は起きていたと思うのである。とはいえしかし、さらに繊細に奇蹟の報告書を読んでいくと、この報告書が、奇蹟を真純なものとして確立しようとするあるはっきりとした強い意思によって貫かれていることに気づくのである。そしてその意思こそ、奇蹟前夜、イエズス会とのコンフリクトのただなかで窮境にあったモグロベッホ大司教その人のものであったと私は考える。

まず指摘できるのは、この大司教を取り囲む厳しい状況が、報告書のそこかしこに散見されるイエズス会に対するあからさまな敵意として結像し、そしてこの敵愾心が、当時セルカードにおけるインディオ教化の担当者であったイエズス会士、ファン・デ・アギラールに向けられている事実である。いくつかの証言を引用してみよう。

本証人はその場に居合わせた人々が、アギラール神父は奇蹟を見るためにこちらに来るのを嫌がっている、とぶつぶつと呟いているのを耳にした[38]。

本証人は、聖母が汗を流すのを目の当たりにしながら、何度も、今起きていることを、偉大なる驚異を見にくるようアギラール神父を呼びに行けといったのだが、インディオたちが答えていうには、すでに呼びに行ったにもかかわらずアギラール神父は来ようとはしないのだ、ということであった[39]。

結局アギラール神父は、ずいぶん遅れて御堂に到着し、注意深く聖母を観察しはじめた。しかし奇妙なことに、彼が聖像を注視しはじめると、それまで頬を流れていた雫が止まってしまったというのである。そして神父は聖像の検分を終えるとセルカードにあるその居室にそそくさと戻っていってしまったと証言されている。

このように、イエズス会に対する明白な反感は、アギラールのとった態度についての暗示的な陳述を通して確認されるのだが、いっぽうほかの証人たちは、奇蹟の意義について、一致して次のように述べている。

これは、誰も思い出さぬような掘立小屋に惨めにも置き去りにされ、忘却されていた聖母に対して信者がふさわしい帰依を示すよう、主がその聖像を通じてお示しになったおおいなる奇蹟である。(40)

セルカード内に、マリア像への真摯な信仰が確立されることを求めるこのような主張を通して、そしてまたイエズス会に対する反感を背景として、大司教陣営の苦悩する情況がこの報告書にははっきりと乱反射しているのである。第二に、たしかにある偏向《バイアス》の存在が感知されるこの報告書において、すべての証人たちがこの奇蹟を真正なものとして、また聖なる徴として認めようとしているにもかかわらず、しかしこの神々しい舞台には、下手をするとすべてを台無しにしてしまう致命的な瑕疵がひとつ残されていた。じつはエルビラ・デ・エレディアという名のひとりのムラート女性が、奇蹟当日の早朝、まだスペイン人女性のグループが来る前に御堂を訪れており、彼女は奇蹟を目撃することなく帰宅していた。その証言によると、彼女はミサの始まる前に「天使の水」と名付けられ、彼女自身がリマで売り歩いていたという「馨《かぐわ》しい香りを発する水」で祭壇を清めていたのだ。ミサの最中に良い香りがするように、という理由によるこの行為は、彼女が関わっていたある土地訴訟が解決し、それを聖母のご加護によるものと彼女が感じいったときからの習慣であったという。

奇妙なのは、このムラート女性は大司教総代理の前に二度出頭し、それぞれ異なった陳述をしていることだ。最初に召集されたとき、彼女はその証言の重要性に気を留めるそぶりも見せずに、次のように述べている。「本証人は祭壇に散水するとき、聖母の像とその腕に抱かれた畏れおおき幼子に雫が落ちるようにと思っていた。そして聖像の着衣と、幼子の左頬に雫が落ちるのを見た。」それゆえ奇蹟の顚末を知ったとき、彼女は何の躊躇をすることもなく「たぶんそれは私が祭壇に散水したからだわ。私が撒いた香水でしょう。」と語ったと述べている。(42)彼女は少なくともこの第一回目の証言において、最終的には、自身が撒いた香水と奇蹟の雫は別のものだと一応陳述してはいるものの、ところがその三日後に、「みずからの意志で」第一回の証言を訂正したいという理由で大司教総代理の前に出頭したのである。そして彼女が撒いた香水は断じて聖像にはかからなかった、と確言するにいたるのである。

ここで見過ごすことができないのは、二回目に彼女が出頭した際、調査を担当していた大司教総代理が、一回目の陳述にあった「幼子イエスの左の頬に雫が落ちるのが見えた」という発言を再び想起するよう促し、この発言は誰かに強制されたのではないか、という疑義を示しつつ回答を求めている点である。大司教総代理が具体的に誰をさしているのかは判明しないが、彼女に対する圧力はたしかに存在していた。

じつはこの第二回目の証言がなされるにさきだち、エルビラは、リマ市の街中である人物と会い、その教唆を受けていたのである。市の異端審問所の正面で、彼女はマルコス・デ・ルシオ博士なる人物に呼び止められ「ほんとうのことをいうように」と諭され、これに対し彼女は「聖壇布と、聖壇にある聖体布に香水をかけただけにすぎない」と断固として返答したと述べている。(43)

ここで興味深いのは、このルシオ博士の人となりである。彼は教会法の博士であり、かつてサン・マルコス大学の学長を務めたほどの人物であった。ルシオ博士は一五八二年に「死者の再生」という問題をめぐって不穏当な発言をしたがゆえに、異端審問所に嫌疑をかけられ、しかしその際、イエズス会士たちの恩義を受けたということが知られている。(44)この「ほんとうのことをいうように」と発言した人物が、イエズス会に対して親近感を抱いていたとすれば、この奇蹟に対するイエズス会サイドにいる人々の懐疑が伏在していた可能性を指摘しうる。さらには、このような疑惑を奇蹟の報告書から排除することなく、あえてそのなかに導きいれ、それを該ムラート女性、すなわちこの出来事の鍵を握る人物の自発的な証言を通じて否定するという、巧みな仕方でこの出来事を支えようとする意思が潜在していることにも気がつかされるのである。

いま述べた二点を含めて、この奇蹟調書には明らかにあるバイアスが存在する。この報告書の第二部、すなわち大司教の懇請を受けて各修道会の地方管区長や神学者たちが陳述した神学的議論を収載した部分では、容易に想像されるように、この奇蹟が一点の曇りなき真実として認識され、例のムラート女性の散水にもなんら言及されていない。そして奇異なことに、というよりもむしろとても自然なことだったのかもしれないが、アウグスティヌス会、フランシスコ会、ドミニコ会、メルセー会、カルメル会といったリマの主要な修道会のすべての管区長たちが、奇蹟に関する神学的見解を開陳するために招請されていたにもかかわらず、ただひとりのイエズス会士の見解もそこには現れないのである。そして奇蹟は、あたかも欠席裁判のごとき雰囲気における全員一致の「真純なり」という結論に支えられ、一五九二年一月二十六日、モグロベッホ大司教の宣告を通じて聖なるモニュメントとして屹立し、リマの人々の心に信仰の昂《たか》ぶりを刻んだのであった。

しかしここは、この奇蹟が何者かによって「故意に」捏造されたか否かをいい募る場ではない。たしかにのちに見るように、この奇蹟をおおいに利し、経済的に肥え太ることになる御堂付司祭ウエルタがどうしてこの日、朝から不在であったのか、といった気になる点がないわけではないが、奇蹟の現場からこれだけ遠ざかってしまっている私たちに故造の真偽を糾す術はない。むしろ問題にすべきなのは別なことだ。この報告書の分析を通して唯一いえることは、事実「超自然」なるものがマリアの聖像に顕現したこと、そして大司教モグロベッホがそれを確たるものとすることに腐心していたという点だけである。

ところが、このモグロベッホ大司教の奇蹟に対する態度・所作を、ただたんに、リマで起きた一五九一年の特異な出来事との関連で済ますことなく、さらにより大きな文脈《コンテクスト》でとらえ直してみると、すなわち同時代のカトリック世界を根柢から揺り動かしていた対抗宗教改革という強い流動に対してモグロベッホと同様に向き合っていたスペインおよびメキシコの司教たちの行動と比較すると、新旧両大陸において彼らを繋ぐある共通の相貌が見えてくる。

アメリカの歴史家ジョディ・ビリンコフは、対抗宗教改革期のスペインの都市アビラにおける宗教的状況を考察した書物のなかで興味深い事実を紹介している。すなわち、リマで奇蹟が起きたちょうど同じ年にアビラ司教となったヘロニモ・デ・マンリケが、司教権力をアビラの世俗両領域において確たるものにすべく強力に推進した運動において、当市の聖人サン・セグンドの聖遺物を、それを核にして結集していた信心講の手から奪取し、アビラ大聖堂に安置しつつ聖遺物信仰の代表者として立ち現れ、支持基盤を獲得していったというのである。そしてまた、彼に続いたアビラの対抗宗教改革期の司教たちも同様に、聖遺物の派手な顕彰を通じて民衆の信仰心を励起しようとしていたとする。(45)

いっぽうメキシコにおけるグアダルーペの聖母神話の形成過程を跡づけた泰斗エドムンド・オゴルマンは、現在一般に流布している説、つまり「グアダルーペの聖母が一五三一年にインディオ、フアン・ディエゴの前に出現し、そのマントに彼女の姿を写し残した」という通説の神話性を厳密な史料批判によって跡づけ、じつはこの奇蹟をめぐる言説が、通説とは異なり、一五五〇年代に生まれたものであることを明らかにした。そして奇蹟の背景には、インディオの信仰心を聖母の周辺に引きつけ、それまでメキシコのインディオ布教の中枢にあって強大な勢力を誇っていたフランシスコ会からその権力を奪取することを目指す大司教モントゥファールの巧妙な文書戦略、情報操作が存在したことを実証している。(46)

信仰の内面化を謳うカトリック教会批判者に対して、対抗宗教改革を担った人々が前面に打ち出していたのは、教会運営や儀礼実践、秘蹟授受の厳密化であり、また異教的偶像崇拝と抵触しない限りにおいての、聖母や聖人の奇蹟の積極的顕彰であった。そして民衆世界から発現してくる奇蹟を統御する役割をになっていた彼らは、一般平信徒のイニシアティヴを掣肘しつつ、奇蹟とそれに付随する現象や利得を教会に吸収・包摂しようとしたのであり、またあるときには、彼らに対抗する勢力を抑え込む武器としても巧みに操作していた。[47] この同時代のコンテクストにリマ大司教モグロベッホをおくことによってはじめて、インディオに対する布教権をめぐるイエズス会との熾烈な角逐の渦中にあった彼が、まさしく奇蹟の体現者として浮上してこなければならなかった事情、そして背景に潜在する「戦略性」が明確になると私は考えている。

おわりに

コパカバーナの聖母マリアへの帰依は、その後リマにおいて急激に拡がっていったと思われる。次章で詳しく見るように、奇蹟後ただちに聖母マリアに捧げられる御布施集めがはじまる。また奇蹟の効用も広く拡散していったようである。十七世紀にモグロベッホ大司教の伝記を著わしたモンタルボによれば、「雫に触れたことによって」、「盲目は光明を、足が萎えた者は足を、手の不自由な者は腕を」取り戻し、さらにはまたイギリス海賊として捕虜にされ、ルター派として異端審問にかけられていた手足の不自由な男が、コパカバーナの聖母に帰依するやその健康をたちまち回復し、敬虔なカトリック信者に変貌したという。[48]

こうして奇蹟の日からのち、先住民居住区セルカードに置かれた藁葺きの粗末な御堂は、病気治癒とマリアの聖なる加護を求めて参詣するリマ市民でごったがえす場となってしまった。ここに結実したことから見ても、この奇蹟が、対立が鮮鋭化するセルカードという空間における大司教側のプレザンスを確たるものにするのにおおいに寄与したであろうことは想像に難《かた》くない。たとえばクリスティアンが調べた十六世紀スペインの諸事例でも、奇蹟や聖母などの出現は、つねに霊廟や御堂に威光をもたらすかたちで結果し、さらにそこでは奇蹟を正当化すべく公証人や教会関係者によって書かれた認証文書に重要な意味が賦与されていた。[49] それゆえインディアス諮問会議に送付されたこの報告書が、セルカードのインディオ布教権をめぐる王室の最終決定に何らかのかたちで影響を与えることがあったならば、それは大司教の置かれた情況を俄然好転させただろう。状況証拠のみに基づく仮説であることを承知で述べるならば、この奇蹟調書、しかも見事にバイアスがかかったこの文書を、あえて該問題をめぐる国王への請願書とともにスペインに送ったモグロベッホは、彼が陥っていた不利な事態を、この奇蹟調書の力を借りて、彼の望む方向へと展開しようとしていたといえるのではないか。

しかしながら、情況はそのようには動かなかった。ときすでに遅すぎたといえよう。出来事の起きたわずか三カ月後の一五九二年四月のはじめ、イエズス会士の最終的な勝利を宣する内容をもった勅令を載せたスペインからの船舶がリマに着いたのである。つまり奇蹟が起きた頃には、もうすでにスペインの最終決定は下っていた。ここに引用するのは、ちょうどこの船が到着した直後に、イエズス会ペルー管区長がローマのアクアビバ総長に宛てた書簡である。そこには、その間に起きた出来事が、あくまでも伝聞を聴き知ったにすぎないという、しかしいくぶん勝ち誇ったかのようなトーンで次のように書き記されていた。

> この聖母の像は、無辜聖嬰児の日に大変な雫を流したといわれ……そしてまたこのところ、主上はこの聖像を介してさらなる奇蹟を示されたともいわれております。それゆえこの数カ月はその教会へのたくさんの人々の参集があり……多額の御布施が集められたようです。……〔しかし〕この王室勅令が到着したので、聖像がセルカードに建てられた〔モグロベッホ側の〕新しい教会に安置されているからには、〔正しい理屈としては〕セルカード内にそれを残し、われわれ〔イエズス会〕のサンティアゴ教会に移転させるべきなのだが、これを遺憾に思われた大司教猊下は聖像をリマ大聖堂にお移しになることを望まれました(50)……〔傍点強調は引用者による〕

該勅令の発布により、大司教はセルカードから撤退することを余儀なくされた。セルカードの教会は取り壊され、そしてマリア像は荘厳な行列に導かれつつ、大司教が聖母を迎えるために造った御堂が待つリマ大聖堂へと運ばれていった。こうして最終的に奇蹟は大司教に微笑むことはなかった。結句、彼はセルカードに対する管轄権を失ったのである。大司教の影響力の存在をスペクタクルに示した奇蹟、そしてそれが遺した調書は、モグロベッホに恩寵を与えることはなかったといえよう。しかしそれでは、これまで見てきたように奇蹟の影の主役であったインディオたちはどうなったのだろうか。彼らは、その統合のシンボルであった聖母像を奪われたうえ、イエズス会の管轄区であるセルカードに取り残されてしまった。だがサン・ラサロ街区から強制的に移動させられたインディオたちは、この窮境をあらたな出発点として、彼らなりの仕方で奇蹟を利用していくのである。聖母の恩寵はまさにこれから彼らに注がれていくことになろう。サン・ラサロのインディオたちのほんとうの「歴史」を次章で見ていこう。

第5章　聖母の信心講とインディオの自由

はじめに

一五九一年十二月二十八日、セルカードに落ちた聖母像の涙は、数々の奇蹟によってリマに生きる人々に衝撃を与えた。しかし、イエズス会との闘争にこの出来事を組み込もうとしていた大司教モグロベッホに、マリアは微笑まなかった。彼が丹精込めて作成させた「奇蹟調書」が本国に届いたのは、すでにセルカードの布教管轄権に対する王室の裁定が下ったあとだったのである。聖母像をセルカードに残すか否かという決断を迫られた大司教は、幼子を抱く奇蹟のマリア像を、壮麗な行列を組織し、おのが権力拠点であるリマ大聖堂《カテドラル》に搬入したのである。このあたりの事情については前章で詳述した。

それではサン・ラサロからセルカードに強制集住《レドゥクシオン》させられた先住民たちのその後の生はどうなったか。旧居住区から暴力的に引き立てられる際、たいせつにもっていった聖母像は、彼らの手から取り上げられてしまった。インディオ自身は、守護者マリアを失ったあげく、セルカードに取り残されてしまったのである。しかし、ここからサン・ラサロのインディオたちの歴史がはじまる。彼らは、セルカードに強制的に隔離されている状態を脱し、かつての住み慣れた街区に帰還する運動を構築する。インディオたちはマリア像とそれを軸にして組織された信心講《コフラディア》に結集しつつ、出セルカード《エクソダス》を達成するのである。本章では、先住民としての「自由」を求めた人々の姿を追ってみたい。

1　セルカード——イエズス会の言説とインディオの言説

彼らがセルカードを出ていく過程を見る前に、そこがどのような空間だったのか、サン・ラサロのインディオたちを繋ぎ止めていたその内部世界をのぞいてみよう。この空間をめぐっては、二つの種類の言説が存在している。ひとつは、イエズス会たちが紡ぎだした一群の言葉であり、これについては豊富な史料が遺っている。二十世紀にイエズス会が編纂した大部の文書集『モヌメンタ・ペルアーナ *Monumenta Peruana*』には、セルカードに関してローマのイエズス会本部とリマのあいだで交わされた書簡や報告書がたくさん収録されているし、またイエズス会の記録者ベルナベ・コボらの、セルカードについての貴重な叙述もある。

もうひとつの言説群は、サン・ラサロの旧住民であったインディオによって産みだされたものであり、これにかんしては一通の興味深い請願書が存在している。請願書はセルカードに強制集住させられたサン・ラサロ旧街区民であったインディオ自身の筆によるものと推定され、その意味で稀有な価値を有している。この請願書のなかで作成者のインディオは、ときのスペイン国王フェリペ三世に、セルカードを出て旧居住区サン・ラサロに帰還する許可を求めるとともに、セルカードに強制的に住まわされていることにより被っているさまざまな不都合事を訴えていた。イエズス会とインディオの双方の言説を分析すると浮かび上がる瞭然たるコントラストによって、レドゥクシオンという政策に内在するさまざまな問題が照らし出される。

イエズス会側の言説についていえば、容易に想像できるように、そこには美麗で牧歌的なヴィジョンが満ちている。レドゥクシオンがもたらした賞揚すべき効果と、イエズス会の布教戦略のメリットが誇らしげに語られている。

布教区としてのセルカードには二人の神父と助修士が常駐しており、インディオ住民の日常生活の安寧のために心をもちいていた。セルカードの先住民たちは、あたかもひとつの「大きな家族」のように肩を寄せ合って生きている。(1)

サンティアゴ居住区／布教区は、インディオのひとつの村であり、セルカードと呼ばれる。ペルー王国中のさまざまな民族集団を出自とするインディオが住んでおり、彼らは生まれ故郷を去り、王国の首座である当市にやってくるのである。彼らはセルカードの村に集められ、イエズス会の布教方法と教育のおかげで、みな心を寄せ合い、調和のもとで生活している。まるでひとつの家族のようであり、ペルー王国のどこに出しても恥ずかしくない模範的な人々である。(2)

先住民たちはレドゥクシオンが施行される以前は、爛酔酩酊や雑婚的内縁関係に象徴されるような放埒かつ懶惰な生活を送っていた。しかしイエズス会士とともに住むようになると、あたかも生まれ変わって別の生き物になったかのように、文明化された人格へと変成していくのである。いくつかの叙述を挙げてみよう。

彼らには文化的、キリスト教的価値というものがたいそう染み込んでいるので、はっきりした優位性によってペルー王国の他のインディオとは差異化される。彼らはみな深くスペイン化されており、男女おしなべて、われらの言葉〔スペイン語〕を理解し、話すことができる。彼らの所作や家の調え方などは、これはもうスペイン人と同じである。インディオたちのあいだには八十人以上の黒人奴隷がいて彼らに仕えているというところから見ても、このこと〔豊かにスペイン化されているということ〕は了知されるであろう。ペルー王国中のインディオが所有する黒人奴隷を集めたところでこれだけの数には達すまい。(3)

またあるとき、セルカードに住んでいないイエズス会神父が、カトリックの教義をあまりよく理解していないインディオと居住区で出会った。神父がそのことでインディオを咎めると、彼が答えていうに、「神父様、驚かないでください、私はまだセルカードに住んで日が浅いのです。」あたかも教義を知ることはセルカードに住むことと同義だと言わんばかりの口吻であったと該神父はその印象を語った。(4)

イエズス会の人々にとってもセルカードは、特に若手聖職者を教育するのに最適な空間であった。修練士たちは先住民と共生しながらケチュア語を学び、それを習得すると、良き宣教師としてアンデス山中のインディオ社会へと旅立っていったのである。(5) さらに俗権力とイエズス会との蜜月的関係についても指摘しておいたほうがよいだろう。それはセルカードのなかに建てられた副王の貴賓室によって可視化されていた。副王は、副王妃とともにセルカードにやってきて、同地の温暖な気候に抱かれ、先住民たちがつくりだすエキゾティックな雰囲気を愉しんでいたのだろう。(6)

イエズス会関連史料をめくったのちにセルカードについて私たちが抱く一般的なイメージは、このように一点の曇りもない、何か「ユートピア」的な色調で彩られている。しかしながら一六〇四年に作成されたある文書が、この典雅なセルカード像に思いもかけぬ亀裂を走らせる。(7)

この史料は、奇蹟ののちもセルカードにとどまることを余儀なくされていたサン・ラサロ街区の旧住民たちがスペイン語で提出した請願書である。一六〇四年の時点では、のちに見るように、すでに彼らはセルカードを出て、サン・ラサロに帰還する王室の許可を得ていた。しかしイエズス会と副王は、強制力によって、インディオたちの出セルカードを阻止していたのである。この専横に対し、「サン・ラサロ街区に家屋を有している」と主張する「職人インディオ」たちは、請願書によってレドゥクシオンの軛《くびき》からの解放を国王に懇望するため、自ら筆をとり、十五葉におよぶ紙片を文字で埋めたのであった。

請願書を認《したた》めたインディオについては、別の史料群に現れる文字と照合することによってほぼ特定することができた。この人物の名前はペドロ・デ・ラ・クルス、当時「聖母コパカバーナ信心講」の講頭《マヨルドモ》を務めていた。のちに詳細に検討するように、奇蹟から十二年が経った一六〇四年当時、サン・ラサロの旧住民にして「聖母コパカバーナ信心講」衆でもあったインディオたちは、モグロベッホ大司教が大聖堂《カテドラル》に搬入した聖像を奪回し、サン・ラサロ街区に彼らが建築しつつあった新御堂に安置する嘆願運動を、聖堂参事会を相手取って展開していた。つまり、これから分析する請願書は、二重の戦略のもとで構想された旧街区への帰還プランの輪郭を示してくれるのである。

この請願書は、文法や統辞法《シンタクス》という観点で見るならば、非常に初歩的なレヴェルの書字によって認められており、不思議な表現や誤った語法もたくさんある。それにもかかわらず、この拙い手先で綴られた請願書をすこしでも読むならば、あるリアルな重みが私たちの心に染み込んでくる。

前述のように、旧街区への帰還許可書が国王から発給されていたにもかかわらず、インディオたちがセルカードからサン・ラサロへと移り住もうとするや、イエズス会たちはコレヒドールと共謀し、暴力をもってそれを阻止しようとした。

わたしたちをむちうち、かみの毛をそり、身ぐるみはいで通りを歩かせました、わたしたちがセルカードに住まなかったからです。(8)

セルカードに残留することを強制されていたにもかかわらず、彼らの実際の生活、そして生業の拠点はリマ市中に深く根差していた。というのも、彼らは店舗を市中に構え、スペイン人市民と交流しつつ、リマ市内、そしてサン・ラサロ街区に家屋を有していたからであった。

この文書をめくりながら感知されるのが、すでに完きキリスト教徒となり、スペイン化したインディオとなっているという自覚から湧き上がる、彼らの強い矜持の思いである。

> わたしたちは良きもはんをしめしながらスペイン人のあいだで生活しております。良き習慣をもちいつつ、祝日や日曜日には、大せいどう教会にカトリックのきょうぎやお説教を聞きに、あさの七時か八時にまいります。ミサにあづかり、大司教さまのお説教やごきょうぎをうかがい、実習などをいたしますと、わたしたちの信心講にまいりまして、九時まではそちらでせんしんいたします……わたしたちはスペイン人のあいだで育てられましたので、みないちようにスペイン語がわかりますから、信仰心により、スペイン人たちのミサや説教をきくために十一時すこし前までのこります。午後になりますと、ケチュア語のきょうぎ問答やお説教をきくために、聖ドミンゴさまの修道院やイエズス会の〔リマ市中にある〕教会にまいります。(9)

このようにカトリック信徒として、お手本となるような生活を送っていることを衒《てら》いつつ、しかし彼らの日常を律していたこのリズムをセルカードに強制集住《レドゥクシオン》させられてからはすっかり失ってしまったことを、以下のように慨歎するのである。

> このわたしたちの信仰のおもいはすべて消えてしまいました。わたしたちは、あゆむべき道をはずれ、へいおんを乱されて生活しています。わたしたちの信心講《コフラディア》もうしなわれてしまいました。セルカードにつれていかれたために、だれも信心講に足をむけなくなったのです。(10)

さらに彼らは、このように自讃する彼らのキリスト教徒、文明化された民としての作法を、セルカードにおいてイエズス会の管理のもとでずっと前から住んでいた先住民の振る舞いと比較しつつ、ヴェテランたちを腐《くさ》してすらいる。セルカードの先住インディオたちは、午後の宗教行事には参加せず、自宅にそそくさと戻ってしまうのだ。連中は昔からのしゅうかんで昼ご飯をたっぷり食べ、酒をきこしめされるからでありまして、こうして彼らの多くは宗教ぎょうじには参加せず、ほんとうならもつべき信仰をもたないのです。(11)

セルカードでは当然サン・ラサロの旧住民もイエズス会が組織する宗教行事に参加することを強制されているのだが、彼らは、自分たちの望む教会ならどこででも、自らの「自由意志 Libre Albedrío」で勤行したいのだと強く訴えかける。「自由意志」。この言葉こそが、請願書を紙つぶてのごとく投じながら、権力に対する抗議の姿勢を貫く彼らの運動において、根柢的な意味を担っていた。

次に、まちの中で、スペイン人といっしょに生活しておりますと、わたしたちのとぼしき身のまわりのものも安全ですし、守っていただけます。わたしどもは、リマの町中におきましては、良きキリスト教徒としてこっかいし、ミサにあずかっておりますが、スペイン人のかたがたの良き生活ぶりやしゅうかんを見ておりまして、わたしたちの希望と信仰もましてまいります。救済への良き道をあゆまなければ、わたしたちははずかしく感じるのです。わたしたちが、喜びといしとともに我らが主を愛するならば、わたしたちに神への信仰がいやまして与えられるのであります。わたしたちは、これらのことを、わたしたちのじゆういしによっておこなっていたのです。(12)〔傍点強調は引用者による〕

〔レドゥクシオンによってセルカードに連行されたことで〕まずだいいちに、私たちは、自らのいしと喜びと愛によって市中でミサやお説教やきょうぎを聞いたりすることができなくなりました。それは午後一時や二時まで、無理やり、わたしたちがのぞみもしないのにセルカードでミサをきかせようとするからです。かぎりなく万能であられる神様は、愛と、いしと、じゆういしとを、じゆうなわたしたちにあたえられました。それは神様をほんとうのきもちで愛し、さんびするためなのです。わたしたちはリマ市中にいるときはそうしていたものでした(13)……〔傍点強調は引用者による〕

彼らはまた、セルカードの昔からの居留民と一緒に住むことによって被る悪しき影響についても愁訴している。

スペイン人のあいだや彼らのていたくで生活しているとき、わたしたちはスペイン人がとてもいい人で、良いキリスト教徒であるのを見ているから彼らをりっぱなかたがただと思っています。彼らは内えん関係になりませんし、またわたしたちがこまっているときにはいつも食べ物をわけて助けてくださるじひぶかき人々だからです……つぎに、わたしたちの多くは、〔セルカードの〕村でインディオたちといっしょに生活していますと、毎日、あるいは日曜日やさいじつといったときに、いままで知らなかった人々と親しくなるのですが、スペイン人の家をはなれ、以前のようなつきあいをやめますと、かつてもっておりました良きしゅうかんというのをわすれてしまいがちなのです(14)……

彼らが特に危機感を抱いていたのはアルコール問題であった。彼らはセルカードのヴェテラン・インディオたちから伝染する悪しき習慣について訴える。先住インディオたちはチチャ酒を飲むことをつねとしており、それによってサン・ラサロ旧住民のモラルに罅《ひび》が入る原因になっているというのである。彼らの言葉を信ずるならば、サン・ラサロのインディオたちは「スペイン人のあいだで生活しているとき」には、このアンデスの伝統的な醸造酒を遣ることはいっさいなかったのであるが、「前述のセルカードには……二軒ののみ屋がありまして、そういうところで連中から、のむという悪へきをうえつけられてしまうのです」[15]。

こうした議論は、容易に理解されるように、前章で見た、レドゥクシオン実施を正当化せんとする行政府の言説、すなわちサン・ラサロ街区ではインディオたちのあいだに泥酔酩酊や不適切な性関係が蔓延している、という一群の言葉に対し、真っ向から放たれている。それゆえ、彼らは自らが廉潔な市民であるという誇りを強調してやまないのである。

リマ市ちゅうには、飲酒めいていや、内えん関係がおうこうしている、あるいはしていたというかたがいらっしゃいますが、それならばどうしてわたしたちが、家おくや土地、男女のどれい、のうえんやかじゅえんなどをもちえましょうか。家は、しっかりとした木のとびらを持ち、天じょうも、かざりつけもスペイン人のふゆう層のそれと比けんすべきものです。こうしたものは［セルカードで］小屋住みのいまのわたしたちにかけているのです[16]。

もちろんこのインディオの対抗言説にも固有のバイアスが伏在していることは間違いない。請願書の一つひとつの項目は、レドゥクシオン肯定派の挙げる諸点にそれぞれ対応していることは明白である。しかしながら、この拙い文字で綴られた請願書の行間からは、スペイン人市民たちのあいだでも十分にその存在感を示すに足る富と能力を身につけたサン・ラサロのインディオの誇りと自恃とが滲みでてくる。彼らは「裕福かつ高潔な」[17]インディオへと変貌し、「インディオの公共体《レプブリカ》」から「スペイン人の公共体」へとその身を移していたのである。彼らが心から望んでいたこと、それは好きなところで生活し、おのれの意志の命ずるままに信仰を維持し、宗教儀礼を実践することであった。ヤナコーナ＝ラディーノ、すなわち生活の面でも言語の面でもスペイン人に比しうるようになった彼らインディオたちは、その生きる望みを、彼らなりに解釈した二語の単語、すなわち「自由意志」という言葉に込めていたのである。

2　レドゥクシオンと遺言書

イエズス会、旧サン・ラサロ住民であったインディオ双方が提示したヴィジョンは、明らかな偏りを含みつつ、真正面から対立するものであった。しかし私たちがほんとうに知りたいのは、セルカード空間で展開していた先住民たちの実際の日常生活である。彼らの日々の世界に浸透していくための糸口として、この章では公正証書の束から見つかったインディオたちの遺言書を利用しようと思う(18)。

イエズス会の庇護圏内で生活をしていたと思われるセルカードの先住民については、現時点では、一六一二年から一六三二年にわたって二十五通ほどの遺言書を確認することができた。これらは、私たちがいま探求している時期よりもあとに作成されたものではあるが、解析すると、彼らを取り囲むおおまかなパノラマが浮かび上がってくる。

これらの先住民はほとんどみな、死してのちはその亡軀を、セルカードのイエズス会総本山であるサンティアゴ教会の「聖水盆」か「告解室」のかたわらに埋葬するよう指示している。またセルカード内部には、さまざまな信心講《コフラディア》が結成されていたことがわかる。「煉獄の魂信心講」、「至聖なる秘蹟信心講」、「聖母サラゴサのピラール信心講」、「サンティアゴ信心講」、「聖マルセロ信心講」などが存在していた。遺言者の多くは、これらの信心講に同時に複数加入しており、特に死の直前には、いくらかの御布施を払って「煉獄の魂信心講」の「二十四人衆veinticuatros」(19)になることを望んでいた。

容易に想像されるように、イエズス会士の監督下にあった遺言者たちのうち、「聖母コパカバーナ信心講」衆であると名乗るインディオはいないし、またサン・ラサロ街区について遺言書で言及している者も見あたらない。すでにこの時点ではサン・ラサロ街区の旧住民の多くはエクソダスを達成し、セルカードを脱出していたであろうから、これらの遺言者たちはみなイエズス会の庇護に身を寄せつつ、セルカードに永住していた人々であったと考えられる。

イエズス会が管轄するこれらの先住民の経済的な実力については、イエズス会の記録者が叙す、「黒人奴隷を大勢所有するような豊かな富を享受する先住民」像は、すくなくとも遺言書を分析した限りではそれほど鮮明にはならない。たしかに当時とても高価であった「馬」を遺産としてリストアップしている数名のインディオも見受けられるし、さらに、当時五百ペソ以上もした高価な「贅沢品」である黒人奴隷を遺贈しているインディオもひとりいる。とはいえしかし、二十五部の遺言書を通覧したあとに得られる一般的な印象では、イエズス会記録者たちのいうところの「ペルー王国を代表するインディオ富裕層」というイメージはすこし大げさにすぎると感ぜられた。むしろこのイメージは、のちに見るように、サン・ラサロ街区民であったインディオにより整合していると思われる。

前節で見たサン・ラサロのインディオの請願書との関連において論及すべき大事な点がひとつある。それはセルカードにおけるチチャ酒の消費である。実際、何人もの遺言者、特に女性たちが、チチャ酒を蓄えておく「甕《ティナハ》」を所有していると述べており、このことからたしかにセルカードにおいてトウモロコシを醸したお酒が生産されていたことがわかる。布教区という、真摯かつ敬虔な雰囲気で満たされていなければならない宗教的空間セルカードに、しかし居酒屋すらあったことも判明する。[20] ということは、サン・ラサロの旧住民が、セルカードでは先住インディオの嗜酒癖によって非道徳的雰囲気が瀰漫していると非難するのも、あながち根拠がないわけでもなかった。

それでは、こんどはサン・ラサロ街区出身のインディオたちに目を向けてみよう。前章でもみたように、いくつかの史料から、リマック川沿いの旧街区に住んでいたときには、彼らが漁師や川エビ採りといった採集業や、仕立職人やギター製造職人、郵便夫《チャスキ》や農夫といったさまざまな生業に就いていたことがわかる。[21] サン・ラサロ住民の遺言書については、史料調査の結果得られたデータはごく限られており、統計的分析を施すことはできないが、しかしそこから得られる情報は、まさしく彼らが誇負する「富裕で栄誉ある先住民」という自画像的イメージを補強する。

一五九二年、サン・ラサロからセルカードへのレドゥクシオンの歴史において鍵を握るような人物が、その遺言書を作成した。(22) 奇蹟から一年後のことである。このインディオはペドロ・デ・レサーナといい、「やすらぎの聖母信心講」、すなわちレドゥクシオン施行前にサン・ラサロで創設され、「聖母コパカバーナ信心講」の前身となる宗教結社の創立者のひとりであった。(23) 一五九二年の遺言作成時、彼は「セルカードに居住している」と述べている。サン・ラサロ住民に対するレドゥクシオンが依然として執行中であるがゆえ、それは当然のことであると理解できよう。(24) それにもかかわらず、セルカードに住む彼の、コパカバーナへの親愛の気持ちはとても強い。遺言書の条項を見てみよう。

次に、私の遺骸は、当市の大聖堂《カテドラル》の聖母コパカバーナの小御堂に運ばれんことを命ず。私はこのインディオの御堂に創設された信心講の講衆であるのみならず、また創立者でもある。御堂は大司教猊下がわれわれインディオのためにおつくりくださったのである。私がかかる信心講衆であり、創設以降、信心講のために尽力してきたことに鑑み、私の亡骸は、御堂内の主聖壇の階段の左か右の角に埋められんことを。(25)

いっぽう、レドゥクシオンをめぐる一連の動きからも推察されるように、先に見たイエズス会の管轄下のインディオたちの遺言書とは対照的に、セルカード内部に居住していながらレサーナはイエズス会についてなんら言及しておらず、またイエズス会士にミサの依頼などもしていない。さらにサン・ラサロの住民たちが直面していた状況を伝える重要な言及もある。

次に、私はインディオのアロンソ・ロモの遺言執行人であることを宣明する。彼はセルカードで死亡したが、サン・ラサロに埋葬された。私は彼の財産を回収したが、私の遺言執行人には、彼の妻のファナ・インディアとともに彼の財産目録を作成するよう命ずる。[26]〔傍点強調は引用者による〕

彼らはセルカードで死ぬことを余儀なくされていたものの、その亡骸は、懐かしの旧サン・ラサロ街区へ、あるいは愛おしい聖母が鎮座する御堂のかたわらへ運ばれることを、いずれにしてもセルカードの外に運ばれることを願って他界したのである。[27]

経済的状態についていえば、ペドロはとても居心地の良い生活を送っていたようだ。自宅に隣接して雑貨屋《プルペリア》を営み、馬も操っていた。彼が蓄積した遺産のなかには、インカ時代の最上等織物であるクンビが数点あるのみならず、ヨーロッパ産の衣裳、さらには中国製の衣料も見受けられる。[28]

サン・ラサロ系インディオの経済的実力にかんしていうならば、サン・ラサロ街区に住んでいたひとりのインディオ女性が作成した二通の遺言書ほど、それを雄弁に示すものはないと思われる。女性の名前はファナ・チュンビ、彼女のこの二通の遺言書は、通常のように公正証書の束のあいだにではなく、ある訴訟記録のなかに証拠書類として含まれている。この訴訟は、「聖母コパカバーナ信心講」衆とイエズス会管轄下の信心講とのあいだで争われたものであった。[29]

アンデス中部山岳地帯に位置し、首都リマからもさほど遠くない先住民村落グァマンタンガで生まれたファナ・チュンビは、彼女のエンコメンデロであったマルティン・ピサロの邸宅で下ばたらきをしながらリマでの生活をスタートさせたようだ。しかし彼女が一六二五年に最初の遺言書を作成させるまでの生涯については、それを跡づける材料は残念ながら多くはない。[30]

とはいえしかし、彼女が遺言書で顕示していたその豊かさぶりには圧倒されるものがある。彼女は、自身が属していたというリマ市中に存在するさまざまな信心講で、それこそ無数のミサを、彼女の魂のために挙げるよう遺志として示し、多額の喜捨をしているのみならず、象徴的なのは、総計八名もの黒人奴隷を所有しているのである。宝石や調度品、衣料品などのさまざまな遺産については細かく言及するときりがなくなってしまう。しかしどのようにして彼女がこれだけの財をなすにいたったのかはよくわからない。遺言書の断片的な情報から、彼女が首都の心臓部であったリマ大広場において、野菜の商いを展開していたことがわかるが、それのみならず、遺言書にあらわれる貸借関係を微細に見ると、先住民を顧客とする一種の「質屋」的な営みを生業としていたこともうかがわれる。いっぽう、彼女の生活の感情面については、それがかなり込み入っていたであろうことも推察される。というのも彼女は遺言書を作成するときまでに四度も結婚していたからである。亡くなった夫たちが遺した財産が、すこぶる快適な生活を送ることを可能にしてくれていたのかもしれない。

さて件の訴訟の争点となっていたのは、彼女がサン・ラサロ街区のマランボ通りに有していた二軒の家宅のひとつであった。この家をファナ・チュンビは最初の遺言書では、四番目の夫で、ギター職人のペドロ・デ・ロス・レイェスに遺し、彼が死亡したのちは、「聖母コパカバーナ信心講」に遺贈するということを命じていた。その対価として、毎年彼女の魂のために四十回のミサを挙げることを信心講に義務づけていた。

次に、私が現在住んでいるマランボ通りにある「大きな家宅」については、私がいま結婚している前述のペドロ・デ・ロス・レイェスが、その生涯のあいだ、家屋、およびそれに付帯する諸権利を享受すること。彼の死後は、同市の先住民たちの「聖母コパカバーナ」の教会に贈与する。ただし、同教会の信心講頭たちは、私と私の両親、私の親族と私の亡夫たち、および現在の夫ペドロ・デ・ロス・レイェスの魂のために、一年四十回のミサを恒久的に挙げることを条件とする……(31)

なぜかかる気前のよい贈与を「聖母コパカバーナ信心講」の教会に奮発しようと思ったのか。それは彼女もやはり同信心講の創設者のひとりだったからのようだ。それゆえ、その遺骸は、ちょうどサン・ラサロ街区に完成したばかりであったコパカバーナの御堂（この御堂＝教会の歴史については、次節で詳述する）の内陣に埋葬するよう命じていた。

しかしながら一六二八年、彼女が遺言書を補足するために公証人の前に現れたときに、ある思わぬ事態が出来する。フアナの「遺言補足書 codicilio」を利用して、イエズス会士アルバロ・ピントが、当初「聖母コパカバーナ信心講」に遺贈されるはずであった「大きな家宅」の管轄を、イエズス会の管理下にあった先住民の「幼子イエス信心講」に変更してしまったのである。この予期せぬ事態を知ったコパカバーナの信心講衆はただちに訴訟をおこした。彼らの主張は、遺言書の内容を変更させるべく、ピント神父が末期の息をするフアナ・チュンビにその死出の床で圧力をかけていたというものであった(32)。

この訴訟は長引き、また内容も錯雑としているため、争議の詳細については、次章「アンデス先住民遺言書論序説」において述べたいが、ここで強調すべきはこの訴訟のタイミングである。一六三三年というのは、次節で詳しく見るように、セルカードから搬出され長いあいだリマ大聖堂《カテドラル》に「幽閉」状態にあったコパカバーナのマリアの聖像が、旧街区にインディオたちが建設した新御堂に移される記念の年であった。この時点にいたってすら、依然として、一五九〇年に端を発するレドゥクシオンをめぐる先住民とイエズス会との対立は尾を引いていたのである。いずれにしても、フアナ・チュンビの遺言書は、サン・ラサロのインディオたちの自画像である「栄誉ある富裕な先住民」というイメージを補強する重要な証左となろう。

「レドゥクシオンの軛」という、植民地主義の象徴的政策の犠牲となっていたアンデスの先住民にとって「自由」、すなわちおのれの好きなところで生活し、やりたい仕事をし、自らの心のおもむくがままにキリスト教信仰を実践するという「自由」を手に入れることは至難であった。植民地社会においては、インディオの自由というものは、以下の条件のもとでのみ容認されていたのである。すなわち、集住させられた「レドゥクシオン村落」内部で生活し、割り振られた土地を耕しながら貢納義務を完遂する、そして布教区司祭の日常的監視下でカトリックを信仰する、という条件下においてのみ、かろうじて行使することのできた自由であった。彼らが共同体の外部世界に出ることが公的に許されていたのは、成人男子に課せられた輪番労働《ミタ》に従事するときだけであった。

この植民地主義的統制に対し、サン・ラサロのインディオは、自らの「自由意志」を核に据えて、最終的には「二重の帰還」を達成する。「二重」というのは、彼ら自身がセルカードからのエクソダスを果たし、懐かしの旧居住区に帰来したのみならず、サン・ラサロに彼ら自身の手で新しい御堂を建立し、そこに信心講とともに奇蹟の聖母像を帰還させたという意味でそうなのである。

聖母が涙を流すという奇蹟が起きた直後から、サン・ラサロのインディオたちは聖母像とともに旧街区に戻ることを切願していた。次の史料がそれを示している。

> 聖母像は〔セルカードの〕村に運ばれ、汗の奇蹟ののち、大聖堂に移された。かつて聖母像が安置されていたサン・ラサロではなかった。インディオたちはそれを嘆願していたのだが……。そうなった理由のひとつは、彼らが以前のようにサン・ラサロで生活をはじめないようにするためであった。(33)

こうして聖母像はインディオたちの手から取り上げられて大聖堂に運び込まれ、彼らのみセルカードに取り残されてしまったのである。奇蹟のあと、この不安定な事態は十年ほど続く。この間、大司教モグロベッホとインディオたちは、それぞれの思惑により書簡や請願書をリマからスペイン本国に送っていた。双方とも、この状況を自らの目的に沿って好転させようと苦闘していた。

サン・ラサロのインディオはセルカードから出ることができるのであれば手段を選ばなかった。請願書提出を通した平和裡の文書戦略のみならず、イエズス会士の監視下からの「逃亡」という実際的な行動に出ることも辞さなかった。だが神父たちは暴力に訴えてでも、彼らの逃散行為を阻止した。このとてつもなく渾沌とした状況は、ある断簡から鮮明に理解される。これはセルカードの監獄に幽閉されたインディオたちの手による懇請の文《ふみ》であった。(34)

いとも気高きげいか、このセルカードの村で、わたしたちはレドゥクシオンによって二しゅうかんもらちされております。十四人いじょうのあわれな者たちが、空腹とのどのかわきに苦しんでおります。足かせがはめられていて、しょうべんにもいくこともゆるされません。げいかにこんがんいたします、どうぞ神さまの愛をもちまして、フアン・バスケス神父に、わたしたちをこの監獄からしゃくほうするよう一筆お書きいただきますよう。

フェリペ・レイノソ。(35)

この苦渋のときにあって、大司教モグロベッホは、インディオたちの救世主として立ち現れた。リマ宗教界の最高権力者たる大司教は、イエズス会との闘争に敗北し、セルカードに対する教会管轄権を放棄せざるをえなくなって以降も、サン・ラサロの先住民をセルカードから救出するための努力を惜しんだことは一時たりともなかった。「聖大司教」というモグロベッホのイメージ、すなわち呻吟する哀れなインディオたちの友であり、恩人であるという「聖人《サント》」としてのイメージこそが、のちに彼が列福・列聖される際の審査時に讃称された高徳の徴であった。じっさい彼にそうした人間としての個性、魅力、そして美質があったことはたしかであろう。サン・ラサロ旧街区への帰還運動における彼の援助には、先住民の真摯な庇護者としての愛が存在したことは疑いを容れないし、また事実、その尽力によってこそ、一五九五年頃までには、サン・ラサロのインディオたちがセルカードを離れることを認可する「執行命令勅書」が発布されているのである。(36) だがしかし、副王も、そしてイエズス会もこの命令書を一顧だにしなかった。それゆえ一五九五年、モグロベッホ大司教は、以下のような熱を帯びた書簡をインディアス諮問会議に送付する。

サン・ラサロのインディオをめぐる執行命令勅書が発されたものの……今日にいたるまで何もなされておらず、国王によって命じられたことも実施されておりません……それゆえインディオたちは思い詰め、悲嘆に暮れております……彼らのなかには、本件の施行を懇請しにスペイン本国におもむきたいという意思を示す者もいるほどであります……かつてサン・ラサロ、および本市内に居住しており、副王陛下カニェテ侯がセルカードに強制的に集住させたすべてのインディオは、サン・ラサロ地区に帰還させ、居住させるべきであり……彼らはそこで自由と安寧と平穏を享受すべきであります……インディオたちの窮状に心を痛めるわれわれは、彼らのために尽力すべきであると考えます。というのもわれわれはインディオたちによって養われ、食べ物を与えられているからであって、スペインに運ばれる財宝は、インディオの手によって産み出された、彼らの労働と助力の賜物なのであります。(37)

スペイン人は、インディオの血と汗のおかげでアメリカで生きていけるのだ、というこの認識は、モグロベッホの思想の自然な吐露であったろう。そしてまたモグロベッホ大司教のみならず、サン・ラサロから集住した先住民の霊的管理を大司教によって託されていた聖職者アロンソ・デ・ウエルタも、インディオたちの権利の擁護者として熱意あふれる行動をとっていた。(38) しかしこの人物の別の側面については、のちに詳述しよう。

インディオの立場に身をおき、イエズス会に対抗するモグロベッホのスタンスの真の背景については、しかし、別の観点からも検討する必要があろう。彼の真意はいま引用した同じ請願書に潜んでいる。筆が滑ったのか、ふと本音が顔をのぞかせるのである。

> わたくしが理解しますところ、サン・ラサロに住んでいた者も、セルカードに住む者も、そして当市中に住む者も、すべてのインディオをサン・ラサロに住まわせることが神への大きなご奉仕となりましょう。わたくしが述べましたような弊害がなくなり、インディオたちの霊的、世俗的、そして身体的な「善」が達成されるためにも。〔イエズス会の管理下〕セルカードに住むインディオたちも、他のインディオとともにおおいなる悦びと慰めを享受するであろうと考えます。もしもセルカードに住んでいる者たちに、サン・ラサロに移動する許可を与えれば、セルカードに留まるインディオなどいやしません。〔サン・ラサロの〕インディオに自由を与えることを命じた執行命令勅書の最初の二つの条項の実施を履行し、すべてのインディオを、ひとり残らず〔サン・ラサロに〕集住させつつ……。サン・ラサロ街区には、これらの人々を居住させるに足る十分なスペースとよい環境があり、これらのインディオのみならず、一万人のインディオをさえ居住させることができます。水利にも恵まれ、用水路も河川もありますし、彼らの家屋を建設するための豊富な石材もあります(39)……〔傍点強調は引用者による〕

この文章にこそ、大司教の底意が滲んでいると考えられよう。彼は、あわよくば、サン・ラサロにかつて住んでいたインディオのみならず、リマ市域内部に居住するすべてのインディオを、彼自身の「集住村」たるサン・ラサロ街区に収容しようという意思をもっていたのではないか。私はモグロベッホがインディオに示した愛の真純さをまったく疑わない。しかしそれにもかかわらず、当時の宗教・教会の歴史を学ぶ者は、対抗宗教改革期の司教にとって、ひとつの空間とひとつの住民集団に対する霊的な管轄権を確保するということのもっていた決定的な重要性をも認識しなければならない。この管轄権をもつということは、ただたんに売り出し中の新興修道会たるイエズス会に対して大司教としての卓越性を示すことを可能にするだけではない。インディオ布教区というスペースが、それを管理する者にもたらしていた経済的な利得こそ枢要だったのである。モグロベッホはこの点についても本音を漏らすことに躊躇しない。

わたくしの意思に反して〔イエズス会が〕管轄権をもち、ことを前に進めようとしていることは、わたくしには過酷な事態であると思われます……とりわけ、大変な数の聖職者たちが空腹に喘いでいるこのときにです。修道士や僧たちが数多くのインディオ布教区を占拠してしまっているために、〔大司教配下の在俗の〕聖職者を配置する場が存在しないのです。聖職者の数は大変に多うございます。ひとつのインディオ布教区に空きがでますと、その採用には二十人、三十人の聖職者が応募してくるのです。(40)

すなわち、サン・ラサロ教区が、大司教管轄下のインディオ布教区として再び蘇生するならば、困窮した聖職者たちを経済的に救済することができたのであった。モグロベッホの先住民帰還運動の支援の背景には、修道会の勢力を凌ぎ、在俗の教会組織を敷延していかねばならなかったポスト・トレント公会議の時代を生きた高位聖職者たちが抱える苦悩があった。(41)

さていっぽうインディオたちは、旧居住区サン・ラサロへの帰還を妨げる多くの障碍を前に、新しい戦術を展開しはじめた。それはサン・ラサロに、拠点となる新御堂を自らの力で建立し、そこに奇蹟の聖母像と信心講《コフラディア》を移転させるという目論見である。先に見たように、サン・ラサロのインディオたちは奇蹟が起きたときから、すでに聖母像とともにサン・ラサロに帰ることを切望していた。しかし、いまや聖母像は大聖堂に閉じ込められ、彼らは自らの「自由意志」によるのではなく、教会当局の監視のもとでのみ聖母への信仰を捧げていたのである。

先述のように、モグロベッホ大司教は一五九二年にセルカードから聖母像が搬入された際、大聖堂構内に像を安置するための御堂を設《しつら》えた(42)。サン・ラサロのインディオたちは、この新しいコパカバーナの御堂を本拠に、同年六月二十六日「聖母コパカバーナ信心講」を再結成する(43)。その際、講結成の本義が述べられているのだが、そこにはレドゥクシオンの影響が鮮明に表れていた。

> わたしたちにとってこの大聖堂に信心講をもつことはとてもたいせつです。わたしたちは、ここでおこなわれる教義教育に通うことができるだけでなく、流浪状態にあるインディオたちを説教や教義教育に参加できるよう助けることができるからです(44)。〔傍点強調は引用者による〕

この文章にあるとおり、信心講再結成の動機のひとつは、レドゥクシオンを嫌って逃散し、流離の身にある仲間のインディオたちを糾合しつつ、撹乱された集団としての一体性を取り戻そうとすることにあった。このインディオ講衆の冀望《きぼう》に対し、モグロベッホは懇切に応答し、信心講の世話をする御堂付司祭《カペリャン》として、すでに何度か名前が出てきたケチュア語学者アロンソ・デ・ウエルタを任命した。

渾沌とした情勢はさらに十年間続く。その間も、大聖堂という居心地の悪い空間――というのも、先住民の御堂とその信心講の創設に対して、大聖堂を管轄する最高権力機関たる「聖堂参事会」の強い反発が存在したからである――ではあったかもしれないが、先住民たちは聖母マリアへの崇敬の念を絶やすことなく、また死してのちは、その亡骸を御堂に埋葬してもらうことを遺志として示していたのであった(45)。

しかしながら、一六〇六年六月十七日、インディオ信心講衆たちは新しい段階に進む。「聖母コパカバーナ信心講」の講頭たち——その筆頭は一六〇四年、先述のあの自筆請願書をしたためた先住民ペドロ・デ・ラ・クルスであった——は、以下の内容の請願書を提出した。

> 「聖母コパカバーナ信心講」の講頭《マヨルドモ》であるドン・ペドロ・デ・ラ・クルスと「広場〔住み〕」のミゲル・サンチェス[46]……が以下のように申し上げます。私たちは、サン・ラサロ街区に新しい御堂を建立し、コパカバーナの聖母像を安置するに相応しい土地を有しておりますがゆえに、その土地に聖母像をしかるべき崇敬とともにお迎えできる御堂を建設したく思います[47]。

この戦術変更の背景には、当時大聖堂の改修工事がはじまり、聖母像が奉安されている御堂が取り壊されることが決まっていたという状況の変化があったと思われる。また前述の執行命令勅書によって少なくともサン・ラサロのインディオが街区に住む権利を回復していたことも考えられる[48]。彼らにとって、しかし出セルカードは、ただたんに塒《ねぐら》の変更で済むものではなかった。彼らの精神の支えであるマリア像と信心講がともに帰来してはじめて完遂するものであった。だが、モグロベッホが他界し、大司教座が空位になったことにより、教会・教区運営を統轄する聖堂参事会は、聖母像を安置するに値する教会が完成するまでは、大聖堂の倉庫に聖母像を格納すると告げたのみであった。

手続きは開始されたものの、再び事態は膠着する。このあたりの事情についてはよくわからないところが多い。サン・ラサロにおける土地の取得がインディオの主張するほどうまく進んでいなかったのかもしれない。ところが一六一五年になって信心講衆は再び動きだし、大聖堂と聖母像・信心講の転移について大司教座と再び交渉をはじめた。サン・ラサロの居住民たちが御堂を建設するための土地と材料を寄進してくれたという好事がその背景にあったようだ。[49] ときの大司教ロボ・ゲレロはこの懇請に対し親書をもって応対し、新御堂の建設が終了したところで聖母像を移す許可を与えた。[50]

ついにサン・ラサロの住民たちの長い流離の道行きに終着点が見えたかと思われた。ところが、結局彼らはさらに二十年近く待たされることになったのである。聖母像が新御堂に安置されるのを彼らが見届けるのは、それからまだずっと先、一六三三年のことであった。[51] しかしいったいなぜ、サン・ラサロのインディオたちの希みがかなえられるまでには、これほど長大な時間が必要だったのだろうか。その最大の要因のひとつは、信心講の霊的管理を担う御堂付司祭たちとインディオとの関係があった。[52]

まず、リマ大聖堂からの聖母像の移転を執拗に阻止しようとしていた人物が史料から浮かび上がってくる。俄《にわか》には信じがたいが、その人物とは、ここまで見てきた奇蹟の聖母像の歴史において、決定的な重要性を担ったアロンソ・デ・ウエルタ神父であった。[53] ウエルタ神父はすでに見たように、レドゥクシオンが施行された当時、御堂付司祭として、サン・ラサロ住民の大義の熱烈な擁護者であったことはたしかなのだが、インディオ側が代訴人として立てた先住民総代理人の言によれば、聖母像および信心講の大聖堂からの移転をめぐる悶着に際して、それを阻止していたのがほかならぬウエルタ神父なのであった。

ウエルタ博士とアルバロ・ピント神父は、インディオたちがサン・ラサロの街区に移り住むことをよしとしていないが、それはインディオたちを支配し、優越的な立場にあり続けようとしているからである[54]……

「インディオたちを支配し、優越的な立場にあり続けようとする」ということの言葉こそが、サン・ラサロからセルカードへと強制集住《レドゥクシオン》させられたときから今日にいたるまで、ずっとインディオたちが直面してきた障壁の本質を示す。そして端的にいえば、これほどの長い期間——一五九〇—一六三三年！——インディオたちがディアスポラ状態を解消することができなかった最大の理由は財政的窮乏だったのであり、そしてあろうことか、かかる事態をひきおこしていたのは、大司教座が信心講に派遣していた代々の御堂付司祭《カペリャン》たちによる講の基金の撮《つま》み食い的横領にあった。アロンソ・デ・ウエルタこそ、まさにその根源因となる人物であった。

信心講《コフラディア》というものはその本源的性格においては、信者たちが自律的な意思を核として結成した宗教結社であるが、とはいえしかし、特にインディオのイニシアティヴによって生まれた信心講の場合には、その日常的な活動や崇敬の実践はつねに教会当局に監視されていた。講衆たちのいわば「番人」として信心講にあてがわれていたのが御堂付司祭であり、彼らはミサを挙行するのみならず、信心講の定例集会などに臨席し、講衆の動きに目を光らせていたのであった。畢竟、先住民たちは、彼らの信仰というものを、ごく限定された「自由」と「自律性」のもとでしか実践できなかったといえるのだが[55]、たとえそうであったとしても、聖母コパカバーナ信心講が日々被っていた経済的搾取の事態には、いささか常軌を逸したところがあった。リマ大司教座文書館が蔵する、講衆を原告とし、御堂付司祭を被告とする大部の訴訟記録が彼らの苦境を鮮やかに物語っている。

一六一四年に書かれた一通の請願書が、懐古的にこの苦渋の歴史を要約している。

> 本信心講は、リマ市に今日まで存在した信心講のなかでももっとも豊かに興隆したもののひとつでした。数多くの敬虔な信者たちが、おおいなる崇敬をもって至聖なるわれらが聖母の像を訪《おとな》っておりました。われらが主なる神が、この至聖なる聖母像を通して奇蹟をお示しになったからであります。聖母像にはたくさんの宝石や富が捧げられてきました。ところが聖母の御堂とその財産が、［大司教、および聖堂参事会によって］任命された御堂付司祭たち――アロンソ・デ・ウエルタ博士、ガンバラーナ神父、ファン・デ・ロブレス神父、フランシスコ・デ・モリーナ神父、そして現御堂付司祭のディエゴ・エルナンデス・デ・アビラ神父――の管理下に入りますと、これらの御堂付司祭たちは裕福になり着衣もたいそうご立派になるいっぽうで、御堂と信心講は貧

窮するようになったのです[56]……〔傍点強調は引用者による〕

御堂付司祭たちが裕福になればなるほど、信心講は貧苦に喘ぐ。これこそがコパカバーナの講衆たちが日々直面していた現実であった。

一般的に信心講運営の中心となる財源は、聖母や聖人などに捧げられた御布施——お金、蠟燭、ランプや燭台、宝石などなど——であり、なかには農園や牧場をもち、収穫物や家畜の売却益を財政的基盤とする本格的経営を展開した先住民の信心講も存在した[57]。聖母コパカバーナ信心講にかんしていえば、一五九一年十二月二十八日の奇蹟の当日から、ただちに御布施が集まりはじめたが、その額は途方もないものであったようだ。この点については、出来事ののちに寄せられたいくつかの証言から推察しうる。

奇蹟の興奮冷めやらぬ雰囲気のなか、アロンソ・デ・ウエルタ神父は情熱的に御布施集めに奔走していた。聖母コパカバーナ信心講衆であるラディーノのインディオは、以下のように証言する。

質問条項第二について。この点について承知していることですが、コパカバーナの聖母がセルカードの村で汗の奇蹟をなされたとき、その日から本証人はずっと前述の〔セルカードの〕教会に詰めておりました。本証人が信心講の二十四人衆のひとりだからなのですが、当時ウエルタ博士が教会の扉のところに立ち、お皿を載せた机を用意して御布施をよびかけていたのを見ております。机にはインク壺とペン、そして細長い一冊の本が置かれておりました。人々が施物を差し出しますと、ウエルタ博士が細長い本になにやら書き込んでいたのを本証人は目撃しております。しかし何を書いていたのかはわかりませんでした。と申しますのも、本証人は文字を読めないからであります[58]……

御布施だけではない。奇蹟の日以降、多くの人々が聖母の信心講への入会を希望しはじめた。このためモグロベッホ大司教は特別措置を講ずる。ある証言によれば、多くの人々が、入講のための御布施を支払うことなく信心講に加入したが、それは大司教が、御布施は自発的なもので結構、支払わずに講衆になることも可とするという裁定を下したからであったという。

いかなる人であれ醵金《きょきん》することなく入講を認めるというこの例外的措置のために、とてつもない数の人々が瞬《また》く間にこの「先住民の信心講」に加入したのである。

マリア像が汗の奇蹟をなしたまい、そして前述のようにリマ大聖堂に搬入されてからというもの、信心講衆として四千人以上の人々が入講しました。そのなかには、アウディエンシアの判事、異端審問官、諸貴顕、聖職者などなど、あらゆる種類の市民が見受けられました。(59)

私たちの信心講には、リマ市民の大部分が入講しました。富裕層も貧困層も。ムラートの男女も黒人の男女も。あわせますと四千人以上ではなかったでしょうか。(60)

都市のあらゆる階層の人々、すなわち裕福な人々から衆庶にいたるまで、そして高級官僚から黒人奴隷まで、多少誇張されてもいようが、すべての人種に属する四千人を超える信者がいっせいに、しかもインディオが結成した信心講に加入するという事態は異様なことであり、それを認めたモグロベッホ大司教の裁量も稀代のものであった。というのもアンデスにおける信心講の一般的な存在形態は、まずもって、社会階層、とりわけ人種ごとに構築されることをつねとしていたからであった。(61) ではどうしてモグロベッホは、植民地社会の基本的な約束事から逸脱してまで、コパカバーナ信心講を膨張させようとしていたのだろうか。もしもイエズス会陣営であるセルカードに、大司教肝いりの「全リマ的規模の巨大な信心講」が誕生すれば、モグロベッホの影響力と権力圏をこれほど鮮やかに可視化し、喧伝するものはなかったであろう。聖なるものによって恩寵を受けた人々と、それに敵対する人々とのコントラストを際立たせる、いわば「劇場効果」をもったに違いない。とはいえしかし、すでに見たように、このモグロベッホの目論見は、イエズス会を勝者とする最終的な裁定が本国スペインから届いたがゆえにかなうことはなかった。またリマのすべての社会階層を包摂する聖母コパカバーナ信心講も、奇蹟騒動が沈静化した結果、やがて「インディオの信心講」という本来の性格を取り戻したようだ。

しかし奇蹟熱狂により一時的ではあるにせよ講衆四千人という巨きな信心講が誕生したからには、講に寄せられる御布施の額も膨大なものになったであろうことは想像に難くない。実際、

裕福な人々は信心講への加入の御布施として二十ペソ、あるいは三十ペソ、十ペソ、あるいは十二ペソを支払い、平民は四ペソ、六ペソ、三ペソ、そして二ペソといった具合に拠金した……額にして合計で二万ペソを越えたであろう。[62]

二万ペソ！　これほどの額が、奇蹟後、瞬時に集まったのだ。そしてさらに驚くべきは、これだけの額をごっそり懐に入れたのは、あくまでもインディオ講衆の言を信ずるならの話だが、何を隠そうウエルタ博士その人だったのである。ある証人は次のようにいう「これらすべての御布施は前述のウエルタ博士の手中に入りました。これはおおやけに周知されているところです[63]……」。

聖母コパカバーナ信心講の歴代御堂付司祭たちによる御布施の横領、不正蓄財をめぐる本訴訟において、被告の筆頭的存在であったアロンソ・デ・ウエルタに対しては、リマ大司教座総巡察使にして教会裁判判事であったサンチェス・デ・アルデレテが一六一五年に原告勝訴を宣している。以下が判決文の一部である。

判決を下す。前述のインディオ側は証拠十分であり……いっぽう前述のウエルタ博士はその抗弁において立証することはできなかった。それゆえ、ウエルタ博士が、聖母が汗の奇蹟をなされたときに講衆となったスペイン人やその他の人々が寄進したお金や金銀細工の宝石類、装飾品などの御布施、贈物の出納について明示することができず、また信心講に返償をしておらず、それらを横領し、信心講の監督者としてあるまじき行為をとったがゆえに、信心講に対し額九千二百ペソを債務として負っており、それを返償することを〔本判事は〕ウエルタ博士に対して命ずる……(64)

判決文はさらにつづき、ウエルタが信心講に負う別の債務も確定されていき、結局、ウエルタ博士は聖母コパカバーナ信心講に対し合計一万三千百四十一ペソという巨額の賠償責任があることが宣告された。アロンソ・デ・ウエルタも、この判決に唯々諾々と従うことなどなく、ただちに上告、結局第二審では無罪を勝ち取るのだが、とはいえしかし、この一連の出来事の流れから鮮烈に浮き彫りになるのは、レドゥクシオンの直後にはサン・ラサロのインディオたちの献身的な庇護者として振る舞っていた御堂付司祭が、じつは信心講の豊饒な基金を、おのれの気の向くままに懐中していたという異常事態である。そしてまた御堂付司祭という聖職を私腹を肥やすための手立てとしていたのは、けっしてひとりウエルタだけではなく、歴代の司祭たちみなが信心講の財を蝕んでいたのである。(65) たとえば、彼らは信心講衆の随行を断り、ひとり街に出て、聖母への募金を道行く人に呼びかけた。そして御布施を信心講の出納簿に記帳する手間を省き、懐にそっとしまい込んでいたのである。ウエルタの後任の御堂付司祭であったガンバラーナ学士も、やはりそうやって街に出たひとりであり、

〔本証人は〕同学士が聖母像と御堂のためにということで、あるときは御堂の内部、あるいは扉のところに机と

皿を置いて、あるときは街角で、あるいは大広場のアーケードの下などを歩きながら「みなさん、コパカバーナの聖母のためにわたくしに御布施をお授けください」といいながら請うているのを目撃したことがあります。[66]

御堂付司祭ガンバラーナのこうした非法な振る舞いに対してインディオたちは抗議の声を上げ、御布施集めの即時停止を命ずるよう大司教座当局に要求している。それと同時に、ガンバラーナに信心講付神父に相応しい愛情と優しさに満ちた言動で講衆に接することをも要請している。事実、この訴訟記録を通覧していると、司祭たちがインディオ講衆を中傷する醜悪な罵詈の限りを尽くしていたことも察される。

本証人は前述のガンバラーナ学士が、聖母像や御堂の前、そして衆人環視のなかで、これらのインディオたちを悪口雑言とともに、そしてあるときなどは暴力をふるわんばかりにあしらっていたことを見ております。またあるときは彼らのことを、「馬」、「けもの」、「犬畜生」、「汚豚」、「恥知らずの下衆野郎」などと呼ばわりながら[67]……〔傍点強調は引用者による〕

こうした証言において、信心講衆たちが御堂付司祭たちの人格を貶《おとし》めるためにあえて事態を大袈裟に誇張している可能性も、もちろん十分にありうる。なぜならば、被告側から皮肉たっぷりに「訴訟好き」と揶揄されている聖母コパカバーナ信心講のインディオたちは、「言説」というものに潜在する政治的な諸力をじゅうぶんに知悉しており、自らの大義を貫くため、それを戦略的にもちいる術を身につけていたからである。とはいえしかし、大聖堂内のコパカバーナの御堂に隣接する別の御堂付の司祭の証言は、スペイン人聖職者たちが先住民信者たちに示していた日常的な態度、所作というものを図らずも露呈している。この司祭は、やはりインディオ講衆によって訴えられていた御堂付司祭ディエゴ・エルナンデス・デ・アビラを弁護する証人として出廷した。

本証人は自分が勤務する御堂からコパカバーナの御堂に行って、インディオたちにこういってやりました、「犬どもめ、神さまとともに生きんか。儂は聖ホセの御堂の司祭だが、もしも聖母コパカバーナの御堂付司祭だったら、おまえらを棒の一本でも打ち据えてやり、分別をもって生きるということを教えてやるんだがな。聖職者への礼を失し、聖母の財産を返してくださいなんてほざくのは一体全体どういう料簡なのだ、どうせその財産とやらでチチャ酒を浴びるだけではないのか、この犬野郎めが……」。(68)

経済的な搾取。言語的愚弄。身体的暴力……植民地主義に特徴的なこうした抑圧に加え、スペイン人のあいだで膾炙していたあるフレーズが、インディオ講衆たちの脆弱な部分というものを的確に射る。御堂付司祭アビラに対する訴訟において、被告側は、信心講が提示する先住民証人の供述の信憑性を論《あげつら》うため作成した被告側証人用の質問条項のなかで、ペルー第五代副王トレドの発布したある法規を引用している。それは「いかなる人物であれ、当該の罪で有罪を判決するにあたっては、六人のインディオは一人の証言に足りない」というものであった。(69) インディオ証言に信頼性が欠けていることをいうために、ある証人は次のようにあからさまにいい放つ。

〔本証人は〕インディオや黒人のことを、役立たずだと思っており、信用に値せず、信頼性に欠く、だいたいがみな、飲んだくれだと考えております。質問内容のその他の点については、〔副王トレドの〕法令を参照していただきたいが、本証人は、六人の〔インディオの〕証人は一人の証言に相当しない、というのみならず、百人いても、一人の証人の価値に相当しないと敢えて述べたい、なぜならば、彼らがほんとうのことをいうのを見たことがないからです(70)……

この植民地主義的言辞こそ、サン・ラサロのインディオたちがいにしえの街区へと回帰するまでの長いあいだ閉じ込められていた脆弱な環境を凝縮しているといえよう。だが、たとえ人間的価値は、スペイン人の六分の一にも足りないと蔑《さげす》まれていたとはいえ、サン・ラサロのインディオ＝聖母コパカバーナ信心講のインディオたちは、その政治的知略を信心講の活動に結集し、ついに長いエクソダスの円環を閉じた。一六三三年十二月二十八日、「無《む》辜聖嬰児《こせいえいじ》」の日、サン・ラサロを出てから四十三年目、聖母の奇蹟記念日に、聖母像は街区の新しい御堂に戻った。この御堂は、知られている限りインディオたち自身の力で建てられたリマ最初の教会であった。(71)

おわりに

この章を閉じるにあたって述べておきたいことは、聖母コパカバーナ信心講の歴史については、まだまだ探求すべき事柄が多いという点である。すなわち、一六三三年、祝福された聖母像とともにサン・ラサロ街区に帰還して以降、信心講、そして街区に居住する講衆たちがどのような歴史を生きたのかということをさらに調べなければならない。懐かしい居住地に戻ってから、職人／ヤナコーナとしての彼らインディオたちは、その経済活動、宗教生活を日常的にどのように展開していたのだろうか。リマ大司教座管区内に生起した宗教史に関する無尽蔵の宝物殿のごときリマ大司教座文書館には、十七世紀半ば以降の聖母コパカバーナ信心講の活動をめぐる文書束《レガッホ》が保管されている。これらのレガッホを紐とくことによって、スペイン人支配下の植民地時代、リマック川の滸《ほとり》において、その「自由意志」により独立不羈《ふき》の生を貫徹しようとしたインディオ集団の歴史をめぐる、さらに透徹したヴィジョンを得ることができよう。

最後に、この集団の「先住民性」を象徴的に示すいくつかの点に触れておこう。まず示すべきは、一六九一年、ある先住民女性の篤志による贈与を基金として、キリスト教教育を受け、静謐な宗教的生活を送ることを望む高貴なインディオ女性を収容するため、やはりコパカバーナの名が冠された篤信女院《ベアテリオ》が御堂に隣接して併設されたという事実である。これはインディオが創立したペルー史上最初の宗教教育施設であった(72)。

十八世紀に入ると、御堂と篤信女院は新しい象徴的次元を獲得するにいたったようだ。これはルイス・ミゲル・グラーベの近業から理解される。グラーベによれば、十八世紀の二〇年代、植民地体制に反感を抱く先住民の不満分子が同盟を結成し、当局による先住民に対する日常的な搾取・権力乱用を告発せんとしたとき、彼らがその反旗をあげた拠点こそが、まさしく「コパカバーナの聖堂」だったのである(73)。

十七世紀、まだ慎ましかった御堂が、次世紀には先住民の反植民地主義的拠点としてかくも重要になっていく歴史的過程はこれから研究していかなければならないが、同時期のもうひとつの断片的情報も、コパカバーナの御堂が達成した象徴性の在処を指し示している。それは、十八世紀の半ば、スペインからリマに居住するインディオたちに宛てて送られた一通の書簡である。送り主は、先住民人種の大義に基づく改革論者、カリスト・トゥパク・インカであった。インカ族の末裔であることを主張する彼は本国スペインの王の面前にて改革建白書を手渡すべく、苦難の旅の末、ペルーからイベリア半島に渡っていた。リマで彼の帰国を待つ同志たちへの手紙のなかで、その苦衷に満ちた道程の詳細を語りつつ、彼のミッションのために、「いつもそうしていたように、聖母コパカバーナの教会にて歌ミサをひとつあげてくれるよう」懇請していたのである(74)。

インディオの「自由意志」から「独立改革」へ。この二つの里程標のあいだを踏破すべく、まだ長い道のりが横たわっていることを改めて認識するとともに、聖母コパカバーナの御堂と信心講の歴史をさらに学ぶことにより、都市に住む先住民の歴史と人生をめぐる豊かな知見が与えられるであろうことを確信しつつ、擱筆したい。

第6章　アンデス先住民遺言書論序説
——十七世紀ペルー植民地社会を生きた三人のインディオ

はじめに

近世カトリック世界に生きたキリスト教徒たちは、死してのち、来世へと進みゆくために、遺言書（遺言状）testamento を作成する必要があった。本章は、征服という激動を経てカトリック世界に包摂された植民地期アンデスを生きるインディオが作成したいくつかの遺言書の分析を通して、当時の先住民社会の諸様相に迫る試みである。またこの試みを通じて、インディオ社会史研究における遺言書の史料としての潜在的可能性を探ってみたい。「序説」と銘打ったのは、まさしく研究が緒に就いたばかりだからであり、今後さらに多くの遺言書を博捜し、あるいは数量的分析を施し、あるいは地域的偏差を比較するというさらに深化した研究に着手するために、そのおおまかな見取り図を作成したいという思いからである。

近世カトリック世界を生きた人々は遺言書を作成することを求められていた。「遺言書なくして救済なし」というのが教会の示していた理念的な方針であり、実際、原則としては、遺言書を作成しなければ埋葬される権利を喪失するとされていた。しかし現実には、遺言書を用意することなく死んでいった者たちもたくさんいた。たとえば十六世紀の都市マドリッドで書かれた膨大な数の遺言状を分析したアイアは、スペイン都市部においては、遺言書を作成したのは人口の四分の一から二分の一にすぎず、農村部ではこの数はもっと少なかったであろうとする。(1) 基本的に遺言書は、子孫末裔に委ねるべき財産をもつ人々にとってより親和的なものであり、貧困層は遺言書のかわりに「貧困証明」をおこない、いくらかの御布施をして、埋葬を許可してもらったとされる。教会にとって重要だったのは、遺言書自体ではなく、むしろ御布施や寄進などからもたらされる収入であった。(2)

しかしペルーの先住民の遺言書群を一瞥するならば、スペインの事情とはどうやらおおよそ異なっている。カトリック教徒としての先住民たちも遺言書を準備することを義務づけられていた。だが現地での史料調査の経験からすると、遺言書を作成したのは、先住民人口のうちごく限られた人々ではなかったかという印象をもつ。

植民地期ラテンアメリカ世界において、遺言書は、通常、公証人《ノタリオ》のもとで作成されなければならなかった。公正証書となってはじめて、該文書は法的な正当性を獲得し、たとえば相続等で係争が生じた場合には、訴訟において十全な証拠的価値をもちえたのである。それゆえ今日、植民地時代の遺言書を博捜する者は、まずは各地の地方公文書館が蔵する公証人原簿を繙《ひもと》くことになるのだが、だいたい約一千葉（表・裏約二千頁）を含むひとつの文書束《レガッホ》をめくっても、そのなかに先住民の遺言書が出現する確率はきわめて小さい。たとえ一日十レガッホと格闘したところで、一葉の先住民の遺言書にも出会えないということはざらである。(3) 文書館での勉強としては、最も実りのない虚しい作業といえるかもしれない。ことここに象徴されるように、多くの先住民は遺言書を用意することなくこの世を去ったのである。その理由については、行論のなかで考えていきたい。

数は稀少であるものの、先住民の一通の遺言書が与えてくれる歴史的情報は、しかしたいそう豊かである。遺言書には、先住民の日々の宗教的活動や意識、たとえば死後のミサへの願い、彼らが結成した信心講《コフラディア》における信仰実践の具体相や民衆的信仰対象、該人物の慈善をめぐる心性などについてのヴィヴィッドなデータが詰まっている。さらには彼らの喜捨・寄進などをめぐる申告から社会的結合関係《ソシアビリテ》をも知ることができる。またインディオたちが後世に遺そうとしたさまざまな財産——貴金属や什器、衣類、家畜、さらには黒人奴隷などの動産、土地・家宅などの不動産――の細部にわたる貴重なデータが遺言書には項目ごとにまとまって整然と並んでいる。遺言書は、生涯、公文書の領域と接触する機会などほとんどなかったであろう一般の庶民が、自らの心の裡《うち》と、そして彼女／彼が生涯にわたって蓄積してきた財や社会的結合関係とを「一人称単数」で語る稀有な文字空間なのであり、声無き先住民の歴史に迫らんとするインディオ社会史研究にとってはすこぶる豊かな材料を提供してくれる超一級の史料である。

本章の第一節では、ある死刑囚の遺言書を取り上げ、遺言書の基本的な構造を探ってみたい。つぎに第二節では、ペルー中部山岳地帯を支配した地方首長の遺言書を取り上げ、征服後も維持された先住民の首長権力の実態を遺言書を通じて素描しよう。このケースにおいて興味深いのは、首長職を継承した息子がある審問訴訟に巻き込まれたことを契機にその「資産目録」が作成され、彼の父の遺言書に記された家産とこの目録を対照させることにより、遺言の具体的な執行状況、首長家財産の継承の実態が明らかになるのである。そして第三節では、首都リマを生きたある富裕なインディオ女性の用意した複数の遺言書を分析し、遺言書がつくられる際に作用していた諸力の在処を探りつつ、遺言書という世界がひとつの「闘争」の舞台となっていたことを示してみたい。繰り返しになるが、本章は、質・量ともに本格的に展開すべき遺言書研究を進めていくための思考の契機を提供するものであり、そのための準備段階においてのささやかな成果を示すものでしかない。

1　先住民の遺言書の実際――死刑囚アクーリの場合

近世カトリック世界の遺言書は、その基本的構造として、書物に喩えるならば、「緒言」、第一部、第二部、そして「結語」という四部構成になっていたといってよい。(4)「緒言」の部分は、遺言書の信仰告白の部分であり、自らが醇乎たるカトリック教徒として死にゆくことを公に宣する部分である。第一部は「聖なることがら」に関わる部分であり、宗教的救済のための前提やもろもろの手続きを示す部分である。遺言書作成の時点ではまだ現世で生を持続させている遺言者にとって、この部分を丁寧に認識し、提示することは、良き死へのリハーサルともいえる意味をもっていた。(5) つづく第二部では「世俗的なことがら」が取り上げられる。「此世《このよ》」的な「財」や「富」に関わる部分であり、具体的には、遺贈、債務・債権関係、財産相続をめぐる領域であった。現世における負債を清算することは救済のための不可欠なステップであったし、また生前に蓄積した財を他者に惜しみなく贈与することも、来世へのスムーズな移行を可能にするたいせつな要素となっていた。そして「結語」の部分では、遺言者に代わって遺言を執行する者、すなわち遺言執行人と、相続人とが指定され、最後に遺言者、証人、公証人が署名して擱筆された。

近世期のカトリック教徒が調えた遺言書の歴史は、ローマ帝国に淵源を辿れるとされている。しかしその時代は、遺言書はもっぱら死者から生者への財産の滑らかな移動を促すはたらきしかもっていなかった。(6) つまりここでいう第二部が中心的機能としてあった。しかし十二世紀、キリスト教世界において遺言書が再浮上したとき、魂の救済という「聖なる側面」が新たに付加され、むしろこちらのほうが遺言書というひとつの書物の「第一部」として、より重要な地位を占めるにいたったのである。

それではここで、一六二四年十一月十一日に作成された、ある先住民男性の遺言書を取り上げ、その基本的構造を具体的に見てみよう。まず「緒言」、まえがきの部分である。

神の御名によりてアーメン。(7)

冒頭、このように祈禱が捧げられたのち、遺言者がまず自ら名乗る。この先住民の名前はペドロ・デ・アクーリ。ペルー副王領の首都リマ近郊グァンチョグァイラス村の出身者であった。(8) 両親はすでに他界していた。通常、遺言書には職業や年齢が記載されないことが多いため、ペドロの具体的な人物像を描きだすことは難しいが、インディオ・ラディーノと特記されていることが注目される。ラディーノとは、スペイン語を理解し、話すことができる先住民のことをいい、当時、都市に居住し、スペイン人の経済領域に深く関与したインディオたちの多くが、ラディーノと呼ばれるようになっていた（ラディーノについては、第二章の植民地期ヤナコーナ論を参照のこと）。

しかしながら、このインディオが特異な点は、彼が遺言書を作成したとき、死刑囚として収監されており、処刑を目前に控え、切迫した状況にあったことである。アクーリは、二人の先住民を殺害した廉で極刑を宣告され、副王宮にある王室監獄に収容されていた。私はこれまでの古文書調査においていくつもの遺言書を読んできたが、死刑囚のそれと出会ったのは初めてのことであった。カトリック教会は、死罪をいい渡された者に対してまでも、遺言書を通じた救済の機会を与えていたのであり、死後の魂の道行きをめぐる教会的介入のもつ意味を改めて考えさせる貴重な事例となろう。

遺言者のアイデンティティが記されたのち、通常の遺言書では、このあと以下のように遺言者の身体的、精神的状態が記される。

　肉体は病んでいるものの意思は健やかであり、完き判断力、記憶力、自然の理解力を具備している。(9)

というのが、よく見られる書式である。遺言書の多くは、人が自らの死期を悟り、迫り来る此世との別離を明確に意識したときに書かれた。それゆえ、病床、末期に臨む病者の枕頭で作成される場合が多かったのだが、ここで重要なのは、遺言書がその実効性をもつためには、生命力は脆薄であっても、遺言者の知性は健康にはたらいていることが前提となっていたという点であり、前記の文言はそれに対応している。もっとも十六世紀には、身体的に壮健であるときに遺言書をつくり、それに繰り返し目を通し、日常的にいつも死を意識して最後の瞬間に備えることも推奨されたようだ。また適宜、遺言書の内容を補足したり——遺言補足書 codicilio の作成——遺言書自体をもういちどつくり直す場合も多々見受けられた(10)。たとえば第二節で取りあげる先住民首長グァイナマルキも、心身ともに健やかなときに遺言書を用意している。

しかしアクーリの場合には、こうした定型句は存在しなかった。かわりに挿入されているのが彼自身の特異な事情、すなわち

私は、インディオのフランシスコ・トレドと、やはりインディオのクリストバル・エルナンデスとを殺害したことにより死刑判決を受け、副王宮王室監獄に囚われている(11)。

という異常事態であり、アクーリは、迫り来る「死を恐れて」と直截に遺言書作成の契機を吐露するのである(12)。病、あるいはきわめて特殊であったろうが「極刑判決」といった契機を通じて、死を畏怖する人間は、自らの正統かつ純粋な信仰の証《あかし》をたて、カトリック教徒として死にゆく決意を明確にする。アクーリの遺言書も、一般信者の遺言書も、以下の文言はほぼ共通している。

私は、父と子と精霊の三位にして一なる真の神という至聖三位一体の玄義と、私がその信仰のもとで生き、死することを宣言している母なる聖ローマ教会が信奉し公に宣している他の諸々のことどもを確固として信仰している。また、私の魂を救済への道につかせるべく、私は、神の御母堂であり、われらの聖母様である純潔にして栄光のもとにある聖マリア様に、私の守護者、仲介者となっていただき、やんごとなき御子にお取り計らいいただくことをお願いしたい。それゆえ、私の最期にして最後の遺志を遺言として以下のように記す次第である(13)。

アクーリをはじめ、死にゆく人々は、来世において、彼らに対する神の審判を仰ぐことになる。その裁きに向き合うべく、自らがまことのキリスト教徒として死すということを、三位一体の教義の全面的受容とともに宣し、また彼の魂を弁護する存在として、マリアの慈愛を希求していたのである。そして次の条《くだり》によって、アクーリの肉体と魂は解き放たれる。

> 最初に私は、魂を、それを造りたまい、そのやんごとなき血をもって贖われた神に委ねる。そして肉体は、その源たる大地へと送る。(14)

これもほとんどの遺言書に見られる定型句であるが、これを受け、以下の条項から、肉体＝亡軀を大地に送り返す手続き、すなわち「埋葬」についての指示がはじまる。アクーリの場合、彼はその活動の拠点を首都リマの外港であったカリャオに置いていたようであり、同港にある聖フランシスコ修道院教会の内部に設置された礼拝堂に埋葬するよう命じていた。遺骸を教会に運ぶに際しては、教会の司祭、聖器係《サクリスタン》、そして「大十字架 cruz alta」が随行することが要請されていた（図1）。また埋葬に際しては、蠟燭が灯されるなか、葡萄酒とパンが振る舞われる「御斎《おとき》」を用意することも指示している。

図1　葬列の様子．グァマン・ポマ画．デンマーク王立図書館蔵．
From Felipe Guaman Poma de Ayala, *El primer nueva corónica y buen gobierno*, 619. Royal Danish Library, GKS 2232 4º, p. 633.

このあたり、今日、日本列島で日常的に営まれている葬儀と大きく異なってはいない。しかしながら、遺言書のこれ以降の条項から重みを増していくのは、対抗宗教改革期を生きたカトリック教徒たちがその心を悩ませていた問題、すなわち、死してのち、「煉獄」という世界からいかにして速やかに離脱するかという問題に関わる事柄であった。

遺言書のなかでも細かい配慮がなされていたのは、彼の魂のために捧げられるミサをどのように設定し、遺言を管理する人々（遺言執行人、後述）にいかに指示するか、という課題であった。当時の宗教的思考においては、聖人的な生活を送ったごく限られた人間以外の一般の死者たちは、死後、大地の内部にあり、地獄の上方に位置すると考えられていた煉獄におもむき、そこで生前に犯した罪を業火によって清めなければいけないとされていた。その後、清浄の状態になってはじめて、魂は天国に到達することができたのである。極限までの痛苦に嘖《さいな》まれ続ける煉獄における滞在時間――千年から二千年のあいだ続くと計算する者もあった――をあたう限り短縮するためには、遺言者本人が、生前、善行を積み、喜捨・贈与を心がけるのみならず、死してのち、此世に生きる人々に「とりなしの祈り」やミサを挙行してもらうことが、おおいなる助けとなると考えられていた(15)。

アクーリの場合を見てみよう。まず彼は、埋葬の日に歌ミサを一回、亡軀を前にして挙行することを指示し、さらに埋葬の日から数日間にわたり、聖フランシスコ修道院において、遺言執行人の裁量のもと、合計四回のミサを挙げること、また亡軀を埋める場となっている礼拝堂においても六回のミサを、さらに同礼拝堂において、すでに故人となっている彼の両親、兄弟たち、友人たち、そして「善行者たち bienhechores」の魂のために二回のミサ、また「煉獄にいる魂たちのため」に二回のミサを挙行するように依頼していた。

アクーリが指定しているミサの数は、相対的に見て慎ましいものである。当時の考えでは、生者による「とりなしの祈り」の数が多ければ多いほど、より迅速に煉獄を脱して天国へ移行できると信じられていた。それゆえ富裕層であればあるほど、遺言書において指定するミサの数も増加していった。たとえば第三節でみる裕福な先住民女性フアナ・チュンビのように、永代ミサをはじめ、夥しい数のミサを挙行するよう、遺言書のなかで指示している者もいた。また前述のアイアの研究によれば、都市マドリッドに居住する遺言者たちが指定したミサの数は、スペイン経済をおそったインフレーションに呼応するようにうなぎのぼりに増加していたとされ、数百回ものミサが捧げられることを望む遺言者も少なくなかったとされる。

だが金に飽かしてミサを数で「買い」、生者からのとりなしの祈りを求めるだけでは、「出煉獄」は難しかった。人を殺《あや》めた非道のアクーリですら、たとい数は少なくとも、親族朋輩のみならず、まったくあかの他人である「善行者」一般の魂のためにミサが挙げられることを希望し、あるいは殺人者の彼がそこに加わる一縷の望みを抱いていたのかもしれない煉獄にあって苦悶している魂たちのために祈りを捧げることを求めたのである。自らの救済のためのみならず、他者の魂についても思い遣ること、これが救霊のための基本的要件であった。

遺言書のなかでアクーリはまた、リマ市にあるドミニコ会修道院に創設された先住民のための「聖母ロサリオ信心講《コフラディア》」に喜捨している。職能や特定の聖人への信仰を核とする宗教的結社たる信心講は、中南米植民地社会において、互助的組織として先住民社会に深く根付き、さまざまな役割をになったのだが、とりわけ講衆の魂を救済することはその最重要の機能であった。彼自身が講衆であったかは明示されてはいないものの、アクーリも当時の先住民の多くと同じように、救霊のための一助を信心講に期待したのであった[16]。

富裕な遺言者であれば、この後も縷々、各教会・修道会におけるミサの設定や加入している諸々の信心講へのとりなしの祈りの希望が羅列されていくのだが、アクーリの遺言書はあっさりと第一部を閉じ、第二部、すなわち財産の継承のための世俗的セクションへと入っていく。

> 次に、私は財産として、ラティ谷に十ファネガ[17]の土地を所有しているが、これは私の先住民の姉妹のマグダレーナ・サコチャとの分割可能な共有財である。この土地はすでに亡き先住民の兄弟アロンソ・ティクリャチュンビから相続したものである。

> 次に、私は前記姉妹とともに、先述の十ファネガの土地に隣接して、やはり十ファネガになる土地を所有していることを述べる。現在、この土地はグァルメイ出身の先住民ペドロ・ミンチャンが彼のものでないにもかかわらず所有しているが、これらの土地も、亡兄の子である甥が死去したため、亡兄から相続した。このことは亡兄がラティ村の首長ドン・ミゲル・ラモスのもとで作成した遺言書に記されている通りであり、この首長を遺言執行人に指定している。また遺言書自体はラティ村の司祭で、メルセス会修道士である神父ガブリエル・ネグリージョ師の手元にある。(18)〔傍点強調は引用者による〕

通常、先住民の遺言書においても、こうした不動産のみならず、家財や什器、宝石、衣裳、織物のほか、第二節で取り上げる先住民筆頭首長の遺言書に見られるように黒人奴隷すら含む、多種多様な動産が列挙されていくのだが、明日にでも刑場の露と消える運命を前にするアクーリには、彼が生前に蓄積した品々に思いを馳せる心の余裕がもはやなかったのかもしれないし、あるいは収監に際し、牢内での生活費用を捻出すべく売却し尽くしていたのかもしれない。こうした詳細について遺言書はこれ以上は教えてくれないが、このラティ谷の土地をめぐる条項は、しかし遺言書の作成現場の情景を垣間見るための重要な手がかりを含んでいる。

注目すべきは、ここで触れられている彼の兄弟アロンソが作成したとされる遺言書である。本章の緒言で述べたように、遺言書が法的な効力をもつ「公文書」として機能するためには、公証人によって作成されることが前提とされていた。さもなくば、裁判沙汰が生じたときには、それは単なる紙片と化してしまう。だがこの例からもわかるように、自分は裁判のような大仰な事態とは無縁であろうと認識している庶民が、共同体の権威者である首長を前にして遺言書を作成し、聖職者などに保管しておいてもらい、必要に応じて利用するというような慣用が存在していたものと思われる。

そのことをより明確に述べているのが、十七世紀にキト司教を務めたアロンソ・デ・ペーニャ・モンテネグロであった。彼はその著『インディオ布教区司祭の歩むべき道』において、先住民に対する布教区司祭の挙措のあり方をはじめとして、諸事万端を論じているが、先住民の遺言書についても丁寧に記している(19)。そこから明らかになるのは、遺言書をめぐるカトリック的原則からはかなり逸脱する環境のなかで、擬似遺言書「的」な文書が流通していた事態である。

「公証人や、法が要請する規定数の証人が不在のもとで先住民が作成した遺言書は有効か」と題された節のなかで、彼は先住民の多くは遺すべき財をわずかしか所有していないので、字を書ける者であれば誰の手でも頼ってメモを残すくらいである、とする。こうした物もたぬ民のあいだでは、遺産をめぐって不和や諍いが起こったり、訴訟沙汰になることはめったにない。また厳密に法に照らせば、公証人が不在であったり証人の定数が足りない場合には、正規な手続きを欠くがゆえに、訴訟などにおいては法的な証明価値をもたないが、しかし、遺言書の内在的価値はそれによって損なわれるものではなく、そこに含まれる遺志は効力をもつ、とその自説を展開していた。

図2　遺言書を書く先住民の村会付きの書記．グァマン・ポマ画．デンマーク王立図書館蔵．
From Felipe Guaman Poma de Ayala, *El primer nueva corónica y buen gobierno*, 814. Royal Danish Library, GKS 2232 4°, p. 828.

このキト司教の釈義から、死を前にした無産インディオの多くは、遺言書の法的価値について深く斟酌することなく、書字能力のある手近な人々を頼りに、覚書程度の断簡を残していたことがわかる。また該司教によれば、こうした非正規的遺言書を作成したのは、村の「教師 maestro」や教会の「先唱者 cantor」などの先住民識字層であったとする。

最初に述べたように、古文書館における実

地調査の経験では、先住民を主語とする遺言書の出現頻度はあまりにも低すぎる。カトリック教徒の不可欠な義務としての遺言書作成という前提を考慮するといささか不可解なこの事態の背景には、ペーニャ・モンテネグロが記す、非正規／私的な回路を通じた遺言書的メモ——こうした文書の大部分はときの流れとともに散逸してしまったであろう——が日常的に作成されていたという事情が背景にあったと考えられるし、あるいはまったく文字に頼ることなく、アンデスの伝統的記憶装置である結縄《キープ》をもちいた遺志の記録、さらには口承による遺言の伝達実践の存在も、可能性として指摘しうるであろう。こうした公証制度の埒外で営まれていた遺言書作成の実態をさらに解明していくことも、今後の重要な課題となる。

さてアクーリはペドロ・ミンチャンが管理しているという土地のうち四ファネガを、カリャオの聖フランシスコ修道院内に設立された「いとも清澄なご懐胎の聖母信心講」に寄進し、自らを同信心講の中枢メンバーである「二十四人衆」の一員にしてくれるよう要請している。(20) 通常先住民の信心講は、選挙で任命された二名の「講頭《マヨルドモ》」と「二十四人衆」を構成する人々によって開かれる「講会《カビルド》」を中核として運営されていたが、この二十四人衆の成員には、一種名誉職的な意味も附与されており、他の遺言書の分析からも、死を前に寄進や御布施を通して、衆のひとりに加えてもらうことを希望するケースが多かったこともわかる。(21)

さていずれにせよ、アクーリの世俗の財をめぐる言及はこれだけであり、遺言書は最終セクション、「結語」の部分へと進んでいく。まずは彼の遺志として示されたさまざまな条項を実際に執行し、管理する存在、すなわち「遺言執行人 albacea」が指名される。アクーリの場合には、カリャオ港に居住する彼の兄弟バルトロメ・カスティーリョと、リマのインディオ居住区セルカード(22)に居住するロレンソ・パイコがその責務を負うことになった。アクーリは彼らに全権を委任し、遺産の掌握、債権の確保、そしてそれらを競売にかけて得た資金をもってこの遺言書に含まれるさまざまな指示を執行することを要請したのであった。この「結語」の部分は、公正証書におけるジャンルのひとつ「権利委任状 carta de poder」の内容と重なる部分が多い。全財産を管理し、司法的な問題が発生した場合には、彼の代理者として出廷することをも要請している。

そして最後に、遺言が執行されたのちの残余遺財の処理、すなわち「相続」が確定される。十三世紀イベリア半島において、アルフォンソ十世「賢王」の時代に編纂された『七部法典 *Siete Partidas*』を淵源とする相続にかんするスペイン法制においては、「遺留分権相続人 heredero forzoso」という概念が存在し、相続人の優先順位は、まず直系・嫡出の「卑属 descendientes」、そしてついで「尊属 ascendientes」となっており、これらが存在しない場合には、遺言者は自由に相続者を指定することができた。また遺留分権相続人の在否にかかわらず、遺言者は「残余財産受遺者 heredero universal」を遺言書中で定めねばならず、これを欠く遺言書は無効とされた。(23)

アクーリは、自分には卑属・尊属に遺留分権相続人が存在しないという理由を挙げつつ、前述の兄弟バルトロメを残余財産受遺者に指定した。最後に彼は、本遺言書以前に作成された可能性のあるいかなる遺言書、ならびに遺言補足書の無効を宣し、その遺言を終えている。証人は合計六名、彼が死刑囚であるという特殊事情があるためであろう、アウディエンシアの弁護士ディエゴ・デ・ソトがそのなかに含まれていた。(24) スペイン語を解するラディーノであると自己申告したアクーリであったが、字を書くことはできなかったので、彼の依頼により証人のひとりが署名をしている。

死刑囚アクーリの遺言書は、とりなしのミサの懇望も僅少であり、また財産も土地のみであり、たいへんに簡潔にして淡泊ではあるが、しかし遺言書としての基本構造を考えるためにはむしろ適切であると考え、ここに取り上げた。彼の刑の執行がいつ、どのようになされたかはわからないが、煉獄へと向かい、そこから可及的速やかに脱することを冀《ねが》うひとりのキリスト教徒のできる最低限のことは生前に準備し終えたといえよう。次節で分析する遺言書は、同じ先住民の手によるものとはいえ、しかしアクーリのそれとはディメンションを大きく異にする。それではペルー中部山岳地帯カハタンボ地方オクロス村の筆頭首長の長大な遺言書を繙いてみよう。

2 先住民首長の遺言書――グァイナマルキとカハマルキの場合

アンデス山系中央部、カハタンボ地方のオクロス村の筆頭首長 cacique principal であったドン・ファン・フローレス・グァイナマルキがその遺言書を作成したのは一六三三年十二月二日であった。彼の家系は代々同村の首長職を継承する名家であり、その父ドン・ファン・グァカンポマもやはり筆頭首長であった。グァイナマルキの遺言書は、通常のそれのように公証人帳簿に見いだされるものではなく、彼の実子が被告となった別の訴訟記録のなかに存する。(25) 息子の名前は、ドン・ロドリゴ・フローレス・グァイナ・カハマルキ。一六三五年、彼は父の遺言書をめぐるある問題により、カハタンボ地方カアカイ村の牢屋に収監された。すこし迂遠のようにも思えるが、グァイナマルキの遺言書の分析に入る前に、その子息カハマルキがたどった興味深き歴史的道程について簡単に叙してみよう。カハマルキが巻き込まれたいくつかの訴訟の記録が、父グァイナマルキの遺言書を別の角度から照射するからである。(26)

息子カハマルキは地方大首長のエリート子弟として、リマにある全寮制「プリンシペ学院」で勉強をした経験をもつ。これは首長職の後継者である各地の少年たちを教育するための機関であったが、学院創立の背景には、次のような事情があった。十七世紀の初頭、リマ大司教座管内においては、すでにカトリックへの完き改宗を果たしたと考えられていた先住民が、実際は心ここにあらず、キリスト教を忌避し、先スペイン期以来の伝統的な宗教、すなわち偶像崇拝に回帰しているという現象が顕《あら》わになっていた。これについては次章において詳述するが、この事態をペルー教会最大の危機と認識したリマ大司教座当局は、「偶像崇拝根絶巡察」というキャンペーンを組織して弾圧に乗り出すとともに、将来首長となる若者に対して肌理《きめ》細かいカトリック教育や知的訓育を施し、次世代のキリスト教的指導者を育成する方針を明確化した。その結果、一六一九年、第四章、第五章でみたあのイエズス会が管轄・運営するインディオ居住区「セルカード」の一角に、首長子弟専用の学校が設置されたのである。カハマルキもここで読み書きのほか、技能的訓練、音楽の実技など多様な科目を学習した[27]。

カハマルキは、父グァイナマルキが一六三五年頃に亡くなるとオクロス村の筆頭首長職を継承した。しかし一六四〇年、彼のその後の数年を目茶苦茶にしてしまうある災厄がふりかかる。この年カハマルキは、近隣の共同体コチャス村の首長であるクリストバル・ヤコポマから弾劾訴訟を受けるのである。訴因は、カハマルキが偶像崇拝者であり、異教的儀礼の執行者であること、彼の畜群を管理する牧民に対して暴力を振るったこと、彼に仕える家僕に給金を支払っていないこと、共同体の共有財であるチーズ生産のための乳牛群の私物化、そして本来ある少女に帰属する黒人奴隷を不当に横領していることなどであった。

カハマルキは司法権を有する地方官吏コレヒドールに裁かれた。しかし司法官の下した判決は、カハマルキを無罪、むしろヤコポマを誣告者《ぶこく》として断罪するものであった。いちどは弾劾の火の粉を払ったかにみえたカハマルキであったが、しかしながらヤコポマは訴える先を、世俗の裁判権から教会裁判所へと切り替え、カハマルキをさらに執拗に追い詰めていく。折しも当地においては、偶像崇拝根絶のために派遣された巡察使の一行が先住民の異教的実践を弾圧すべく調査・審問をはじめており、この機会を巧みにとらえたヤコポマは、カハマルキを偶像崇拝者として再告発したのである。その告訴においてヤコポマは、カハマルキが配下の二人のインディオを近傍の山嶺に、古式ゆかしいクンビ（アルパカやビクーニャの毛で織られた最高級の織物）製の儀礼衣裳を纏わせて送り込み、神々《ワカ》の怒りを鎮めるための呪術をおこなったこと、彼の実母イネス・ヤロタンタ（後述）が邪術使いであり、彼女はカハマルキのために呪術を実践していたこと、そしてカハマルキは祖先の遺骸を隠匿したうえ、神格化して崇拝していた、などといった悪質な偶像崇拝的諸行為を実践したとして糾弾したのである。

聖俗の司法権を巧みに利用したヤコポマの戦略の犠牲となったカハマルキは、こうして数度にわたり投獄され、行動の自由を奪われたのみか、首長としての権力基盤、そして首長家が代々蓄積してきた巨きな富を蚕食される危機に瀕していた。審問の詳細については、すでにこの問題を詳述した拙稿を参照していただきたいが、[28] 先住民遺言書研究の可能性を論ずる本稿との関係で注視すべきは、収監されたカハマルキの動・不動産について詳細な財産目録が作成された点である。カハマルキが牢屋に入れられると、ただちに彼の財産は差し押さえられたのだが、家宅捜索の結果、すべての動産が記録され、また不動産についてもその全容が記された資産リストがつくられたのである。カハマルキは自身の収監の背景には、彼の不在を利用して、その財産を簒奪しようと目論む巡察使の富への欲望が潜んでいると睨んでいた。[29] 興味深いのは、父親グァイナマルキが息子への相続財として指定したものをカハマルキがどのように継承したか、父の遺言書とこの目録とを照合させることによって、父子間の遺産の継受の様相が浮かび上がってくることである。遺言書が相続分として指定していたものは、実際にはどのように扱われたのか。まず父グァイナマルキの遺言書を見てみよう（表1参照）。

先にみた死刑囚アクーリのものと比較して一驚するのは、グァイナマルキの遺言書の分量である。アクーリのそれが三葉六頁なのに対し、筆頭首長のそれは枚数計算で八葉十六頁にもおよぶ。単語数を計算するとアクーリの遺言書の五倍以上の分量を有し、遺言補足書をも含めると、その差はさらに大きくなる。この分量の差は、首長自身の宗教的救済のための依願や処理の多様性と、彼の巨大な財産をめぐる喜捨や相続の複雑さに由来している。グァイナマルキはその遺言書を「肉体が健やかにして、完き精神に恵まれている」とき、すなわち健常時に作成している。[30] 第一節で述べたように、遺言書は通常病床において作成されることが多かったが、グァイナマルキのような素封家の場合には、末期の苦しみの際《きわ》に、すべての遺産をリストアップし、遺贈の宛先をそれぞれ指定するといった芸当は難しかっただろうから、こうして生前、健康なときに予め遺志を調え、必要あらば、遺言補足書をもちいて適宜修正したのである。

まずは埋葬である。死亡した場所から埋葬先である教会までの葬列については、先住民共同体の筆頭首長に相応しい壮麗さを要求していると想像しがちであるが、しかし実際はその逆であり、「華美を極力避けること」が命じられている。[31] 天国にすこしでも近づくためには、グァイナマルキのような富者であるからこそ、イエスの清貧に倣わなければならなかったのである。「金持が神の国に入るよりは、駱駝が針の穴を通る方が易しいくらいだ」（マタイ、十九章二十四）という思想が響いている。[32]

また注目されるのは「あたかも修道士のように、聖フランシスコの僧衣とともに埋葬するように」という指示である。[33] 当時、フランシスコ会士の僧衣を経帷子として埋葬されることは、大西洋を挟んだ新旧両世界において、ひとつの流行であった。すぐれて「清貧」の象徴であり、最もキリストの生に倣った存在とされた聖フランシスコのとりなしを享受することができれば、天国により接近できると考えられていたのである。[34]

しかしいっぽう、教会での埋葬には共同体における首長家のステイタスが明瞭に示されていた。亡軀はまずオクロス村教会の主祭壇に安置され、その後は、主祭壇脇、福音書が置かれている場所に埋葬されるよう指定されていた。ここはグァイナマルキの父親が、献金によって子々孫々の遺体を安置するために確保した空間であり、村一番の権力者である首長一族にのみ認められた特権的場でもあった。教会内において最も重要な典礼が日常的に展開する領域に遺体を置けば、首長家メンバーたちの魂の安寧を増進するミサや「とりなしの祈り」は他の場所よりも濃密に降り注いだのであり、そしてまた死してのちも、首長一家の威光は、可視的なかたちで教会の内陣を満たしたのである。[35]

彼の魂に捧げられるミサの数も、アクーリと比較すると格段に多い。オクロス村教会では、グァイナマルキの死後一年間にわたって百回のミサが、そしてやはり彼の支配領域となっていたと思われるカアカイ村においても五十回のミサが挙行されることになっていた。注目されるのは、埋葬に際して、貧者、老人、盲目の民、そして蹇《あしなえ》びとが参列した場合、六十名までについては、一人あたり二レアルの銀貨を与えると指示している点である。葬儀に際してのかかる救貧的な振る舞いは、死者の魂の救済のためにおおいに資するとされていた。そのいっぽうで、先スペイン期以来、伝統的な先住民共同体の首長に期待されていた互酬的構造に基づく「大盤振る舞い」の精神の発露

＊印は遺言補足書による.〔　〕内の人名は被遺贈者を示す

カテゴリー	通番	内容
	4	〔カハマルキ〕木製大箱×1，綿製天蓋×1，ベッドカバー×1
	5	〔娘マリアナ〕銀製大皿×1，銀皿×4，銀製水差×1，銀製燭台×1，木製大箱×1，新品天蓋×1，ベッドカバー×1
	6	〔妻〕銀製燭台×1，銀製小型水差×1，キト織ベッドカバー（緑と黄色の絹の房飾り付き），錠前・鍵付きつづら×1，天蓋×1（黄黒色），ベッドカバー×1（アバスカ織）
	7	〔非嫡出女フロレンシア〕トポ〔ショールの留めピン〕製造用の銀皿×1
	8	〔非嫡出女フランシスカ〕トポ製造用の銀皿×1
	9	〔非嫡出女イサベル〕トポ製造用の銀皿×1
	10	〔非嫡出女イネス〕トポ製造用の銀皿×1
	11	〔非嫡出女パスクァラとフアナ〕トポ製造用銀コップ×2
	12	〔ドニャ・フェリシアナ〕トポ製造用銀コップ×1
	13	〔カハマルキ〕銀製塩入れ×1，燭台×2
	14	〔カハマルキ〕小つづら
	15	〔妻，カハマルキ，マリアナ〕大鍋×1（乳牛牧場に置かれている.チーズ製作用？）
	16	〔妻〕パンの練り鉢×2
	17	〔妻〕新品布団×1
	18	〔妻〕毛布×1
	19	〔マリアナ〕机数点，つづら×1，金製爪楊枝×1，椅子×1，金の指輪×1，エメラルド指輪×1
	20	〔マリアナ〕果物皿×1
	21	〔非嫡出女フロレンシア〕古い小型書類机×1
	22	〔非嫡出女ベロニカ〕小箱×1
	23	〔カハマルキ〕事務机×3，地元産椅子×12
	24	〔カハマルキ〕中型エメラルド指輪×1
	25	〔妻とマリアナ〕真鍮製の燭台×2
	26	〔カハマルキ〕蹄鉄用槌×1
	27	〔カハマルキ〕縁取り器？×1（詳細不明）
	28	〔カハマルキ〕椅子×1（リマで購入.新品）

表1　グァイナマルキ遺言書項目別整理

カテゴリー	通番	内容
I　葬儀・ミサ	1	オクロス村以外で死去した場合には日当9レアルを支払い，同村の司祭を送って亡軀を村の教会に運ばせること．その際は極力華美を避けること．亡軀は主祭壇横の《福音書》の置かれた場所に埋葬する．ここは父親が一家の子々孫々のために御布施によって埋葬場所として確保した場所．もしもどの会派であれ聖職者がいた場合には，亡軀に付き添ってもらい2ペソを支払う．すでに妻と息子たちを遺言執行人と残余財産受遺者として指定している
	2	棺桶を遺産から作る．聖フランシスコ会の僧服を纏わせ，あたかも修道士のように納棺される
	3	《亡軀を前にしたミサ》×1，御斎はパン，葡萄酒，牛肉．埋葬翌日にも《告別ミサ》
	4	死後12カ月のあいだにオクロス村の司祭によるミサ×100
	5	カアカイ布教区において布教区司祭によるミサ×50，《告別ミサ》×1，《告別ミサ》×1（これらは50回に含まれない）
	6	50頭の雌牛を《資本》にし，その繁殖分をもちいての永代ミサ挙行基金の設定．設定は死後1年目より．ミサは歌ミサによる
	7	ポサ×20
	8	歌ミサによる9日間の祈り，御斎付き
II　喜捨	1	埋葬に立ち会った60名までの貧者，老人，身体不自由者（盲人，蹇人）に一人2レアルの施し
	2	カアカイ布教区にて《告別ミサ》に立ち会った40名までの貧者，老人，身体不自由者に一人2レアルの施し
	3	聖体の移動天蓋のために20パタコン
	4	《コパカバーナの聖母》のマントのために20パタコン
	5	《とりなしの聖ドミニクス》の旗のために12ペソ
	6	《御宿りの聖母マリア》像製作のために50ペソ．像はオクロス教会の祭壇に安置される
	7	《御宿りの聖母マリア》の装飾のために50ペソ
III　遺贈 A　什器	1	〔妻フランシスカ・カルガウトゥイ〕銀皿×6，銀大皿×1，銀製水差×1
	2	〔妻〕木製の大箱×1
	3	〔息子カハマルキ〕銀製大皿×1，銀製小皿×6，銀製大皿×1，銀製燭台×2，銀製水差×1

カテゴリー	通番	内容
	12	〔カハマルキ〕アバスカ織衣裳×1（光沢黄色，シャツ付き）
	13	〔カハマルキ〕多彩色クンビ製衣裳×3
	14	〔カハマルキ〕クンビ製シャツ×6
	15	〔カハマルキ〕アバスカ織衣裳×1
	16	〔カハマルキ〕カスティーリャ製光沢織物によるポンチョ（半ズボン，シャツ付き）
	17	〔カハマルキ〕ビロード製半ズボン×1
	18	〔黒人奴隷ペドロ・アンゴラ〕キト織衣裳（古着）×1（青色，ケープ，半ズボン，肩掛，胴着一式）
	19	〔黒人奴隷ペドロ・アンゴラ〕ペルペトゥアン織衣裳（古着）×1（ケープ，半ズボン，肩掛，靴下，帽子一式）
	20	〔黒人奴隷ドミンゴ・アンゴラ〕キト織外套×1，ペルペトゥアン織衣裳×1（ケープ，半ズボン，肩掛），黒色帽子×1
	21	〔黒人女性奴隷マグダレーナ〕薄手の織物×6バラ（短いスカート用）
	22	〔黒人女性奴隷カタリーナ〕薄手織物×6バラ
	23	＊〔ドン・セバスティアン・ヤロポマ〕アバスカ織衣裳×1，ポンチョ×1
	24	＊〔フランシスコ・チャグア〕衣裳一式×1
	25	〔黒人少女奴隷フアナとマリア〕ペルペトゥアン織ケープ×各1（短いスカート製造用）
	26	〔黒人少女奴隷フアナ〕アバスカ織黒色ポンチョ×1，アバスカ織多色ベッドカバー×1
	27	〔黒人少女奴隷マリア〕自分が使っていた多色ベッドカバー×1（売却して衣裳代にせよ）
	28	〔黒人少女奴隷フアナとマリア〕短めのスータン×1（売却して衣裳代にせよ）
F　家畜	1	〔妻〕羊群（500頭）×1
	2	〔妻〕繁殖用雌牛×100
	3	〔妻〕雌騾馬×6，ラバ×1
	4	〔妻〕馬×2（子供の雌騾馬×3）
	5	〔カハマルキ〕羊群×1，家畜番×1

表 1（つづき）

カテゴリー	通番	内容
	29	〔カハマルキ〕使い古しの椅子
	30	〔妻〕金の小型指輪×1（色石）
	31	〔妻〕銀製塩入れ×1（3 個の部品よりなっている．4 マルコの重さ．夫婦でそれぞれ 2 マルコずつ出し合って夫婦で共同注文）
	32	＊〔カハマルキ〕銀製大匙×1
	33	＊〔非嫡出女フロレンシア〕小盆×1
B 武器	1	〔カハマルキ〕剣×4
	2	〔カハマルキ〕矛槍×1，長槍×1
	3	〔カハマルキ〕銃×2（鍵付き）
C 書籍	1	＊〔カハマルキ〕書籍×約 20（大小さまざま）
D 馬具		
E 衣料	1	〔カハマルキ〕白玉付きの金色帽子帯×1
	2	〔妻〕セゴビア織の褐色衣服×1（ケープ，半ズボン，胴衣付き短衣，靴下，靴下留め，つけ袖一式）
	3	〔マリアナ〕金色帽子帯×1（エナメル仕様） 〔マリアナ〕ロンドン織の毛製衣裳（一式，靴下，靴下留め，胴着）
	4	〔カハマルキ〕ロンドン織毛製のスペイン人風衣裳×1（靴下，靴下留め，胴着），キト織スペイン人風衣裳（靴下，靴下留め，胴着），アバスカ織の外套（黒と緑の光沢色，胴衣・肩掛付き），短い外套（黄黒の光沢色）
	5	〔妻〕金色帽子帯×2
	6	＊〔妻〕首長風アバスカ織衣裳×1（クンビ製，ビクーニャ色で角張っている）
	7	〔マリアナ〕ペルペトゥアン織反物×12 バラ，首長風衣裳×1（クンビ織，ポンチョとシャツ一式）
		〔マリアナ〕中古毛布
	8	〔マリアナ〕刺繡済み織物×1
	9	〔非嫡出女フロレンシア〕アバスカ織男性用衣裳×1（シャツとポンチョ一式）
	10	〔非嫡出女ベロニカ〕アバスカ織男性用衣裳×1
	11	〔カハマルキ〕クンビ製のポンチョ×1，アバスカ織シャツ×1

カテゴリー	通番	内容
	34	〔義母マリア・コルケグアトック〕羊×20
	35	〔黒人少女奴隷フアナとマリア〕雌馬×各1，〔黒人女性奴隷マグダレーナ〕雄馬×1
	36	〔黒人奴隷ペドロ・アンゴラ〕雄馬×1
	37	〔黒人女性奴隷マグダレーナ〕山羊×12
	38	〔黒人女性奴隷カタリーナ〕山羊×12
	39	＊〔カハマルキ〕旅用雄馬×1（栗毛色）
	40	＊〔カハマルキ〕雌ロバ×2
	41	＊〔妻〕雌ロバ×2
	42	＊〔マリアナ〕雌ロバ×1，雄ロバ×1
	43	＊〔姉妹セシリア〕大型羊×10
	44	＊〔非嫡出女フロレンシア〕羊×30
	45	＊〔非嫡出女フランシスカ〕羊×10
	46	＊〔コパ村の未亡人イネス〕羊×10，繁殖用山羊×10
	47	＊〔オクロス村の未亡人イネス・ヤロタンタ〕羊×30
	48	〔オクロス村のフランシスカ・タンタキリャイ〕羊×20
	49	＊〔オクロス村のフアナ・リマイコルキ〕羊×20（それまでの奉仕ゆえ）
	50	＊〔ヤナコーナのトマス〕羊×10（彼への愛ゆえ）
	51	〔使用人頭アロンソ〕羊×6（老人）
	52	＊〔ルシア・ヌナキリャイ〕山羊×2（既婚女性，コンゴス村）
	53	＊〔伯母アナ・パウカル・コルキ〕羊×4
	54	＊〔オクロス村のイネスとマリア姉妹〕羊×各2
	55	＊〔貧者にして盲目，蹇人のフェリペ〕羊×6
	56	＊〔フランシスカ・チャウピスカキ，幼少時よりグァイナマルキ邸で育てられる〕羊×6
	57	＊〔オクロス村の先住民〕繁殖用の雌牛×5（食用としても良いし，繁殖させても良い．貢租支払いの一助として）
	58	＊〔カアカイ村，ヤモル村，グアイリャカヤン村の先住民〕繁殖用雌牛×3

表 1（つづき）

カテゴリー	通番	内容
	6	〔カハマルキ〕繁殖用雌牛× 100，繁殖用雌豚× 30 ＋幼豚
	7	〔妻〕繁殖用雌豚× 12
	8	〔カハマルキ〕運搬用騾馬× 4，鞍付き騾馬× 2
	9	〔マリアナ〕羊群（500 頭）× 1，家畜番ミタヨ× 1
	10	〔マリアナ〕繁殖用雌牛× 100，雌馬× 2 ＋幼騾馬
	11	〔マリアナ〕運搬用雌騾馬 2 頭
	12	〔オクロス村の 3 共同体〕羊× 50
	13	〔カアカイ村のインディオ〕羊× 30
	14	〔ヤモール村〕羊× 30
	15	〔グアイリャカヤン村のインディオ〕羊× 30
	16	〔コンガス・コパ・チョケ村〕羊× 40
	17	〔フルキーリャ村〕羊× 6
	18	〔コルケヨック村〕羊× 12
	19	〔チルカス村の管轄先住民〕羊× 14
	20	〔オクロス村〕食用牛× 5，〔上記の村々各〕食用牛× 2（宴会食用）
	21	〔姉妹セシリア・タウカス〕羊× 20
	22	〔非嫡出女フロレンシア〕羊× 50，繁殖用雌牛× 12
	23	〔非嫡出女フランシスカ〕羊× 50，繁殖用雌牛× 12
	24	〔非嫡出女イサベル〕羊× 20，雌牛× 6
	25	〔非嫡出女イネス〕羊× 20
	26	〔非嫡出女パスクァラとファナ〕各々羊× 20
	27	〔非嫡出女フェリシアナ〕山羊× 20
	28	〔使用人頭パブロ・チャウピスカキ〕山羊× 12
	29	〔牛飼アロンソ・リャクサ〕繁殖用雌牛× 4
	30	〔4 人の牛飼〕食用牛×各 1
	31	〔親族アロンソ・ルパイ〕山羊× 6
	32	〔ヤナコーナのエルナンド〕山羊× 6
	33	〔アロンソ・アストヤコルカ〕山羊× 6，〔ドミンゴ・ビルカポマ〕山羊× 6

カテゴリー	通番	内容
IV　債権	1	兄の代わりにアンドレス・デ・コロニアに支払う．200 ペソ（乳牛購入代金として．支払い証書あり）
	2	兄の遺言執行人キロスに支払う．150 ペソ（ディエゴ・ベルナルへの兄の借金）
	3	兄の代わりにフアン・オチョアに支払う．40 パタコン
	4	兄の代わりにある黒人奴隷に支払う．6 パタコン
	5	兄に仕えていた牧民に支払う．12 パタコン
	6	これらの金額を回収するために，〈G-3〉の奴隷を競売にかけるよう要請．それまではカハマルキ，妻，娘に奉仕する
	7	アロンソ・ペレスに対して 40 パタコン
	8	未亡人レオノール・サンチェス 40 ペソ（貸した黒人の日当）
	9	ムラート男性グラビエル・グスマン 10 ペソ
	10	エステバン・ダバロス 9 ペソ（サリャン在住）
	11	ディエゴ・デ・ラ・クエバ 12 パタコン（子牛の代金の残り）
	12	フアン・ルカス 11 ペソ
V　債務		債務はいっさいない．牧民たちにも給金を支払っている．むしろ彼らが自分に対して，多くの家畜を失ったという意味で債務者である．しかし彼らは自らに従属する貧民であるがゆえに，請求はしない
VI　婚姻		ドニャ・フランシスカ・カルガウトゥイと正式な結婚をしている．彼女のあいだには子供はいない．また婚姻前の財産のもち寄りは双方無し．夫婦後得財産については半分は彼女のものである
VII　相続	1	オクロス村の筆頭首長・統治官職は遺言者の祖父，父と継承されてきたが，これは庶子の息子カハマルキが継承する．カハマルキに子供がいない場合には，その後，庶子の娘のドニャ・マリアナが継受する
	2	庶出の子供として，ドン・ロドリゴ・フアン・フローレス・グァイナ・カハマルキとドニャ・マリアナ・パウカル・リャクサ．この二人を残余財産受遺者に指定する．残余財産は両者で折半すること
	3	すべての農園や果樹園は三者で平和裡に享受する
	4	また妻についても残余財産受遺者に指定する
	5	娘ドニャ・マリアナについては妻がその後見人となる
VIII 遺言執行人		遺言執行人については，カハマルキと妻を指定

表1（つづき）

カテゴリー	通番	内容
	59	＊〔コンガス村，コパ村〕繁殖用肉牛×2
	60	＊〔下女たち〕羊×各1
	61	＊〔姪のベアトリス・デ・メンドーサ，兄ペドロの非嫡出女〕雌牛×10
	62	＊〔フアナ・デ・メンドーサ〕雌牛×6
	63	〔黒人女性奴隷マグダレーナ〕山羊×12
	64	〔黒人女性奴隷カタリーナ〕山羊×12
G　黒人奴隷	1	〔カハマルキ〕黒人奴隷ペドロ・アンゴラ
	2	〔妻〕黒人女性奴隷マグダレーナ，フアナ，マリアという名の子供．妻の死後は解放される
	3	〔兄に対する債権として〕黒人奴隷ドミンゴ，黒人女性奴隷カタリーナ
H　不動産	1	〔妻〕オクロス村の平屋根の家宅×数軒
	2	〔妻〕家宅×1（出口付き）
	3	〔マリアナ〕家宅×1
	4	〔カハマルキ〕大邸宅×数軒
	5	〔カハマルキ〕オクロス村の中央広場に面した邸宅×数軒（半分は父から，もう半分は伯父から相続）
	6	〔妻〕大きな土地2片
	7	水源近くの土地1片（未墾地に囲まれている）
	8	＊〔カハマルキ〕大きな土地（農園〔チャカラ〕）1片（無主地整理で購入したものと推定される）
	9	＊〔カハマルキ〕土地（農園）1片（土地の名前はランブラマヨ，無主地整理を通じて購入）
	10	＊〔カハマルキ〕土地（農園）1片（土地の通称はキンチャス．インカが彼の祖先に分配したもの）
	11	＊〔妻とカハマルキ〕トウモロコシ畑×1（祖先から継承したもの．存命中は妻が，死後はカハマルキが享受）
	12	＊〔カハマルキ〕インカ王によって先祖に分配され，代々継承されてきた，自らに属すると思われる土地に関してはカハマルキが相続する
	13	＊〔妻，マリアナ，カハマルキ〕フルキーリャの20ファネガの土地

をそこに見いだすことも可能かもしれない。さらには「華美を避ける」という自身が示した葬礼の方針にもかかわらず、こうした大勢の貧民や身体不自由者たちの賑々しい参列が、葬礼にある種の彩りを与えていたことも容易に想像できる。(36)

さらに煉獄に送られるであろう首長の魂の救済は「永代ミサ挙行基金 capellanía」の設定によって恒久的に確保されていた。すなわちグァイナマルキは、彼が所有する五十頭の牛を元本とし、この牛の繁殖分によって救霊のためのミサを挙行することを相続者・子々孫々に要請しているのである。とりなしの祈りが質量ともに豊かであればあるほど、煉獄から天国への移行は加速されると信じられていた時代にあって、先に引用したイエスの思想とは明らかに矛盾するが、先住民首長のような富者は、救済における特権的なポジションにあったといってよかろう。死は、老若男女、貧富の差を問わず誰にも訪れるものではあったが、魂の救済という領域においては、明確に差異化されていた。(37)

喜捨という側面を見ると、グァイナマルキが、共同体内部に創設された複数の信心講《コフラディア》に対し、聖母像やそのマント、聖人行列に際してもちいられる「旗」などのために多額の寄進をしていることも注目される。植民地社会において先住民首長は、共同体の行政的機能を担ったのみならず、宗教的な訓導者としても位置づけられていたのであり、信心講のようなカトリック信仰を推進する装置を維持するための中心的存在として期待されていた。

次にグァイナマルキの遺言書の第二部、すなわち財産の遺贈・相続の領野に入っていこう。ここで私たちが圧倒されるのは、その巨大な富である。貴金属や指輪などの宝石類についていえば、さほど印象的な豊かさは感じられないが、驚くのは膨大な家畜群である。グァイナマルキの「羊」の大群が、数名の専従の牧民により管理されていた（遺言書では"obeja"としか記されていないので、この「羊」が、「地の羊 oveja de tierra」、すなわちリャマやアルパカのようなアンデス原産偶蹄類の家畜をさすのか、いわゆる私たちが知るヨーロッパ産の「羊 oveja de Castilla」なのかは判然としない）。また三百頭以上の乳牛も飼育されており、それぞれ百頭ずつ、妻フランシスカ、息子カハマルキ、そして娘のマリアナに遺されている。これらの乳牛は、チーズ生産、およびその販売のために飼育されていたと推定される。

グァイナマルキはこうした羊や牛の畜群を、妻子のみならず、彼に長年仕えてきた使用人頭、ヤナコーナや牧民、そして所有する黒人奴隷たちにまで惜しみなく、たとえば羊の場合ならば数十頭単位で贈与しているが、興味深いのは、遺贈先となっている七名の「非嫡出女」の存在である。おそらくこの女性たちは、グァイナマルキが抱えていた複数の妾・副妻たちとのあいだに生まれた子供であったと考えられる。

先スペイン期、大勢の副妻を後宮に囲っていたというインカ王のみならず、地方社会に君臨した首長たちも、一夫多妻という状態をその権力の証として誇示していた。キリスト教倫理が社会を統御するスペイン支配下のアンデス植民地社会において、かかる婚姻形態は当然のごとく全面的に否定されていたにもかかわらず、植民地時代が深く進んだ十七世紀前半のこの時点にいたっても、複数の妻妾をもつことは公然の慣行となっていたようだ。グァイナマルキのケースでいうと、遺言書中、十頭から三十頭の羊を遺贈されている「未亡人」などとして記されている女性たちが、どうやらその側妻的な存在ではなかったかと推定される。そのひとつの根拠は、遺言書において羊三十頭をグァイナマルキから贈与された「オクロス村の未亡人イネス・ヤロタンタ」という女性である。

彼女はカハマルキの産みの母親であった。すなわちカハマルキの訴訟において、息子のために呪術的儀礼を組織した人物として告発されていたのがこのヤロタンタだったのである。カハマルキはグァイナマルキの嫡出子ではなく「庶子」であった。グァイナマルキが正妻フランシスカとの教会法に基づく結婚をする以前に内縁関係にあったヤロタンタに生ませたのか、あるいはすでに結婚していたグァイナマルキの妾腹の子として生まれたのか、それは判然としないが、カハマルキ関連文書から、カハマルキ自身も、正妻以外の女性たちとのあいだに深い関係があったことを認めていることからも、おそらくはオクロス村の先住民首長家において一夫多妻状況は周知の伝統となっていたのであろう。しかし、純粋なカトリック的要素によって満たされるべき遺言書という言説空間においては、カハマルキの実母は、村の一未亡人として、密かに扱われるしかなかったのである。(38)

筆頭首長の不動産についてもみてみよう。遺言書からグァイナマルキが複数の家宅を所有し、それらを妻子に遺贈していることがわかるが、首長権力との関係で注目されるのは、オクロス村の広場に面し、広場一辺の長さ四方の敷地を有するカハマルキが継承した大きな邸宅である。オクロス村も、十六世紀半ばに端を発する先住民の強制集住政策《レドゥクシオン》の対象となっていたと考えられるが、新しく創建されたこうした集住村においては、スペイン人の居住空間であった植民地都市と同様に、中央広場の四囲に教会などの聖俗の重要機関が配置されることになっていた。カハマルキに遺贈されたこの家宅こそが、オクロス村の首長権力の在処を端的に表現するシンボル的空間となっていたのだろう。

グァイナマルキが牧畜のみならず、農業経営にも力を入れていたことは、植民地行政府が実施した「無主地整理 composición de tierras」政策などを通じて蓄積していたさまざまな農地の存在から理解される。「私のものと思われる農地」という表現にいみじくもうかがわれるように、トウモロコシやじゃがいも、アルファルファなどを栽培する多様な耕地が、本人が正確に把握できないほどの拡がりをもって、オクロス村周辺のさまざまな高度に展開する生態系ゾーンに散らばっていたと推定しうる。また注目すべきは、先住民地方首長の当時の土地所有の淵源として、インカ王権が姿を現す点である。グァイナマルキはそれらの土地が「インガ〔インカ〕によって彼の祖先に分配された」と記している。征服後、おもにスペイン人著述家が執筆した記録類《クロニカ》には、たしかにインカ王権が支配下に統合した地方首長に特権的贈与として土地分割をおこなったということが書かれているが、これまでクロニカを通じて伝来してきた非文字的社会の史実を、遺言書によって確かめうるのであり、遺言書のエスノヒストリー研究における潜在的な可能性をここに感知することができる。[39] 帝国が崩壊してから百年も経ったこの時期において、依然、インカの記憶は地方社会に生き続けていたのである。

このようにしてグァイナマルキは、彼が先祖代々継承し、また自身が維持しえた巨大な動産、不動産の多くを遺贈した。しかし贈与分が差し引かれたあとにも多くの財が残ったのであろう、彼はこれらを相続させるべく、残余財産受遺者を指定した。グァイナマルキは、カハマルキと娘マリアナ、そして正妻フランシスカ・カルガウトゥイを指名した。また遺言執行人としてカハマルキと妻フランシスカが指名され、グァイナマルキの遺産を運用し、「競売」などを通じて、彼が自らの救霊のために要請したさまざまなミサや儀式のための費用を工面することを命じ、これをもって遺言書は終わっている。

ここで触れておかなければならない重要な点は、この遺言書の来歴である。最初に述べたように、この遺言書は公証人原簿にではなく、教会裁判所の訴訟記録に綴じられている。じつはカハマルキは、父の遺言執行未履行という嫌疑を受けて一六三五年に訴追され、カアカイ村牢獄に収監されていたのである。カハマルキは、父が魂の救済のために死後実行するよう指示していたミサや慈善のための寄進などをほんとうに執行したか、それを証明する関係書類の提示を迫られていた(40)。

死者が遺言したミサなどを挙行しなかった遺言執行人は、地獄に落ちるとも考えられていた(41)。宗教的・倫理的な瑕疵《かし》のみではない。教会当局の経済的利害関心もそこには強くはたらいている。ミサを挙げるのは聖職者なのだから、ミサや寄進の不履行すなわち教会の減収を意味したのである。いずれにせよ、遺言執行人カハマルキの怠慢が疑われた結果、幸いにも、先住民社会の一権力者の遺言を私たちは手にすることができたともいえる。そしてまた、おそらくはその生涯を通じて聖俗の裁判権から干渉されることを運命づけられていた不遇のカハマルキが、その十年後、再び教会当局から、こんどは偶像崇拝者 idólatra として訴追されたことによって、偶然的なかたちではあるが、父が子に遺した資産を次世代がどのように継受したかを伝える重要な史料が生まれることにもなったのである。

それでは次に、息子カハマルキの資産目録を通覧してみよう（表2参照）。什器や貴金属のなかには、遺言書に記された父の形見とおぼしき銀器や指輪などが散見される。もちろんカハマルキ自身も、自らの必要や嗜好から新たに多くのものを購入していたこともうかがえる。カハマルキが所有するさまざまな馬具などは、父の遺贈品のなかにはみあたらない。

【　】内は父グァイナマルキの遺言書との対応（表1のカテゴリー－通番）を示す

カテゴリー	項目
	ばら色，中古），靴下留め×1（タフタ織，使い古してほどけている），枕と付属クッション×1（ルーアン織，青絹製），ルーアン織シャツ×2（使い古し），半ズボン×数点（使い古しの asijado の糸），光沢マント×1，黒色手袋×1，ハンカチ×2（ひとつは角が切られたルーアン織，もうひとつはカンブレ織），つけ襟×1（袖口，レース付き，フランドル製），胴着×1（光沢青地，袖は緑のラメ入り），毛織物製服×1（カスティーリャ製，ケープ，半ズボン，茶色の golon で飾られた短衣），ルーアン織シーツ×3，クンビ製多色肩掛×1，アバスカ織ベッドカバー×1（多色），毛布×1（白色），キト織反物（オリーブ色，5バラ），クンビ製肩掛×1（妻のものか），アバスカ製褐色光沢マント×1（四隅は多色の飾り付き？）
F　家畜	額にしるしのある栗毛色の騾馬×1頭【**F-8**】，雌牛×300頭と子牛×200頭（うち半分は妹ドニャ・マグダレーナの所有）【**F-6**】，羊群×4＝合計3500頭（3000頭のうち半分は妹の所有．500頭は盲目の伯母マリア・コルキ・フトゥイの所有）【**F-5**】，雌馬×40頭と大型ロバ×2頭（雌馬の半分は妹の所有）【**F-40**】，飼いならされていない子ラバ×5–6頭と子馬×同数頭（半分は妹の所有），おとなしい雌ラバの群れ×12頭（いくつかは馬具付き．半分は妹の所有），大型豚×20（雄雌半分，子豚も．半分は妹の所有），雌牛×30（これらは妻が嫁資としてもたらしたもの），チーズ×300塊（半分は妹の所有．すでに王室に売却済み）
G　黒人奴隷	黒人奴隷ペドロ・アンゴラ（40歳）【**G-1**】，黒人少年奴隷フアン・クリオーリョ（11歳），黒人女性奴隷カタリーナ・アンゴラと黒人奴隷ドミンゴ・アンゴラ（供託物として管理．所有者はドニャ・ベアトリス・デ・メンドーサ〔伯父ドン・ペドロ・ベントゥーラ・メンドーサの娘〕），黒人奴隷ペドロ・フォルポ（16–17歳，妹の所有物），黒人女性奴隷エスペランサ（24歳，アンゴラ系，妻ドニャ・ベアトリス・ロペスが彼女の私費で購入したもの），黒人奴隷シモン・アンゴラ（20歳，盲目の伯母マリア・コルキ・フトゥイの所有物），黒人少女奴隷フアナ・クリオーリョ（16歳，父の正妻ドニャ・フランシスカ・カルグァ・フトゥイの所有物であり遺言によって自由とされた）
H　不動産	広場に面した家屋1軒（半分は，姪のドニャ・ベアトリス・デ・メンドーサの所有物）【**H-5**】，住居1軒（半分は妹と諸庶子の所有物，半分は自分のもの）【**H-4**】，農園〔チャカラ〕1片（インディオが購入代金を支払わないので訴訟中），果樹園×2片（家屋付き），トウモロコシ・じゃがいも・オカの農園不特定数（アルファルファ用栽培板×2を含む）【**H-12**】

表2　カハマルキ資産目録

カテゴリー	項目
A　什器	銀製の丸い小型器×3，銀製焼き型（銀製ダイス壺？）×1，銀製大匙×1【A-32】，銀製小匙×2，書簡用印章×1，小刀×2，はさみ×1，メスと砥石×1，黒いコードバン製小型つづら×1（裏地付き），銀製大皿×1【A-3】，銀製小皿×11【A-3】，鍋風銀製水差×1【A-3】，銀製塩入れ×1【A-13】，天蓋×1（黄色地／黒白色）【A-4】，ベッドカバー×1（キト製緑色毛織物製，黄色の絹製紐付き）【A-4】，テーブルナプキン×4（中古品，綿製），小型手引き鋸×1，リュウゼツラン製投げ縄×12，タフタ織ベール×1，銀製大皿×1（紋章として3本の木の細工）【A-3】，銀製燭台×2（座金付き）【A-13】，銀製はさみ×1，銀製焼き型（銀製ダイス壺？）×1，塩入れ×1（リスト上の別のものとのセット），銀製小匙×1，エメラルド指輪×1【A-24】，ブローチ×1（エメラルド3個），裁断機×1（黒コードバン皮付き），刀剣飾り×1（銀仕様），銀の口付き calavaso（楽器の一種？），つづら×2（ひとつは黒色，もうひとつは多色）【A-6，A-14】，葡萄酒甕×1，首長用座椅子ティアナ×1（木製，古習によるもの，粗製布で裏打ちされている）
B　武器	剣×3（かなり傷んでいる．太い肩帯と銀製の古い飾り紐で縫ってある綱）【B-1】
C　書籍	『聖人伝』，『聖務日課書』（古本），『われらが主イエス・キリストの至聖なる受難の瞑想』，『グラナダ内乱記』，『コルドバ大全』，『メディーナ』，『ラ・アラウカーナ』，『グスマン・デ・アルファラチェ』，『宗教騎士団』，『会計書』，『聖母時禱』，『証書作法』，『リマ大司教ロボ・ゲレロ管区会議録』【C】
D　馬具	馬鞍×7，毛織の黒い馬紐×1，馬銜（はみ）×2，ラバ用銜×3（手綱付き），革製羈（おもがい）×1（返し縫いがされており，毛製端綱付き），馬衣×1（オリーブ色のキト織毛製，黄色い衣で返し縫いがされている），馬鞄×1（ライオン皮，コードバン皮），馬の腹帯×6（カスティーリャ製毛製品），羈×2（革製），（馬車などの）引革ベルト？×1，リュウゼツラン製羈×16，剣帯×1（ラメ入り茶色地に刺繡）
E　衣料	絹の靴下（ばら色）×1足，古い手袋×1，綿製夜具入れ×1，セゴビア製粗布の黄褐色の衣服（褐色のタフタ織芯地，ケープ，半ズボン，茶色の golon で飾られた短衣，革製胴着×1（地は黒色），ラメ入りのつけ袖×1，絹製靴下×1（新品，オレンジ色），銀色靴下×1（白い当て地付き），褐色靴下×1（白い当て地付き），褐色光沢靴下×1，ブリュッセル製光沢褐色靴下×1，靴下留め×1（ばら色タフタ織，金，銀，多色絹のステッチ），青い光沢地のリクリャ（肩掛）×1（金帯付き），帽子用帯×1（エメラルド52個），帽子用帯×1（白色石大小43個）【E-1】，帽子用帯×1（青色石大小43個），帽子用帯×1（金製大小29個，赤いエナメル），靴下留め×1（黒色，

文化史家を少なからず興奮させるのは、カハマルキの小さな、しかし興味深い蔵書群である。当時一世を風靡したピカレスク小説『グスマン・デ・アルファラチェ *Guzmán de Alfarache*』やチリの先住民部族の英雄的な闘いを描いた叙事詩『ラ・アラウカーナ *La Araucana*』が先住民首長の知的好奇心を刺激していたことを知ることができる。さらに『聖人伝 *Flos Santorum de vidas de santos*』や『われらが主イエス・キリストの至聖なる受難の瞑想 *Meditaciones de la Santísima Pasión de Nuestro Señor Jesucristo*』、そして『証書作法 *Política de escrituras*』などなど。これらの書物の存在は、完きキリスト教徒として、また文字万能の新しい社会体制下にあって地方行政の要として生きなければならない先住民首長カハマルキの自覚をも示しているといえよう。(42)

じつは史料調査の過程において、最初にカハマルキの資産目録を閲読した段階では、まだ私は父グァイナマルキの遺言書が同じリマ大司教座文書館に架蔵されていることを知らなかった。それゆえこれらのカハマルキの蔵書の存在を、全寮制首長子弟学校で彼が受けた当代最先端の教育の賜物であると理解していた。しかしながら、のちに彼の父の遺言書と出会い、詳しく分析する機会を得てはじめて、これらの蔵書が父グァイナマルキが息子に遺した二十冊あまりの書物(43)に含まれていた可能性が高いことに気がついたのである。さらに興味深いのは、亡父の蔵書のうちグァイナマルキの目録に現れない七冊ほどの書物である。資産目録には記載できないような内容の、あるいは聖俗の役人の目には触れて欲しくない類いの――たとえば異端的な内容を含む――書物であったがゆえに、彼が複数もっていた別邸などに隠匿していたのだろうか。軽はずみな推測は禁物だが、想像力は刺激される。(44)

いっぽう、家畜や家宅についてはどうであろうか。家畜については、大量の羊群、三百頭におよぶ乳牛を所有していることを申告している。彼の代に入っての増減はいくらかあろうが、遺言書と資産リストを照合させれば、その多くが父の遺産であったことは想像に難くない。また家屋についても、亡父の遺言書通り、中央広場に面した筆頭首長邸を保持していることがわかる。

彼は一応これらの資産についてはその妹マリアナ、あるいは姪との共有財産であると申し添えてはいるが、文書の書き方から見て、特に家畜などはカハマルキが一括管理していたのは一目瞭然である。当時の社会においては、限嗣相続権 mayorazgo が設定されていない限り、相続財産は男女を問わず「残余財産受遺者」によって均等に配分されるという法理が統整していた。グァイナマルキは明らかに限嗣相続権を得ておらず、遺言書においても妻子の平等な相続がおこなわれんことを強調していた[45]。息子カハマルキの遺言書が未発見ゆえ確言はできないが、しかし所有の実質は村の筆頭首長職を継承したカハマルキの一身に集中していたことが推察される。

さらに注視すべきは、その所在が資産目録には判然としない前述の残余の書物のように、父から子へと相続されていたと考えられるにもかかわらず、遺言書、あるいは資産リストには記載されていない「モノ」である。資産目録にはあって、亡父グァイナマルキの遺言書においては触れられていないもののひとつに「古式の木製のティアナ」がある[46]。ティアナとは、先スペイン期から存在する「権力者」のみが座すことが許された椅子であった（写真1）[47]。この椅子こそが、先スペイン期に起源をもつ地方首長権力の象徴財であり、首長職継承のシンボルとなっていたと考えられる。それゆえ財産目録中のティアナは、首長の職を承継したカハマルキに父グァイナマルキが遺贈したものであることはほぼ確実であるにもかかわらず、しかし父の遺言書にはその姿を見せない。ティアナは先スペイン期の異教的要素を濃厚に湛えた威信財であったからこそ、カトリック的言説によって充たされるべき遺言書には相応しくないと考えられ、紙面から排除されていた可能性を考えることができる。

写真1　植民地時代のティアナ．『インカ帝国展』［図録］TBSテレビ，2012年，37頁．

いっぽう遺言書にあって、資産目録には現れないものとして特筆すべきは、武器類である。剣や槍、それから二挺の銃などが父から子に遺贈されているが、これらは資産リストには載せられていない。乗馬権とならび、武器を携行することは植民地時代のインディオ社会においては首長層のみに許された特権であったから、すぐれて権力の象徴たるこれらの武具をカハマルキが手放したとは俄《にわか》には信じがたい。おそらくは巡察使による押収をおそれて、あるいは首長職を簒奪しようとする者の手に渡ることを避けるため、彼らの目の届かぬところに保管していたのだろうか。

こうした事実の細部を前にして、遺言書にせよ、あるいは財産目録にせよ、そこには当時の人間が所有していたすべてのモノが漏れなく記載されているわけではないという点を私たちはしっかりと認識すべきである。しかも先住民首長のそれのような史料は、当時の社会の諸様相が畳み込まれたきわめて貴重なデータの泉である。しかし資産目録のような性格を異にする史料と共振させることによって、遺言書のような文書の作成にはさまざまなバイアスや力が加圧されていたということを感知することができる。次節ではそのような外部の圧力が充満する遺言書の例として、首都リマで生活していたあるインディオ女性の作成した長大な公正証書を見てみたい。

3　闘争の場としての遺言書——フアナ・チュンビの場合

フアナ・チュンビは、首都リマ近郊のアンデス山中、カンタ地方グァマンタンガ村で生まれた。一六一三年、リマ市に居住する先住民を対象として戸別調査がおこなわれ、そのときに作成された貴重な住民台帳が存在するが、フアナ・チュンビもそこに姿を現し、年齢三十六歳くらいであると申告している(48)。それを信ずるならば彼女が誕生したのは一五七七年頃であったと推定される。そのフアナが最初の遺言書を作成したのは一六二五年、四十八歳頃のとき、自宅で療養する彼女の病床に公証人が呼ばれ、枕頭で彼女の遺志が縷々記されていった。彼女はこの病気からは生き長らえたものの、再び一六二七年に身体を壊し、もう一度遺言書を作成し直す。そしてさらに一六二八年、二度にわたって遺言補足書をつくらせている。

すでに述べたように、このように複数回、遺言書を作成すること、あるいは遺言補足書を付加することはけっして特別なことではなかった。しかしチュンビのケースが興味深いのは、遺言書が作成される「場」に作用していた諸力が、稀有な仕方で露《あら》わになるからである。相続・遺贈の法理と宗教的諸規定とを範型として調えられた公文書としての遺言書は、一見するところ、死を前にした人間の純粋かつ一義的な遺志の表出として私たちの前にあるのだが、静謐な面持ちを保ち、整然と並べられた文章の表皮をはぎ取ることができれば、遺言書がかたちを成すときにはたらいていた人間の諸欲、願望、そして人間関係／社会関係の複雑さをつかみ取ることができるのではないか。

ファアナ・チュンビの遺言書も、通常のように公正証書の束のなかに見いだされたものではない。前節でみたグァイナマルキのそれのように、やはり訴訟記録に綴じ込まれている。というよりもむしろ、チュンビの遺言書をめぐって訴訟が開始されたというべきなのであり、彼女の遺言書こそが闘争の舞台となっていた。(49)

ファアナが生まれ故郷グァマンタンガ村を離れて首都にやってきたのは、同村の先住民を委託《エンコミエンダ》され、実質的に支配していたスペイン人エンコメンデロ、マルティン・ピサロ邸で下女としてはたらくためだった。(50)しかしやがて彼女は独り立ちし、首都の経済圏で汗を流しながら、のちにその遺言書で開陳するような大きな富を手中にする。当時ペルー植民地においては、多くの先住民は生まれ落ちた場所に緊縛され、スペイン王権による政治的・経済的な強権的支配体制に包摂されていたのだが、なかにはファアナのように、都市における生活経験を撥条《ばね》として、さまざまな経済的なチャンスに自律的に関わろうとする先住民が現れていたのである。(51)

その最初の遺言書を作成したとき、すでに彼女は四人目の夫と生活をしていた。一六一三年の先述人口調査では、ミゲル・カルァビルカという男性と結婚しているが、これが彼女の最初の夫であり、リマ市を流れるリマック川流域のサン・ラサロ街区に複数の家を構え、二人の黒人女性奴隷を使用しながら生活していた。

四番目の、現在の夫、ギター職人のペドロ・デ・ロス・レイェスと結ばれるにいたるまで、彼女が第二、第三の夫たちとどのような生活を送っていたかは判然としないが、遺言書の財産諸項目から見るに、この間、彼女は多くの財を蓄積していったようだ。奴隷の数も、子供を合わせて九人にも増えている。彼女の生業については詳細は不明だが、リマ大広場において、野菜（の種）を販売していたことがうかがわれ、また自宅兼店舗を酒房 bodega として賃貸していた。さらに彼女は遺言書のなかで多くの人々の質物を保有していることを金額とともに記し、それらを回収することを遺言執行人に要請しているが、こうした積極的な経済活動により、彼女は「グァマンタンガのファナ」と通称されるリマ先住民界の有名人のひとりとなっていたようである。

経済人としてのファナのもうひとつの相貌が、敬虔なカトリック教徒としての生き方である。彼女が、自らの魂、そして亡き両親・亡夫たちの魂のために要請したとりなしのミサの数は百五十にものぼり、また首都リマの孤児院や、彼女の地元の教会などの宗教機関に対して、多額の寄進をおこなっている。これらの喜捨的な行為は、彼女の財力を物語るのみならず、真摯なその宗教心の発露でもあり、それは遺言書中のある条項に示されていた。その条項こそ、彼女の死後に激しくたたかわれた訴訟の争点となる。

彼女は最初の夫との婚姻中に建てた二軒の家を、サン・ラサロ街区マランボ通りに所有していた。遺言書では「大きい家」、「小さい家」と呼ばれていた。この二軒の家をファナは、自身が創立者のひとりとして結成に尽力した二つの先住民信心講に、彼女の死後、その魂のために毎年ミサを挙行するということを条件にしてそれぞれ寄進したのである。「小さな家」は、イエズス会の学院《コレヒオ》内に結成された「幼子イエス信心講」に、毎年彼女の命日に八つのミサを挙げることとひきかえに与えられた。そして「大きな家」のほうは、サン・ラサロ街区に建設されていた先住民教会内に創設された「聖母コパカバーナ信心講」に寄進された。夫ペドロの生前は彼が居住し、彼が死去したのちには同信心講に寄進され、その条件として家の整備に腐心し、家賃収入によって毎年彼女のために四十回ミサを施行する「永代ミサ挙行基金」を設定するということが指示された。

一五九〇年、このサン・ラサロ街区で自律的生活を送っていた先住民は、先住民強制集住政策《レドゥクシオン》によりセルカードへ暴力的に移住させられた。自律性を剝奪され、イエズス会の布教戦略に搦めとられてしまった街区のインディオたちは、しかし、集団的凝集性のシンボルとなっていた「コパカバーナの聖母像」の奇蹟を契機に、聖母像と、それに帰依する信心講を軸として、グループとしての一体性を恢復していった。そしてついに国王からの勅許を得て、セルカードを脱し、旧街区へと戻る権利を安堵されるにいたったその歴史的過程についてはすでに第四章、第五章で見た通りである。

フアナ・チュンビはまさにこの「聖母コパカバーナ信心講」結成の立役者であり、講衆の中心として、街区における その信仰の発展に大きく寄与していた。チュンビが遺言書を認《したた》めていた一六二五―二八年という時期は、先住民が資金と労働力をもち寄って、独自の教会をまさに完成させようとしていたときであり、一六三三年には、それまでリマ大聖堂に幽閉されていた聖母像が、新しくでき上がった先住民教会に安置され、その後「聖母コパカバーナ信心講」は、首都リマ屈指のインディオ信心講として興隆してゆくのである。

こうした歴史的経緯を見るならば、イエズス会系の「幼子イエス信心講」と純先住民的「聖母コパカバーナ信心講」のあいだには、互いに反目し合うような傾向が潜在的に横たわっていたのかもしれないが、両信心講の創設に関わったフアナは、おそらくそうした拮抗の歴史とは無縁なところで、信仰心篤き生活を送っていたのだと思われる。一六二五年の最初の遺言書、そして一六二七年に再度作成された二度目の遺言書において、その亡骸はサン・ラサロ街区の聖母コパカバーナ教会に埋葬されること、そして彼女自身の肖像が描かれた「ロサリオの聖母」の祭壇画を製作し、それを彼女の埋葬場所の正面に祭壇として設《しつら》えるよう命じていたのである。

この第二回目の遺言書作成時点では、二つの信心講それぞれに彼女の大小の家宅が割り振られ、事態は静かに進行していくはずであった。ところが一六二八年五月四日、彼女は最初の遺言補足書を認め、その埋葬場所を聖母コパカバーナ教会から、リマのイエズス会教会内にある「幼子イエス信心講」の礼拝堂へと変更した。それと同時に、「聖母コパカバーナ信心講」に寄進された家宅の賃料を基金として設定された四十回の永代ミサの執行責任者としてイエズス会神父アルバロ・ピントを任命し、基金の管理を委ねたのである。さらに二通目の遺言補足書では大きい家の寄進先こそ変更しなかったものの、遺言執行時に何か問題が発生したときには、ピント神父が、遺言者フアナの魂の救済にとって最善の方向で「遺言書の条項を変更することを認める」という権利委任をしたのであった。この遺言補足書の条項こそが、彼女の死後発生する「聖母コパカバーナ信心講」とピント神父率いる「幼子イエス信心講」とのあいだの激しい訴訟闘争の導火線となったのである。

チュンビは一五二八年に死去したようだが、イエズス会士アルバロ・ピントは、彼女が煉獄へとその居を移すや、大胆な行動に出る。すなわち、彼は遺言補足書の権利委任条項を盾に、「大きい家」の寄進先を、「聖母コパカバーナ信心講」からイエズス会および「幼子イエス信心講」に付け替えてしまったのである。まったく別の文脈に現れる史料から、ピント神父が「聖母コパカバーナ信心講」に敵愾心を抱いていたという事実も知られているが、(52)そのような心情がこの変更の背景にあったかは確言はできない。単純に裕福な先住民信者の遺産を利用して、イエズス会布教の経済的基盤を強化しようとしていただけかもしれない。いずれにせよ、この唐突な措置に対して激昂したのは「聖母コパカバーナ信心講」の講衆であり、彼らは「幼子イエス信心講」を相手取って裁判を起こした。双方が先住民総代理人を立てて争ったこの裁判の記録は百五十葉にもおよび、訴訟の詳細をここで追うことは紙幅の都合上できないが、原告・被告双方が提示した証人たちの言葉から、遺言書が作成される場にはさまざまな力が交錯していたことが鮮やかになる。

原告側は、ファアナ・チュンビは「聖母コパカバーナ信心講」の創立時からその運営に中心的に関わってきた人物であり、「大きい家」を信心講に寄進したのはその信仰心の純粋な発現である、遺言補足書にアルバロ・ピント神父への権利委任がなされた背景には、神父によるファアナへの圧力が存在した、と主張した。実際にある証言者の陳述によれば、病に伏せるチュンビの枕辺で二回目の遺言補足書が作成された際、公証人のアントニオ・タマヨと神父のみが入室を許可され、外で様子をうかがっていると、公証人とピント神父のあいだで激しい口論がおこり、神父が遺言補足書の条項を変更するよう公証人に圧力をかけていたという。そして遺言補足書を作成した当のタマヨ公証人も、条項の変更を神父の裁量に委ねるというあいまいな指示が付加された背景には、ピント神父の圧迫があり、チュンビは不承不承、聖職者の意志にしたがったと明言している。[53]

当時、先住民の遺言書作成の現場に聖職者が立ち会うことはもちろん許されていたが、ペルー植民地社会では、聖職者がその立場を利用して先住民を威圧し、ミサの施行や寄進を強要して教会に遺産が流れ込むよう画策するということが問題化していた。そのような文脈を考慮すると、チュンビの遺言補足書は、作成現場における聖職者の圧力の存在をまざまざと晒す好例といえるかもしれない。[54]

しかしながらこれはあくまでも原告側が紡ぎだす出来事像である。訴えられた「幼子イエス信心講」側が描く遺言書作成の風景はまったく異なっている。すなわちチュンビは常日頃「聖母コパカバーナ信心講」の講衆と夫ペドロから、寄進先を同信心講にするよう執拗かつ強いプレッシャーをかけられ、説得が続いており、彼女が自らの自由な意志で寄進先を選択できる状態にはなかったとする。さらには彼女が夫ペドロから暴力を振るわれていたという事実も曝露される。[55]あるときファナは夫に頭を酷く打擲《ちょうちゃく》されて傷を負い、かつての奉公先のマルティン・ピサロ邸に駆け込んだ。そこで二十日間にわたって養生し、エンコメンデロの仲裁で夫と和解したのだという。ファナはこうした夫の暴力におそれをなし、「聖母コパカバーナ信心講」の講衆と夫からの「大きい家」の処分をめぐる強要を受け入れたのだという。[56]

神父が遺言補足書を書くよう迫ったのか、暴力を伴った夫と信心講衆の圧力が存在したのか、どちらが正しいのかについては、アウディエンシアの判決文すら欠く訴訟記録を読む限り、判断することはできない。しかしながら、ひとつの遺言書が公正証書として生成する背景に、こうした力がはたらいていたことは瞭然としている。

私たちが文書館で目にする遺言書は、どれもみな「緒言」、「第一部」、「第二部」、「結語」という基本的構造をもち、死を前にした人間の宗教的な冀望、そしてあとにする世界へのメッセージを、整理された条項一つひとつに織り込んだ静謐な世界を構成している。それは歴史家にとって、キリスト教を受容した先住民たちの宗教的感情を知るための、また什器や衣料の分析を通じて異文化と伝統文化の混在・融合のあり方を考察するための、さらにはヨーロッパ的な市場原理が支配するなかで彼らがいかなる経済的活動を展開していたかを分析するための一級の歴史的資料である。インディオ社会史研究の最も有望な支えのひとつであることは間違いない。しかしファナ・チュンビの事例は、その穏やかな表情とは裏腹に、遺言書の表層の向こう側には、怒号が飛び交い、血が流れる凄絶な現場が存在した可能性を教えてくれる。単なる情報源として遺言書と向き合うのではなく、人間の情念と欲望の奔流渦巻く世界を感知することがとてもたいせつであることを、リマに生きたひとりのインディオ女性が私たちに届けてくれた遺言書は教えてくれるのである。

おわりに

本章は、これから展開していくであろう本格的な遺言書研究を見据えた、あくまでも「序論」にすぎない。また今後の探求によって、ここで論じたことを凌駕していくようなさまざまな知見や問題群が現れることも確実であろう。それを踏まえたうえで最後に、遺言書研究の見通しと可能性について簡単に触れておきたい。

まず研究の方向として進めるべきは、遺言書に見いだされる地域的差異を比較史的に検討することである。すでに見てきたように、スペイン、ラテンアメリカの近世世界で作成された遺言書は、多少の字句や書式の違いはあっても、その基本構造は等しい。しかしそこに盛り込まれる「内容」は、時代の変化、諸地域の文化的な違いを刻み込んでいる。ペルー副王領北部エクアドル地方、副王領南部ボリビア地方で書かれた遺言書と、インカ帝国の古都クスコや副王都リマ近郊で作成された遺言書の内容にはそれぞれどのような差異があるのだろうか。こうした比較史的研究のためには、もとより本章のような数通レヴェルの遺言書分析では事足りず、少なくとも数十通単位で解析せねばならない。先住民の遺言書と出会うことの困難さを考えると、辛抱が必要となる作業になろうが、こうした分析を通じて新しい歴史的理解の地平が開けていく可能性は高いと思う。[57]もちろん、先住民という集合体のみではなく、スペイン人系の住民、混血系・黒人系の住民が残した遺言書との比較的検討が重要であることは言を俟たない。

もうひとつたいせつな点は、第二節でも示唆したことだが、遺言書に刻み込まれることのなかったモノや事象を、遺言書のエクリチュールの「向こう側」に探求することである。その意味で興味深いのが、植民地考古学がもたらすであろう可能性であり、とりわけ私が注目しているのが、アメリカの新進の考古学者ハーゲン・クラウスのペルー北部ランバイェケ谿谷における調査の成果である。彼は植民地期の埋葬地を発掘し、そこに見いだされる遺体、特に頭骨や歯といった人骨を「生物考古学 bioarchaeology」という新しい手法によって解析し、征服後の先住民社会で蔓延した病気や人口減少の実態を解明しようとしている。(58)

この彼の調査結果は、遺言書からは見えてこないものを視界に浮上させる。先スペイン期の諸文明が、埋葬に際して、貴金属の什器や織物などさまざまなモノを副葬品として亡軀に寄り添わせていたことは周知のところである。カトリック世界に包摂されて以降は、しかしながら経帷子以外のものを棺《ひつぎ》に入れることは禁じられていた。実際、日本のアンデス考古学研究を牽引する渡部森哉らによれば、先スペイン期から植民地期にかけての諸墳墓を発掘調査すると、植民地期にはそうした副葬品が姿を消すのだという。(59)しかしほんとうにそうだったのだろうか。十六世紀から十七世紀を生きた先住民の記録者《クロニスタ》グァマン・ポマ・デ・アヤラは、次のような興味深い叙述をのこしている。

亡軀は屍衣で包まれなければならない。顔や手、足は露わにされていなければならない。というのも、インディオたちはよく、インカ時代の慣習にしたがい、顔や口に銀や金、食べ物を詰めたり、手にもそれらをもたせ、また足にはサンダルを履かせたりするからである。(60)……

また渡部らも、発掘した一部の遺骸の口のなかに、銅製品が詰め込まれているのを見いだしている。

もとよりこうした異教的・非キリスト教的実践が、純粋カトリックの言説空間である遺言書に記されるはずはなかったが、しかし現実の埋葬、納棺の現場では、ポマが批判的に記しているように、インカ的、非キリスト教的実践の侵犯が起きていたことは確実である。実際ハーゲン・クラウスの発掘した亡骸には、顔に赤い布を掛けられたものもあり、また遺骸は、通常の東―西方向ではなく、南―北方向に添って安置されていた。これらの慣行は、ランバイェケ谿谷では、紀元前一五〇〇年頃まで遡ることができる当地独自の風習であるという。

遺言書の世界とは異質な、納棺・埋葬・葬儀の世界が存在しえたということをつねに念頭において「死を前にした人々の言葉」と向き合い、そしてキリスト教的言説が綻《ほころ》びを見せる瞬間を察知し、「向こう側」の世界への通路となるような亀裂を見いだすことこそ、今後展開される遺言書研究の原点に置かれるべきだと私は考える。

第7章　異文化の統合と抵抗
——十七世紀ペルーにおける偶像崇拝根絶巡察を通じて

〔被告のインディオ、ファン・グティエレスはこう答えた。〕〔被告は〕諸聖人はスペイン人のための神々であり、聞かされる「われらが聖なるカトリックの玄義」については、ふざけた冗談であると考えていた。しかし偶像に捧げて祈った五人の子供が死んでしまったので、心のなかでこう思った。「きっと、スペイン人の神のほうがよいのだろう。もう一度、神に戻ってみよう。」そして、お祈りの仕方と「至聖女のロサリオ」の祈禱の仕方を教わるために、御堂付の教師をしていたインディオ、ドン・フェルナンドを訪れた。そしてしばらくはそうしていた(1)……

はじめに

ペルーの十七世紀は、前世紀にくらべるなら、穏やかな時代であったといえるかもしれない。十六世紀にアンデスの社会を根底から揺さぶり覆した「征服」という出来事は、ひとつの既成の事実として、すでにペルーの地に深く刻み込まれていた。そして「支配するスペイン人」／「支配されるインディオ」という図式は、植民地社会存立のうむをいわせぬ大前提として、社会を覆い尽くしていた。インカの王権、国家組織は姿を消し、先住民社会は、政治的・経済的には、スペインが支配する植民地社会の一機構としてほぼ完全に包摂され終えていたのであった。それゆえ、激しい社会的動乱も起こらず、大きな制度的変革がなされることもなかった十七世紀は、ペルー植民地社会の成熟期であったと考えられている。(2) ところが、ひとたび目をインディオ社会の宗教的統合という側面に向けるならば、事情はさほど簡単ではなかったということがわかってくる。

一六〇九年、リマ司教座管区内の一インディオ布教区の司祭が、リマ大司教および副王の前である披露をおこなったのだが、それは、スペインの「征服」のもうひとつの重要な核であったインディオの心の征服、つまりカトリックへの改宗という事業が、この時代に入ってもまだ不十分であったこと、いやむしろ、ほとんど何もなされてはいなかったに等しい、という事実を白日の下に曝すことになったのである。

ワロチリ地方の神父であったフランシスコ・デ・アビラは、その前年の八月、彼が勤務するインディオ布教区で祝われた「聖母被昇天祭」に際し、インディオたちがこのカトリックの祭礼に参加するふりを装いつつ、じつはワロチリの地方神パリアカカ、そしてチョウピニャモックの祝祭を執りおこなっていた事実をつきとめる。彼はただちに村のインディオたちを問い詰め、さまざまな呪物・偶像・マルキ mallqui（先祖の遺骸）など、密かに隠匿されつつ崇拝されていた異教的シンボルを暴きだした。アビラは、これらの品々を、当地区の呪術師を務めていたインディオとともに首府リマに移送した。そして、大司教、副王、そして駆りだされたスペイン人や先住民の見守るリマ大広場というスペクタクルな空間において、呪物や偶像を焼き払い、また呪術師を鞭打ち刑・剃髪刑に処したのである。(3)

この有名なアビラの告発によって、異教的実践や崇拝物の根絶を目的とする「偶像崇拝根絶巡察使」が制度化された。(4) 巡察使は、それ以降十八世紀にいたるまで、リマ大司教座管内の先住民諸村落をくまなく踏破・調査し、異教の痕跡を根こぎにしていったのだが、巡察に際して彼らが遺し、現在リマ大司教座文書館に保管されている調査・審問の記録は、当時、名目的にはカトリック教会の組織（布教区《ドクトリーナ》・信心講《コフラディア》）や諸典礼に包摂されていたインディオの異教的実践のさまを、じつに鮮やかに私たちに伝えてくれる。それはまさしく、カトリックの信仰、そしてスペイン人の支配に正面から向き合わざるをえなかったインディオの日々の抵抗と苦悩の記録である。そしてそれは同時に、十七世紀にいたるまで先住民社会をカトリックの信仰体系のなかに容易に統合することができなかった教会当局の焦燥を如実に表明する記録ともなっているのである。

インディオはいかなる状況下で、そしてなぜ古来からの信仰を維持していたのか。そしてそれが、教会の管理のもとで可能であったのはどうしてなのか。これらの問いに答えるためには、ただ土着の宗教の根強さを指摘するだけにとどまらず、当時の先住民のおかれていた社会的・経済的な情況、さらには抵抗を許した教会側の統合の質についても言及しておかなければならないであろう。もとよりインディオは新しい宗教に対し、つねに反発の姿勢を示していたばかりではなかった。むしろ、しばしばカトリックの諸要素を、自らの文化のなかに積極的に取り込んでいたという事実を忘れてはいけない。ここで述べるインディオ文化の抵抗とは、古い信仰への純粋な回帰ではなく、伝統的信仰とカトリック信仰という二つの力が日常的にぶつかる場において生じていた現象としてとらえなければならないと私は考える。本章では、この巡察の記録の一部、および若干の同時代の教会関係史料に基づいて、これらの問題を考えてみたいと思う。

1　カトリック教会による統合

教会による統合について考える前に、十七世紀にいたるまでの、インディオ社会の植民地体制への政治的・経済的包摂のあり方について簡潔に述べておく必要があろう。インディオの改宗という問題は、政治や経済と密接に連関していたのである。

インディオ社会と植民地体制の最初の結節点となったのは、エンコミエンダと呼ばれる制度であった（第二章、第三章を参照のこと）。このシステムによって、先住民を委託されたスペイン人は半ば封建的領主として君臨し、先住民共同体の富と労働力を植民地体制へ吸い上げる最初の回路がかたちづくられたのである。しかしながら、この制度による統合において特徴的であったのは、スペイン征服以前の伝統的な共同体の枠組みがまがりなりにも維持されたことである。すなわち、先住民共同体の首長（クラカ、カシーケ）層は、植民地行政府の認証を受けたうえで伝統的な権力や特権を確保することができ、植民地期も共同体の生産や労働力を統轄し続けた。それゆえ、インディオを委託されたといっても、スペイン人が先住民共同体の富に接近するためには、クラカ層の協働を媒介として、間接的にはたらきかける必要があった。(5)

このクラカを中核とする共同体の枠組みはその後も維持され、十六世紀後半に副王として統治したフランシスコ・デ・トレドによって、さらに組織化されていった。トレドはエンコミエンダを軸として編成され、さらにこの特権をめぐって生起した種々の内乱的闘争により混沌としていた植民地社会の根本的な改革者として登場した。(6)彼は、私人に託されていた封建的制度をなしくずしにしつつ、先住民共同体の生産・労働力を行政府の直接の管理下に吸収していった。その際に彼が敢行した政策のひとつが、先住民の強制集住、すなわちレドゥクシオンであった。この施策によってインディオたちは、共同体の枠組みを維持はしたものの、それまでアンデスの風景のなかに散らばっていた伝統的居住地を立ち去り、スペイン人が建設した都市をモデルとして格子状に区画され、広場・教会・村会《カビルド》・監獄などのヨーロッパの都市的機能を備えた集住区へと移り住むことを強制された。そしてこのレドゥクシオンを通じて、インディオがある程度の自治権を与えられてまとまった「インディオの公共体 República de Indios」と、西欧風のたたずまいの都市を中心に形成される「スペイン人の公共体 República de Españoles」とが理念において明確に区別されていったのである。本書の第二章、および第四章、第五章でも見たように、都市においても、伝統的な山間部の村落を離れて生業を営むようになった「ヤナコーナ」と称されるインディオを市域外に集住させたり、あるいは出身地に帰村させる方針がとられた。

この社会体制は、スペイン征服以前、インカ帝国の時代に高度な発展をとげていた先住民社会の権力体制・生産構造を保存し、それに依存するかたちでしか収奪組織を構築しえなかったスペインの植民地統治の性格から帰結したものと考えられようが、いっぽう、República の概念のもとに「隔離」された先住民社会に近接することができたスペイン人は、勅任の地方官吏コレヒドール、行政府の許可を得た一時滞在者、そして教会関係者という範囲に法制的には限定されていた。そしてそのなかでもカトリック教会・修道会は、まさしくこの二つの世界を結び付ける蝶番《ちょうつがい》とでもいうべき役割を担っていたのである。

ここで植民地時代のペルー教会史について詳述することはできないが、おおまかにいえば、十六世紀のあいだに数回催されたリマ大司教座管区会議 Concilio limense において、教会のインディオへの布教の方針は定められていった。(7) 征服直後、先住民教化の義務を負っていたエンコミエンダの特権享受者は、その務めを果たすべく、その場で利用できる在俗の司祭などと契約して布教を任せたが、まともな宗教教育も受けず、先住民の話す土着の言葉にも不案内なこうした人々は、インディオたちに教理を伝えていくという勤めからはほど遠い存在であったと考えられている。それゆえ一五六七年に開催された第二回リマ大司教座管区会議においては、このような不適切な司祭を布教事業から排除し、ケチュア語・アイマラ語といったアンデスで話されている代表的な先住民言語をもちいて「公教要理」を教えていくという方針が定められた。そして一五八二年の第三回会議を契機に、ケチュア／アイマラ／スペイン三語訳による『説教集』および『告解手引書』などが編纂され、宣教事業が本格的に軌道に乗ることとなった。

だがここで留意しなければいけないのは、この布教用の手引書の編纂のようなテクニカルな問題を背景から支える教会当局が抱く「キリスト教化」に対する観念である。マコーマックの論稿はこの点を明瞭にあとづけている。(8)

征服後、布教政策の核を形成していたのは聖ドミニコ修道会の人々であった。なかでも、ラス・カサスの思想的影響を強く受けていたドミンゴ・デ・サント・トマスが指導的役割を担っていた。当初、布教は先住民に対する「強制」としてあるべきか、あるいはインディオ文化との「対話」を通じてなされるべきかという議論があったが、サント・トマスは、先住民の伝統的宗教についての精確な理解に基づき、彼らの宗教実践・観念の枠組みのなかに、カトリックの教えを融け込ませていくという姿勢を示していた。最初、布教はスペイン語でおこなうべきであるという主張もあったが、それを土着の言語で実施する方向へと導いていったのも彼の尽力によるものであった。たとえばサント・トマスは、自身が編纂した最初のケチュア語＝スペイン語辞書のなかで、「魂」「洗礼」「告解」などのカトリック用語を、ケチュアの言葉に置き換えるように骨を折っていた。だがやがて教会はこれらの言葉をラテン語・スペイン語に置換していくのである(9)。

「対話」を求める姿勢は、宗教と政治的利害が結びついていくなかで、その後、「強制」論へと転換していく。このプロセスについては今後もさらに考究を深めていく必要があるが、インディオの宗教を呪わしい「邪教」と決めつけて徹底的に排斥し、その上でカトリックの教義を押し付けていくという思考・方針が教会や行政当局を支配するようになっていくのである。こうした考え方が典型的に表現されたのが、前述の副王トレドによるレドゥクシオンであろう。それは実際、アンデスの風景を変革する試みであった。峻厳なアンデスの山の襞に刻み込まれている川や泉や洞穴など、いたるところに散らばっていた「聖なる場」を通して、神たちと日々の交流を絶やすことのなかったインディオたちを、そこから強引に引き離し、人工的に作られたヨーロッパ的空間のなかに集住させ、カトリック教徒に相応しい生活を営ませることを強要したこの政策は、アンデスの伝統的文化を根柢から否定する立場から打ち出されたものであった(10)。

さらにトレドの政策を裏付けていたのは、経済的な利害関心であった。先住民共同体から貢租を効率的に収奪し、鉱山や他の産業へ、インディオを輪番労働《ミタ》を通じて組織的に配分するためには、住民の集住化が最良の基盤を提供するはずであった(11)。カトリックの布教という名目の背後には、つねにこのような世俗的な欲望が伏在していた(12)。従順にスペイン人の支配を受け入れ、その経済を支える僕《しもべ》を生みだすこと。それが当時のキリスト教化の同義語であったといってもいいすぎではない。

こうして措定された行政・教会当局の方針を、インディオ社会の現場において実施・適用する担い手となったのはいうまでもなくインディオ布教区に派遣された「布教区司祭／修道士」であった[13]。日々の接触を通じて、インディオの生活を隅々まで知り尽くす彼らは、先住民社会とカトリック文化との架け橋となり、前者を後者のなかに統合する責務を担うはずであった。ところが十七世紀に遺された「聖職者弾劾訴訟」と呼ばれる一群の史料によってその実情がいかなるものであったかを知らされることになる[14]。

植民地時代、スペイン人はインディオたちを「訴訟好き pleitista」という言葉によって揶揄していた[15]。ふつう抱きがちな、征服という衝撃によって打ち拉《ひし》がれ、沈黙の海に沈められていた植民地時代のインディオ、という一般的イメージとはうらはらに、当時彼らは支配者のもたらした訴訟機構に積極果敢に参入し、それを巧みにもちいつつ、共同体を侵害する者から伝統的権利を守るために驚くべき行動力をみせていた。彼らはまた、日常的に彼らの社会に居住し、共同体の規範に触れるような行為に走った神父や修道士に対しても、まったく容赦することなく弾劾の飛礫《つぶて》を浴びせていた。リマ大司教座文書館に山積みにされている布教区司祭に対する糺弾の記録は、インディオの心の監督者という立場を濫用した聖職者たちの致富への欲望、そして彼らがインディオと取り結んでいた社会的関係の内実を詳らかにする[16]。

十七世紀のペルー植民地社会では、都市の発展と呼応して内陸間の物流が大きな規模で成長しはじめていた。リマ大司教座管内においても、都市リマの後背に広がる地帯では、首都の穀倉として農園《アシエンダ》経営が展開しており、また都市民への低価格衣料の供給を目的としたオブラッヘ obraje と呼ばれる織物工場も叢生しつつあった。そしてインディオ布教区の司祭たちも、この新たな経済の発展に果敢に対応していたのである[17]。

いくつかの例をあげてみよう。コロンゴ布教区の神父であったエルナンデス・プリンシペは、自宅に毛製の粗布や天蓋などを生産するためのオブラッヘを設《しつら》え、インディオをそこではたらかせ、生産品をリマまで運ばせていた。(18) パチャス布教区のディエゴ・デ・カブレラ神父にいたっては、あるインディオに暴力を振るい殺害したあげく、そのミサを挙げた代金を支払わせるという名目で、その息子を、彼が所有する四十二の糸縒《よ》り機械、四つの機織《はた》機を備えたオブラッヘに送り込み、鞭で打ちつつ、四十二名の少年とともに無給で強制的にはたらかせていた。さらにこの村の教会は彼の養豚場となっており、祭壇に置かれていた十字架は地面に放りだされ、豚の踏み躙るままになっていた。(19) オクロス布教区の司祭ガブリエル・メレンデス・デ・コカは、トウモロコシやインゲン豆の大きな農園を所有し、該布教区に属する全村落から、老若男女、すべてのインディオを駆り出し、一年中、一銭も支払うことなくその耕作に従事させていた。(20) グアンドバル布教区の神父バルトロメ・フラードは、村の病院を自らのオブラッヘにして大々的に織物生産を展開していただけではなく、さらに八十頭のラバを用いて運送業にも手を伸ばし、海岸部と取引をしていた。患者は当然のごとく病院にいけない状態におかれていた。(21) またキンティ布教区のペドロ・デ・サラビアは、聖職者には所有が認められていなかったにもかかわらず、鉱山を二年以上にわたって開発していた。布教区民の男女をその意思に反して無報酬ではたらかせ、採掘のみならず、彼自身が設置した精錬所にその労働力を投入し、銀を生産していた。労働を忌避した者については鞭打たせたという。(22)

神父の営利行為は教会当局によって厳重に禁止されていた。しかし、ここにあげた諸例はけっして特殊なものではなく、インディオに弾劾された布教区神父たちのほとんどが、オブラッヘを経営したり、あるいは農園《チャカラ》を所有し、先住民男女の労働力をもちいて営利事業を展開していた。またこの現象は弾劾された神父に限定されず、修道士たちを含め、広く一般化したものになっていたのである。

本来、教会法の規定によって、布教区司祭はインディオが支払う貢租のうちのある一定の額、その身辺雑事の世話をするインディオの有償の輪番奉仕、および自発的意思に基づく喜捨を受くることのみを認められていたのだが、こうした規定はまったく空文化していた。(23) 教会の儀礼・祭事にちなんで供物・御布施を違法に徴収することも日常茶飯のことであった。「諸聖人の日」に御布施を出させ、それを渋ると暴力を振るっていた神父、(24) インディオが結婚をする際には法外な額を取り立て、また村の守護聖人の祭日にも現金、葡萄酒、羊、鶏などを徴発していた神父(25)など、これも例をあげだしたらきりがなくなるほどである。

インディオによる弾劾は、聖職者の不道徳な振る舞いにも向けられている。複数のインディオの愛妾を囲っていることはごく普通のことであり、インディオの二人の乙女の貞操を台無しにした神父、(26) あるいはその家宅に六人の愛人を囲い、そのすべてに子供を産ませていた布教区司祭も厳しく弾劾されている。この司祭バルトロメ・フラードにいたっては、布教区内のインディオ男性が結婚を望んだ場合、まずその相手の女性を神父宅に二週間ほど住まわせたあとでないと認めなかったという。性的関係があったことは周知のことであり、それが原因で多くの若い男性は結婚するために他所へと移住してしまうと弾劾者は指弾する。(27) さらに村の首長《クラカ》をはじめとするインディオたちに「寝取られ男、酔っぱらい」などの悪口雑言を吐き散らし、いっぽう自宅ではトランプ賭場を開帳して信者のインディオを遊ばせ、借金漬けにした布教区司祭などもインディオに痛罵されている。(28) 図1は十六―十七世紀のアンデスを生きた先住民記録者《クロニスタ》、グァマン・ポマ・デ・アヤラがその書に載せた挿絵だが、高地で勤務する布教区司祭たちが先住民女性信者に産ませ、いまや海岸部の首都リマ方面に連れていかれんとしている半ダースの混血幼児たちの愛らしい姿がそこにある。(29) 弾劾したインディオたちの怒りを、稀代の先住民記録者は図像を通して諧謔的に可視化し、私たちに届けてくれたの

図1　山岳地帯の神父が生ませた混血の子供たち．リマ方面につれていかれる．グァマン・ポマ画．デンマーク王立図書館蔵．
From Felipe Guaman Poma de Ayala, *El primer nueva corónica y buen gobierno*, 606. Royal Danish Library, GKS 2232 4°, p. 620.

である。

こうした倫理に悖る日常を過ごし、営利行為に耽る布教区司祭たちが、インディオのキリスト教化を充実させることは難しかったであったろう。当然のように弾劾は、疎かにされた布教の実態にも言及している。教会当局によって禁止されていたにもかかわらず、商取引などのために布教区を留守にしてリマなどの都市にいったきりになっていた神父をはじめ、(30)布教区司祭になるための絶対的条件であった土着言語を習得しておらず、インディオに教義を伝えることがままならなかったとして批難されている神父も数多い。(31)

「たまに布教することがあっても、それはスペイン語でなされ、いつも同じこと、同じ説教で、福音についての説明はなにもなかった」とはある弾劾訴訟で提示された断章であるが、(32)このような布教姿勢によってインディオにカトリックの教えを正しく伝えていくことは不可能であったろう。イワリ布教区を対象におこなわれた偶像崇拝根絶巡察において、邪術を行使したという嫌疑を受けた同布教区に住む老インディオ、セバスティアン・キトに対し、巡察使サルミエント・デ・ビベーロはその取り調べ中、公教要理の口頭試問をはじめた。これは当時の先住民のカトリック理解の深度を測定するうえでたいそう貴重な例であると思われる。

はじめに「神とは誰か」と問われたキトは「子と精霊が神であり、子のみが神です」となんとも模糊とした返答をする。「なぜ父が神であると言わなかったか」と問い返されて、「父と子が神であって、精霊は天のための神です」といい直す。三つの神性の概念は知っていたが、三位一体の複雑な教義はごく曖昧に理解されていただけであった。さらにマリアの懐胎についても「子が人となったのは、男性の業によってであるか」と巡察使が意地悪く問うたのに対し「私たちのだれもが子をもうけるように人となりました」と答え、また十誡については、「老いているため、知りません」と述べている。(33)結局、彼は偶像崇拝者として断罪されるのだが、キトの陳述が教化の不足に由来するのか、あるいはこうしたカトリック理解が先住民一般に見られたものなのかは、この断片からだけでは十分にはわからない。しかし先に述べたような神父たちの宣教態度が背景にあれば、カトリック教義の根本を知悉するにいたらなかったキトのようなインディオが少なくなかったことは想像に難くない。そしてまたこのような中途半端な教化こそが、インディオの伝統的宗教への回帰、先住民文化に基づく抵抗を容易にしていたともいえるのであろうが、この点を考えるためには、神父と先住民共同体との関係について、もう少し考察を深める必要があろう。

　上述の神父たちは、明らかに強制力＝暴力を振るいつつ、先住民共同体に重い負荷をかけていた。そしておそらくは該共同体がその忍耐の限界に達したとき、弾劾の憂き目にあったのだろう。しかし弾劾された聖職者のなかには、暴力という単純な手段とは異なった仕方でインディオの労働力を手にしている者もいた。たとえば、ベゲタ布教区のアルバロ・ヌニェスは「その畑で、むかしインディオがやっていたのと同じように、チチャ酒と砂糖黍のしぼり汁の沢山の甕《かめ》をもってきてミンガをし、意識を失うまで酔い潰していた」として誅責されている(34)。またラ・バランカ布教区の司祭クリストバル・キンテロも、やはり彼の農園《チャカラ》を耕し、水路を掃除させるためにミンガをおこなっていた。来ないと鞭で打つぞと脅かしつつ「御触れ役」を通じて百人ものインディオを呼び集めた司祭は、チチャ酒や葡萄酒でミンガをし、インディオを酔わせていたと訴えられたのである(35)。ここに出てくるミンガ minga とは、ケチュア語のミンカクニに由来する「相互扶助」という意味をもつ言葉であり、征服以前のアンデス世界において、多くの労働力を要する農作業などに際し、酒や食事を振る舞って協力を仰ぎ、共同作業をするというアンデスの伝統的慣行であった。むろん、当時このようなチチャ酒を酌み交わしての宴会は、偶像崇拝と密接に関わるがゆえに、教会当局による処罰の対象となっていたのであるが、じつにそれを禁ずる立場にあった神父自身がミンガの伝統に身を投じていたのである。

　征服後に生じた厳しい人口減少、そして強制集住政策《レドゥクシオン》にもかかわらず、先住民共同体の伝統的関係は力強く息づいていた。それゆえ布教区司祭が先住民の生産力を利用するためには、あくまでも共同体内部における他者として強制力をもってするか（教会自身の強制布教の観念がここに特徴的に現れているともいえる）、あるいはそれとは逆に、共同体の伝統的社会関係のなかに自ら融け込むしかなかったのである。カハタンボ布教区の異教的祭礼に参加していたという神父の例はその意味で象徴的である。当地では伝統的に、家の屋根を新しく葺き替えるに際して、互助的に材料をもち寄って作業をし、夜明けまで踊り、飲み明かすという儀礼がおこなわれていたのだが、この布教区の神父は、根絶の対象となっていたこの行事を取り締まるどころか、家主に祝い金を送っていたばかりではなく、一緒にインディオの踊りの輪に入り、ケチュア語でもって歌を朗々と詠じていたというのである。(36)

さらにここで注意を払うべきは、なぜ征服から八十年近くもたったこの時期に、突如として異教撲滅のキャンペーンがはじまったのかという点である。もちろん、対抗宗教改革期における宗教的浄化、刷新の気運という時代状況がそこに作用していたことはたしかであろう。しかしこの問題を明らかにするために、まさしく上に述べた先住民社会内部のインディオと神父との社会的関係に着目したアコスタは、この偶像崇拝根絶巡察の最初のイニシアティヴをとった前述のフランシスコ・デ・アビラ司祭が、じつはちょうどそのとき、管轄下のインディオから弾劾を受けていたという事実を突きとめた。そしてこの巡察キャンペーンが、神父たちと先住民とのあいだに保たれていた均衡、ある種の共犯関係が失われつつあったときに生じたものであり、当時の経済的・社会的利害関係を濃厚に反映していたという画期的な指摘をおこなっている。(37)インディオたちはこの均衡を逆手にとって伝統的宗教の領域を確保していたと考えることもできよう。

強制力によるか、あるいはインディオ共同体と一体化するか。いずれの場合にせよ、先住民社会のカトリック世界への統合の媒体となるべく布教区に派遣されていた聖職者たちのとった姿勢が叙上のようなものであったからこそ、インディオたちがカトリック教徒を装いつつ、異教的行為を持続する余白は十分に確保されていたと私は考える。次節ではその実践の具体相を見ていこう。

2　インディオ文化の抵抗の諸様相

石ではあるが、祖先とは話をした。スペイン人や司祭がやってきてからは、そのうちのあるものはもう返事をしなくなった。いくつかは返事をしてくれたが。(38)

静謐に見える十七世紀の先住民共同体の内部で実際に生起していたのは、失われつつある聖なるものとの結びつきを再び冀求するインディオの日々の営みであった。カトリック教会の存在は、いやがおうでもインディオの生活のリズムを律している。誕生・結婚・死という根本的な人生の節目は司祭の介入によって刻まれ、ミサ、説教、そして告解へと彼らは強制的に駆り立てられていた。さらにさまざまな祝祭日を通じて、インディオたちの時間をカトリックの暦が統制していた。しかし巡察使たちは、このようなカトリックの表皮の下でインディオたちが展開していた失地回復のさまを暴きだすのである。

そこでは「聖なる地勢図《トポグラフィー》」の再構築とでもいうべき事態が生起していた。モヨバンバ布教区のあるインディオは、チチャ酒の瓶を手にしたインディオ女が「旧村」の方へ向かっていくのを目にし、訝《いぶか》しく思いながらそのあとを追う。「旧村」に辿り着いた彼は、その女を含めた数人のインディオたちが、ある一角でまずチチャ酒を、そして次にクイと呼ばれるテンジクネズミの血を撒き散らし、サンクと呼ばれるトウモロコシの団子とともに、殺されたクイをそこに埋めたのち、もときた道を帰っていくのを目撃した。この供犠がおこなわれていた「旧村」とは、レドゥクシオンが実施される以前に人々が生活していた先スペイン期来の伝統村であり、クイの血が撒かれたその一角には子供の古い骨が埋葬されていたという。(39)インディオたちは、人目を憚《はばか》りながら、新しく造られた集住区を離れ、供犠をおこなうためにいにしえの居住地へと戻っていった。旧村には、アイユ共同体の始源のシンボルである「パカリナ」と呼ばれる聖域、あるいは聖なる物が遺されていたからであり、またそこには、彼らの最も重要な信仰対象のひとつであった共同体の祖先の遺骸《マルキ》が置かれた「マチャイ」と呼ばれる洞穴があったからである。共同体の始原のアイデンティティがいまだに沈殿する旧村との関係を、インディオたちはこうした供犠を通じて維持しようとしていた。さらに彼らは、カトリック教会に埋葬された遺骸も、司祭の目を掠めてマチャイへと移動させたのである。「亡骸が教会や墓地にあって泣いて不平をいっているから、動くこともできず苦しんでいるから」であった。(40)

さまざまなワカ（アンデスにおける「聖なるもの」の総称。第一章一二頁を参照のこと）への供犠も絶やさずつづけられていた。アンデスに聳える雪を被った峰々もワカであり、名前をつけられて崇拝されていた。パンパ布教区において邪術を使って助産したという嫌疑をかけられたマグダレーナは、自宅から、村の高みに切り立つスニビルカと呼ばれた峰に向かい、「創造主よ、私に生命を与えておくれ、助けておくれ、そしてこれを受け取っておくれ」と声をかけながら、白いトウモロコシで練ったサンク団子を捧げたと述べている。(41)

泉や小湖にも、インディオは神性を認めていた。マライ布教区の老祭司の証言によると、村を潤す用水の源流には、この水路を開いたという一本足の男の伝説にまつわる泉があり、毎年二回、共同体の重要な行事であった鍬入れの時期と水路清掃の季節に、クイ、トウモロコシ、コカのほか、ムール貝の粉をお供えして儀礼を執行していた。(42)さらに、さまざまな形態をした石も、昔のクラカや祭司が石化したという伝承などと結びつきつつ、共同体の空間に象徴的な意味を刻する最も一般的なワカとなっており、インディオたちはチチャ酒や動物の血を振りかけている。

天空との対話も続いていた。太陽、月、金星や、オリオンの三つ星、プレヤデス星団、それに稲妻や飆《つむじかぜ》などが、インディオの祈りの対象となっていたのだが、ここで興味深いのは、かつてのインカ王統治の時代に顕著であった「主神太陽《インティ》」の絶対的優位がすでに姿を消し、天穹を構成する諸要素それぞれに独自の儀礼的意味が付与されていたという点である。十七世紀のインディオの宗教は、かつてインカ帝国が担った大きな宗教的統一が消失したのちに生じた、共同体レヴェルにおける創造神、地域神を中心としたローカルな伝統の再活性化と捉えることもできるのであり、そしてそれは、征服後も基本的枠組みを残した各地の先住民共同体を統合する要となっていたのである。(43)

もちろん、教会のコントロールは厳然と存在していたから、白昼堂々と儀礼を実践することは難しかったが（ただし、第一節で述べたような、神父とインディオ共同体の微妙な関係の存在をも考慮に入れねばならない）、インディオたちは、復活祭や各村落の守護聖人の祝祭、さらにアンデス高地で畑の耕作が始まる時期にあたる十一月の「万聖節」の祝祭、および収穫期六月の「聖体祭」などの機会を巧みに利用し、表面はカトリックの祭りを祝うふりを装いつつ、実際は伝統神への供犠を施行していたのであった。(44) また、教会がインディオの信仰心を喚起するために積極的に創設を促進していた信心講《コフラディア》も、インディオたちの異教的実践の組織化を可能とする恰好の手段として逆利用されていたことも史料からわかる。(45)

このような邪教的実践に対し、リマから派遣された巡察使たちは厳しい弾圧をもって臨んだ。審問記録は、巡察使たちがしばしば拷問や巧妙な誘導尋問、対質尋問などの方法をもちいつつ、インディオたちのマチャイやワカを探りあて、それらを根こぎにして火をかけたり、あるいは供犠のおこなわれていた場所に十字架を建立し、そこを新たに「聖体の秘蹟」などと命名し、カトリック教会の土着宗教に対する勝利を強調していた様子を伝えている。さらに、彼らは偶像崇拝的行為の指導者格と見なされた老祭司や共同体首長をリマに送り、カトリックの再教育を施すべく、首都のインディオ居住区セルカード内に設けられた「聖十字架館 Casa de Santa Cruz」に隔離したのである。

しかし、それではどうしてこのような伝統的宗教への回帰現象が起こっていたのだろうか。儀礼の最も基本的な目的は、共同体の生産の安定を維持することにあったと考えられる。一般的に観察されるのは、トウモロコシやジャガイモなど、主食となる作物の畑の鋤入れ、播種、収穫に際し、あるいは耕地に引かれた水路掃除などの機会に共同体レヴェルで実施した儀礼であり、あるいはリャマなどの家畜の繁殖を祈願する供犠であった。たとえばピラス布教区で祭を仕切っていたインディオ、ファン・チャパは、多色のトウモロコシ、コカの葉、そしてリャマから切り取られた耳の先を火にくべ、古来からの礼所になっていた霊峰に捧げてリャマの繁殖を祈っている。(46) これらの供犠は、明らかにスペイン征服以前の伝統をそのまま継受しており、聖なる風景のなかに息づく神々の放射する恩寵を共同体に注ぎ込もうとしていたと考えられる。神々と共同体も、互恵・再分配の原理によって結ばれていた。

だがそれだけではなかった。そこには、明らかに十七世紀の先住民共同体が置かれていた歴史的状況が瞭然と反映している。巡察記録に遍く認められるのは、共同体に迫る危機に日々対峙せねばならなかったインディオたちの苦境である。第一に、スペイン人による征服直後から劇的にはじまった先住民人口の減少は、多少テンポが緩やかになっていたとはいえ、十七世紀に入っても依然として共同体を圧迫していた。ウイルス性の疫病が間歇的に襲っていた。史料に写し出されているのは迫りくる見えない死魔に対する住民の怖れであり、巡察の対象になった異教的行為のなかで際立っていたのは伝統的方法に基づく病気治療であった。それゆえ、首長までがペストに罹るという異常事態のなか、グァカグァシと呼ばれた峰への供犠を命じられた祭司が、一晩中夜明けまで、大量のチチャ酒、トウモロコシの粉、リャマの獣脂を火にくべながら、山の神に死病の猛威が鎮まることを祈願していたオマス布教区の例をはじめ、(47) さまざまな病に罹ったインディオたちが、それぞれの布教区の呪術医を訪い、コカの葉やトウモロコシの粉などを火にくべたり、あるいは体に擦りつけたりする伝統的治療を受けている多くの事例が確認される。(48)

さらに植民地行政府がインディオ成人男子に義務づけていた輪番労働《ミタ》も、共同体に危機を招く元凶となっていた。なぜなら、重労働によって彼らが死亡するのみならず、賦役での移動を契機に都市や商業アシエンダと接触し、生まれ故郷を捨ててそのまま居座ったり、あるいは流浪民と化す先住民が十七世紀に入って顕著に増加していたからである。このようなかたちで男のはたらき手を失うことは、なかんずく共同体の生産力が低下することを意味した。それゆえ、賦役に駆り出される男たちの女房やクラカが伝統的祭司のもとにおもむき、ワカに供犠を捧げて、彼らが首都リマなどから村へ無事に帰還することを祈願する姿を、巡察記録のあちらこちらに認めることができるので

ある。(49)

危機が切迫する日常生活においてインディオたちが冀求していたのは、彼らの苦しみを緩和してくれる超越的存在であり、こうした状況下、教会の教えや典礼、そして外来の諸要素は、先住民を包み込む困難な環境においてはしばしば無益なものと宣告されていたのである。以下は、カハタンボ地方アカス村のある先住民祭司の証言である。

当時、本証人は、村のインディオに対し、わが主なる神や諸聖人は、スペイン人たちのワカであり霊性であるから崇拝しないように説諭していた。それらは、着色された金ピカの棒ッ切れにすぎない、お願いをすれば返事をしてくれた昔のグァマンカマをはじめとする諸偶像やマルキとは違って、頼んでも何も答えてはくれない唖《おし》にすぎない、昔の偶像やマルキは、お伺いを立てて供犠を捧げればたずねたことに答えてくれるが、スペイン人の神は彼らに何も与えてくれないのだから、マルキやワカを崇めなければならないのである、マルキやワカこそインディオを増やし、農地や他の諸々を増やしてくれるのだ、と説いていた。(50)

こうした認識に基づき、クラカ・祭司層が中心となって、異教的行為を通じたカトリック教会に対する積極的な反発が生じていた。

「〔邪術師たちは〕教会は穢れたところであるから入らないようにと命じていた。なぜならば彼らは、彼らの神である雷やその他のワカに懺悔をしてきたのであり、それらはキリスト教の神を崇めないようにといったからである。(51)」このような考えは、たとえばリマ大司教管区にひろく認められる、彼らが「告解（懺悔）」と呼んでいた伝統的儀式によってさらに敷衍されていた。これは一種の禊《みそぎ》儀礼であり、断食をし、山の神などに供犠を捧げながら犯した罪を祭司に告白したのち、川に裸で入り、身を清めるというものであったが、興味深いのは、インセストのタブーなどと並んで、スペイン人の食べ物を口にしたり、葡萄酒を飲むということが、たとえばリビアックと呼ばれる雷神の怒りに触れる、清めるべき穢れと観念されていた点である。さらに断食中は、その効力が弱まるため、教会に入ることを避けること、もし神父の招集がかかってどうしてもというときには、けっして心を委ねてはならず、あくまでも義務としてそこにいるのだということを心するように、などとも、祭司やクラカたちはインディオたちにいい含めていた(52)。

疫病もまた、先住民にとってはカトリックによる穢れと観念されていた。十七世紀の初頭、伝染病が猖獗を極めていたカウリ布教区では、祭司はインディオたちに家内にある十字架や聖像の類をいっさい外に運び出すこと、そうすれば病魔から逃れることができると訴えていた(53)。さらにインディオたちは、生まれた子供の命名を通してもキリスト教会を拒絶する意思を示していた。もちろん当時のほとんどすべての先住民は、カトリックの洗礼を受け、それぞれが聖人名を与えられていた。ところが彼らは、供物を携えてそれぞれのワカのもとにおもむき、ワカが宣示した名を新たに子供につけていたのである。じつに彼らのあいだでは、カトリックの洗礼名よりもこのワカに由来する名前のほうが通っていたという(54)。

こうしてインディオたちはカトリック教会を排除すべき異物と認識しつつ、伝統的儀礼を媒介にして共同体の結束力を強化し、危機に立ち向かったのである。もちろん危機を惹き起こす具体的実体に対しても、インディオは異教的実践を盾に抵抗の意思を顕わにしていた。それに共同体における他者は教会だけではなかった。法制的には制限されていたにもかかわらず、スペイン人は農園《アシエンダ》やオブラッヘをインディオの公共体＝レプブリカの内部に建設しつつ共同体に定着し、先住民の権利を蚕食していた。たとえばある村では、インディオたちは、広場と監獄の角に置かれた石に供犠を捧げ、スペイン人が村のなかに入ってこぬよう祈願していた(55)。

おそらくその願いは虚空に響くだけであったろうが、彼らの抵抗の矛先はこれらのスペイン人実業家にも向けられていた。リャンタン布教区に綿花とトウモロコシの農地を構えていたあるスペイン人は、ひとりのインディオが「セニョール、何も収穫できませんよ。畑はダメになってしまうでしょうね。なにせ、クラカのフランシスコ・マルキス・グァマンが畑に呪術を仕掛けたからです。クラカは、私たちのあいだにスペイン人がいて欲しくないのですよ」と報告しながら、彼の畑に埋められたトウモロコシの茎を掘り出してきた、と巡察使に陳述している。このクラカは毒のついた茎をこのスペイン人の農地に埋め、畑に害をもたらそうと目論んでいたのであった(56)。さらにクラカにして祭司でもあった、イワリ布教区のフランシスコ・ガマラのように、オブラッへでの輪番労働《ミタ》に反発して訴訟を起こしただけでは飽き足らず、村のインディオの暴動を首謀した廉で巡察使の審問にかけられたインディオもいたのである(57)。

こうしたインディオの抵抗のさまを見るとき、ただちに想い起こされるのが、十六世紀の六〇年代にアンデス全域に拡がったとされるタキ・オンコイの乱であろう。それはキリスト教をはじめとする外来の要素をすべて否定し、ワカ信仰の復活を軸として、新たにインディオだけの世界を築こうという意思に支えられた千年王国的運動であったとされるが（ただし近年、この運動の規模や性格については再評価の趨勢がある）、十七世紀の巡察記録に現れる伝統的文化を拠点とするインディオの抵抗姿勢は、明らかにこの運動と共振しつつも、しかしけっして組織的な反スペイン運動に結びつく気配を見せてはいない(58)。

元来クラカの権力は、共同体の神話的起源と密接に結びついており、その地位を安定的に確保するためには、首長層は常に聖なる世界から新しい力を汲み上げ、共同体を統合するための血流として注ぎ込んでいかねばならなかった。それゆえクラカは、巡察記録のなかでは、しばしばカトリック教会に対抗する伝統的諸儀礼の代表者・執行者として立ち現れるのだが、しかしここで注意せねばならないのは、すべてのクラカや先住民がこうした反教会・反スペイン人の姿勢を示していたわけではなかったという事実である。偶像崇拝根絶巡察が遺した記録は、先住民社会の内部から、この伝統的儀礼に拠って共同体を統整するという流れとは異質な、新しい論理が生じていたことをも明瞭に示している。

その論理の担い手は、文書に「ラディーノ ladino」と但し書きされて現れるインディオであった。すでに本書の

第二章、あるいは第五章で見たように、ラディーノとはスペイン語をよくする者を意味し、当時はある程度スペイン文化に同化した先住民を指し示すためにもちいられていた言葉であったが、先住民共同体を訪れた巡察使に村内の偶像崇拝的儀礼をめぐる情報を密告したり、あるいは審問に際し、被疑者を告発する証言をした者の多くがこのラディーノと呼ばれたインディオだったのである。彼らは、スペイン人と結びつくことによってもたらされる特権や経済的・政治的好機を活かしつつ、共同体において伝統的権力を保持するクラカ層の足元を切り崩そうという意思をもつ人々でもあり、偶像崇拝根絶巡察という制度は、その意味で彼らに恰好の機会を提供していた。

教会やスペイン商業資本などの外来的な要素のみならず、このように先住民共同体の内部から生起しつつあった、他者の文化と積極的に結びついていく諸分子と拮抗しつつ、十七世紀のインディオによる異教的実践は展開していた。言い換えれば、タキ・オンコイの乱の背景にあったような「スペイン文化」対「インディオ文化」という十六世紀の截然とした二元論を成立せしめない新しい人間のカテゴリーがこの時代には生まれていたのである。

だがさらに考え進めたいのは、インディオの文化的実践が、たやすくこれらの図式に回収されることはないという点である。すなわち、このように共同体の内部で顕在化しはじめていた二つの論理のせめぎあいのなかに身を置きつつ、自らの意思で、新しいものを生みだそうとしていたインディオが現れていたという事実にも目を向けなければならない。(59)

3　二つの文化のはざまで

セルトーは「かれらは他者が築きあげ普及した、およそ自分たちのものとはほど遠いシステムを再利用するのであり、この再利用を『迷‐信』というかたちであらわすのだ」と民衆文化の本質のひとつを鮮やかに言い切っている。アンデスのインディオがおこなっていた異教的実践も、ある意味ではまさしく「そうしたものを使って、別の

ものを作」る営みであった。(60)

十七世紀に入ると、商業の発展および植民地行政府が敷いた強制労働システムなどを通じて、リマのような大都市とその後背地に広がるインディオ世界との交通、そしてインディオ諸社会間の交通の密度は非常に高くなっていた。当時の記録には、輪番労働《ミタ》のような強制的移動ばかりではなく、弾劾訴訟のために、また巡察使の追及を逃れるため、そして新たな生活の基礎を築くために、山の村々からリマに降りていくインディオの姿がしばしば現れてくるが、彼らはこのような交通を通じ、新しい文化を自分たちの手で摑みとり、それぞれの仕方で消化していたようだ。

コチャララオス布教区に住むインディオ女性マリア・サニャは、呪術師として近隣の村でも名が通っていた。息子をクラカの職につけることを望む母親、土地相続に絡んで訴訟相手に害を与えんとしていた男、失せ物の在処を尋ねる人々などが彼女の顧客であった。博士とか学士などと呼ばれていたこの七十歳の独身老婆は、奇蹟をおこなう人として村中から畏怖されていた。さて、邪術を施行したとして告発された彼女の家宅を巡察使が捜索した結果、彼女の呪術道具として押収されたのが「無原罪のマリア」像一体とそれに寄り添うイヤな臭いのする布袋であった。そのなかには、ケチュア語でウスコと呼ばれたイタチの糞、大ネズミの歯、女性の髪の毛、土製の小ピューマ像とリャマの頭像が入っていた。彼女は聖母像をもちいて失せ物の在処を求めたり、病気の予後などを見通し、また同時に伝統的な呪物を活用して顧客の要望に応じていたのである。いっぽう、彼女を擁護する人々の証言からは、マリアが熱烈な聖母の信者であったこと、そしてその家からマリア像が没収され、教会に安置されたあとも信仰を途切らせることなく、身につけていた銀の留めピン tupu を鋳造して王冠をこしらえ、奉納していたといった事実をも知ることができる。(61) 聖母像とイタチの糞とはいかにも奇妙な組み合わせであるが、当時のインディオがカトリックに対して抱いていたある観念を象徴しているように思われる。「聖人〔像〕はコノパのようなものだと思っていた」と証言したインディオがいる。(62) コノパとは特別な形をした小さな石で、父から息子へ、母から娘へと継承された家の守り神であった。マリア・サニャにとっては、マリア像もコノパのように確かな呪力を授けてくれる存在であった。一般にカトリックの諸教義のなかでも、とりわけ聖母像・聖人像信仰はインディオたちのあいだに浸透しやすかったといわれている。(63) カトリックにおいても、神と現世との媒介的存在としてとらえられていた諸聖人への信仰に、彼らはまさしく同質のものとしてワカ信仰を重ね合わせていったと考えられる。たとえば、先住民の偶像崇拝の全貌をまとめようとしたイエズス会士アリアーガは「ある地方で、一枚の同じ布地から、聖母像のマントと、ワカのための肌着をつくったことがあった」と象徴的な事例を記している。(64)

聖母像信仰の拡散のあり方を示すユニークな史料もある。グァマンタンガ布教区で、邪術師の嫌疑により巡察使の審問を受けたファン・バウティスタ・キスペは、はるばる現ボリビアのコパカバーナからリマ大司教座管内にあるこの村にやってきていた。その証言によれば、彼はかつて「口から火を吹く、鹿に身を変えた悪魔」に遭遇し、その後乱気するが、九日間教会の祭壇で寝泊まりしながらマリア像に祈った結果、精神の安寧を取り戻す。聖母によって授けられたこの奇蹟に感じ入ったファン・バウティスタは、「聖母コパカバーナのマリア像」とキリスト受難像のレプリカを作らせ、御布施集めの旅に入り、グァマンタンガの村に着いたのであった。この男の到着を予め知っていた村の人々は、彼が前の村を出たときから歓迎の準備をはじめており、聖像と蠟燭を手にした彼が村に入るや否や、旗を手に取り、踊りながら出迎えた。また彼は、当時禁止されていたチチャの酒宴に招かれ、足がもつれ、呂律が回らなくなるまで泥酔すらしていた。さて彼は、教会に聖像を置き、ただちに御布施集めを始めた。しかし当局の許可がないからと神父に妨害され、村を退去するよう命じられたのだが、しかしその瞬間、大音響が空に鳴り渡り、ファン・バウティスタは「聖母が怒っている」「この世の終末だ」などと触れ廻り、泥酔の件を含め、結句、偶像崇拝根絶巡察の厄介になったのである。(65) このインディオは、リマ大司教座管区全域で同様な活動をしていたと述べているが、この史料が具体的なイメージとして伝えるように、聖像信仰は当局の強制によるのではなく、それとはまったく逆に、インディオのごく自然なイニシアティヴによって、それも正統な信仰形態とはかけはなれた仕方で民衆世界に浸透していたのである。

キンティ布教区のインディオ、ペドロ・セバスティアンのケースも面白い。彼も先のマリア・サニャと同じように学士、大博士と呼ばれ、占術や医療をよくする邪術師であり、その力（熱く焼けた鉄を冷めるまで握っていることができたという）によって、村人からはコレヒドールよりも懼れられていた。興味深いのは、彼が失せ物捜しや対抗邪術のためにもちいていた道具である。それは眼鏡であった。記録によれば、眼鏡を通して行方不明になったものの在処や呪術をかけた犯人を特定したのだという。外来の物品を当時のインディオがどのように見ていたかをよく示している。さらに彼は、そこから薬草学の知見を得たという『薬草木技芸』というマニュアルの写本を、近隣の地方で書記をしていたというインディオから入手し、所持していた[66]。はたして彼がほんとうにそれを読み、理解できたのか。彼の供述がケチュア語の通訳を介しておこなわれていたこと、署名もできなかったことなどの事実からみてそれは疑わしいが、しかし眼鏡にせよ、この写本にせよ、ちょうどマリア・サニャが所有していた聖母像のように、彼の呪力を増す何かシンボリックな意味をもっていたこと、そしてそれが、彼をとらえていた伝統的な心性となんら矛盾をきたすことなく共存していたことは間違いないであろう。

二つの文化を生き抜くことは、十分に可能であった。オクロス布教区のクラカであるドン・ロドリゴ・フローレス・グァイナ・カハマルキの小さな、しかし素晴らしい蔵書群はそれを如実に物語っている[67]。彼は、配下の祭司に伝統的な織物クンビでできた衣裳を着せて近傍の峰に遣り、村を襲っていた疫病を鎮めるため雷神への供犠を命じ、さらには祖先のマルキを崇拝していたという廉で巡察使の審問を受けたのだが、その際、彼の財産が没収され、目録が作成された。目録のなかにはさまざまな日用品と並んで、計十三冊に及ぶ本がリスト・アップされているのだ。『われらが主イエス・キリストの至聖なる受難の瞑想』『聖人伝』『聖母時禱』などの宗教書をはじめとして、スペインのピカレスク小説『グスマン・デ・アルファラチェ』、チリのインディオ部族とスペイン人との戦闘を描いた叙事詩『ラ・アラウカーナ』、さらには『証書作法』など興味ぶかい書物がそこには並んでいる。係争中に、彼が提出したいくつかの請願書に綴られた美しいスペイン語からみても、彼がかなりの教養のもち主であったことがうかがわれるが、インディオ首長カハマルキのなかにも、敬虔なカトリック信者・読書家としての側面と、異教的実践の指導者としての側面とが、くっきりとしたかたちで同居していたのであった(68)。

ここに挙げた三人のインディオにとって、聖母像が、眼鏡が、そしてスペイン語の書物を通して得られる未知の世界が、具体的にどのようなイメージをもってとらえられていたかは史料からよくはわからない。しかし、三人のインディオはそれぞれの意思で、これらの新しい「もの」を、それぞれが織りなす日常の生活のなかに融け込ませ、新たな意味を付与していったのである。それは、インディオの心の深みにまで到達するディメンションを欠く教会による強制布教の精神からはかけ離れたところでおこなわれていた、インディオの側からカトリック教会に向けての、ひいてはスペイン人の文化に向けての対話の試みであった。

おわりに

スペイン王権、そして植民地行政府にとって、インディオのキリスト教への改宗は、彼らの支配を正当化する最も枢要な大義名分であった。「新信者 neófito」たちを、誤った道への逸脱から救い出し、正しい神に仕えるカトリック教徒として育成することにより、ローマ教会を頂点とし、またその精神的支配の代行者であるスペイン王権を軸とする植民地の社会的統合が達成されなければならなかったのである。その意味で、この偶像崇拝根絶巡察と並行してイエズス会士たちによって推進されていた、地方首長層の子弟たちを教育する学院《コレヒオ》の設立は、問題の所在を的確にとらえた措置であった。将来、共同体を社会的・宗教的に統轄することになるクラカの子息たちを、カトリックの環境のなかに収容し、教義の学習やスペイン語の読み書きを学ばせることによって、インディオを改宗する事業の、共同体における橋頭堡は築かれるはずであった。そして実際クラカたちもこぞって息子たちをリマのコレヒオに送り込んだといわれている。

しかしカハタンボ地方のクラカ、ドン・ファアン・メンドーサにかんする巡察の記録は、植民地行政府によるこの統合強化の試みも、ストレートにインディオ社会に到達することはなかったことを伝えている。このクラカは、やはり配下の祭司を使ってコカ葉や獣脂、そしてリャマをもちいた異教の神への供犠を施行していたのだが、この儀礼の主要な目的は、首都のコレヒオで学ぶ彼の息子が立派に学業を修めて村に戻ってくること、そしてその勉強の成果をもって、共同体の成員に敬われ、重きをおかれる人物として、彼の首長職を無事継承することを祈願することにあったのだ。(69)

異教の神々に向かってカトリックのコレヒオにおける息子の成功を祈る、というこのクラカの逆説的ともいえる行為は、異文化によって支配されたインディオたちの意思を明瞭に物語っていると私は考える。すでに確立した植民地体制のもとで共同体の運営を維持し、その存続をはかるためには、新しい文化の内実を知り尽くし、それを操作しうる能力が必要不可欠のものとして求められていた。インディオたちはスペイン人支配者に対する訴訟などを通して、そのことをいやがおうでも認識させられていた。しかし彼らは、この上からの統合の体制に対して全面的に身を委ねてしまったのではなく、それを伝統という文脈のなかで、そしてローカル社会の局面のなかで読み替え、さまざまな危機に満ちた現実の世界に書き込んでいくしたたかな力量をもち続けていたのである。

カトリック教会が先住民に対して示した統合の姿勢が、アンデスの伝統文化との対話を拒絶し、その存在を否定するという方針によって貫かれていたとき、対話を継続していたのはむしろ先住民自身であった。神父たちは、彼らの統合の意欲の前に立ちはだかるインディオたちの頑迷固陋さを嘆き、そしてまた「忘れっぽい」「臆病小心な」などという言葉で彼らの無知を嗤《わら》った。しかしインディオたちは、この固陋な相貌の内側で、高飛車な強制的統制の圧力に抗しつつ、独自の律動をもつ「インディオ文化」を創造しつつあったのである。このインディオ文化がその後の植民地社会の歴史過程のなかで、そして現在のアンデス世界においていかなる意味をもちうるのかを明らかにする作業は今後の課題としたい。

カトリックの教えを嘲り、しかし異教の神に捧げたあげくに五人の子供を失い、キリストの教えに戻っていった本章の冒頭に掲げたファン・グティエレスの証言はこう続く。「……そしてしばらくはそうしていた。しかしその後再び、昔と同じように偶像崇拝にもどった……」(70)

カトリックの教えと伝統宗教のあいだを、苛酷な現実のなかで往還していたインディオたちの日常的実践のありさまを、偶像崇拝者ファンの証言は的確に示しているのではないだろうか。

＊

補論

偶像崇拝根絶巡察が実施されるに際し、摘発・弾圧する側にあったカトリックの聖職者たちは、被疑者として拘束された先住民たちが通辞を介して語るその伝統的な宗教儀礼を、彼らにとって最もわかりやすく明白なシェーマ、すなわち「悪魔崇拝」という枠組みのなかに強引に嵌め込んでいった。そしてまた植民地主義という歪《いびつ》な力が作用する巡察・審問の場において、先住民たちが、宗教をめぐる彼ら自身の思考や感情を相手に真っ直ぐ伝え、説明するという余裕はあろうはずもなかった。自らの文化的優越性に酔い、先住民文化をはなから軽蔑する風で睥睨するスペイン人聖職者や官僚・書記官たちを前にして、捕らえられたインディオたちはどのような精神状態に置かれていただろうか。巡察使や神父らの存在に気圧《けお》され、彼女ら、あるいは彼らが、ついさっきしたばかりの証言を撤回したり、あるいは口裏を合わせて偽証するといった場面は巡察においては無数に繰り返されたのである。ここでは、補論として、そうした「文化的圧力」の存在を明白に示すある史料を紹介しておきたい。それは一六五〇年、首都リマ近郊カンタ地方のポマコチャ村でおこなわれた巡察に際して審問された老女の供述調書である(71)。被疑者女性イネス・カルアチュンビは推定六十歳の老未亡人であり、近隣諸村落においても評判の呪術医 curandera であった。審問を実施したのは当地の司祭代理である。

……一六五〇年四月九日、サンタ・アナ農場にて。

午前八時、私こと〔司祭代理の〕ドン・アントニオ・デ・カセレスはイネス・カルアチュンビを拘束し、同所に連行した。到着後、同女からの供述を取ることを命じた。

……

次いで村役のペドロ・エステバンに対し、同女を出頭させて同女に拷問の可能性について告げさせ、もしも同女が正しく供述せず、否認を続ける場合には、キリスト教徒として、また陛下の僕として相応しい仕方で拷問を執行するよう命じた。さらに忠実なる通訳として、同女イネス・カルアチュンビがその言語でおこなう全ての供述を正しく伝えるよう法定の宣誓をさせた。宣誓後、私〔司祭代理〕の面前に紙とインクがもってこられた。

……

同日、同ドン・アントニオ・デ・カセレスは、村役ペドロ・エステバンに補佐され、以下のように取り調べを開始した。

――名前、年齢、出身地が問われ、

〔イネス〕名前はイネス・カルア《ママ》、レイェス村の生まれ、故人であるディエゴ・グァマンチャグアの未亡人であり、六十歳くらいであると述べた。

――われらが父、聖なる神に対する瀆神行為、おのれの魂にとって害悪になるような行為について供述するようにいわれ、

〔イネス〕リャマの脂、白色・黒色のトウモロコシをもちいて多くの病人を治療した、それがおかしたすべての

罪であると述べた。

――村役が否認を続けると拷問をおこなう旨を述べ、チンチャイコチャにあるキルカイにどのようにして儀礼的辞儀《モチャ》をおこなったかと問われ、
〔イネス〕本供述者はキルカイと呼ばれる山岳に対してモチャをおこない、亡夫が、生きた子羊・死んだ子羊を供えるのを手助けした。……捧げられた相手はアポキルカイ、カパックキルカイと呼ばれる、(72)供述者たちは、次のようにいった、「これらの子羊たちが死なぬようよく見ていておくれ」と、またチンチャイコチャの傍らにあるチョケキルカの峰にもコカの葉を口で吹きかけて捧げ、また獣脂、チチャ酒、そしてトウモロコシ団子をお供えした、亡夫は〔儀礼に〕大変熟達しており、彼女は夫を助けていた。
――悪魔 demonio とは何度話をしたか、それを見たか、と問われ、
〔イネス〕白いマント姿で二度見た、投石器はもっていなかった、シャツを着ていたかはわからない、顔はマントで覆っていたと述べた。本供述者は彼に向かっていった、「私に銀をおくれ、私に食べ物をおくれ」彼はそれを約束してくれた、夫の死後、本供述者は悪魔に対していった、「見た通り、私はもう寡婦《やもめ》、これからはあんたが私を養わなければいけないよ、私があんたを好きなことはわかるだろうし、あんたも私のことが好きだろう」、すると悪魔は、トウモロコシ、マカ……、ジャガイモを本供述者に与えた、銀はくれなかった、悪魔は毎年これらのものを与えてくれ、かれこれ四年間ほどぐらいになるか、彼女はこれらを受け取ってきた、と述べた。
――マカ、トウモロコシ、ジャガイモなど、悪魔が与えてくれたものを誰が担いできたのか、と問われ、
〔イネス〕すべて本供述者の家に現れた、本供述者はタラマやグァンカに交易に出かけたが、何も買っていく必要がなかった、本供述者の寝起きする部屋に彼自身が置いていってくれたからだ、悪魔は投石器をもたず白いマント姿で、そのとき、もってきてくれた、と述べた。

——何回悪魔と寝たのかと問われ、
〔イネス〕彼がやってきた二度のうち、一度本供述者と寝た、……悪魔と肉体的交渉をもったかは記憶にない、と述べた。
——真実を述べ、はっきりと、正確に、罪を隠すことなく、ほんとうのことを供述するよう訓告されると……、
〔イネス〕二回にわたり交渉をもった、目は覚めており、正気であったからよく記憶している、悪魔の誘いは執拗であった、と述べた。
——悪魔は生前の夫と同じように彼女と交わったのか、と問われ、
〔イネス〕同じようであった、と述べた。
——悪魔が本供述者にのこした精液はどのような種類のものであったか、と問われ、
〔イネス〕白い乳のようであった、と述べた。
——それは冷たかったか、それとも熱かったか、と問われ、
〔イネス〕熱かった、と述べた。
——悪魔が彼女に挿しいれた性器は夫のものと同じようであったか、と問われ、
〔イネス〕同じかたちであった、と述べた。以上の供述は真実であり、実際に起きたこととして供述する、彼女との交接をすませると、悪魔は何もいわずに去った、と述べた。
——誰が彼女に邪術師になり、かかる悪業をなすよう教えたのか、と問われ、
〔イネス〕供述にある夫は〔施術に〕非常に熟達しており、被告に「このキルカイを私たちは崇拝し、モチャをしなければいけない」と言った……。
この審問の記録からは、明らかに二つの異なった考え方、二つの世界観が交錯し、すれ違う様子が浮かび上がり、

同時にまた、非文字的世界に生きる老女の思考・宗教心が、巡察審問という装置を通じ文字的世界へと翻訳され、資料化されていく際にはたらく「暴力」をまざまざと看取することができる。老女は最初に、山岳の精霊＝ワカであるキルカイに、生前の夫とともに子羊を供犠として差しだす情景を語りはじめる。それは先スペイン期以来、植民地時代にいたるまでアンデス世界において脈々と続けられてきたワカ信仰のごくありふれた実践にすぎない。アンデスの人々が、山岳や泉、太陽や月など、多様な自然物に霊性を認め、収穫物や家畜を奉献し、生産や繁殖の豊饒を祈願していたことは本章ですでに見た通りである。「子羊たちが死なないように見ていておくれ」、「私に銀をおくれ、食べ物をおくれ」というのは、山岳の神性への老女の真摯な祈りであろう。

しかしそれは司祭代理がデモニオ、すなわち悪魔という言葉を使いはじめるや、がらりと様相を変えてしまう。ここでスペイン人司祭代理が口にした「デモニオ」というスペイン語の単語を、通辞はおそらく当時ケチュア語でそれに対応すると考えられていた「スーパイ」という言葉に置換したと推定できるのではないか。スーパイには、たしかにヨーロッパ的な悪魔像に対応する部分もあるが、十六世紀半ば頃の辞書では「良い天使、悪い天使」「悪魔、家の小鬼」といった意味が充てられていた[73]。絶対悪を体現する「悪魔」とは異なり、スーパイは両義的な存在であって、ときには気前よく、ときには気分を害したりしながらも、インディオとのあいだに供犠を介して互酬関係を構築していたアンデスの神性を表現する存在であった。「私はおまえのことが好きだ、あんたもそうだろう」という言葉は、それを意味しているとも考えられる。また「毎年」、「ひとりでに現れるトウモロコシやマカ、ジャガイモ」とは、確たる豊かな収穫がもたらされたことを老女が淡々と語っているにすぎないのではないか。

しかしながら、一五八二年に開かれた第三回リマ大司教座管区会議を経て、スーパイ＝「悪魔」という一元化はすでに教会当局においては公的に達成されていた。それゆえ老女の認識する伝統的互恵関係の体現者たる「スーパイ」が、再び通訳を介し「デモニオ」という言葉をまとって司祭代理のもとに送り返されると、それは圧倒的な絶対悪を体現する一義的な存在へと変貌する。デモニオは「弱い性」である女性を勾引《かどわ》かし、彼女たちとの肉体的交渉を介して「契約pacto」を結びつつ、キリスト教社会の転覆を目指す邪悪な陰謀者なのである。

悪魔との性的関係をめぐる審問者の問いに、老いた女が至極自然なかたちで応答している理由はこの記録からはわからない。拷問の脅迫からか、あるいは相手の文化の枠組みにとりあえず従っておくことが事態の複雑化を回避するための賢明なやり方であると戦略的に判断したからなのだろうか。老女の戸惑いや嫌悪感、恐怖などの心的細部はまったく捨象されて記録は進行していく。司祭代理、村役が共謀して老女の供述を捏造した可能性も否定できない。いずれにしても、超自然的な存在と老女が取り結んでいた繊細な関係が、カトリック聖職者の単純化され、即物的な性の構図へといとも容易に回収されてしまったことは明らかである。このように、「言語の差異」と「発話の場にはたらく暴力」という磁場は、アンデスを研究する者の足許をいつも不安なものとしている。

むろん支配者の強制力によって、証言を余儀なくされる人々の言葉がつねに奪われたり、歪められたりするばかりではなかったことをも指摘しておかなければならない。次章で見るように、この老女が訊問されていたのと同じ頃、リマに拠点を置いていた異端審問所は反キリスト教的思想を抱き、異端的行為を実践したという嫌疑のもと、たくさんの人々を裁いていた。異端審問所は先住民を対象から除外し、インディオ以外の人種に属する人々を管轄していたが、リマの町に住む混血や白人の極貧に喘ぐ女性たちが「魔女」として審問を受け、その供述記録が遺されている。興味深いことに、そこには魔女と名指された人々が「術」を行使する際にもちいたたくさんの「呪文」の一篇一篇が、一語の差異をも疎かにされることなく、繊細な注意力とともに記録されている。異端審問を取り仕切った官僚たちを貫いていた「文書至上主義」が、逆説的にも民衆が創造した文化の財を紙葉の表層に刻印し、今日の私たちのもとへ届けることを可能にしていた。いずれにせよ、植民地主義の横溢し、文字的社会と非文字的社会とが交差したアンデス世界は、文書・史料が生成する場にはたらく諸力をありありと浮かび上がらせているのである。

第8章　リマの女たちのインカ——呪文におけるインカ表象

はじめに

「大反乱の時代」と呼ばれた十八世紀後半、ペルー副王領には自ら「インカ」を名乗る人々が現れた。彼らはいにしえのインカ王たちの末裔を自称し、植民地社会を根柢から揺り動かすほどの反乱を統率したのである。一七四〇年代に現れたファン・サントス・アタワルパ、そして一七八〇年に大反乱を起こしたトゥパク・アマル二世のような「インカ」たちが、先住民や混血大衆《メスティソ》の魂を摑んでいった。貧しき人々は、「インカ」たちの裡《うち》に、植民地状況を終焉へと導き、飢餓も抑圧も存在しない一新された世界を涌出させる潜勢力を期待したのである。

男たちのカリスマ的な個性は、彼らが自らをインカと見なしたということと緊密に結びついていた。そのことが彼らに、アンデス世界の君主となるための正統性を賦与し、さらには、植民地主義が蝕む社会状況を一撃で変革する神秘的な力能を感じさせていたのである。追随した人々は、「インカ」たちがもつ超自然的な力により、大地を揺るがす地震が生起することを畏れ、あるいは死者たちが蘇ることを待望した。彼らは、言い換えれば、世界の紊乱者だったのである(1)。

彼ら「インカたち」のまわりには、抑圧された先住民大衆のみならず、植民地生まれの白人層であるクリオーリョやメスティソの人々すら蝟集していた。彼らは政治的権力から疎外されていたり、わずかな経済的資源に甘んずる満たされない階級であった。象徴としての「インカ」は、その魔術的・メシア的属性によって、アンデスに住むすべてのセクターを包み込もうとしていた。(3)

十八世紀の諸反乱の研究者のなかには、そこに「インカリ」の生成を認める者もいる。インカリ Inkarri = Inca Rey（インカ王）とは、一九五〇年代にアンデス高地において、先住民共同体の奥深くまでフィールド調査のソナーを沈めた文学者ホセ・マリア・アルゲーダスが見いだした神話である。それは、大地の奥底に横たわる断首されたインカ王の肉体が、しかしいまも少しずつ成長を続けており、いつの日か「首」とひとつになる、そのとき、苦悩する先住民を解放する刷新された社会秩序、すなわちひとつのユートピアが現前するという内容をもつ民衆的な信仰であった。この神話／信仰は、征服後に生じたインカ王たちの処刑という歴史的な出来事と結びつきつつ、今日にいたるまで、民衆の想像界に伏在し続けていたのである。(4)端的にいえば、インカリとは超自然的な強度をもつ神秘主義的・メシア的身体であった。しかしながら、十八世紀に現れるインカたちにこのインカリ的属性が認められることは事実であるにせよ、この新しいインカのイメージはどのように生成したのか、その過程について、私たちはまだ多くを知らないのである。インカリは十八世紀に突如出現するのだろうか。

たとえばペルーの史家ピースは、前世紀にすでに救世主的インカが姿を見せていた徴候を認めている。彼は、十七世紀にはアンデスの民衆心性のなかに「インカリ」が存在していたと考え、その論拠として、一六六六年リマで明るみになった植民地体制の転覆を目指す反乱計画を挙げている。それはリマ近郊の先住民首長層が企図した謀反であったが、密告のために未遂のまま終わった。ピースが注目するのは、頓挫した反乱の主導者のひとりが、ガブリエル・マンコ・カパックと名乗っていたという事実である。マンコ・カパック、それはインカ王朝の神話的創始者の名前であった。さらに捕縛された叛徒のなかにはファン・アタワルパ、つまり一五三二年カハマルカで処刑された最後のインカ王アタワルパの名を継ぐものもいたのである。これらの事実をもとにピースは、この時期すでに、インカをめぐるシンボリズムが成型しつつあり、それはアンデスの諸民族集団を通底する集合意識を創りだす軸として機能することになろうと論じている。(5)

またアルゼンチンの史家ロランディの研究も貴重であり、これはピースによって提起された問題を裏づける。ロランディは十七世紀に生きたあるスペイン人、ペドロ・ボオルケスという山師的人物をめぐる特異な歴史を浮き彫りにした。キホーテ的なこの男は、ペルー副王領のさまざまな地方、とりわけアンデスの東斜面のアマゾン地方を経巡る波乱の生活を送っていたが、十七世紀のあるとき、アルゼンチン北部地方に住むカルチャキという先住民族集団を率いてスペイン権力に反旗を翻す。植民地当局に真っ向から挑んだボオルケスは、自らをインカであると名乗っていた。ヨーロッパ原産の偽りの君主は、古代インカ王朝風の衣裳を身に纏い、あたかも神聖な存在のごとく先住民が担ぐ御輿に乗って移動した。実際の歴史では、カルチャキ谷の先住民は先スペイン期の十五世紀、到来したインカ帝国軍によって血みどろの敗北を蒙っていたにもかかわらず、彼らはインカ王ボオルケスに確固たる忠節を尽くしていた。こうしたデータをもとにロランディは、インカ帝国崩壊から百年ののちには、植民地主義の軛《くびき》のもとで呻吟していた民衆世界にメシア的インカ王がやがて帰還し、アンデス世界を再生してくれるであろうという待望が生まれていた、と結論づけるのである。(6)

ピース、そしてロランディの研究は、インカをめぐる新しいイメージの歴史を学ぶ者にとって、これから歩むべき道を示すたいせつな標《しるべ》となってくれよう。しかしながら、彼らの見解を本格的に論証するためには、具体的な歴史事実によって埋めるべき空隙がたくさんのこされている。そもそも、叛徒の首謀者の名前にインカ王のそれが見いだされることだけをもって、ただちに救世主的インカへの信仰が存在したといえようか。いったい流浪の余所者ボオルケスの何が、カルチャキ谷の先住民の心をとらえたのだろうか。アンデス研究者はともすれば、インカの表象をめぐる痕跡がでてくると、すわ、それを「インカリ」と結びつけるきらいがなくはなかろうか。(7)そのためには、もっと多様な歴史的証言を求めなければいけないのではないか。

その意味で、これから分析する「魔女」というレッテルを貼られたリマの女性たちが編みだした「呪文」群は、新しいインカ像が産みだされていく空間を触知するための重要な手がかりとなろう。都市リマの周縁的世界に住む女性たちが、夜の静寂《しじま》に紛れ、密やかに創造したこうした呪的言語態を、十七世紀におこなわれた異端審問の訴訟記録のなかに追ってみたい。

ペルー異端審問所の拠点であったリマに保管されていたはずの膨大な訴訟記録群本体のゆくえは、じつは、今日も杳《よう》として知れないのだが、幸いなことに、審問官たちが本国スペインに定期的に送っていた訴訟の要約・梗概が、「定例審問報告書 Relaciones de causas de fe」というタイトルのもとに綴じられ、スペイン国立歴史文書館に保管されている。魔女たちの多様な呪文の数々は、そこに見いだすことができる。これらの史料をもちいながら、十七世紀の邪術実践史の一断面に寄り添ってみよう。そこにはたしかに「新しいインカ」が生まれつつあったのだ。

「異端審問 Inquisición」セクションに保管されている「定例審問報告書」の歴史研究における史料的価値については、懐疑的な見方も存在する。とりわけスペインの史家カスタニェーダはこの史料群のデメリットを次のように述べている。「たとえば「定例審問報告書」の心性史研究への寄与については、かなり議論の余地がある。というのもそれらは訴訟記録原本のレジュメでしかなく、したがって被告の信仰、彼らが提起すること、その観念をつねに正確に反映しているとは限らないからだ。ただ、統計的資料としてはその価値はとても高い。(8)」

もちろん本章でもカスタニェーダのこの問題喚起を念頭に置いて分析を進めてゆくが、しかしながらあえて強調したいのは、魔女一人ひとりの呪的言語や邪術的実践を記録し、それを定期レポートに再現した異端審問官 inquisidor たちが示す緻密さ、そして細部へのこだわりである。「報告書」において、これらリマに生きる女性たちが創造した呪文・祈禱文は、差異や特異性をそのまま保ち、しばしば異端審問官自身の注釈すら施され、一つひとつ几帳面に再録されている。その意味で、ギンズブルグに倣いつつ、異端審問官たちは、魔女たちの現実に対して、あたかも人類学者のように振る舞っていたといい添えてもよいかと思う。(9) またこうした呪言ごときに歴史的価値などあるものか、と疑義を抱く向きもあろうか。気まぐれな女たちが編みだした呪文など、日々のガラクタにすぎず、まじめな歴史研究の対象にはなりえない、と。けれどもほんとうにそうだろうか。これらの呪的言語は、文字を読むことも書くこともできない彼女たちの感情や感動の直接の表出が結晶したものと考えてもよいのではないか。呪文は、海霧漂うリマの夜の空気に向かって放たれ、その瞬間、消散するよう運命づけられている脆弱なオーラル的素材である。そうした儚《はかな》い生命しかもちえぬ言葉を、しかし幸いにも、異端審問官たちの抜け目のない官吏魂が捕捉し、そして古文書にその痕跡はのこった。その意味で私は、これから分析する呪文群は、女性たちの口承世界の歴史を垣間見るためのかけがえのない「窓」であると考えている。

1　諸王の都リマと女たち

まず手短に十七世紀の首都の様相に一瞥をくれてみよう。アンデス山脈から太平洋に流れ込むリマック川流域のオアシス地帯に建設されたリマ市、ここで一六一三年に実施された人口調査によれば、住民の数は二万三千人ほどであり、その大多数を占めていたのは白人、および黒人たち、それぞれおよそ一万人が住んでおり、残余は約二千人のインディオ、混血《メスティソ》約二百人、ムラート約七百人によって構成されていた。さらにこれらの人口に、第四章、第五章で詳述した先住民居住区セルカードに集住させられていたインディオたちを加える必要もある。リマの人口はその後も増加の一途をたどり、十七世紀の三〇年代にはおよそ三万人、同世紀末にはおよそ四万人にまで到達した。(10)

私たちにとって興味深いことは、「先住民」とカテゴライズされている人々のなかに、アジア世界からやってきたと推定される住民が算入されている点である。この人口調査記録から、中国やアジアの多様なヨーロッパ植民地から渡来したおよそ百人の移民とともに、「ハポン＝日本」と名づけられた民族集団に属する二十人ほどがリマ市で生活していたことが判明する。[11] こうした史料から、当時の都市リマが、近世グローバリゼーションの渦中にあった世界各地から渡来した多彩な民族集団・人種に属する人々の蝟集する空間であったことがわかる。人々の移動の強度はいや増し、そして多様な文化の混淆も加速していた。

都市空間に万華鏡のように拡がった民族共生の状況は、リマの文化的表情にも反響していた。ヨーロッパやアフリカ大陸を出自とする多くの文化的要素は、山間部から海岸に降りてきた移住者や輪番労働《ミタ》の人々が運ぶアンデスの伝統と出会っていた。[12] かかる複数文化の共存・並列状態のなかから、日々の現実をめぐる新しい認識、そしてその現実を変革しようとする方法が模索される。それは「トランスカルチュレーション」あるいは「日常的実践・創造」とでもいうべきものであり、そこでは出自を異にし、エリート文化に由来するものも含め、雑多な素材が、下層民衆の毎日の交渉・操作・策謀によって、新しく異なった表現へとメタモルフォーゼしてゆく。[13] ここで取りあげる、いろいろな人種に属する「魔女」たちこそ、こうした創造的プロセスの主体となった。[14]

統計的データによれば、十七世紀を通じて「魔術」の廉で裁かれた者たちの大部分は女性であり、平均的な年齢は四十―五十歳、独身女、未亡人など、男性との通常の結婚生活を送ることのない経済的な困窮者が多かった。貧窮する無産女性たちはさまざまな仕方で生計をたてようとしているが、しかし業種は最下等のそれであった。奴隷、料理人、下女、食料売り、雪売り、薪売り、売春婦、さらには女芸人の姿も見える。無職の女性たちも多かった。[15]

ラモスが簡潔に述べているように、リマの異端審問の存在理由のひとつは、キリスト教会への統合が不全の状態にあり、カトリックの教義と無縁でいるがごとき信者を「再改宗」させることにあった。女性邪術師はまさにそうした人々であり、異端審問官は破廉恥な生活を送っていたり、あるいはローマ教会が定める倫理規範から逸脱した彼女たちを積極的に訴追していた。とはいえ、彼女たちにけっして重科が課せられることはなく、軽微で見せしめ的な懲罰が加えられたのみであった。[16] さらに裁かれた女たちには、所有財産の没収という措置もとられていない。

没収は異端審問において通常適用される手続きであったが、ここからも彼女たちのおかれていた経済的状況がよく理解されよう。また女邪術師たちが施術する代償として「顧客」から受け取っていた礼金は些少であり、生き延びるためにやっとのものであった。(17) その意味で、リマの「魔女」たちは、同時代のヨーロッパにおいて、集団的ヒステリー状況のもと、血腥《ちなまぐさ》い仕方で処刑・殺戮されていった「魔女」たちとは歴然と異なっている。

「被告女性」たちのエスニシティの雑種性も特筆すべきである。彼女たちは、リマの町に見いだしうるほとんどすべての人種より構成されており、スペイン人女性 **española**、黒人女性 **negra**、メスティソ女性（メスティサ）**mestiza**、サンボ女性（サンバ）**zamba**、ムラート女性（ムラータ）**mulata**、クァルテロナ・デ・ムラータ **cuarterona de mulata**、クァルテロナ・デ・メスティサ **cuarterona de mestiza**、クァルテロナ・デ・インディア **cuarterona de india** などであった。(18) 生粋のインディオ女性は被告として審問記録には現れないが、それは異端審問の管轄から先住民が除外されていたことの論理的帰結であった。先住民はキリスト教に改宗して間もない、いわば「未成年者」と考えられていたからである。とはいえしかし、「インディオ」が異端審問においてまったく不在だったわけでない。これから見ていくように、混血や黒人系の女性邪術師たちがおこなった諸儀礼には、そこでもちいられる呪物や呪具、呪的言語などを通して、インディオ文化が沁み互っていたのである。(19)

リマで展開された「魔術」は、つましい生活を送る社会下層の女性たちが実践したものであった。だが、まず念頭に置くべきは、これら婦人たちの呪術的行為には、同時代ヨーロッパの「魔女」たちが繰り拡げていたとされる「サバト」(20) が不在であったという点である。キリスト教徒の社会を転覆させんと、オルギアに耽る宴で執りおこなわれた恐るべき悪魔信仰は、そこにはなかった。リマの女たちは、むしろ此世《このよ》的な愛を求めて呪術的実践に心血を注いだだけであった。それは、結句、ちょっとした「恋愛魔術」にすぎなかったのである。

2　異種混淆的術とアンデスの伝統

女邪術師たちのもとを訪れたお客たちは、男性優位主義が覆い尽くす社会で苦悶する女性たちであった。ある女は、夫が別の女性と暮らしはじめ、長いあいだ帰ってこない状況に心を痛めていた。別の女は、浮気性の愛人が彼女のみに気持ちを寄せてくれることを希っていた。またある女は、逐電した愛人の戻りを焦がれていた。彼の玉の輿に乗れるかしら、と気を揉む女性もいた。慢性的に繰り返される夫の暴力に耐えかねて、女呪術師のもとに駆け込む女性たちも大勢いた。これらはある意味、現代に生きるわれわれにも馴染みの風景といえるだろうか。

のちに異端審問に訴追されることになる女邪術師たちは、こうした女性たちの心の悩みを聞いてやると、たとえば、男友だちの居所を捜しだしたり、また愛人たちの欲情を統御したり、あるいはまた荒《すさ》び狂う男たちの心を鎮静させるためのさまざまな術を処方していった。(21) こうした女性たちの日常的な関係世界に接近していくと、少なくとも不純異性交友にかんしては、とても弛緩した、おおらかな雰囲気が漲《みなぎ》っていることに気づかされる。マンナレッリの研究によれば、この世紀のリマ社会においては、不貞関係への寛容な態度は宗教的、公的、私的を問わず、町のあらゆるセクターに浸潤していたとされる。(22)

こうした邪術的アクティヴィティの領域を精察して見いだされる重要な特質は、女呪術師と顧客とのあいだには、社会通念によって都市空間に設定されていた「人種の壁」というものが見あたらないことだ。たとえば「お師匠さんmaestra」と渾名されていたスペイン人女性宅にはメスティソ女性たちが押しかけ、いっぽうクァルテロナ・デ・ムラータの女邪術師をスペイン人の貴婦人が訪う、といった具合である。(23) リマの邪術は専ら夜おこなわれた。あたかも漆黒の闇が、女性たちの社会的差異を不可視なものにしてしまったかのようである。こうした事態はペルー植民地に限られていたわけではなく、ヌエバ・エスパーニャ（メキシコ）をめぐる研究によれば、彼地においても同

様の情況が観察されていた。(24)

さらにこの多民族的世界には、リマに起居するインディオたちも深く関わっている。たしかに法制的には異端審問の管轄対象外とされていたものの、前章で詳しく見たように、教会当局は先住民の倫理・宗教的生活に対しても常時目を光らせていた。該章では「偶像崇拝根絶巡察」が、おもにアンデス山岳部の先住民を対象として実施した宗教的訴追を取りあげたが、巡察はリマに住む都市インディオをもその射程に入れていた。とりわけ著名なのが、十七世紀の六〇年代に、巡察使サルミエント・デ・ビベーロ(25)がリマで展開したキャンペーンである。この巡察によって遺された記録から、さまざまな先住民女性たちが、非インディオ系の「魔女」たちが構築した邪術的実践の世界と密接に関与していたことがよくわかる。

ここで特に取りあげたいのは、ファナ・デ・マヨという先住民女性である。巡察使ビベーロに逮捕されたときは五十—六十歳くらいの老未亡人であった。彼女も、邪術によってのみ口を糊することができた貧困女性であった。しかし彼女がリマの下層社会に張り巡らすネットワークはとても豊かであり、人種を越えたさまざまな女性たちがそこに包摂されていたことがわかる。彼女の顧客はインディオ女性のみならず、スペイン人女性、メスティソ女性、サンボ女性、黒人女性と多岐にわたっていた。また供述調書において、彼女は「ラディーナ」、すなわちスペイン語に長けたインディオとされており、事実、ファナの事情聴取も、通辞がつくことなく、スペイン語で滞りなくおこなわれている。リマにおける呪術的世界のひとつの特質として、共通言語としてのスペイン語の存在をあげられよう。すなわち、スペイン人の世界に統合されていた黒人女性やメスティソ女性のみならず、リマ市に住むようになった先住民の多くもスペイン語を操れるようになっており、これが都市的呪術世界のリングァ・フランカとなって、多様な文化に属する諸要素が調理されていったのである。

彼女が住んでいたのは、当時リマ市において「カリェホン callejón」と呼ばれていた貧民窟であった。これは日本的イメージでは「長屋」のようなものであり、共有空間＝中庭《パティオ》に面して、一—二部屋をもつ家が連なり、台所や家禽小屋なども共有される。未亡人ファナは、こうしたカリェホンの一室を別の女性とシェアし、その日暮らしの生活を送っていた。そしてここを多種多色な女性たちが訪れていたのである。白い肌のスペインの貴婦人たちも、夜の帳《とばり》がすっかり下りた頃、薄絹頭巾《マンティーリャ》で顔を覆い、ひっそりと扉を叩いたのだった。(26)

十八世紀の初頭にリマの町を訪れたフランスの旅行家の興味深い叙述が、当時のリマ市を生きた女性の実態を想起させてくれる。旅人フレジエによると、

リマ市の女たちは、ヨーロッパのスペイン人女性のように男性たちによって監視されているわけではないものの、しかし彼女たちが日中に外出することは稀である。しかし日が暮れるや、彼女たちのご訪問はしばしば思いもかけぬような場所に足をお運びなさる。お日様がでているときには一番のはにかみ屋さんたちが、夜になると最もきわどい女に変身する。そのとき、彼女たちは誰にも気づかれぬよう顔を肩掛《レボソ》で蔽い、フランスでは男どもがするようなお仕事をなさるのだ。(27)

邪術に関わった女たちの人種的多彩性にもかかわらず、いやむしろそれゆえに、彼女たちは、人種によって適用が異なる法制度をとても狡猾かつ知的に操作していた。あるスペイン人施術者は顧客に、もしも聴罪司祭を前に告解しているとき、邪術的実践について触れなければならなくなったら、術をおこなったのは異端審問の管轄外にあるインディオ女だといいなさい、と頼んでいる。いっぽう、前述の先住民ファナ・デ・マヨは、聴罪神父の前で定期的に自らの犯した反道徳的な行為を懺悔しているが、彼女の言によれば、それは彼女が先住民ゆえ異端審問官たちにとやかくいわれる筋合いはないと認識してのことだった。(28)

こうした「異文化交流」の過程で、彩り豊かな邪術的交雑物が産出されていった。まず注目されるのが、女邪術師たちの儀礼において「コカの葉」がふんだんにもちいられていることだ。ほとんどすべての邪術的実践において

コカ葉が登場し、しかもさまざまな処方が施されている。ある場合には、まずコカの葉は噛まれ、のちに焼酎や葡萄酒、チチャ酒で満たされた鍋に入れられ、ぐつぐつと煮込まれる。件の男性の心を「熱くする」効能があるのだという。またあるときには、男たちをときめかせるべく、咀嚼されたコカの葉が、顔や胸など、女たちの肉体の各所に擦りつけられた。さらに葡萄酒を張った盥《たらい》に二枚のコカの葉が浮かべられる。一枚は色男、もう一枚は悩める女客、二枚の葉の動きを見ながら、恋の行方を占うというわけだ。彼女たちによれば、不思議なことに、盥の水面に小さな人物が現れ、邪恋の行く末について教えてくれたのだという(29)。また女性邪術師たちは、コカの葉のもつ幻覚作用をも愉しんでいたようだ。ある「コカ・セッション」に参加した女は次のように語ったという。

ねえ、お仲間たち、私ローマに行ってきたのよ。教皇のお宅で呼んだら、ひとりの枢機卿が出てこられたの(30)。

アンデス高地の鉱山地帯においては、たしかに「コカの葉を噛む」ことはごく日常的であり、しかも征服後、インカ帝国時代に機能していたコカ葉利用についての国家的統制は消滅し、植民地期に入るとスペイン人企業家による大規模栽培が展開していたので、消費は飛躍的に増大した。とりわけコカの葉には、鉱山の地底深く潜って採掘する先住民労働者たちがすがりつきたくなる「疲労軽減」という効能があったからである。

しかしながら海岸部の町リマにおいては状況は異なっていた。コカの葉が都市生活のなかに滲透することは、聖俗機関によって厳重に統制されていた。市中での葉の売買は、異端審問所が発した「信仰布告 edicto de fe」などによって禁制とされている。インディオや混血の「女コカ売人」を訴追した偶像崇拝根絶巡察のひとつにおいて、検察官は以下のように宣している。

〔これらの者どもは〕良き統治のための決議事項やその他の禁令に目もくれず、またかかる決議や禁令によって定められた刑罰をものともせず、コカとよばれる植物を堂々と売っている。コカの葉は、それを噛む者たちがすっかり呆けてしまうのを見ればよくわかるように、ひとの魂や名誉、品位を深く毀損する。コカを噛むと恍惚となり、こうした陶酔状態から、偶像崇拝的供犠のみならず、姦淫、近親相姦、不倫、獣姦などの罪が生じるのである。(31)

この言述から読み取れるように、アンデスの伝統的草木は、反道徳の権化であり、キリスト教に敵対する罪深き植物と考えられていた。この葉っぱこそ、首都の街路を悪で穢す源である、と。

それゆえ、リマ市において巡察を実施したビベーロは、コカ葉の市内への流入にも目を光らせていた。禁圧されていたとはいえ、悪徳の葉の売買が止むことはなく、アンデス山中から、たとえばリマの先住民居住区セルカードを経由し、人目を忍んで町のなかにもたらされ、最終的には、噂によれば当時市中に十カ所以上もあったとされる密売所に搬入された。非インディオ系の女邪術師たちも、施術に不可欠な素材を入手すべく、そこに足を運んでいたのである。(32)

コカの葉の例からも鮮やかにわかるように、アンデス山岳部の先住民たちが秘蔵していた伝統的文化は、リマの内部にまで深く到達していた。「スペイン人の公共体《レプブリカ》」として措定された都市リマ、そこは理念的には、純粋な「道徳空間」でなければならず、キリスト教倫理によって満たされていなければならなかった。現実はしかしながら、このイデオロギーを見事に裏切っており、しかもコカ葉のみならず、先住民のさまざまな文化要素が浸潤し、非インディオ系の女邪術師たちの手に届いていた。その代表的な例として、アンデス高地で今日もさかんに飼育されている小動物クイ（テンジクネズミ）を挙げられよう。彼女たちはまた、町を出て、近郊の丘に向かった。いろいろな草花を熱心に採集して愛の薬を調製した女邪術師たちは、それを顧客の皮膚や肉体に塗り込んだ。懸想人の心に、女への思いが湧きあがることをめざす術であった。(33)

ここで強調したいのは、これらのアンデスの伝統素材が、本来とは異なった使用法のもと扱われている点である。たとえばクイ。高地のインディオ村落においてこの小動物は、人々の息災や共同体の安寧を求めて聖なる存在ワカを慰撫する諸儀礼において奉献されていた。(34)あるいは病気治療のためにもちいられもした。山間部において民間施療師《クランデーロ》は、リャマの獣脂や多色のトウモロコシの粒、そしてクイを患者の体に擦りつけたものである。しかしながら、リマの邪術世界において、クイは儀礼／医療用の道具であることをやめ、邪恋をまっとうするための媒介物へと変身した。夜の世界では、女性客たちは、たとえば薬湯に浸かりながら、クイで体を擦られた。男友だちをその気にさせるためであった。興味深いのは、リマの女邪術師たちが、アンデスの伝統的儀礼要素を継承してはいるものの、しかしそれを利用する際には、従来のやり方から逸脱させ、別の意味を導き入れていることである。こうした「典礼的再創造」は邪術の他の領域においても観察される。とりわけ「呪文」という分野においてそれは顕著であった。(35)

スペインからペルーにやってきたスペイン人女性たちは、イベリア半島産のさまざまな邪術的材料を詰め込んだ櫃《ひつ》とともに旅したようだ。たとえばトランプである。女性邪術師たちは、コカの葉を噛みながら、顧客の恋愛の行方をカードで占っていた。とりわけ目につくのが「聖マルタの呪文」である。ヨーロッパの魔術にかんする多くの研究によれば、この呪文は広く地中海世界に伝播していたようだが、旧世界において唱えられていた言葉と同様のものが、リマの呪文においても再現されている。

聖マルタよ、尊ぶべくもなく、聖女ならざる汝、河の辺縁を経巡り、強き竜を屈服させし汝、愛しき人を私に屈服させよ、その睾丸を、その陰茎を、その肺を、体膜を、心臓を摑んで。包帯をされて、跪いて、降参した彼を連れておいで、もてるものはすべて私にくれて、知りたることはすべて話してくれて、目にするものみんな嫌いになって。彼の目に入る女はみんな身ごもった牝犬、痩せた牝牛、発情した牝豚と映るがよい(36)……

この祈禱文は、竜を退治した聖女マルタをめぐるヨーロッパ中世の『黄金伝説』の伝統に深く根をおろしたものであり、女性に潜在する強度を象徴するような存在に向けて投げかけられていた。猛々しき聖マルタは、厄介な恋愛沙汰に巻き込まれて苦しむ女性たちを勇気づけてくれていたのであろう。リマの記録から、新世界に向けて船出をするとき、スペイン人女性たちはこうした呪文を紙に書きつけて、櫃に忍ばせていたことがわかる。彼女たちはアンデスの地を踏むと、これらの呪的言語を、コカの葉セッションなどにおいて、メスティサやムラータなどの邪術仲間に口授していたのであろう。[37] こうしたヨーロッパ産の呪文から滋養を得て、すこぶる特異なアンデス風味の祈禱文が育った。それが、「私のコカや」、そして「インカ」の呪文である。

3　コカと女、そしてインカ

「聖マルタの祈り」と並んで女邪術師が偏愛していた祈禱が「私のコカや」と「インカ」の呪文であった。この二つは相互に密接に結びついてもいる。まず典型的な「コカ」の祈りを見てみよう。異端審問官たちは、それぞれの呪文の含む差異を繊細に注意深く記録させている。

> 私のコカや、バラバとサタン、「蹇《あしなえ》の悪魔」、「魚屋通りの悪魔」、「商人通りの悪魔」、「弁護士通りの悪魔」、そして有象無象の悪魔とともに念じます。〔以下、異端審問官の註解が続く〕男性を不純異性交友に誘い込むべくコカに念ずる場合には、通常「私のマルタよ、汝、腎臓を縛って竜を引致したように、私の愛し人の肺を、心臓を、腎臓を縛って連れてきておくれ」と付け加えられるのが普通である。[38]

私のコカや、私のご母堂よ、汝へ捧げる私の信奉ゆえ、私の願いを叶えんかな、汝を植えし者によりて、汝を育てし者によりて、汝に偶像崇拝を捧げしすべての者によりて、インカによりて、コリャによって、汝を照らせし太陽と月によりて、汝が蒔かれし大地によりて、汝に撒かれし水によりて、これによりて汝に念ず、バラバとサタン、「蹇の悪魔」、「魚屋通りの悪魔」、「商人通りの悪魔」、「公証人通りの悪魔」、弁護士を欺く者とともに。(39)

これらの言説群の語り口は、教会の典礼的言葉遣い、たとえば教会のミサや説教の語調を想起させもする。その意味で、女邪術師たちの祈禱は、カトリック的言説の陰画的転倒といいうるかもしれない。またコカの御利益が、当時山岳部の先住民がおこなっていた偶像崇拝の諸対象に求められている点も注目される。キリスト教に改宗して以降も、太陽や月、大地や清水に向けて信仰を捧げる先住民たちを、アンデス高地各所に散開した偶像崇拝根絶巡察使たちは、しばしば暴力を振るいつつ、被造物への崇拝は大罪なりと恫喝しながら折伏せんとしていたからである。(40)

注目すべきは、こうした偶像崇拝の対象となる被造物のみならず、呪文に「インカ」と「コリャ（コヤ）」が含まれている点である。インカの歴史において、コヤ coya とは、数多《あまた》の副妻に囲まれていたインカ王の「唯一の正妻」の名称である。私たちがよく知るように、そして女邪術師たちも十分理解していたであろうが、歴史におけるインカ帝国は、前世紀の一五三二年、ピサロ率いる軍勢によって破摧された。その後も、インカ族残党がアンデス山中ビルカバンバに立て籠もって抵抗を続けたが、この反乱も一五七二年、首魁トゥパク・アマル一世が捕縛され、断首刑に処せられたことによって終焉を迎えている。それゆえ特異に思われる点は、帝国が消滅して百年も経過しているいま、インカが再び植民地世界に現前してきたことだ。いったいそのとき、何が起きていたのだろうか。ここに現れたインカとは、いったい何なのか。

こうした問いを抱く私たちにとってまず興味深いのは、インカをめぐる呪文において、インカが上述の異教的・偶像崇拝的要素と結びつけられると同時に、バラバ、サタン、「塞の悪魔」など、イベリア的心性世界のなかで鍛えられてきた反キリスト教な霊的存在と併置されていることである。

……こう唱えた。インカよ、私は汝を洗礼す。汝にほんとうのことを語ってもらうべく……バラバとともに、サタンとともに、ルシファーとともに、汝を洗礼したく思う。[41]

こうした反キリスト教的・悪魔的存在を招喚していたからこそ、女邪術師に対する審問機械が作動したのである。彼女たちは「悪魔との明白な契約 pacto explícito con el demonio」あるいは「暗黙の契約 pacto implícito」を結んだという嫌疑で拘束され、審問を受けたあと、異端審問判決宣告式《アウト・デ・フェ》に出廷し、百―二百回の鞭打ち刑、あるいは所払いの刑などに処せられた（彼女たちが異端審問所の最高刑である火刑に処せられることはけっしてなかった）。こうした処罰に対し、女たちはみな、悪魔との契約などいっさい存在しなかった、貧困に喘ぐなか、ただ生き延びるために術を利用しただけだと抗弁したが、異端審問官たちが聞き入れることはなかった。[42]

インカがなぜ呪文のなかに融合したのか。この点について女性史家マンナレッリは、インカと悪魔との連関は民衆的創造によるものではなく、むしろ、支配階級によるイデオロギー的構築の成果と考えるべきだと論じている。[43]しかしほんとうに彼女たちは、ただたんにエリート階級から賜ったシェーマを鵜呑みにしてその呪文を調製しただけなのか。下層社会に生きる女邪術師たち自身のイマジネーションを挟み込む余白はそこにはなかったのだろうか。この点にかんしてはやはり、呪文の一つひとつと、インカをめぐる新しい考え方が生成していく局面とを、より精密に分析する必要があろうかと思う。

十七世紀のリマ大司教座において最もよく知られた聖職者のひとりフェルナンド・デ・アベンダーニョは、ケチュア語／スペイン語両言語で叙された『われらが聖カトリック信仰の玄義をめぐる説教集』（一六四九年）において、インカとコヤについて以下のように宣明している。

おまえらの祖先の亡軀《マルキ》の魂はどこにあるのだ。いってみよ。どこにある。おまえらがいいたくないのであれば、私がはっきりといってやろう。子らよ、いいか、おまえらのマルキの魂は、いままさに地獄で焼け焦げているのだ。なぜならば、彼らは罪人なのである。洗礼を受けなかったからである。ワカに宿る悪魔を崇拝し、真なる神を知らなかったからである。だから悪魔とともに地獄で焼き焦がされているのだ……。

さあ、子らよ、いってみよ。スペイン人によって聖なる福音が伝道される以前にこの地で生まれた者たちのうち、何人が救済されたか？　何人が天国へ行ったか？——そのような者は誰ひとりいないのだ。何人のインカ王が地獄に堕ちたか。——すべてのインカ王が堕ちたのだ。何人の皇妃《コヤ》が地獄に堕ちたか。——すべてのコヤだ。何人の皇女《ニュスタ》が地獄に堕ちたか。——すべてのニュスタだ。彼らはみな、ワカの悪魔を崇めていたからなのだ。(44)

偶像崇拝根絶巡察使としても著名であったアベンダーニョが、教会公認の『説教集』として刊行したこの書物では、インカとその妻、そして女たちは、洗礼を受けずに他界し、「ワカ」、すなわち偶像的神性を崇拝したがゆえに地獄で煩悶する存在として表象されている。まさにこの苦悩するインカの様態にこそ、次のような女邪術師たちの呪文が呼応するのである。

私のインカ、私のお父上、私は汝をこの葡萄酒で洗礼いたす、聖油と汝の洗礼のときに欠如していた洗礼水の替わりに。私は汝と、汝のすべての扈従と、そして三人の幸運の武将に、葡萄酒を捧げ、そして希います……(45)

インカよ、汝は洗礼を受け損なったのだから、汝に捧げるこの葡萄酒が洗礼水のかわりにならんことを。洗礼水を受けなければ、汝はいつまでもいまの苦悩のなかで痛められ続けるのだから(46)……

これらの祈禱文が造形するインカは、実際に苦悶している。女邪術師たちは、洗礼のための聖水のかわりに、葡萄酒を捧げる。あたかもアルコールの力でインカが屹立し、その隠されたエネルギーが、彼女たちの不届きな目的を叶えるべく溢れ出んことを祈りながら。ここではたしかにインカの「異教性」が前面に押し出されているのである。

アベンダーニョの説教では、インカと悪魔的存在とが密接に結びつけられていた。この近接性をこそ、女邪術師たちはその儀式において役立てようとしていた。しかしながら、忘れてならないのは、植民地社会の公的言説・制度において、インカはかならずしも禁忌的存在ではなかったということである。むしろ歴史におけるインカ王の存在自体は寛恕されていたというべきであり、というのものちに見るように、たとえばスペイン王室の慶事に際して当局が組織した祝賀行列では、リマ市街をインカ王に扮した人々がパレードすらしているのである。

いっぽう、十六―十七世紀の教会で使われていた先住民用の説教集を分析した歴史家エステンソロはこの点をめぐる興味深い言説を見いだしている。偶像崇拝根絶巡察の創始者でもあったフランシスコ・デ・アビラ司祭は、その著書において、最後の審判における「復活」の可能性を説くにあたり、古代のインカ諸王を、将来いつの日か蘇る存在として次のように描きだしている。

もしも汝らが、この地を支配していたすべてのインカ王たち、すなわちマンコ・カパック、シンチ・ロカ、リョケ・ユパンキ、マイタ・カパック、カパック・ユパンキ、インカ・ロカ、インカ・ヴィラコチャ、パチャクテック、インカ・ユパンキ、ワイナ・カパック、ワスカル・インカ、アタワルパ・インカがやって来るのを目のあたりにしたら、そしてそれに続いて王たちの正妻であるコヤ、ママ・オクリョ、そしてママ・ルントゥが、そしてそのあとに王の従僕や側妻たちが続いて来るのを見たとしたら、おまえたちは何というだろうかな？いいか、これらすべての人々が、その日に蘇るのだ。モーロ人、インディオ、トルコ人、ペルシャ人、コリャス人、カナス人、ユンカス人、チムー人など、これまでに生まれた、これまで存在したすべての人は蘇るのだ。誰ひとりとして蘇らない者はいないのだ。(47)

さらにアビラは「復活」の玄義を先住民信者に理解させるために、インカリのイマジネーションを彷彿とさせる不思議なレトリックを展開する。

ある者の首がここにあり、その体はクスコに、あるいはカスティーリャにあったとしても、あるいはそれらを魚や獣が食べてしまっていたとしても、粉や灰や骨粉になったすべてのものが、神がお命じになり、天使たちの御業によって、再び一体となるのである。(48)

アンデス山岳地帯に住む、改宗したばかりのインディオたちが日々聞かされていたであろうこうした説教、あるいはその内容が、リマ市の女邪術師たちの耳にまで届いていたのか、それはわからない。いっぽう、先住民人口の多くが起居していたアンデス高地世界において同時期に作成された、たとえば前章で見た偶像崇拝根絶巡察の審問記録などには、インカについての言及は驚くほどすくない。従来の学説では、インカ王国の崩壊によって「帝国の軛」が消滅したのち、汎アンデス的なシンボルとしての「インカ」も姿を消し、地方的伝統が再生・開花したと考えられてきたのだが、私たちがまだ知らない先住民共同体の奥深いところに、「再生するインカ」という思考が育まれる苗床が存在していたのかもしれない。そしてそこで養われたインカをめぐる新しいイメージの芽が、山から海岸部に下ってくる輪番労働者《ミタヨ》によって運ばれ、都市リマという異質な土壌に根づいていったのだろうか。

　いずれにしても、アビラの説教が描きだすインカには、地獄で悶え苦しむペシミスティックな様子はない。むしろ、再生の潜在的可能性を放射してすらいる。リマの女邪術師たちも、次の呪文が示しているように、インカという存在に同種の強度を嗅ぎ取っていたようだ。

> 本被告の夫が司直に拘束されていたとき、前述の女邪術師たちとともにコカを噛みながら、隠匿していた以下の呪文を、コカをひと噛みするごとに唱えるようにいいました。私のコカよ、私の皇姫や、私のインカよ、汝には打ち破ることのできないものなど何もなかったではないか。どうか私の旦那が縛り首にあわぬよう、判事たちの心を打破しておくれよ。[49]

不敗のインカ。これは歴史的なものなのか、あるいはイマジネールなものだろうか。女邪術師たちは「インカ帝国の歴史」を知っていたのだろうか。書字文化を通じて、あるいはオーラル文化を介して、彼女たちのもとに、百年前に滅亡したインカ王国の偉大なる歴史、あるいは破竹の勢いでアンデス全土を席捲した「征服王インカ」たちの覇業をめぐる消息が届いていた可能性もあろう。[50]ただ確実なことは、「インカの呪文」は、歴代インカ王の名前や、あるいはインカ国家の諸制度などにはいっさい興味を示していないのである。マンコ・カパックもクスコも、歴史的事象はそこにはいっさい現れない。肝心要にあったのは、歴史としてのインカではなく、抽象的な「力としてのインカ」だったのではないか。

　こうして見てくると、この時代、聖俗の権力機関内部においても、インカのイメージについて、ある種の曖昧さというか、両義性というものが存在していたらしいことがわかってくる。この両義的態度の裡に余白が生じ、まさにそこで女邪術師たちは、手にしうるさまざまな儀礼的素材を翫びながら、彼女たち自身のインカを織りなすことができたのだと私は考える。
ここで興味深いのは「インカ」の呪文に編み込まれているコカが、インカの妻、女たちと同定されている点である。

母なる皇妃《コヤ》よ、母なる貴姫《パヤ》よ、私の奥方様よ、私は汝を悪徳で食べるのではない。誰かに危害を加えるためでもない。ただ私に運と幸福を授けて欲しいからなのです(51)。

次に、本被告は男友だちに見捨てられたので、コカに祈禱を捧げ、次のようにいいながらそれを噛んだ。母なるコカよ、汝が植えられし大地がゆえに、汝はインカの愛し人、だからここに連れてきて、私に頸っ丈のあいつを(52)。

淫らな欲情が叶うことを懇願する女性たちにとって、インカとその女たちは、シンボリックなかたちで愛の強さというものを表していたのだろう。

コカを調製するために、某女に次のような呪文を教えた。インカ、カパック、ヤヤ、コルケ、グァチョ、インカがおまえを保っていた三峻岳がゆえに、私にほんとうのことをいっておくれ。インカがパリャ［パヤ］を愛したように、某男が某女を好きにならんことを(53)……

女邪術師たちははたして、十六世紀の記録者《クロニスタ》たちが叙する、無数の副妻や側妻たちで満たされたインカ帝国後宮における性的放縦について聞き知っていたのだろうか。だとすれば、この「反道徳」が充満する空間は、淫靡な欲望を達成せんとする彼女たちが想像力をめぐらせるにとても相応しい環境となっていたであろう。たしかに異端審問所は彼女たちの生命を脅かすような酷薄な鉄槌を振るうことはなかった。また彼女たちも反キリスト教社会的な「本格的悪魔」を招喚したわけではなかった。しかしいずれにせよ、女邪術師たちの施術が、カトリックの正統的教義と真正面から衝突することは明らかであったし、そのことは彼女たち自身もはっきりと認識していた。だから顧客たちにはコカを、なにか特別な、聖なる存在として扱うように慫慂している。また術中にはロサリオやスカプラリオ、聖遺物など正統カトリックの証しとなるようなものをその身から外すことを命じ、さらにセッションのあいだはイエスの名前を口にすることを禁じた。女邪術師たちは、コカのように、「自然」あるいは「大地」に深く根をおろす非キリスト教的、異教的な強度を求めていたように思われる。(54)

このことは彼女たちが祈禱文のなかに織り込んでいた他の悪魔的シンボル、すなわち「肉屋通りの悪魔」、「魚屋通りの悪魔」、「広場の悪魔」、「商人通りの悪魔」、「公証人通りの悪魔」などからも理解されよう。これらの「通り」や場所はすべて当時リマ市の中心街に実在した。このような土地に根差した悪魔は、サンチェス・オルテガが考究した同時代のスペインの呪文にも現れ、そこではやはり「広場の悪魔」や「四つ辻の悪魔」などに願が掛けられていたのである。(55)こうしたことからも「街路」や「辻」などに棲息し、土地と深い関係をもつ霊的実体を、女邪術師たちは、施術に力を添える存在として迎え入れていたと考えられる。(56)

こうした大地と結びつく力をこそ、インカが体現していたのではないか。それは別の史料的断片からも諒解される。女邪術師たちが反倫理的邪術を実践するために蒐集していた「小偶像 idolillo」がそれである。彼女たちは、しばしば先スペイン期の古代遺跡を訪い、儀礼でもちいるため、人形や小像の土器をコレクションしていた。あるスペイン人女性はその部屋に男女を象《かたど》った土偶を蒐集しており、男女対《ペア》にして、それぞれのペアを区別するために針金で縛っていたという。他の女邪術師たちも、こうした遺物を求め、都市郊外に点在する古代の埋葬墓地などに足繁く通っていた。(57)なぜ彼女たちは、こうした「遺跡」、当時彼女たちが「ワカ」と呼んでいた先スペイン期の聖所に惹きつけられていたのだろうか。

すでに述べたように、リマ大司教座においては十七世紀初頭から、特命巡察使たちが偶像崇拝を実践していると思しき先住民を厳しく糾問していた。おそらく非インディオ系の女性たちも、常日ごろ、教会官吏たちが恐れ戦《おのの》くインディオたちを執拗に追尾し捕縛する情景を目の当たりにしていたことだろう。また偶像崇拝者として断罪された人々が鞭打ちや市中引き廻しなどの公開恥辱刑に処される場面に立ち会ったこともあったであろう。彼女たちは、なぜインディオたちが責め立てられているか、その理由をよく知っていた。彼らが「ワカ」を信仰していたからである。それゆえ、非合法的・反倫理的異性関係の完遂を願う彼女たちにとって、「ワカ」は、正統的な道徳世界を超越するために必要な勢《はず》みを与えてくれる存在として冀求されていたと考えることもできよう。だからこそ女邪術師たちは、異教的残存物が充満する「考古学遺跡」を目指したのであり、そこで彼女たちは、ワカに宿る何かを、たしかに感じ取っていたのである。

母なるコカよ、いとしの母よ、私の可愛らしき女《ひと》……私は汝に、「公証人通りの悪魔」を通じて、そしてワカからワカへ、山《セロ》から山《セロ》へと経巡る、悲嘆に暮れ、絶望するあの魂を通じて希います、彼が包帯で眼を隠されたまま、両手をひろげて私を探しに来んことを、もてるすべてのものを私に与えつつ、私のことを想ってメロメロになりながら……(58)

山《セロ》という言葉は、グァイコ(峡谷)、ケブラーダ(谿谷)といった名辞と並び、植民地時代の政治的言説においては、まさしく偶像崇拝的トポグラフィーを象徴する異教的「場」であった。ペルー植民地社会の抜本的な構造改革を断行した副王トレド以降、為政者たちは、こうした邪教空間から先住民を切り離し、キリスト教的文化観・倫理意識によって充たされた人工的な集住村《レドゥクシオン》に強制的に移動する施策をとっていた。インディオを、セロ、グァイコ、ケブラーダから引き剝がすことこそ肝要だ、と強く主張しながら。逆に女邪術師たちは、こうした異教的風情が濃厚に漂う空間に、熱い眼差しをやっていたのである。もしかすると「ワカからワカへ、山から山へと」流離《さすら》う魂とは、彼女たちが「インカ」と呼ぶ存在ではなかったか。その意味で女邪術師の次の証言は示唆的である。

……これらのインディオを象った小偶像には、茹でたじゃがいもとチチャ酒を捧げ、コカを嚙みながら、人形たちと愉しく踊った、それらをワカとコリャ〔コヤ〕と呼びながら。(59)

すでに分析した呪文のなかでは「インカ／コヤ」と対になっていたものが、この呪文においては「ワカ／コヤ」となっている。これをひとつの数式とみると、インカ＝ワカ、という等号が成り立ちそうである。その可能性を示唆する貴重な史料的断片も存在する。ある女邪術師は「ワカ」から指二本分の大きさの骨製の小偶像を掘りだしてきていたが、これを彼女はインカと考えていたという。(60)偶像＝ワカがインカと同定されていた。いまだ不安定ではあるものの「インカ＝偶像＝ワカ」という魔女たちの想像界における円環が成立していたと考えることも許されるのではないか。たしかに根拠となる史料は依然わずかであるが、とりあえずこの事態を仮に「インカのワカ化」と定義しておきたい。非インディオ系の女性たちによって表象されたインカは、歴史の場を生きた「タワンティンスーユの王」では最早ない。それは歴史的文脈から切り離され、異教的強度を纏わされた存在であり、この強度こそを、「ワカ」という概念が内包していた。インカは想像的抽象化の過程を経て、此世《このよ》的な力能を得るにいたったのである。この過程はまた「インカの悪魔化」とも呼ばれよう。しかしそれはたんに植民地時代の聖俗の権力機関による操作の末、上から押しつけられたプロセスの結果としてではなく、さまざまな文化的素材を手にした下層社会の女性たちが、日々の共生のなかで創造していった産物として考えねばならない。

インディオを対象におこなわれた「偶像崇拝根絶巡察」が遺した膨大な史料群には、インカのシンボリズム、あるいはインカ帝国の国家的宗教の残滓をめぐる記述はほとんど現れない。巡察記録から浮かび上がるアンデス高地の先住民共同体における宗教実践は、もっぱら村落固有のローカル神への崇拝、病気治癒や農牧畜業の豊饒を目指す諸儀礼、あるいは日常的な些事（たとえば失せ物探しなど）を解決するための術などに限られている。(61) その意味で驚くべきは、理論的にはインカ帝国・文化の伝統とは無縁であるはずのスペイン人やムラートなどの非インディオ系の女性たちの邪術的実践に、神秘体としてのインカをめぐるシンボリズムを見いだしうることである。もしかすると当時、山岳部の先住民共同体においてもすでにインカをめぐる新しいイメージは胚胎していたのかもしれないが、それは依然不可視な状態にあり、偶々《たまたま》スペイン人や混血の女性たちの呪文となったことにより、歴史の場に流露したのかもしれない。

最後に、もうひとつ大事な点について説明を試みなければならない。いったいどのようにして、女邪術師たちは、彼女たちのインカを創作するためのイマジネール素材を入手していたのだろうか。アンデス高地から海岸都市に降りてくるインディオたちが運んできたものもあったかもしれないが、その意味で印象深いのは、邪術的儀礼において観察されるインカが、とてもヴィジュアルな相貌を身につけていることである。いくつかの史料的断片を取りあげてみよう。

被告は本証人に言った。夜更けにコカの葉を嚙みながらロウソクの火を消すという術を施してやろう、火鉢の光に照らされ、インカが入ってくるのが見える。インカは、扈従に囲まれつつ、刺繡のされた椅子に座るであろう。もしもインカが馬に乗って来たら、きっと愛し人はやって来る。インカが背中を向けていたら、それは恋人が来ない徴《しるし》。(62)

被告はある水曜日、本証人にいった。水曜日は盥を覗くには好適な日だと。証人は盥に、インディオの衣裳を身に着けた大きな体格の男を見た。被告はいった、それはインカだ、インカが現れたということは本証人は幸運である、と。(63)

〔起訴する段になって本被告は〕自ら聴聞を要請し、自白をして楽になりたいと、悔悟の涙を流しているようにも見えたが、以下のように語った。〔被告は〕とても重い罪を犯した。それは盥に張った葡萄酒に男友だちの姿を見るという術で、もしも彼らが女友だちとつきあっているならば、一緒にいる姿が、指の大きさほどの小さな像となってそこに浮かんだ。またインディオの衣裳を着たインカも見た。インカは額に星をつけていた。これらの小像は、これから起きるであろうことを身振りで教えてくれたのである。(64)

ここにあらわれるインカたちは、はっきりとした映像的細部とともに描出されている。「刺繍された椅子に座り、扈従に囲まれたインカ」、「インディオの衣裳を纏う背の高い男」、「額に星をつけるインカ」。どうやら女邪術師たちは、インカの表象を、何らかのかたちで実際にその眼にしているように思われる。さてどのようにしてだろうか。絵画、書物、あるいは民衆劇、いくつもの可能性が考えられるが、とりわけ絵画については、植民地時代、インカ王をモチーフにしたさまざまな画像がペルー副王領のあちらこちらを流通していた。(65)彼女たちの視界を、キャンバスに描かれたインカたちが横切ったのかもしれない。(66)

彼女たちが最も眼にした可能性の高いものが、リマ市の街路を練り歩く祝賀行列に現れたインカである。これも次章で詳細に論ずるが、たとえばスペイン王室に新しい皇太子が誕生したときなど、植民地各都市が祝賀行事を催し、町の同職ギルドや諸社団が行列を繰り出した。そのとき、いにしえのインカ王に扮装した人々が、リマの目抜き通りを行進したのである。好奇心旺盛の女邪術師たちがこうしたページェントを見逃したはずはなく、古式ゆかしい衣裳に身を包んで進みゆくインカ王の姿は、彼女たちが盥のなかに想像しようとしたインカのイメージを造形するとき、好適な素材を提供してくれていたであろう。

ペルー副王領各地の公的儀式に出現したインカ王の仮装者たちについては、すでに多くの研究がある。たとえばフランスの歴史人類学者ティエリ・セーニュをはじめとする論者は、十六—十七世紀にかけて、こうした行列は各地で見られたが、それはけっして歴史的に存在したインカ帝国・インカ王の覇業を讃えようという意図のもとで練り歩いたのではなく、むしろ、インカ王朝、そしてインカ社会の決定的な敗北という歴史的事実と、その後のスペイン王権の支配の正統性を冷徹に告げ示すものであったとする。(67) そうであればこそ、本章で示した女邪術師たちのインカには特別の意味がある。というのも、そこに現れたインカは、リマの行列で人目に晒された、一敗地に塗れ、滅亡した王朝系譜を表象するものとしてではなく、彼女たちが独自の解釈を施した新しい創作物だったからである。恋愛相談という、ある意味、些細でつまらないことかもしれぬが、しかしインカは、民衆の直面する問題を解決してくれるであろう魔術的潜勢力をもった存在として現れていたのである。

おわりに

これまで見てきた歴史的プロセスにおいて、インカという表象のまわりに産出されたいくつもの想像的ピース、すなわち、悪魔的インカ、アンデスの異教的自然と結びついたコカの葉、インカ王とその妻たちとのあいだの恋情関係、地下の霊、ワカ遺跡、小偶像、そして仮装行列などの諸断片は、リマの貧民女性たちの日々の活動を通じて綯い交ぜられていったあげく、大地に潜む力を体現したような新しい存在に化身した。本章で示した「インカのワカ化」という概念は、いまだ仮説的なものであり、これからさらに史料的補強が必要となろうが、しかし、あらためて強調したい点は、さまざまな人種に属する女性たちの日常的な交情のなかで、新しいシンボリズムが生まれていたことである。インカ王権は十六世紀、「歴史的に」消滅した。しかし本章冒頭において述べたように、そして次章で詳述するように、十八世紀になるとインカは新しい属性とともに再び出現する。一部の研究者は、十八世紀のこの動きを「インカ・ナショナリズム」[68]とすら呼んでいるが、このとき現れるインカたちは、たしかに救世主的、革命的な力を帯びるにいたっている。私たちがこれまで見てきたリマの女性たちが創造したインカは、十六世紀の「歴史的インカ」と、十八世紀の「救世主的インカ」とのあいだに存在するスペクトルのどこかに布置されるのではないか。

十七世紀リマ市。多様な人種に属する人々は、二つの公共体《レプブリカ》の機序が作動するなかで、経済的・政治的に分断されて生きているはずであった。女邪術師たちはしかし、夜の暗がりに隠れ集いて、身を焦がす難題を解決すべく、一所懸命に、恋愛力の象徴としてのインカを織り上げ、招喚した。この女たちのインカをも「アンデス・ユートピア誕生史」の一齣としてやろうではないか。

第9章　インカ、その三つの顔——古代王権、歴史、反乱

はじめに

一五三二年のカハマルカの戦い、ピサロの命により翌年執行されたインカ王アタワルパの処刑、そして征服者《コンキスタドール》たちの王都クスコ入城といったプロセスを経て、インカ帝国は崩壊した。国家の政治的システムは機能を停止し、それまでひとつにまとまっていた「タワンティンスーユ＝四つの地方」は瞬《また》くまに解体した。また帝国に繋ぎ止められていたミティマエスやヤナコーナのような隷属者たちもインカの軛《くびき》から速やかに自らを解き放っていった（第一章、第二章参照）。

帝国は崩壊した。しかしながら「インカ」は残った。そして旧インカ帝国の四分五裂する崩壊過程に連動するように「インカ」の意味やそのとらえ方、イメージや表象も、分裂・飛散し、さまざまな歴史的文脈を養分として増殖していくのである。本章は、植民地時代に入り、多様性とともに生成変化するインカの意味を解析せんとする試みであるが、ここでは、このインカの表象を媒介として生まれる歴史を、特に、植民地時代末期の一七八〇年にアンデス世界を根柢から揺さぶった「トゥパク・アマル大反乱」が生起する文脈のなかで論じてみたい。この反乱は、クスコ地方出身のメスティソ、ホセ・ガブリエル・コンドルカンキが、その二百余年前、クスコ市大広場でスペイ

ン人によって斬首刑に処せられた最後のインカ王トゥパク・アマル一世の末裔であることを主張し、自らを君主とする新しい「インカ王国」を創出しようとしたプロジェクトであった[1]。当初は体制内的改革を目的としてはじまったこの運動に、ユートピア的社会の現前を夢想する先住民大衆のエネルギーが注ぎ込み、植民地主義的秩序の転覆を目指す革命的反乱という様相を呈するようになっていく。

もとよりこの時期のインカ表象の重要性については、反乱研究においても、活発な議論が展開してきた。とりわけ北米の歴史家ロウは、十八世紀に入り「インカ・ナショナル・ムーヴメント」と彼が命名するインカ王国復興を目指す運動がインディオ社会に生起していたこと、さらにこの運動はクリオーリョ層にも浸透していたことを指摘したが[2]、この考えを多くの歴史家たちが支持してきた。またインカ表象を考察の軸として、アンデス民衆層が抱いたユートピア幻想の歴史的様態に迫った名著『インカを探し求めて』を遺したフローレス・ガリンドをはじめ、植民地時代末期のインカをめぐっては豊かな研究史がある[3]。

だがインカ表象の問題についてはまだ解明すべき点も多い。たとえばロウの先駆的な研究によれば、スペインによる征服後、インカ王、そして理想的なインカ社会を冀求するインディオの待望は一貫して持続しており、それが十八世紀末の社会不安のなかで、インカの血統を主張するコンドルカンキという人物とスムースに結びついて反乱が発生したという、ある意味では単線的・連続的な歴史が措定されている。しかし実際には、十六世紀のインカ国家の崩壊から十八世紀の反乱のあいだに横たわる十七世紀という時代のインカ表象の具体的な存在様態については、いまだにわからないことが多く、研究史の空白となっているといっても過言ではない。前章は、民衆的呪術世界におけるインカ表象を通してこの空白を埋めようとする、ささやかな試みであった。

さらにこの十年のあいだに、上述のような単線的なインカ表象論、ユートピア生成論に対する見直しの機運も生まれつつある。その契機のひとつは、植民地都市として再生したインカの古都クスコに残存し、堅固なまとまりを保っていたインカ王の末裔たちに光があたるようになったことがある。美術史家ディーンの研究はその意味で画期的であり、十七世紀の末に制作された絵画に現れるインカの末裔たちの姿態を凝視しつつ、彼女は植民地時代のインカ・イメージについてユニークな考察を展開した。(4) こうした研究により、インカをめぐる表象、およびその受容の歴史には多様なかたちがありえたという可能性が見えてきたのである。

私自身も、クスコ地方文書館 Archivo Regional del Cusco での調査を許され、同文書館が保管する数多くの司法関連文書、公証人文書などを紐とくことができた。そのとき、視野に拡がってきたのは、十六世紀半ばから十九世紀にかけて、クスコのインカ貴族が驚くべき持続性とともに構築してきた集団としてのアイデンティティであった。そのいっぽうで、これらインカ貴族の動態は、けっしてロウの提唱するインカ・ナショナル・ムーヴメントというような現状変革的な運動とはかならずしも親和性をもたないということもわかってきた。すなわち、彼らインカ貴族の権威と正統性を保証していたのは、まごうかたなく、その貴族特権の淵源たる本国のスペイン王権であり、植民地体制下にあってそのことは、集団としてのインカ貴族にある種強烈な保守的性格を附与していたのである。事実、一七八〇年に発生した大反乱において、インカ王の末裔を自称する反乱指導者ホセ・ガブリエル・コンドルカンキ＝トゥパク・アマル二世は、クスコのインカ貴族たちに運動への参加を促したものの、貴族たちはこの呼びかけに背を向けた。

それゆえ、クスコにおいてインカ貴族がひとつの集団として残存したという事態をもって、「インカ・ナショナル・ムーヴメント」に連なるような反植民地主義的抵抗が発動する契機と考えるのはすこし平板にすぎるようにも思われるのである。私見では、このような観点は、植民地期のインカの表象、イメージをひとつの均質なものとしてとらえてきた研究視角そのものに起因していると思われる。

本章の課題は、スペインによる征服後、インカ表象がどのように保存され、あるいは再創造されて植民地時代末期にいたるのかを、その多義性に着目して論ずることである。そこで、このインカ表象の多彩性を把持するための方法的な視座として、三層の構造を見定め、各層の生成のありさま、およびそれぞれが交錯したり収斂していく歴史的な様態を考察してみたい。

第一の層は「歴史化されるインカ」であり、征服後の渾沌とした状況のなかでただちに生成・固化しはじめる最も可視的な層である。スペイン人側・インディオ側双方の、「歴史をつくりだす」ことへの意欲の産物といってもよい。スペイン人には、征服事業の歴史的意義を早急に見定める必要があった。ひとつには、今後植民地体制のもとに支配していく先住民社会の性格を十全に把握するという喫緊の課題があり、さらには、スペインの達成した世界史的な偉業をも顕彰せねばならなかった。

征服以前、非文字的段階にあったインカ社会の人々は、歴史を口承的伝統・記憶のもとに保っていた。揮発性の高い状態にあったインディオたちの歴史は、旧世界からやってきたスペイン人たちの、「文字」を通してそれを紙に刻印し、保存したいという欲望を強く刺激した。またその性格がどうであれ、帝国スペインの敗者にふさわしい確固たる歴史を備えた王権インカのイメージを彫琢することも必要であった。インカ王朝史の輪郭を確定することは、征服後のアンデスにあったスペイン系知識人の急務であったともいえよう。そのなかで、歴史の真実に肉薄せんとする、ある意味ではモダーンとも形容しうる強い歴史への執念を示したシエサ・デ・レオンのような記録者《クロニスタ》によって、インカ史のクリアな全体像が描出されていったことも特筆すべきである。

いっぽう、非文字社会を生きていた先住民の人々も、彼らの眼前にとつぜん現れた「文字」、そしてそれによって「書かれた歴史」という媒体が権力と結びつき、さらに権力自体を生みだす契機と可能性を秘めていることを、征服後瞬時に理解した。(5) こうして、スペイン人、インディオ双方の意思が交わったところに「インカ王朝正史」が書き重ねられていき、「歴史化されたインカ」というひとつの層がかたちを成す。

インカの歴史化とともに、それに拮抗する層が発生する。「再・歴史化されるインカ」の層である。これは本来インカ的正統性とは歴史的に関係をもたない人々が、アンデス社会で権力を行使したり、あるいは発言力を確保しようとするとき、その権威の源泉としてインカ表象に着目し、インカの正嫡たちが保持している「歴史化されたインカ」をいわば簒奪し、そのときどきのコンテクストにおいて再利用しようとするときに浮上する層である。

そして三つ目の層とは「脱／非・歴史化されるインカ」である。この層は不可視の水脈を形成しているといってもよい。これを象徴的に示すのが、まさに本書第八章で探求した「リマの魔女」たちが錬成していたインカのイメージであると私は考えている。すなわちこれらの脱／非歴史的インカ表象は、日常的には民衆的な口承文化の深奥に潜んでおり、前述の二層のように紙葉に刻印されたり、公式の場で表明されたりすることは滅多にない。しかし民衆層を被告とする裁判などでの強いられた発話を通じて史料にその痕跡が遺ったり、あるいは今日、人類学者がそのフィールド・ワークの労苦の末に、ようやく捕獲できるような性格のものである。ここにおいて特徴的なのは、しばしばインカが、書物や公文書に刻印された正史的伝統からは大きく逸脱し、かつてアンデスで権力を揮った歴史的王権としてではなく、この世の中を変革しうる可能性を秘めた力、大地から湧きいずるようなエネルギーとして表現されることである。

この三つの層が収斂する焦点に、十八世紀末のインディオ大反乱が位置づけられるであろうというのが私の見通しであるが、本章では特に、植民地時代を通じて、「歴史化されたインカ」の層と、それを「再・歴史化」しようとする動きが絡み合うありさまを中心に検討してみたい。まず征服直後のアモルファスな社会状況のもとで「インカの歴史化」がどのようなかたちで成就したか、いくつかの事例をもとに考察する。ついで、こうしてクスコにおいて歴史化されたインカが、アンデス世界に飛散し、多様なかたちで「再歴史化」していく過程を瞥見してみたい。さらに植民地時代末期、反乱前夜の「インカ」をめぐる闘争のありさまを、カーヒルの近業に導かれつつ考察し(6)、先住民大反乱における「インカ」の意味を再考しよう。

1　歴史化されるインカ――植民地時代初期

無文字社会インカについては、わからない問題がたくさんある。インカ王朝の歴史的実態についても、私たちはいまだクリアな像を得てはいない。しかしながら、征服後すぐに、ヨーロッパの諸王朝史にも比肩しうる歴代王の輝かしき系譜が語られるようになる。すなわちいくつかの異説はあるものの、クスコ近郊のパカリクタンボ村に存在する「タンプ・トコ」と呼ばれる洞窟から始祖「マンコ・カパック」王が出現し、その後第十一代「ワイナ・カパック」王にいたるまでの単系的な系譜が続くという王朝史がスペイン人記録者によって叙述され、そしてそれを現代の歴史家たちも長らく継承してきたのである。

ここで考えるべきは、こうした王朝史ができあがった背景に潜む問題である。もとより人類学系の研究者はしばしばこの単系的王朝史に疑義を呈してきた。歴代の王の名は実在の王の固有名ではなく「職名」であったとする見方があるいっぽう、上《ハナン》／下《ウリン》というアンデスに固有の半族構造にしたがって二人の王が同時に並び立つという双分王朝論も展開した。さらに近年にはフィンランドの歴史考古学者ペルシネンが三系列の王が同時に統治をしていたという興味深い仮説をも提示しており、議論はますます密度を増している(7)。

しかしまず問われるべきは、王朝史をめぐる史料や議論にはかくも不確実、不鮮明な部分があるにもかかわらず、なぜ単系的な王朝史が征服後、一見したところ、たいへんスムースに確立したのかという点である。従来はその要因をスペイン人記録者の側に求めてきた。すなわち彼らはアンデスの複雑な王権のシステムを理解する前に、慣れ親しんだ「長子相続原理」に基づくヨーロッパ的な王朝伝統をいわば「型紙」のようにもちいて、インカ王朝史をあわただしく裁断・縫製してしまったというのである。とりわけ複合王朝を想定する研究者は、書記文化をもたず口承伝統のなかに出来事を繋ぎとめていた人々のもつ歴史感覚と、ヨーロッパ的なそれとのあいだには深刻な差異が存在する可能性を指摘していた(8)。

インカ王朝の本来の姿を見定めようとする努力は今後も続くだろうが、ここでは単系的王朝論、複合的王朝論のどちらが歴史的に正しいかということは問題にせず、むしろこの王朝史が生まれていくときに作用していたインカ族からのはたらきかけに注目したい。王朝史生成の現場で積極的に動いていたのは、征服を生き延び、植民地クスコに残ったインカ王族の人々だった。彼らはスペイン王権に忠誠を誓うこととひきかえに、インカ王族＝「貴族」としてのステイタスと特権を保持し、都市空間におけるカトリック教会の支配単位である教区――クスコ市内の八つの先住民教区――に集住しつつ、インカ王族としての凝集性を王家《パナカ》を核として維持していった(9)。そこでまずは、十六世紀半ば頃のインカ系の人々の動きを見てみよう。彼らによって、「インカの歴史化」が積極的に推進されるとともに、しかしすでにこのとき、「再・歴史化」するインカという二つ目のモメントが現れていることにも注目したい。

単系王朝史をはじめて文字として記録したのは、いわゆる『キプカマヨクの報告書』であるとされ(10)、ここに書かれた、初代を「マンコ・カパック」王、「ワイナ・カパック」王を第十一代とする王朝史が今日にいたるまで連綿と続いているといえる。この文書は一五四〇年代前半に現れたようだが、まさにこの時期、クスコの旧インカ王族たちが各王家《パナカ》の特権をスペイン王室から確保すべく汲々としていたことがわかってきており、この動きと「正史」の成立とが連動していることは確実と思われる。それを示すのが、一五四五年、スペイン王カルロス五世が、歴代インカ王たちの多くの末裔に「紋章掲示権」を下賜している事実である。たとえば第八代「ヴィラコチャ・インカ」の子孫に対して、黄金の太陽、インカの王徴であるマスカパイチャ、コンドル、プーマなどを配した「家紋」を子々孫々、顕示することを認証している(11)。

このような家紋獲得などを通じた王家の確立と、一五四〇年代以降確定していくインカ王朝史とは軌を一にしていると考えることができる。しかしながらこれらの史料群を前にして、ある種の違和感を覚えるのもまた事実である。第一に、これらの勅令はクスコ地方文書館に保存されている文書束群《レガッホ》に散在しているが、どれも皆オリジナルな史料（原本）ではない。それらは、十七―十八世紀にかけて、インカ王族の末裔としての特権の再認証や再交付を求めてインカ系の人々が提起した訴訟や誓願に際し、彼らが公証人に提出し認証されたことになっている文書正本の謄写《トラスラード》である。(12) もちろんこうした手続きは、植民地時代には日常的なものであり、謄本だからといって、その真純性が減ずることはけっしてないのだが、しかし、なにか奇異な感じがするのは、たとえば一五四四年十月一日に、カルロス五世から「フェリペ・トゥパク・アマル」の子であるとされる「ファン・ティト・トゥパク・アマル」に対して発せられた家紋顕示権を認める勅令である。(13) このフェリペ・トゥパク・アマルとは、一五七二年にクスコ中央広場で副王トレドの命により、まだ若齢でありながら処刑されたトゥパク・アマル一世その人であり、その子息であるフアン・ティトが一五四四年の時点で勅許を得たというのは、時系列からはかなり不自然であるといわねばならない。文書の利用の背景にさまざまな思惑が潜んでいそうである。この点は第三節で詳しく見ていきたい。

インカの歴史がまだ凝固していないこの時期、多様な人々の術策や欲望がそこに流れ込んでいた。記述行為《エクリチュール》という「権力」を行使できる有利な立場にあったスペイン人のみならず、ヨーロッパ的書字文化にいまだなじんでいなかった先住民系の人々も、歴史生成のプロセスの渦中に果敢に参入している点も興味深い。それを象徴するものとして注目すべきは、アートンが明らかにした、今日インカ王朝発祥の地とされているパカリクタンボ村の首長カリャピーニャの動きである。一五六九年、カリャピーニャはクスコの行政官庁に請願書を提出した。そして彼こそが初代インカ王マンコ・カパック直系の子孫であり、彼の村にある「タンプ・トコ」と呼ばれる洞窟は、インカの始祖として都クスコを開くことになるマンコ・カパックたち四組の兄弟姉妹が出現した記念碑的な場であると主張したのである。この請願が認められた結果、パカリクタンボはインカ王朝史の起点として確立した。(14)

けれどもインカの歴史化のプロセスに関わったのはひとりカリャピーニャだけではなかった。その意味でここで着目すべきはワイナ・カパックの子であるパウリュ・インカとその家の動向である。この一族にかんする研究から、この時期、インカが「歴史化」あるいは「再・歴史化」していくプロセスのもうひとつの側面を見ることができる。

従来のペルー史の叙述は、パウリュ・インカをつねにビルカバンバ系のインカと対比しつつ描出してきた。スペイン人支配に対する峻拒を宣し、アンデス東山中の熱帯雨林地帯に割拠して全面的な対抗の道を選んだマンコ・インカ、サイリ・トゥパク、ティトゥ・クシ、そしてトゥパク・アマル一世らビルカバンバ王統のインカ族とは対照的に、スペイン人勢力にいわば寄り添っていったパウリュ・インカ系の人々を、これまでの歴史叙述はいささか否定的に扱ってきた印象がある。このような「英雄」対「傀儡」といった従来の見方に対して、近年パウリュ系インカに新たな光を与えつつ再考を試みているのがゴンサロ・ラマーナである。彼は従来ネガティヴな色調で描かれてきたパウリュ・インカが、実際はビルカバンバ王朝系インカと対抗しつつ、インカ王として即位し、クスコのインディオの支持を取りつけていたことを明らかにした[15]。

ラマーナは一五四〇年代のこの時期のクスコを「灰色の場所」と規定し、この空間に生成していた、単調な二項対立ではとらえることのできないインカ族の複雑な様態を明らかにした。それによれば、一五三七年頃、パウリュは「唯一絶対のインカ王＝サパ・インカ」の徴《しるし》たる房飾り「マスカパイチャ」をクスコで授かり即位した。これは従来からも知られていた事実であるが、ラマーナは、単なる傀儡王とは異質な、パウリュの「インカ王」としての支配の実質をも明らかにした。たとえば、パウリュはその親族やインカ貴族《オレホン》たちにより「君主《セニョール》」と呼ばれて崇敬され、臣下からは「儀礼的辞儀《モチャ》」を受けていた。また帝王に相応しい家産を欠くパウリュを支援すべく、インディオ首長たちは自らの畑においてトウモロコシの栽培をしていた。さらにインカ王としてのパウリュが、古来の為来《しきたり》に従って首長たちの職を認証し、「長の座」たるティアナ（第六章一九三頁参照）を下賜する仕儀に及んでいたという興味深い事実も指摘されている[16]。こうした、いかにも「帝王」然とした行為を、クスコのスペイン人支配者層は激しく憎悪し、彼らはパウリュを打擲《ちょうちゃく》し、その命を密かに狙う者もあったという。すなわち、征服直後のこの時期、スペイン人の支配に拮抗しうるだけの根拠と支持基盤を備えた「インカ王権」がクスコを中心に依然として存在し、ビルカバンバ系の「インカ王権」と拮抗しながら「灰色の風景」を現出させていたのである。

この文脈においてこそ、ビルカバンバ系インカとパウリュ系インカとのあいだに生じていた緊張関係を示す以下の史料を読むべきであろう。それは一五七〇年代、ときの副王トレドが本国に送付した歴代インカ王の肖像画において、パウリュ・インカがビルカバンバ系のマンコ・インカやティトゥ・クシよりも一段と上位に描かれ、またパウリュの娘が自分より上位に置かれていることに憤慨したビルカバンバ王統サイリ・トゥパク王の「姉妹にして妻」であるマリア・マンリケ・コヤ・クシ・グァルカイをめぐる逸話である。(17)

さきの出来事である。〔副王トレドは〕国王陛下に届けられることになっている、フランシスコ・ピサロ侯爵が発見するまでこの王国を治め支配していたインカの王たちと、現在ビルカバンバと呼ばれる峻厳な山の奥に籠もっているティトゥ・クシ・ユパンキという名のインカにいたるまでの〔王たちの〕肖像画を描かせると、ワイナ・カパ王の系譜に連なるおもだったインディオをすべて集め、ひとりの通辞と同席した副王付判事ガブリエル・デ・ロアルテ博士の諮問のもと、彼らにこういい聞かせた。この王国の支配者であり、彼らインディオが王と呼ぶインガは僭主《ティラノ》であり「王」などとは呼ぶことなどできない存在であったと。〔ワイナ・カパック王の〕親族や孫であるインカ族の人々はこれを聞いて憤慨した。……そのうえ国王陛下に送付されるインカ諸王の肖像画では、ドン・カルロスの父であるパウロ〔パウリュ〕・インカが〔ビルカバンバ王統三代目のインカ〕ティトゥ・クシよりもより上座に描かれていた。亡きインカ〔サイリ・トゥパク〕の妻で、ティトゥ・クシの姉妹であるドニャ・マリア・クシ・グァルカイ——副王トレドは無理やり彼女を貧しい兵士と再婚させていた——は……ほかのインカ族の親戚筋の人々とともに副王のところに押しかけて不満をぶちまけた。それに対して副王トレドはこういった。「わからんかね、ドニャ・マリア、ドン・カルロスとその父パウロはこれまでずっと国王陛下にお仕えしてきた、ところがおまえの父と兄弟は僣主であり、山奥にいつまでも籠城しているではないか？」これに対してドニャ・マリアは「閣下は父と兄弟を裏切り者呼ばわりするけれども、実際はそうではない、たて籠もっているのは、彼らがこの王国の真の支配者であるにもかかわらず［スペイン人たちが］食い扶持をお授けにならなかったからです。ご覚悟ください」と答えた。……その後どうやら彼女、あるいは親戚筋のインカ族はビルカバンバに籠もる兄弟に使者を送ったらしく、数日後、インカのところにいたスペイン人司祭と他のキリスト教徒が殺害された。……そして副王トレドはビルカバンバのインカに対して宣戦布告し、今まさに兵が集められ征服がはじまらんとしているのである……

画布に描かれた肖像の序列をめぐるクシ・グァルカイ姫のこだわりは、副王トレドが主導する歴史編纂を通じてインカ王朝史がいよいよ凝結しようとしている最後の瞬間の攻防を目の当たりにするようでとても興味深い。この文書は、副王トレドによる「インカ＝僣主論《ティラノ》」に基づく公定インカ史の編纂がクスコのインカ族に痛切な不快感を与えていたことのみならず、さらに件の「歴代インカ王図」がインカ貴族の一体性に亀裂を生じさせていたことをも鮮明にしている。(18) この史料はまた、副王が作成させた系譜絵図において、パウリュ系インカ族がビルカバンバ王統よりも上位に描かれていたがゆえに後者の怒りを招き、そのことが懐柔されつつあった反乱インカ族の態度を硬化させ、悲劇として終わる抵抗運動に油を注ぐ結果になったことをも私たちに教えてくれる。この書簡が認《したた》められた数カ月後、ビルカバンバの頭領トゥパク・アマル一世はトレドの派遣した追討軍に捕縛され、クスコ市の広場において断首されたのである。

インカの歴史は、文字のみならず、絵画的イメージに変成して固まっていった。その結果生みだされた「歴代インカ王図」は、征服後のインカ貴族の正統としての矜持に強く関わるものとなった。美術史家ヒスベルトによれば、本国に送られたこの「インカ王系譜画」の模写がクスコに遺され、インカ族が貴族的特権の恵賜をスペイン王室に求めた際に重要参考資料として提出した絵図の「雛型」として機能していたようだが[19]、十七世紀後半から十八世紀にかけて生みだされる多数のインカ絵図が孕む政治性は、すでにこれらの画布に宿っていた。

ビルカバンバ王統がトゥパク・アマル一世の処刑によって公的には断絶したのち、インカの歴史をめぐる闘争はしばし沈静化する。しかしそれは十八世紀の終わりに激烈な震動を再びクスコ社会にもたらす。この点は第三節で論ずるが、次節では、十六世紀の終わりから十八世紀にかけて、インカをめぐる表象がどのように認識されていたかを、特に「クスコ八教区のインカ貴族の王旗掛」および「二十四選挙人会[20]」という特異な制度を核として結集していたインカ族の様態に焦点をあてつつ考察してみたい。

2　インカ貴族の二十四選挙人会

植民地時代、クスコに生きたインカ王の末裔たちは、都市空間におけるその集団としての歴史性を、紋章や系図といった表象のみならず、「インカ貴族の王旗掛」というひとつの制度に拠りながら、自らの身体を媒介として表現してきた。この職、およびそれを選出する選挙人会は、ラテンアメリカ植民地全体を見渡しても類を見ないとてもユニークな団体であった。

クスコでは毎年七月二十五日、スペイン王国、そしてとりわけ征服者の守護聖人であった「聖ヤコブ《サンティアゴ》の祝祭」が催されていた。この祭事に際し、スペイン系住民のなかから選ばれた「王旗掛」が国王旗を掲げて行進することになっており、これは該人物の都市空間におけるプレスティジを誇示する名誉職であった。ところがいつの頃からか、クスコのインカ王族たちも、同輩のなかから一名の「旗持」を選び、任命された者は額に「唯一のインカ王」の徴たる房飾り《マスカパイチャ》を装着し、スペイン人の王旗掛に続いて街路を歩むようになっていた。創設当時を回顧する十八世紀末の史料によれば、この祝祭におけるマスカパイチャ着用特権はカルロス五世が下賜したとされているが、正式な制度化は一五九五年のことであった[21]。

当時クスコのインディオ関連訴件担当判事であったアグスティン・ハラ・デ・ラ・セルダはその報告書において、一五九五年七月四日に決定された王旗掛選出の手続きの詳細を記している。それによれば、それまで選出に際しては記録簿も存在しなかったため、揉め事が起こり、混乱が絶えなかったという理由で、ハラ判事自身がイニシアティヴを取り、王旗掛を選出する手順を規定した。判事は、上《ハナン》インカ諸王家、下《ウリン》インカ諸王家[22]それぞれから歴代王の直系の子孫十二名を選挙人として出席させ、合計二十四名の選挙人母体を構成させることを命じた。そしてそのなかから、秘密投票により一名の王旗掛を選出するというプロセスを確定し、また選挙結果などを記載するための「記録簿」となる帳面も購入させた。投票は六月の「洗礼者ヨハネの祝日」におこなわれることも決まった[23]。かくして、クスコの植民地当局の指導下、「二十四選挙人会」が正式に発足した。インカ貴族たちは、この選挙人会を軸に歴代王の末裔であることを公に喧伝しつつ、植民地インディオ社会の権力構造の内部に、確かな政治的地位を確立していったのである。

この時期、どのくらいのインカ王族がクスコにはいたのだろうか。一六〇三年、クスコの「十一王家」のインカ族の人々が、当時スペインに居住していた故パウリュの孫のメルチオール・カルロス・インカ、そしてかのインカ・ガルシラーソ・デ・ラ・ベガ[24]に「権利委任状」を送付し、インディオ平民に課せられていた貢納等の諸負担を、彼らインカ貴族には免除することをスペイン王室に認めさせるべく交渉するよう依頼している。ガルシラーソのもとにはこのとき、琥珀織の白布に描かれた系図が送られた。そこにはいにしえの装束に身を包んだマンコ・カパックからワイナ・カパックまでの王と、その息子パウリュの胸像が織り込まれていた。各王は頭に房飾り《マスカパイチャ》をつけ、また手には錫杖をもって描かれていたとされる。このときに送られた書状において十一王家の人々は、男子直系のインカ族がクスコには合計五百六十七人在住することを報告していた[25]。またギャレットの近業によれば、概算では

あるが、クスコ地方に居住する全インディオ系人口の五―十パーセントくらいがインカ貴族であったという。(26)

彼らインカ王族は「ドン don」という貴族的尊称を帯びることを認められ、同時代のイベリア半島の下級貴族《イダルゴ》と同等の地位を確保しつつ、平民インディオとは一線を画していた。またスペイン王権はインカ貴族層にさまざまな特権を賦与していた。彼らは一般の先住民に課せられていた納税や強制労働に従事する義務から解放され、また王室の上級法廷においてのみ裁かれるという特権をも有していた。当時クスコ以外のアンデス諸地方においても、インディオ共同体の首長層《クラカ》は伝統的なステイタスをスペイン王権から追認され、やはり下級貴族のごとく振る舞っていたが、クスコのように一度に大量の人々が貴族に叙せられ、集団として盤踞していた地域は他にはなかった。そのなかでも、この二十四選挙人会は「植民地期インカ」の権力を象徴する存在として特異な光彩を放っていた。

その彼らが、クスコという都市空間の中で自らを顕在化していた様子を伝えるのが、現在クスコの大司教座美術館が所蔵する「コルプス・クリスティ連作」と称されている一連の絵画である。それはカトリックの大祭である聖体祭《コルプス・クリスティ》においてクスコ市中心部の街頭を練り歩いた各教区のインカ貴族たちの姿を描き出している。

先スペイン期のインカ風の衣裳を身につけた彼らの額上に燦然と輝くのが、上質な毛でできた臙脂色の房飾り「マスカパイチャ」であり、このマスカパイチャを着用することができたがゆえに二十四選挙人会の面々は「マスカパイチャの正統インカ」とも呼ばれていた。先スペイン期、このマスカパイチャは唯一無二の王インカのみが装着することを許された王権至高のシンボルであったが、植民地時代に入り、その唯一絶対性は喪失し、汎用性のあるものに変質していた。インカ貴族は、肩まで伸びた黒い髪を示しつつ、胸には太陽をあしらった模様のある長衣を着用している。伝統的なアンデスの衣裳を再現しているかのようにも見えるが、実際にはズボンやストッキングなど、すでにヨーロッパ的な衣裳のモチーフが取り入れられている。こうしてインディオ文化とスペイン人文化の狭間に立つ彼らの独特な存在様態が、一連の絵画の表面に、新しい意匠とともに刻されたのである。(27)

しかしこうした「インカ王の行列」はクスコのインカ族の独占物ではけっしてなかった。十七世紀に入ると、

「インカ」が帝都クスコという地理的・歴史的に限定されたコンテクストから切断され、アンデスの各地の祝祭に登場する様子を観察することができる。インカが非クスコ的文脈に取り込まれていくのである。

たとえば十七世紀の後半、リマ大司教座管内カハタンボ地方のマンガス村で、同村のインディオ首長アロンソ・カリャンポマを被告とする偶像崇拝根絶（第七章を参照）の審問がおこなわれたが、その記録によれば、彼は自宅の屋根藁を葺き替える宗教的行事に際して、伝統的な高級織物クンビで正装して酒事《さきごと》をもち、祖先神に供犠を捧げるという非キリスト教的な振る舞いをしたことを咎められ、訴追された。カリャンポマ自身は、しかし、この嫌疑を断固として否認し、その反論として次のように供述している。

家を新築し、屋根を葺いた際に、いにしえの時代の歌や舞いを踊るように命じた覚えなどまったくない……歌など謡ってもいないし、自宅に偶像コヤワルミをもってこさせたことも、お供えを捧げたという事実もない、ただ単に、故ドン・ガルシア・リカパとフランシスコ・カリャンという名の二人のインディオを随えて、インカの格好をしただけである、そしてスペイン人に扮装したほかのインディオたちと娯楽のための戦争をしたのみである……。(28)

この史料において注目すべきは、クスコから遥か遠く離れた、本来、インカ的伝統とは無縁であるはずの地方の首長がすでにインカ王を装いはじめていることである。このローカル社会の文脈においてインカは、都クスコから帝国を治めていた王というよりも、むしろ、スペイン人征服者と対峙した「インディオ」を象徴するような役割を担っているように思われる。これはインカの歴史と本来関係をもたない人々が、「インカ」を領有し、再解釈していく好例だと私は考えているが、十七世紀にはアンデス各地において、こうして再・歴史化されたインカたちが姿を現している。いくつか例を見てみよう。

一六〇一年、銀鉱山の町ポトシでは「グアダルーペの聖母」を祝賀する祭りが催され、いくつかの創作劇が披露された。舞台には「インディオの君主インカ」、「太陽像」を掲げるインディオたち、そしてスペイン人の衣裳を纏った「貴婦人」が登場する。貴婦人はキリスト教を象徴していた。この婦人に魅了されたインカ王を蛇が呑み込む。インディオたちは聖母に援けを求め、そして最後にスペインの軍事力を象徴するかのごとき武装騎士が出現し、インカ王を救い出す。劇は異教徒の王の、カトリックへの改宗を象徴的に描き出していた[29]。

一六五九年十二月二十三日、リマ市ではフェリペ四世の皇太子が誕生したことを寿《ことほ》いでインディオたちが祝祭を催した。彼らは町の広場に砦を設《しつら》える。そこにインカ王が現れ、二人の別の王と模擬戦をおこなった末に勝利し、砦を占拠する。その後三人の王は、山車に飾られたスペイン人皇太子の肖像画に厳かに「鍵」を献上した[30]。

十八世紀に入っても、ペルー王国各地で、インカをモチーフとした祭礼をインディオたちが執りおこなっている様子が目撃されている。フランス人旅行家フレジエによれば、一七一一年、聖母マリアを祝賀する式典として、ペルー全土の諸都市で「古代インカ」の衣裳に身を包《くる》んだインディオが練り歩き、またフランシスコ・ピサロによるアタワルパ処刑のシーンが再現されたという[31]。

一七二四年、リマ市は、スペイン国王フェリペ五世がその王子に譲位したことを祝う祭典を十二月から長期にわたって繰り広げた。リマの同職組合が競い合うように出し物を披露し、翌年一月二十六日からの三日間は、リマ市の先住民たちが行列を組織し、ワスカル王からマンコ・カパック王までの歴代王たちがインカ王の衣裳を着てリマの中央広場を練り歩いている[32]。

こうした事例のなかでとりわけユニークと思われるのが、一六〇七年、ワマンガ地方パリナコチャ管内の鉱山町パウサにおいて繰り広げられたページェントである。新副王の着任を寿ぐ祝祭において、やはり豪奢な衣裳に身を包んだインカ姿の人物が、槍などで武装したインディオの扈従を伴って広場に現れた。インカは輿に乗り、また古式に則って歌舞を演ずる大勢の女性たちをも従えていた。彼女たちは選別された聖なる乙女アクリャ（第一章を参照のこと）を演じていたのであろう。そのとき、広場に別の主役が登場する。「ラ・マンチャのドン・キホーテ、悲しき姿の騎士」であった。それは二年前に世に出た、かの文豪の小説の主人公の特徴をごく自然に描きだしたもので、「見る人に興趣を募らせるものがあった」。インカとドン・キホーテ。この奇妙なコンビを創造／想像した小さな鉱山街に住む人々の心性のありさま深くを知ることなどできないが、インカの歴史が「世界文学」と接触し、そして変質していく界面がそこにあった(33)。

このように、古代帝国の中心クスコと強く結びついていた「歴史的インカ」の表象は、時代とともに旧帝都から解きほぐされ、アンデスの各地に散種されていった。そして多様な人々がそれを受容し、新しい意味を附与していく。おそらくこのプロセスがさらに深まったとき、歴史的文脈からは完全に自由となった力強きインカが、前章で見たリマの魔女たちの想像力に突き刺さっていくのだろう。

さらに注目すべきことに、「インカ史」の中核、古都クスコにおいてすら、非インカ系の人々がインカの歴史性を簒奪しようという挙におよぶ事態が生じていた。インカ貴族による二十四選挙人会の排他的独占が危うくなっていたのである。

一六八〇年、クスコのインディオ教区サン・セバスティアンに住むヴィラコチャ王家のインカ貴族たちが一通の請願書を当局に提出した。それは非インカ系の先住民ドン・マルコス・ウニャコンドルが、復活祭においてマスカパイチャを装着して練り歩いたことに異議を申し立てるものであった。インカ貴族たちは、この男の行動を阻止するために攫みかかって喧嘩となり、インディオ関連訴件担当判事によって逮捕され、牢屋に入れられてしまった(34)。インカ貴族は、非インカ系インディオが濫用しようとしていたマスカパイチャ特権を身を挺して守ろうとしたのである。

しかしこのような事例はけっして単独で現れたものではなく、植民地時代を通じてしばしば問題になっていた。一般に、インカ貴族の多くはクスコ市において有力な職人・商人層を形成し、政治力のみならず、経済的な実力をも有していた。しかし都市に居住する非インカ系の先住民のなかにも、彼らに比肩しうる経済力を誇る人々が成長しており、インカ族が独占する特権的な座を、こうした先住民たちも虎視眈々と狙っていたのである。

その意味でとても興味深いのは、一六八五年に「クスコ八教区に住むインカの末裔たち」の名で出された請願書である。同文書で問題にされたのは、ドン・フランシスコ・ウクルカーナという非インカ系のインディオのとったある行為であった。ウクルカーナは、自宅にインカ族の人々を招じ入れ、チチャ酒や葡萄酒で酩酊させたあげく、彼とその息子を「王旗掛」に選出するよう強請したのだという。ここで重要なのはこの男の出自である。ウクルカーナは、じつはカニャル族の出身であり、カニャル族やチャチャポーヤ族の人々が集住する、クスコはカルメンカの丘にあるサンタ・アナ教区に居住していた。

第二章でも述べたように、エクアドル地方に起源をもつカニャル人はスペイン征服以前、インカ族と激しく対峙しており、征服以降もスペイン人の熱狂的な協力者となり、インカ族とは緊張関係を保ちながらクスコで生活していた[35]。その彼らが、いまやインカ族のシンボルであるマスカパイチャに手を伸ばそうとしていたのである。これに対して「クスコ八教区に住むインカの末裔たち」は、請願書の中で反論を展開する。

> ドン・フランシスコ・ウクルカーナは、王旗を持ち出すことなどできない。なぜならば件の者も、その子供もインカの末裔ではなく、カニャル人の子孫だからである。カニャル人たちは、カニャルの徴を身につけ、兵士に扮して聖体祭に登場するよう、この諸王国の副王であられたいとも畏れおおきトレド閣下がその法令によりお命じになっている。なぜならば、カニャル人やチャチャポーヤ人は、このクスコ市の産ではなく、キト、バンカ《ママ》〔ワンカ?〕からやってきた他所者であり、インカ王たちが奉仕をさせようとしてこの町に連行してきたのだから。またこの王国が征服された時、彼らは征服者とともにあったから、カニャル人としての徴を下賜されたが、獄吏や死刑執行人の役務を負わされ、それゆえ税を免除されているのである。叙上の理由により、

彼らにはマスカパイチャの徴を身につけることも、王旗をもちだすことも許されない。かかる振る舞いは、われわれ、およびわれわれのすべての子孫たちを著しく傷つけることになる。なぜならば一介のインディオごときが、われわれの徴を帯びることは、われわれに流れる王家の血、そしてわれわれの貴性ゆえに国王陛下がその勅令を通じて下賜された栄誉を毀損することになるからである。

このような痛烈な言葉を放ちつつ、加えて十六世紀の終わり、やはり一般の貢納民にして仕立屋の非インカ系インディオが該選挙に参入しようとした際に副王ベラスコが彼らのために発給した副王令を論拠として引証し、インカ貴族たちはウクルカーナの企てを阻まんとした(36)。

ウクルカーナは明らかにインカ族の世界に踏み込もうという欲望を露《あら》わにしていた。だが征服後、インカとの差異を明確にすることでクスコ社会におけるそのプレゼンスを誇示してきたカニャル人の、いわば「インカの歴史」への侵入は何を意味しているのか。このウクルカーナの行動は、ある奇妙な問題へ私たちの関心を喚起する。先に見た、インカ貴族がクスコの街路を闊歩した情景を活写する「コルプス・クリスティ連作」は、一六八〇年頃に描かれたとされるが、これらの作品は、当時サンタ・アナ教区教会に保管されており、それゆえ「サンタ・アナ連作」とも通称されている。インカ族の矜持を誇るがごとき王旗掛を描きあげた一連の絵画が、どうしてカニャル人やチャチャポーヤ人といった、インカ的クスコ世界から見ればいわば「異人たち」の拠点であるサンタ・アナ教区にあったのだろうか。この点を論じたディーンは、該教区を、いわば都市クスコとその外部世界との閾《しきい》としての意味を担った特殊なトポスであったととらえ、都市の外からやってきた者を「クスコの歴史」に招じ入れるための媒介として一連の絵画を掲示していたと考える(37)。これに対してクスコの史家アマードは、ウクルカーナの叙上の行動を重視する。すなわち連作は、インカ貴族層との親近性を絵画を通じて顕《あら》わにし、王旗掛というポストに接近しようとしていたウクルカーナのイニシアティヴによって制作されたという注目すべき議論を展開しているのである(38)。

私は旧稿で「サンタ・アナ連作」＝ティンクイ性の表象化＝インディオ的抵抗の内在性、という行論を展開したディーンの著作を批判的に検討したが、(39)その意味で、史料的裏づけはすこし弱いけれども、アマードのこの見解は傾聴に値する。「インカの歴史化／再・歴史化」というプロセスには、クスコ生粋のインカ族の末裔のみならず、こうした出自を異にする多彩な人々の意思や欲動が錯綜し、歴史化の流れを蛇行させる可塑性が潜んでいたと私は考えている。

カニャル人やチャチャポーヤ人は、スペイン人征服者への親密な協力と引き替えに、免税などの特権を附与され、クスコのインディオ平民層に比べると優遇された地位を保っていたが、史料に現れるインカの代表たちの侮蔑的な言辞にも表れているように、彼らは獄吏であったり、あるいは死刑執行人であったりと、いわば社会の「裏面世界」に関わる生業に甘んじていた。それをかなぐり捨て、高貴な歴史とともに輝くインカ集団のもつ特権に、ウクルカーナは少しでも近づこうとしていたのかもしれない。いずれにしてもサンタ・アナ連作はまさしく「インカの歴史への欲望」のありさまを解明する鍵になると考えられる。(40)

十六世紀の前半にひとたび凝固したインカ史は、十六世紀後半から十七世紀にかけて、インカ貴族の牙城である「二十四選挙人会」と「クスコ八教区のインカ貴族の王旗掛」を温床として保持されていた。とはいえそこにも、インカの「再・歴史化」、そしてその歴史の領有・奪回を試みる動きを明瞭に観察することができた。さらに征服を生き延びた「インカの表象」が、クスコという土地に留まることなく、ペルー副王領全体へと拡がっていく事態も、断片的な史料を介してだがわかってきた。飛び散った種が、深夜、リマの女性世界という奇妙な庭で「インカの呪文」というユニークな花を咲かせたことも、私たちは第八章で目撃している。次節ではさらに、この「インカの歴史」をめぐって展開した二人の人物の熾烈な闘争の様相を考察してみたい。二人の人物とはホセ・ガブリエル・コンドルカンキとディエゴ・フェリペ・ベタンクールのことである。

3　インカへの欲望――植民地時代末期のインカ表象

クスコ地方文書館には「ベタンクール家文書 Libros de Betancur」と銘打たれた大部の史料が残存している。これは、十八世紀の後半、ディエゴ・フェリペ・ベタンクールという名のインディオが、自らを一五七二年に処刑されたインカ王トゥパク・アマル一世の血胤であることを立証・顕示すべく準備したきわめて多様な証拠資料の集成である。

十八世紀初頭、クスコ近郊に「オロペサ侯爵領」という大きな荘園が存在した。これはスペイン王権が、ビルカバンバに立て籠もったものの植民地当局に説得されて帰順したサイリ・トゥパク王に下賜した所領であり、サンティアゴ・デ・オロペサ（ユカイ）、サン・ベルナルド・デ・ウルバンバ、サン・ベニート・デ・アルカンタラ（ワイリャバンバ）、サン・フランシスコ・デ・マラスという四つの豊かなインディオ村落を含んでいた。その領主位が、十八世紀の前半、最後の保有者が死去したのち、空席となっていた。この侯領の継承権をめぐって争ったのが、ディエゴ・フェリペ・ベタンクールというインディオと、現在「トゥパク・アマル大反乱」の指導者としてペルーの国民的英雄となっているホセ・ガブリエル・コンドルカンキ＝トゥパク・アマル二世であった。彼らは一五七二年、クスコ大広場で斬首の刑に処せられたトゥパク・アマル一世の系譜に連なることを行政府によって公認されるべく、激しい法廷闘争をおこなった。その結果遺されたのが、ベタンクール家文書をはじめとする、膨大な史料だったのである。

ペルー植民地史上最大の出来事であるトゥパク・アマル大反乱の研究史において、最後のインカ王の末裔の座をめぐるこの争いは、よく知られていたとはいえ、どちらかといえば挿話的・周辺的な扱いを受けてきた。大反乱の原因をめぐる議論は、おもに十八世紀後半の政治・経済的要因をめぐってなされてきた印象があり、しかもこの法廷闘争がエピソード的に取り上げられるときにも、コンドルカンキを「王統の正嫡」、ベタンクールを「インカの血統に連なることを捏造しようとした成り上がり者」と見るような叙述の傾向が露骨に現れていた。しかしカーヒルの画期的な近業によれば、事態はまったく異なっていた。[41] ペルーの独立の先駆者として、あるいは最後のインカ王トゥパク・アマル一世の末裔として顕彰されてきたホセ・ガブリエル・コンドルカンキも、本論の文脈でいうならば、「歴史化されたインカ」を簒奪しようとしていたエイジェントのひとつであった可能性が明らかになりつつある。

カーヒルの論証によれば、ホセ・ガブリエル・コンドルカンキこそが、ベタンクールからインカの歴史を横奪しようと介入してきたのであった。というのもベタンクールは、コンドルカンキに先駆けて早くも一七五〇年代から、オロペサ侯領への権利を求めて王室に向けた請願運動をはじめていた。彼は代理人をもちい、大西洋をまたにかけた積極的な嘆願活動を展開していた。事態がベタンクール家にとって好転しようとしていたまさに一七七六年、コンドルカンキがトゥパク・アマル一世の末裔を主張しつつベタンクールの前に立ちはだかったのである。

オロペサ侯領を下賜されるべく、コンドルカンキがインカ血統の認証を受けるためにクスコで請願活動をおこなったことはよく知られている。しかし競合相手ベタンクールの追及を受け、一七七七年リマのアウディエンシアに招喚された彼は、クスコから千キロ以上離れた首都リマにおける費用の嵩《かさ》む長期の訴訟に巻き込まれていった。そして結句この年、ディエゴ・フェリペ・ベタンクールをトゥパク・アマル一世の後裔であることを公的に認定するアウディエンシア令が発せられたことによって、コンドルカンキは敗訴する。失意に打ちひしがれて彼はクスコに帰還した。

帝都クスコに戻ってきたコンドルカンキに、真の意味での敗北を告げたのは「インカの歴史」の正統を担うと自負する人々、すなわち「二十四選挙人会」であった。ベタンクールは、一七七七年十一月、「グァイナ・カパック王家トゥミパンパ・アイユの選挙人」として正式に認められ「二十四選挙人会」に迎え入れられた。翌年の選挙に参加したベタンクールはしかしその一年後の一七七九年この世を去る。「二十四選挙人会」では選挙人死亡の際には、直系の男子がその資格を継承することになっていたが、ベタンクール家では、ディエゴ・フェリペの孫がその任を継ぐ。いっぽうコンドルカンキは、ベタンクールが「二十四選挙人会」への正式加入を認められたことに抗議したものの、インカたちに峻拒された。一七七八年六月九日、選挙人議会は「選挙人たちはトゥパク・アマルに騙されていた」と宣するにいたる。勝者ベタンクール、敗者コンドルカンキという構図はクスコの誰の目にも明らかになっていた。

トゥパク・アマル反乱前夜のクスコはこのような状況にあった。「インカ史」の争奪戦に敗れ、打ちひしがれたトゥパク・アマルの姿をそうした風景のなかに想像することができる。トゥパク・アマルの反乱については、今後も政治経済的な観点からの真摯な探求が継続されていくと思われるが、他方カーヒルの論稿が切り拓いた新しい地平、そして本章で考究してきた方法的視角、すなわちトゥパク・アマルの反乱にいたる歴史を「インカの末裔であることをめぐる、そしてインカ史をめぐる諸欲の葛藤」という側面でとらえる研究の方向は、今後のトゥパク・アマル研究にとってたいせつな貢献になると思われる。以下では、植民地時代を通じて展開した「インカの歴史化／再・歴史化」という運動性を考える本章の視点から、「ベタンクール家文書」周辺に現れる興味深い事柄をいくつか取りあげ分析してみたい。

まずひとつは、証拠として提出された「文書」に伏在する不透明さである。ベタンクール側は、インカ皇統に連なることを証するためにコンドルカンキが提出した文書は「偽文書」であると断じている。実際ディエゴ・フェリペ・ベタンクールの代理人は、コンドルカンキがその血に連なるとするトゥパク・アマル一世の非嫡出の娘「ドニャ・フアナ・ピルコワコ・コヤ」は、征服者の血を引くスペイン人と結婚していることを突き止める。コンドルカンキは、ドニャ・フアナが彼の祖先にあたるスリマナ地区の先住民首長と結婚したことにより、彼に流れ込む血統が生成したと主張していたのである。

とはいえしかし、ベタンクールが積み上げた膨大な証拠書類に瑕疵がなかったわけではない。むしろかなり決定的なポイントに、ひどく混濁した部分が含まれていた。先にも触れたが、ここで問題になるのは、一五四四年および四五年にカルロス五世から下賜されたという家紋掲示特権である。この時期、インカ各王家の末裔たちに家紋を顕示する特権が与えられていたことはすでに述べたが、ディエゴ・フェリペ・ベタンクールも、その先祖が特権を得たことを吹聴している。ベタンクールは生前少なくとも三通の遺言書をつくり、それはクスコ地方文書館に保管されている公正証書のなかに見いだされるが、そのなかではっきりと「フェリペ・トゥパク・アマルの息子であるファン・ティト・トゥパク・アマル〔ベタンクールが系譜の源流とみなす人物〕はカルロス五世から一五四四年および一五四五年に家紋を顕示する権利を賜った」と明言している。一五七二年、ビルカバンバからクスコに連行されて処刑されたトゥパク・アマル一世＝フェリペ・トゥパク・アマルが「若い王子」として描出されてきたことは周知のところであり、その生年は一般的に一五四四年頃であるとされる。なかには一五五四年頃に誕生したという説をとる研究者すら存在する。家紋特権下賜文書それ自体が虚偽を含む可能性は高い(42)。

もうひとつ興味深いことは、ベタンクール家文書に含まれる別の史料から明らかになるコンドルカンキが展開した奇異なパフォーマンスである。それによると、一七七八年、トゥパク・アマルは二度にわたり息子マリアノ・コンドル・プユカグァに「インカ王の衣裳」を着せ、クスコ市内を練り歩かせたのだという。このことは同年九月三十日に「二十四選挙人会」の代表が提示した抗議文書のなかに現れるが、それによれば、マリアノは、四月二十五日の復活祭後の第二日曜日《クアシモド》、および八月十五日の「聖母マリアの被昇天祭」において、当時のインディオ保護官とインディオ関連訴件担当判事に挟まれるようにして街を練ったのである。「二十四選挙人会」の代表はいう、カルロス五世によってこの特権を認められて以降、インカの選挙人たちは聖体祭とサンティアゴの祝日にマスカパイチャを身につけて行進してきた、この特権が侵害されたことは、この二世紀半というもの一度たりともなかった、しかしながらこのたび、コリャ〔アンデス南部〕地方出身の平民貢納者《ハトゥンルナ》身分のマリアノ・コンドル・プユカグァは、インカ時代の古式に則りマスカパイチャを着用し「帝国の衣裳」を身につけて行進した、かのインディオは外見からも、世間の評判でも、コリャのハトゥンルナにすぎず、インカでも選挙人でもない男が、かかる行為におよぶことは断じて許されない、その動機は、インカと偽るため、そして国王陛下がわれわれ「二十四選挙人会」にお授けくださった恩寵を嘲笑するためなのである……。[43]

公権力からも、そしてまた正統インカの総本山たる「二十四選挙人会」からもそのインカ性を否定され、「似非インカ」とも痛罵されて苦境にあったホセ・ガブリエル・コンドルカンキ、彼は、インカの衣裳に包まれたその息子の肉体とマスカパイチャをクスコの都市空間に投ずることによって、最後のインカ王トゥパク・アマルの歴史伝統に自らを接げようとしたのだろうか。しかしここで興味深いのは、「インディオ保護官」および「インディオ関連訴件担当判事」がマリアノをエスコートしたという行為をめぐってなされたクスコにおける調査記録である。それによると、復活祭や「聖母マリアの被昇天の祭日」にインカの装束を着けた人物が現れることは、かならずしも今回のマリアノの件に限られたことではなかった。これらの日には、「二十四選挙人会」に所属しないにもかかわらず、自身がインカの末裔であると主張する大勢の人々がマスカパイチャを装着して行進をする事態がしばしば観察されたという。かかる機会には、インディオが「その性情から酩酊する」がゆえに喧嘩や騒動が絶えず、保護官や判事が同行せざるをえないのであるが、祝祭の大騒ぎのなかでは誰が「正統インカ」かそうでないかなど問題なくなる、と証言をした役人たちは主張した。しかも「二十四選挙人会」などというが、現実には二―三名の老インディオしかいない場合もあったとすら附言されている。[44]

こうして見てくるならば、トゥパク・アマル反乱前夜の「インカの歴史」をめぐる抗争は「ベタンクール家＝二十四選挙人会」対「ホセ・ガブリエル・コンドルカンキ」というシンプルな対立図式にかならずしも収まらず、祝祭空間のなかで、俺こそがインカだと主張するさまざまな人々を巻き込みつつ、渾沌とした情況を生みだしていたことが仄見えてくる。この点はベタンクール家文書にも書き込まれている。すなわち十六世紀に処刑されたトゥパク・アマル一世の血胤を主張していたのはベタンクール家、コンドルカンキ家だけではなかった。ほかにも少なくとも二名のインディオが、トゥパク・アマルの末裔であることを訴え、この歴史をめぐる闘争に参入していたようである。ひとりはオルーロ（現ボリビア）に現れた「ガスパール・トゥパク・アマル」と名乗る人物で、その兄「ブラス・トゥパク・アマル」とともに、トゥパク・アマル一世に男子直系を通じて連なる「正統なる末裔」であると申し立て、この件はチャルカスのアウディエンシアにおいて正式に認証されていた。それを受けて件のブラスはスペイン・マドリッドにおもむくが、カルロス三世よりさまざまな特権を得てアメリカに帰還する途上、船が難破し帰らぬ人となってしまったのだという(45)。このオルーロの兄弟のみならず、さらにベタンクール家文書によればペルー北部「ピウラ地方、コラン村のサンティアゴ・ルイス」という名のインディオに対してもトゥパク・アマルの子孫を名乗ることを禁ずるよう要請されていたことがわかる(46)。このようにトゥパク・アマル一世の後裔であることを訴え、特権保持を目指したベタンクールの前には、クスコのみならず、南はオルーロ、北はピウラのインディオが立ちはだかっていたのである。インカの歴史をめぐる抗争はかくも複雑な様相を呈していた。

いずれにせよ、ホセ・ガブリエル・コンドルカンキは、古都クスコにおいて制度化されていた歴史的インカ表象に自らを接ぐことができぬまま反乱を開始したのであった。いやむしろ「インカの正史」から拒絶されたときから「反乱者」へと変貌したといったほうがよいかもしれない。ある史料によれば、驚くべきことに、反乱がはじまる半年前の一七八〇年四月には、トゥパク・アマルに謀反の動きがあったことはすでに周囲に察知されていたという(47)。噂はクスコ市中を流れはじめていた。このとき「二十四選挙人会」がクスコの都市参事会に請願書を提出している。曰く、この謀反の噂のせいで、われわれインカ貴族の名誉はおおいに傷つけられている、われわれのスペイン国王陛下への忠誠は不変であり、不埒な疑念が払拭されるべく、適切な処置が取られんことを要求する……この請願書がクリアに予示するように、正統インカ貴族たちは「トゥパク・アマル大反乱」には完全に背を向け、動乱を追捕する王党軍の主力を構成することになる。「アンデス大反乱」はこうして「インカ」を両断し、インディオ社会の内乱の様相をも呈していった。

おわりに――ポスト・コロニアル社会のインカ

トゥパク・アマル反乱におけるインカ表象をめぐる動きをまとめてみると以下のようになろう。十六世紀から十七世紀にかけての「歴史化／再・歴史化」のプロセスを経て十八世紀の後半を迎えたインカ表象は、ベタンクールとホセ・ガブリエル・コンドルカンキという二人の人物の系譜闘争を媒介として繊細な政治的問題となるとともに、両者の対立のなかで、ラディカルなエネルギーを充填しはじめる。その結果「歴史化されたインカ」から乖離させられたホセ・ガブリエルは、インカの衣裳を身に纏い、妻とともに肖像画に描かれつつ、おのれをインカとして「再・歴史化」し、反植民地権力闘争に踏み切っていった(48)。反乱が進展し、クリオーリョやインディオ有力者のみならず、より貧しいインディオ、そして混血大衆の革命的な力が流れ込みはじめると、そこには十六世紀以降、口承文化などの地層に不可視の状態で潜んでいた「脱・歴史化／非・歴史化したインカ」の層が貫入してくる(49)。このいわば三つの層を自身のなかに抱えつつ革命へと向かったトゥパク・アマルの「インカとしての肉体」は、しかし、八つ裂きの刑によって最後にばらばらにされる……本章のライトモチーフである「三つの層」という概念を軸に、植民地時代におけるインカをめぐる表象史を再構成してみると、ひとまずはこのように叙述しうるであろう。

トゥパク・アマル二世のアンデス大反乱を鎮圧したスペイン王権が、反乱の主要因を構成したインカ表象に弾圧の矛先を向けたこともよく知られている。当局はトゥパク・アマルら反乱首謀者の処刑された肉体を細断し、見せしめのため、反乱地域にばらまいた。さらにインカに対する露骨な「文化的弾圧」もおこなわれた。インカ王の肖像画の焼却、古式に則ったインカ風衣裳着用の禁止、インディオ風の舞踏の停止、名前にインカをつけることの禁止、スペイン王権の支配の正統性に疑義を惹起するような書物の発禁処分(50)……

こうしたインカ的表象に対する行政府の姿勢は、これまで見てきたような、差異を保ちつつ併存していたインカ表象の三つの層をひと括りにし、そして抹消しようとする欲望に貫かれていた。反乱が終わり、五年後の一七八五年、「二十四選挙人会」は公権力に回収されてしまったかに見える「インカ貴族の王旗掛」選出権を再び奪回すべく行政府に訴え出た。注目すべきは、行政府官僚のこの申し出に対するネガティヴな見解であり、それは以下の三点であった。(51)第一、スペイン人もインディオも唯一の君主の臣下であるのだから、二つの王旗が担ぎ出されるというのは違和感をもたらす。第二、「聖《サンティアゴ》ヤコブの祝日」にインカ貴族が練り歩く際、彼らはいつも泥酔状態になり、いにしえの自由な時代を想起し、それが不当に奪われているという誤った考えから、インディオを監督するスペイン人官僚に対して不埒な態度に出る。第三、このような行列を自由に繰り出させていたので、インディオの魂に巣食うヨーロッパ人に対抗せんとする「集団意識」が醸成し、その悲しむべき結果が先の大反乱にほかならなかった……インカ貴族が注意深く峻別しようとしていた、制度化された「正統的インカ」という存在と、いわば非インカ系インディオによって捏造された「似非インカ」との差異。叛徒と化した先住民の破壊力を肌身で味わった大反乱後のスペイン人為政者には、その差異を斟酌しようという気などさらさらなかった。

十九世紀に入り、ラテンアメリカ各地でスペイン王権の支配を否定する変革への動きは活発化する。ペルーにおいても一八二〇年代に独立が達成される。その後しばらくは、地方に割拠し、覇を競いあうカウディーリョと称される政治的リーダーが支配する時代が始まる。彼らも支持者であるインディオの歓心を得るために、しきりにインカをもち上げている。たとえばボリーバルは一八二五年、独立達成後はじめてクスコに入場するが、そのとき「ペルー人よ、われわれはまもなくペルーの帝国の揺籃、そして太陽の神殿を訪れよう、クスコは自由の最初の日にあって、インカ時代の黄金の支配にまさる喜びと栄光に包まれよう」と謳いあげた。またクスコをその支持基盤としていた同地方出身の政治家アグスティン・ガマーラのイデオローグたちは「インカの偉大さによって、クスコこそが第一の土地である」という自負を示していた。このようにしてインカ帝国は、保守派の政治理念を象徴する存在となり、インカの厳格な法体系は倣うべき理想として称揚された。「盗みは常に厳しく罰せられ、怠慢が許されることはなかった」臣民に対するインカによる統制、あるいは統治の合理性は、強権的な支配者を中心に据え、厳格なヒエラルキーを骨格とする社会の構築を目指す保守派にとって、理想的な政治モデルとなっていく。(52)

しかしながらここで銘記すべき点は、インカ帝国の社会、あるいはその歴史が、独立以降の共和国初期の時代を治めた為政者の口から誉めそやされるとき、その脳裏にあるのは、秩序や法、経済制度といったインカ社会をめぐる抽象的観念であり、それらを担った生身の、人間としてのインディオ大衆はいっさい想起されていないという事態である。セシリア・メンデスにしたがえば「インカはよろしい。けれどもインディオはいけません」(53)という発想こそが、当時のイデオローグたちのインカに対する思考の本質にあった。私なりにこの事態を整序すれば、それはインカの歴史化、再歴史化、そして脱・歴史化という過程を経たのちに現出した「主体なきインカの歴史化」の達成であった。血と骨を備えた「生身のインディオ」と、「観念としてのインカ社会」とは、こうして切り捌かれていったのである。

本章では、インカの表象をめぐる三つの層＝インカの三つの顔が、この「顔を失ったインカ」へとたどり着く過程をおおざっぱではあるが論じることができた。しかしこのプロセスはさらに緻密に考察されねばならないし、あるいは同時期のメキシコ植民地などにおける民衆統合と古代文化の表象の問題を比較史的にとらえることができるかもしれない。こうした作業を今後の課題として挙げつつ、ひとまずここで筆を擱くことにしたい。

第 *x* 章　謝辞と解題

本書に収録した九つの論文は、私が大学院修士課程で本格的にアンデス史研究に取り組みはじめてから今日にいたるまで書き連ねてきたもののなかから選んだ。インカ期から十八世紀の独立革命までの、時間にすると四百年ほどの期間にアンデス世界で生起したさまざまな歴史事象をめぐる拙い勉強の成果であり、各主題をだいたい通時的に並べている。ペルーやスペインの古文書館を訪れ、それらが蔵する手稿文書と格闘しつつ、自分なりの実証を試みている。特に、これまでスペイン語などで発表され、日本語では刊行していなかった論稿を翻訳し、書き改めて輯録するとともに、さらに近年の勉強の成果である二本の論文も書き下ろして加えた。ここに記す解題により、通底しているものが浮き彫りになればよいと考えている。

中南米史を学ぶときには、欧米の歴史研究にはない、独特の強い負荷がかかる。その負荷に対し不器用に抗ってきた姿を曝すことも、若い研究者の方々へのエールになるかもしれないという淡い期待を抱きつつ、解題や謝辞としてはすこし冗長ではあろうが、この文章を書こうと思う。

1　若気の至り

なぜアンデス研究を選んだのか、と学生に問われることがある。幼いときに父母に読み聞かせてもらった、アコンカグァの山に挑む少年郵便飛行機ペドロの絵本、中学時代、熱狂的に聴取した海外短波放送によって培われた遠い南米世界への憧憬……振りかえるといろいろなことが想起されるのだが、やはり決定的だったのは、大学二年のときに読んだメキシコの作家フアン・ルルフォの小説『ペドロ・パラモ』との出会いであった(1)。それまで見たことのない異質な風景、いくつもの次元を交錯して流れていく時間、空気の匂い立つような描写、一読、この小説のすべてに私はすっかり魅せられてしまった。ラテンアメリカとはなんと破格の空間なのだろう！

ちょうど学部を選んで進路を決めなければいけない時期にさしかかっていた。高校時代から魯迅を愛読していた私は、大学では中国文学を勉強しようと思っていたのだが、第二外国語としてフランス語を選択したことにより、その道はすでになくなっていた。私は、勢い余って、中南米文学を研究してみようと思い立った。スペイン語ならば、これからでもまだ身につくかもしれない。しかしながら当時の学校にはラテンアメリカ文学を本格的に学べるような環境は存在しなかった。また教養学部時代の成績も芳しくなかった劣等生が進学できる選択肢も限られていた。そんななか、文学部の西洋史学科は学風もじつに自由寛大で、各人の学びたいテーマを勉強させてくれるおおらかな研究室だ、などといった声が友人たちのあいだから聞こえてきた。今から考えるとたいそういい加減であったが、ならばそのリベラルな環境で、中南米文学研究の基礎となる歴史でもまずは勉強してみようか、という気楽な精神で本郷の研究室に進んだのである。

日本史研究者の父善彦が、「歴史」をやるようにと私に勧めたことは一度もなかった。いつも口癖のように、「勉強しなきゃだめだぞ」といい、あまりに怠惰にしていると、厳しくどやしつけられもしたが、しかし、私の進む道については、自由に決めさせてくれた。「西洋史に進もうかと思う」と告げると、一瞬、虚を突かれたような顔をして、「歴史は難しいぞ」といっただけであった。場所こそ違えども、同じ歴史の道を選んでしまうと、やっかいなこともあるかなと思ったりもしたが、いずれ歴史を離れ、文学に行くのだからと、のほほんとしてやり過ごしたことを思い出す。ことほどさように、私は未熟であった。

しかし実際に進学するや、ただちに軽率な選択を後悔した。将来の文学研究の準備のために歴史を学ぶ、というような中途半端かつ悠長な心持ちで進学した者など、まわりには誰もいなかった。研究対象とする地域こそ異なってはいるものの、歴史の探究に全身全霊を傾けて取り組まん、という意気漲《みなぎ》る学友たちに囲まれて、私はただただ萎縮するばかりであった。歴史を司る女神クリオにとりわけ魂を奪われていたかのごとくあったのが、新井由紀夫君（イギリス中世史）や橋場弦君（古代ギリシア史）、そして鈴木広和君（ハンガリー中世史）、有光秀行君（イギリス中世史）らだった。歴史学に真摯に取り組むこうした友人たちとの日々の対話を通して、そしてまた樺山紘一先生の中世史のゼミナールではジャック・ル＝ゴフのすこぶる面白い仏語論文などを読むことができたこともあり、私はじわじわと歴史の勉強自体がもつ魅力にやられはじめていた。三年生の夏休み、発憤して、ル＝ゴフが著した『中世西欧文明』という一般読者向けに書かれた大部の書物に辞書と首っ引きで取り組み、それをやっとのことで読了した頃には、すっかり歴史学徒のような気分になっていた。

やはり史学科は、文学ではなく、歴史を学ぶ場であった。四年生になり、私は中南米の歴史を研究する覚悟を決めた。テーマは、新世界の征服後、スペイン人と先住民との最初の結節点となったエンコミエンダ制を選んだ。イベリア中世世界の風味を色濃く漂わせているこの制度が、近世期アメリカの先住民社会という新しい環境に移植されたとき、いったいどのような化学反応が起きるのか、このあたりに好奇心はそそられた。とはいえしかし、ラテンアメリカ世界は初学者にはあまりにも広大すぎた。独仏英の歴史研究の日本における蓄積の重厚さに比して、中南米史のそれはずいぶんと薄く、日本語で書かれた概説ですらも稀少であった。スペイン語や英語による研究書を読みこなすことなど絶望的な貧しい語学力を片手に、私は右往左往、途方に暮れるばかりであった。メキシコ地方に針路を定めようか、あるいはアンデス世界に向けて舵を切るべきか、おそらくそれによって自分の一生が決まってしまうのだろうなという予感に打ち震えつつ、しかし足を踏み出す勇気をもてず、結句、その年の勉強は至極生半可なものに終わった。

大学院へ進もうと決めはしたものの、勉強に集中するわけでもなく、パチンコに惚けたり、もともと酒好きだったこともあり、すでに就職戦線から帰還して一息ついている同級生たちと飲み歩く自堕落な生活を送ってしまう。その年の卒業論文は、ラテンアメリカ各地のエンコミエンダ制度を概括した皮相なエッセのようなもので終わり、予期していた通り、入学試験には落第した。

留年した新学期がはじまってすぐの頃だったと思う。西洋史学科の研究室でふと手に取ったのがフランスの歴史家ワシュテルの『敗者のヴィジョン』という書物であった(2)。ワシュテルという名前を聞いたことはあったが、本の内容もよく知らず、ぱらぱらとめくってみると「エンコミエンダ」という単語も目に入ってくるので、大学院の語学試験の勉強にもなるかいなと、その本を軽い気持ちで読みはじめた。みじめな浪人の自分を『敗者……』という言葉に重ねようとしたのかもしれない。それはしかし、衝撃的な読書であった。

アンデス世界を舞台に、スペインによる征服という激震を真っ芯から受け止めた先住民社会がその後どのような変容を遂げていったのかを、原史料をふんだんにもちいつつ、まさしく「敗者」の視点に立ち、植民地支配のさまざまな局面で生じていた微細な歴史を叙述したこの書物は、知的に懶惰な生活を送っていた私を微睡《まどろ》みから覚醒させた。

征服という巨大な出来事がアンデス社会にもたらした「構造喪失」という事態のなかで、先住民は伝統的な文化に軸をおきながらいかにして抵抗の営みを組織していったか。それまで読んできた植民地史をめぐる研究書の多くは、スペイン帝国が新世界を支配するためにいかにして行政的・司法的な統治のための装置《アパラート》を移植していったか、あるいは先住民社会がいかに経済的に搾取されていたかという側面を叙すばかりであり、いわば「勝者」のヴィジョンに満ちていた。「敗者の見ていた世界」「敗者の感じていた植民地支配の様態」を豊かな史料とともに示したワシュテルの本に、未熟な学徒の心は強く揺さぶられたのである。

ワシュテルを読んだのち、しかし、微かな違和感を覚えたことも事実であった。敗者／勝者、あるいは先住民文化／ヨーロッパ文化という二元的な対立があまりにも截然としたかたちで示されていたことがその感覚をひきおこしていたのかもしれない。また「先住民」と呼ばれる社会集団に存在したであろう多様性や、集団内部の相克に、もっと繊細な注意をはらったほうがよいのではないかとも感じた。この時点ではそうした感覚を具体的に説明する力はもとよりなかったが、しかしその後の私の研究は、このとき自覚した異和を論じるために展開していったといえるかもしれない。いずれにせよ、この佳き書と出会ったおかげで、大学院浪人の一年は、アンデス世界をまっすぐに研究対象地域として定めることができ、ペルー植民地社会におけるエンコミエンダの具体相と、先住民社会に寄生的に依存したがゆえの制度としての脆弱性を考察する卒業論文を書き終え、一九八四年、修士課程へと進んだ。

大学院は駒場の地域文化研究専攻に進学し、増田義郎先生に指導していただいた。先生は歴史学、人類学、考古学、文学など、多様かつ豊かな学識と情熱で、日本における中南米研究を切り拓いておられたが、そのヴァイタリティあふれる研究姿勢から多くのことを学ぶとともに、とりわけ原典史料を精密に読み解くことの大切さと愉しさを教えていただいた。[3] 増田先生はよくいっておられた。「網野君、中南米研究をやるなら、日本に留まっていては絶対にダメだよ、欧米の歴史学では、研究の基礎となる史料はみんな刊行されているけれど、中南米はその点では百年遅れています。君も本格的にアンデスの歴史を勉強したいならば、現地に行って、生の古文書を読めるようにならなければ話になりません。」

じっさい増田先生は、修士課程に進学したばかりの私に、十カ月にもわたるペルーへの研究留学の機会をつくってくださった。先生はちょうどその頃、アンデスにおける学際的研究プロジェクトを組織されることになり、調査協力のお手伝いをするということを条件にペルーで勉強することを可能にしてくださったのである。修士一年時の九月、私は生まれて初めて飛行機に乗り、新世界へと旅だった。

ペルーにおいて私は、南部の都市アレキパを生活の拠点とした。安ホテルを塒《ねぐら》にして同県公文書館に日々通い、アンデス初期植民地時代、おもに十六世紀の古文書の束を紐とく暮らしがはじまった。もちろん現代スペイン語の読解もままならなかった当時の私が、いきなり十六世紀の手書きの「くずし字」を読めようはずもなかった。しかし幸運なことに、増田先生の古くからのご友人で、国立サン・アグスティン大学の歴史学科教授としてペルー植民地史研究を導いておられた故アレハンドロ・マラガ先生が、直々に古文書読解の技芸を教えてくださったのである。

当時副学長としてマラガ先生は大変にご多忙であったが、朝六時半、まだお仕事に入られる前に執務室に僕を招じ入れ、古文書の読み方を丁寧に教えてくださった。まずは当時の公証人になったつもりで、古文書の一字一句を転写してごらんなさい、という最初のご指導。これにはすこし面食らったが、たしかに一つひとつの文字を、ちょうど習字のようにゆっくりと書き写していくと、やがて書記のペンの動態が浮かびあがり、難しい略字 abreviatura の向こう側にあるエクリチュールの世界が仄見えてくる。この手書き文字の習字的筆写は、私が毎年開講している大学院の古文書学演習において、初修者にまず推奨する学習方法となっている。

この贅沢な古文書教室は二週間ほど続いたが、先生から、もうこのくらい読めるようになればよいから、あとは文書館で実際に史料に取り組みながら勉強を続けなさいといわれ、アレキパ県立文書館での研究がはじまった。

該文書館には、とりわけ十六—十七世紀の公証人文書（公正証書）の豊かな架蔵がある。私もまずはこのセクションのレガッホ legajo（文書束）群に取り組むことにした。公正証書は公証人ごと、年代順に整理されている。一レガッホはだいたい千枚（フォリオ）を含んでいるが、個々の書類の内容は千差万別であり、「権利委任状」、「売買文書」、「債務文書」、「労務契約文書」、「嫁資設定文書」そして「遺言書」（本書第六章参照）など、多様なジャンルの紙類がごたまぜになって綴じられている。とりあえず最初は、種類に関係なく一葉一葉めくっては重要そうに思える箇所を筆写していったのだが、しかしすぐに気がついたことは、確たる研究テーマもなく、闇雲に文書束を開いても、時間だけが徒に過ぎていくという事態であった。

アレキパでの生活も落ち着き、一泊数百円の木賃宿も住めば都、たどたどしいスペイン語をじっくりと聞いてくれる友人がひとり二人とできてきた頃、私はようやく冷静に自らの置かれた状況を見渡せるようになったのだが、そのときに厳然たる事実として認識したのは、あと一年後には修士論文を執筆しなければならないということであった。私はあわてて考えはじめた。卒論のテーマであるエンコミエンダ研究の連続性のもとで、当時流行のテーマであった大農園《アシエンダ》の形成過程を探求していこうか……日々の生活を通じて、極限までに進行したペルーの貧富の差の存在を目の当たりにしていたので、経済的なテーマを扱いたいという気持ちも募ってはいたが、アレキパでおもに利用できる公正証書だけではこうした大きなテーマに取り組むことは難しいということも明らかであった。

いっぽう、ペルーで暮らしはじめてから常に視界を横切っていくある人々の存在に、いつも私は何か落ち着かない気持ちにさせられていた。富士山と同じような美しいコニーデ型の雪山ミスティ（標高五、八二二メートル）に抱かれ、「白き都市」という渾名をもつアレキパは、植民地時代からヨーロッパ系の白人層がとりわけ卓越する都市として知られていた。たしかに先住民文化色濃いインカ帝国の古都クスコなどと比べると、白人系市民を町中で多く見かけるのだが、しかし当時アレキパ市にあふれはじめていたのは、町の後背に拡がる農村地帯から流入してきた先住民たちの姿であった。彼らのなかには、色とりどりの、出身村落固有の伝統的衣裳を身に着けているものもいれば、すでにポロシャツやジーンズといった欧米風の格好に身を包む者までさまざまであったが、その多くは都市経済のインフォーマルセクターに果敢に飛び込み、密輸された日用雑貨をそこかしこに開かれる闇市場《メルカード・ネグロ》で捌き売ったり、建築現場で汗水垂らして働きながら生存の可能性に賭ける人々であった。彼らが生みだす猛烈なエネルギーが、衰微したペルーの公的経済システムを根柢から塡補しているようでもあった。そして彼らの多くが住んでいたのが、都市アレキパの外縁部、ミスティ山のすそ野の方向などへと日々増殖していた「プエブロ・ホーベン＝若い町」と総称されるスラム的空間であった。

アレキパの安宿には、ファン・キスペさんというティティカカ湖畔の村落からやってきた先住民系の男性が住み込みの下男として働いていた。年齢は私より少し上、言葉のおぼつかない私の面倒を何かと見てくれる優しい青年だった。その彼がある日、どうしても頼みたいことがあると、真剣な面持ちでやってきた。私のカメラで、大事な甥っ子の「初聖体拝領 primera comunión」のセレモニーを撮ってほしいというのである。当時、私が日本からもってきた最新式リコー製のオートマチック・カメラはペルーのどこへ行っても注目の的であり、宿の住人たちはいつも垂涎の眼差しでそれを見つめていた。ファンもそのひとりだった。私は快諾した。

ある日曜の朝、ファンとともに私はミスティの山すその乾いた大地をバスで登っていった。やがて彼の家族が生活する「若い町」が見えてきた。そのなかに入ってみると……アレキパに来る前にしばらく滞在した首都リマに住む日本人たちからは、「若い町」は極貧層の居住する不潔きわまりない空間であり、犯罪者の巣窟になっているのだから近づかぬほうがよいというような話をいつも聞かされていたから、私はおっかなびっくり、ファンの後をついていった。

まずは教会へ。初聖体拝領というのは七―八歳くらいのカトリックの子供がはじめて聖体を受けるたいせつな儀礼であり、すでに会堂には花嫁・花婿のような白い正装に身を包んだ少年・少女たちが緊張の面持ちで集っていた。教会はたしかにトタン屋根の粗末な建物ではあったが、内陣はとても清潔で、助祭が奏すギターの音に合わせ、ラテン風に味づけされた聖歌が堂内に響き渡り、初聖体拝領儀式の神聖さもあいまって、敬虔な空気が漲った。

当時、アレキパには日本系の人はあまり住んでいなかったから、「若い町」の私は、動物園の珍獣を見るがごとき好奇の視線に曝されたが、静粛な場の雰囲気を乱さぬよう幾枚かシャッターを切り、ひとまずたいせつな任務を遂行し終えた。そのあとファン一家は私を自宅へと誘い、昼ご飯に招待してくれた。家屋は、たしかにみすぼらしかった。

屋根のすき間からところどころアレキパの青空がのぞき、生活用水も小さな槽に溜められた汚れた水がもちいられていた。

その日のご馳走は臓物や野菜をトウガラシ風味で煮込んだサルサを米のご飯にかけただけのものだったが、とても美味く、何度もお代わりをしたことを思い出す。「若い町」をはじめて訪れた印象はそれまで聞かされてきた悲惨なイメージとはかなり異なっており、圧倒的な貧しさが支配していることは間違いないものの、そこは生の意欲に溢れる空間であった。慎ましい家に私を招じ入れるとき、ファンの語った「粗末で貧しいけど、僕たちは幸せに生きているよ。Humildes y pobres, pero vivimos felices.」という言葉はいまも脳裏に反響する。

「若い町」を訪れた私は、目の前に拡がる世界が、自分が研究する十六世紀の歴史的風景と重なっていくことを感じていた。卒業論文でエンコミエンダ制について勉強しているときに気になっていたのが、ヤナコーナという社会集団であった。征服後、山間部のインディオ諸共同体の平民層のほとんどはエンコミエンダ制度に包摂され、貢納者身分となっていくのだが、こうした植民地支配の基本的枠組みから逸脱した存在がヤナコーナだった。ヤナコーナはすでにインカの国制において生成した特殊な隷属民であり、インカ王権や貴族層に専一に隷従した人々であったが、コンキスタが終了すると、スペイン人たちはこのインカ遺制を継承し、エンコミエンダ体制に属さないこうした人間集団を自らの家政に統合していった。それだけではない。征服後の、まさしくワシュテルのいう「構造喪失」という歴史的文脈において、エンコミエンダ制下の経済的搾取に日々直面した先住民たちは、故郷の共同体を捨て去りアンデス高地を出て都市に流入した。彼らはヤナコーナ層に融合することによって貢納体系から自らを切断し、植民地の新しい経済領域に包摂されていった。ヤナコーナはスペイン人家政で下ばたらきの仕事に従事し、あるいは職人の弟子になり、また創成期の商業的農園の臨時雇用の労働者になることによって「スペイン人の公共体《レプブリカ》」（第二章参照）に統合されていく。顕在化するヤナコーナ化現象を憂慮した植民地行政府は、こうした人々を山岳部の共同体に帰村させるなどの諸施策を打ち出したものの奏功せず、非共同体的先住民の存在は重大な都市問題となっていた。彼らが住む郊外の居住区もじょじょに形をなしていく。二十世紀の都市アレキパにはたらくファンのような存在、あるいは「若い町」の構造的原型を、十六世紀のヤナコーナという存在形態の周辺に見いだせるのではないか。こうした経験と思考を経て、私の修士論文のテーマは決まっていった。

課題が定まれば研究も少しずつ動きはじめる。それからのアレキパでの日々は、早朝から県公文書館に通い、公正証書の束を紐とき、とりわけ先住民が主体となって現れる労務契約書やインディオの遺言書を探しだすことに費やされた。もちろんヤナコーナが簡単に史料に姿を現すことなどなく、公正証書を一日めくっても何もノートが取れないということもしばしばあった。「史料を勉強することは砂を嚙むようなもの」と歴史家の父は日々つぶやいていたが、そのつぶやきは遠くアレキパにまで反響していた。ただ古文書の山と組み合うなかで、史料を読解する力も着実についており、数ヵ月ののちには、十六世紀のアレキパ市において生を営んでいたヤナコーナ層の実態に迫りうるだけの歴史的情報を集めることができた。もちろんすべてが順調だったわけではなく、面白い史料が矢継ぎ早に見つかり、勉強に身が入れば入るほど、異国での生活の緊張もあったのだろう、知らぬまに疲労は蓄積し、また衛生状態のけっして良くない木賃宿で生活していたこともあり、ついには日本では経験したこともないような怒濤の下痢に襲われることがしばしばあった。外国人を襲うアンデス世界独特のこの瀉痢は「インカの呪い」と怖れられ、嫌悪されていたが、アンデス史研究を志す私は「インカの試練」と強がり、ひたすら耐えるしかなかった。

アレキパでの調査にある程度の目処がたったこともあり、約六ヵ月滞在した「白き都市」に別れを告げ、私は首都リマで、予定された留学期間が終わるまで、あらたな古文書の探索を続けた。国立図書館 Biblioteca Nacional、そしてペルー国立文書館 Archivo General de la Nación ではヤナコーナを争点とする裁判文書など、アレキパでの史料調査を補完する重要な古文書群にも出会った。ペルーでの調査留学を終え日本列島に戻ったのは修士課程二年次の六月であった。

旅装を解く間もなく、提出が半年後に迫った修士論文の執筆準備を開始しなければならなかった。ペルーの諸文書館で集めた植民地時代のヤナコーナをめぐる材料からだけでも論文一本くらいであれば何とか書けそうな気もしていたが、列島に戻り、勉強を再開して気がついたことは、植民地時代のヤナコーナの原型となるインカ時代のそれについても、じつはその実態があまりはっきりと理解されていないということであった。征服後のアンデス世界におけるヤナコーナの増加は、中南米植民地全体を見渡しても特異な現象であったと思われるが、この状況の背景にはインカ期のヤナコーナの存在様態、そして帝国末期の人身支配の独特な形式が関与しているのではないか、というのが当時私が立てた見通しであった。

それ以降の数ヵ月、夏季休暇の日々はひたすらクロニカ、すなわち征服後、おもにスペイン人の著述家、官僚などがインカ社会、およびその歴史をめぐって書き遺した記録を読み、先スペイン期のヤナコーナをめぐる記述をカードにタイプする作業に費やした。その過程で、インカの時代、「ヤナコーナ」とひとしなみに呼ばれてきた社会集団には多様な差異が看取れること、そして彼らが西洋史的な隷属の概念におさまることのない、アンデスという伝統的社会独自の隷従者であることを感知した。さらにこうした隷属の特異性こそが、植民地時代初期に出現するヤナコーナ階層の簇生を根柢において規定していると考えていった。

修士論文提出までの日本における勉強は一年足らず、圧倒的な時間不足の状況ではあったが、かろうじて二部構成の論文を書き上げることができた。当時は実家で勉強をさせてもらっていた。父とはこの期間もっとも濃密に学問的議論をすることができたと思う。もともと父は、自分の書いた原稿の下書きを母や私に読ませることを常としていた。「ここは少し分かりにくいよ」と青二才がコメントをしても「じゃあ書き直す」と書斎に素直に戻っていく。それが私の記憶にある父のいつもの姿であった。父は当時、夜は十一時頃には仕事をやめ、一―二時間ほどのあいだぐいぐいと酒を飲み、そしてあっという間に大きないびきをかいて爆睡するというリズムで日常生活を送っていた。私も自宅にいればかならず酒の相手をし、テレビ番組を肴に、芸能やプロ野球の話題でしばしば盛り上がったものだが、そういった話題が尽きると、話は自然と学問に移り、やがて私の論文の構想が俎上にのぼると、しばしば批判的に追及されもした。優しくアドヴァイスしてくれることもあるのだが、ふと私が確たる史料的根拠もなく軽はずみに自説を展開しようものなら、厳しい鉄槌の言葉を、おおきな目をさらに剝き出しにして、浴びせかけられた。「おまえはふわついている。地べたを這い蹲ばるように勉強しなきゃだめだ。」アルコールで血が滾《たぎ》っていたこともあろうが、議論はしばしば、母があいだに分け入らねばならないほどの熱を帯びることもあった。それ以降も父が他界するまで、こうした酒を交えての対話は継続した。

こうしてようやく提出あいなった二部構成の修士論文の各部が、本書の第一章、第二章である。第一章は博士課程に進学してからすぐに活字にすべく準備をはじめ、留学中のスペインで、平凡社が刊行する『月刊百科』誌上に掲載されたという知らせを受け取った。この章では、植民地時代ではなく、征服以前のアンデス世界が論じられているが、植民地社会を理解するための前提となる歴史的背景を知る一助にもなると思う。

第二章は留学先のスペインにおける文書調査の合間を縫って原稿用紙に清書していった。しかし留学中に取り組んでいた研究や、帰国後は助手として激務の波に飲み込まれたこともあって、投稿する機会をつい逸してしまった。ずっとのちになり、当時大学院に在籍されていた坂野鉄也さん（現・滋賀大学教員）の論文を指導しているとき、氏のテーマがパラグアイにおける植民地時代のヤナコーナ研究だったこともあり、眠っていた該論文の存在を思い出し、少しでも参考になればと、手稿をコピーしてお渡しした。坂野さんは読後一声、「これはすぐにでも活字にする価値のあるものですよ」とおっしゃってくださったが、今日に至るまでほうっておいた。しかも今回、この論集に再録しようと思い立ち、手元にあるはずの原稿を懸命に捜索したものの見つからず、坂野さんに連絡して彼が保管してくださっていた拙稿コピーを送っていただくという何とも情けない為体であった。(4)

2　アンダルシアでの出会い

博士課程二年次の秋、スペインに留学する機会を得た。指導教官の増田先生からは常々、中南米史を本格的に勉強するのであればセビージャに行かねばなりません、といわれていた。運良くスペイン外務省の給費を受けることができた私は、十カ月の予定で該地へと向かった。スペインが支配したすべての植民地から本国に送付された巨大な史料体を集積する空間、インディアス総文書館 Archivo General de Indias が留学期間中の私の勉強の場となった。

当初私は、留学中は古文書館での史料探求にすべての時間を費やすつもりでいた。ところがスペイン外務省の規定では、そもそも全期間を文書館で気ままに勉強することなどできず、かならず現地の大学院に在籍し、授業を受けなければならない、その履修登録の複写と引き換えに給費を開始するということであった。文書館での史料調査の時間が減ることは辛かったが、仕方なく、スペイン南部地方の名門セビージャ大学の大学院に学籍登録をした。結果的にこのことがその後の勉強にとても大切なきっかけを与えてくれることになる。

セビージャ大学で指導していただいたのは、アントニオ・アコスタ先生だった。スペインに留学することが決まったとき、私が心中に思い描いていた勉強の目的はただひとつ、偶像崇拝根絶巡察についての研究をおこなうことであった。前述のように、ヤナコーナ研究の途上では無数の公正証書をめくったのだが、とりわけ興味深く読んだ史料が、先住民が作成した遺言書であった。本書の第六章で詳しく論じるが、遺言書はカトリック教徒である生者が死へと旅立つさいに準備した教会公認の「宗教的パスポート」のようなものでもあり、そこには遺言者の死後、施行されるべき幾多のミサや、教会・病院などへの慈善的寄進の詳細が念入りに記されていた。キリスト教を受容した先住民の「宗教心」の発露に圧倒されつつ、遺言書にかんしては、他の公正証書とは異なり、最初から最後まで一字一句筆写したものだったが、こうした勉強の過程で私の関心は宗教の領域へと移っていった。特にその頃手に取った、増田先生が訳されたばかりのアリアーガ著『ピルーにおける偶像崇拝の根絶』(第七章参照)を一読し、キリスト教に改宗しながらも、アンデスの伝統的宗教実践に回帰し、いわば二つの宗教領域を植民地的苦境のなかで往還する先住民の姿に惹きつけられた。セビージャにいくことができたならば、この先住民の伝統的宗教領域への積極的撤退＝偶像崇拝実践と、それに対するカトリック教会の抑圧という問題を追求しようと私は決めていた。

留学が決まったとき、しかし私には古文書探索という目的以外に、もうひとつたいせつな課題があった。文学部の西洋史学科に通っていた頃に指導してくださった柴田三千雄先生が、ご自身が編者のおひとりとなっている講座『世界史への問い』(全六巻、岩波書店)に研究論文を一本書くようにお誘いくださったのである。博士課程に進んだばかりの若輩には身に余る依頼であったが、『規範と統合』という、論文が集録される予定の第五巻の全体テーマに適した何かを書くことを無謀にもお引き受けしてしまった。少しこじつけの感はあるかもしれないが、カトリックという「規範」を押しつけられ、それを媒介として植民地支配体制へと「統合」されていった先住民たちが、新しい宗教を前にして、実際にどのように感じ、思考し、そしていかなる行動をとったのか。このあたりの事情を、セビージャの文書館に眠っているであろう偶像崇拝根絶をめぐる関連諸文書から明らかにしてみよう。原稿の締め切りまではまだ一年半ほどあった。重い課題を背に、しかし、中南米史研究のメッカたるセビージャに行けば何とかなるさ、というたいそう楽観的な見通しを鞄に詰め、私はスペインへと向かった。

アンダルシアの地に足を踏み入れるや、紹介していただいたアコスタ先生を、歌劇『カルメン』の舞台となった煙草工場をキャンパスとするセビージャ大学の研究室に訪れた。なんとも間抜けな話だが、アコスタ先生にお目にかかるまで、先生がスペインにおける偶像崇拝根絶巡察研究の第一人者であるということを私は知らなかった。インディアス総文書館にある古文書を使って、十七世紀、リマ大司教座管内で展開した先住民の「偶像崇拝」の実際の様相と、それに対する弾圧的キャンペーンとしての巡察の実態を研究するつもりです！　夢中になって研究計画を述べる私にアコスタ先生がにやりと笑って放った言葉は、それまでの楽天的思考を一瞬にして粉砕するものであった。「そのテーマは、僕も関心があってずっと探求してきたけど、でも君が求めている史料は、セビージャには存在しないよ。全部、ペルーにある。」

もともと私は根が粗忽にできており、幼少時よりの短慮ゆえに危うい情況に飛び込み、人に迷惑をかける性質であったが、今回もまたそれであり、研究テーマを決める前に、調査先の古文書の所蔵状況や研究可能性について、少しでも丁寧に「予習」さえしておけば、「文書館に文書無し」などという情けない事態を目の前にすることはなかったと思う。意気阻喪した私を見てアコスタ先生は、まあ、インディアス総文書館には面白い古文書がほかにもたくさんあるのだから、焦らないで勉強すればいいさ、と慰めてくれた。目の前には十カ月という無限のように見える留学期間が拡がっている。求めていた文書群の絶対的不在を宣告されたいま、いったいこの時間をどのように過ごしたらよいだろうか。

落胆の淵に佇みながら下宿に戻り、気を取り直して、アコスタ先生がくださった何本もの論文の抜き刷りを読み始めた。先住民の宗教に対する弾圧キャンペーンの背景には、単に宗教的な動機のみならず、十七世紀の植民地経済の利鞘をめぐる、聖職者、官僚、そして先住民などの各セクターの赤裸々な闘争が渦巻いていたことを明快に実証したそれらの論攷は、たいへんに刺激的だった。お目当ての文書はなくても、こんな凄い先生の謦咳に接することができるなんて、これは考えてみれば僥倖だぞ。すぐに元気になった私は、とりあえずは盲滅法、一枚でも多くの古文書をめくってやろうじゃないかと腹を括った。

文書館は毎朝八時半頃に開館した。閉まるのが十四時頃、それまでひたすら、リマのアウディエンシア部の教会関係レガッホを、十六世紀のものから順に紐といていった。これらの文書束には、ペルー聖界に勤務する神父たちが本国スペインに送付した報告書や請願書、建白書の類いが一つひとつ綴じられており、通時的に一束にまとめられていた。これをとりあえず、一つひとつ見ていくのであるが、その多くは新世界の教会ではたらく聖職者たちが、教会の「職の階梯」を一歩でも高みに登ってゆくべく用意した、いわば自らの出世のための業績表つき履歴書のようなものであった(5)。今日、大学に提出される採用・昇進人事のそれらとまったく同様、自らがいかに秀でた仕事を蓄積してきたか、それを人よりも一枚でも多くの紙に書き連ねようという意思が満ちたものであり、さらに当時は、自らの業績を顕彰すべく、証人たちを招喚して確言させることになっていたから、一通々々の請願書も必然的に嵩を増していく。「ひとつ、該神父は若くしてペルーに渡り、日々、アンデスの山深き先住民村落で布教事業に粉骨砕身、従事してきたが、このことについて知っていることを述べよ」といった当該人物の労功を讃美するための条項が縷々列挙された「質問表 cuestionario」に引き続き、請願者に誘致された、おそらくは長年の知音たちが、気心をあわせて発する「彼は宣教の生活にその人生のすべてを捧げてきました」といった内容の美辞麗句が、これもまた当該人物が依頼した書記の丁寧な文字を通じて林立していく。おのれをこれだけ飾り立ててもらうには、友人への接待等、ご当人、さぞ出費も大変だったろうな、などと余計なことを考えながら、最初のうちはそれでも丁寧に一字一句を筆写しながらひと綴を読み進めていくと、最後のほうに文書作成者の本心が露骨に顔をだし、「叙上のわたくしのペルー教会における貢献に鑑み、陛下にあられましては、現在勤務します甲インディオ布教区よりもさらに聖職禄の上回ります乙教区の教区司祭に、あるいは可能であれば丙市聖堂参事会職をご下賜くださいますよう、謹んで請願するしだいです……」

聖界に身を捧げたはずの男たちの剝き出しの俗情にうんざりして、次のひと綴に手を伸ばして読みはじめてみても、現れる文字は「請願者はインディアスに渡航して爾来、インディオにキリストの教えを伝えるべく全身全霊を傾けて……」という按配、一日こうした文書群に触れただけで、虚しさにとらわれた。しかしこうしたときには、かならず呪詛のように「史料を読むということは、砂を嚙むようなもの」というあの言葉が脳裏に低い音で鳴り響く。閲覧室のまわりを見渡すと、いきなりドンピシャの史料にぶつかったのだろう、嬉々としてペンを走らせている研究者もいる。アコスタ先生の宣告もあり、焦燥感は初日から絶頂に達したが、しかし、また明日もめくれるだけめくってやるわい、と焼け糞の強情とともに家路についた。

セビージャ滞在の恩恵は、この都市が今もバロック的心性を漲らせており、アンデスの古き宗教世界を学ぶ者に、歴史を理解するための鍵を惜しみなくも与えてくれていたことだ。たとえばセビージャ最大の祝祭である「聖週間《セマナ・サンタ》」。町のさまざまな街区に生まれたいくつもの信心講《コフラディア》の講衆たちは、彼らの信仰の核であり、それぞれの愛称で崇められていた美しい聖母像を御輿に乗せ、それを屈強の男たちが岩のように盛り上がった肩で担ぎ上げ、礼服に身を包んだ講衆とともに静かに町中を練り歩いていく。街路では、聖母を迎える「サエタ saeta」の哀切の歌声が、夜の静寂《しじま》を切り裂き、立ち会う人々の心にはイエスへの深い愛が湧きあがっていく。アンデスの先住民たちが、日々の労働の苦悩の合間に次から次へと結成していった信心講、そして講の中核にある聖像……十七世紀におけるこうした民衆的カトリック実践の歴史的実態を学ぼうとしていた私にとって、もちろんアナクロニズムではあったが、深更、目の前で繰り広げられるセビージャ大衆による熱き信仰のページェントは、アンデスの宗教世界へと想像力を誘った。

もうひとつ幸せだったのは、マヌエル・ラモスを知ったことである。セビージャ到着当初、私はいまもロマの人たちが多く住むトリアナ地区の団地の一室を間借りし、家主の老婆の賄いを受けていたが、この婆さま、好人物ではあったものの、すこぶるつきの吝嗇家で、電気代が嵩むからと夜にデスク・ライトをつけることさえ許してくれない。読みたい本も手に取れず、夕食が終わると、真っ暗な居間で婆さまと並んでテレビを見て過ごすしかなかった日々に慊《あきたりな》い思いをしていた私は、やがて下宿を出ることを決意した。そんなとき、やはり部屋を探していたメキシコ人研究者マヌエルと文書館の閲覧室で出会ったのである。

彼は年齢は私よりもちょうどひとまわり年上で、すでに当時メキシコのイベロアメリカ大学の教師だったが、博士論文を執筆するための材料を求めてセビージャにやってきた。二人とも奨学金は当時の額で六―七万円くらいだったろうか。それぞれが二万円ほど出し合い、セビージャ市内、目抜き通りをちょっと入った可愛らしい広場に面した小さなアパートを借りた。マヌエルの探求していたテーマはメキシコ植民地時代の「跣足カルメル会」の修道女たちをめぐる歴史であった。尼僧院の奥深き房に隠居する女たちの歴史を再構成することは至難の作業ではあるが、マヌエルはその抜群の人間関係構築力を発揮しつつ未公開の史料にすらアクセスしていた（6）。メキシコに存する現場の諸史料ありったけを探求の核に据え、セビージャでこれらを補完する素材を博捜していた。そうなのである、この研究スタイルこそが、インディアス総文書館の潜在力を最大限に活かす方途だったのである。まずは該テーマをめぐる中心史料を植民地の現地で押さえ、それらを強固に補う史料をセビージャの文書束をめくれるだけめくって探していく。これぞ理想的な研究の姿であった。私は順序を根本的に間違っていた。

しかし宗教史家とともに生活できたことはとても幸せであった。それまで社会経済史的な書物しか読んでこなかった私にとってカトリック世界はほぼ未知の領野であった。文書館での勉強のあとや日曜日などは、いつも散歩に連れ出されたが、その際はかならずといっていいほど、セビージャ地方に無数に点在するカトリックの宗教施設を訪い、教会内部の諸機構の仕組みや装飾の意味について、詳細に講じてもらった。なんとも贅沢な漫《そぞ》ろ歩きであった。

荘厳かつ重厚な扉を隔て、外部俗世界をまったく拒絶しているかのような跣足カルメル会修道院にマヌエルが史料を借りにいくのに同行したときのこと、扉の横に設置されたインターホンを押すマヌエル、するとスピーカから老いた女性の嗄れ声が流れてきた。「至純なるマリア様に幸あれ！ ¡Ave María purísima!」それに対してマヌエル、すかさず、「原罪なくして御宿りになりました。Sin pecado concebida.」ぎいっ、と通用扉が開き、私たちは尼僧院の暗がりのなかに招じ入れられたのであった。いかにもバロック的な挨拶がセビージャの街路に響き渡り、その瞬間、近世社会の臭いが、鼻腔を強く刺激した。

セビージャの歴史的・宗教的雰囲気を堪能する日々はこうして続いていったが、しかし文書館での勉強は相変わらずちっとも冴えなかった。一葉々丁寧にめくり続けてはいくものの、いつも現れるのは、「是非私めに聖堂参事会員職を賜らんことを」式のものばかり。もちろん成果がまったくゼロというわけでもなく、偶像崇拝根絶のキャンペーンに巡察使として加わった聖職者の請願書に出会うこともあった。自らの「業績」として、先住民がたいせつに隠し守ってきた「偶像」をいかに多く暴き出して破壊したかを得々と語るその筆致には鼻白む思いではあったが、こういうときは、こちらもついがつがつと帳面にペンを走らせる。しかし、やがて、こうした比較的面白い文書の多くはとっくの昔に史料集に翻刻されていたということが判明するのである。下調べをきちんとしなかった罰は当たり続けた。

そんな停滞した日々を三ヵ月ほどすごした頃、教会関係史料の文書束も十七世紀の末にさしかかろうとしていたある日、ふといままでの「業績自慢書」とは異質な文書のひと綴に出会った。日付は一六七七年。文書作成の主体はインディオ。はじめてだった。その文書は、リマ市に結成された「聖母コパカバーナ信心講」という先住民の宗教結社の代表が国王にあてて送付した請願書であり、訴えによれば、当時、彼らが聖母像を安置していた御堂を取り壊し、そこに「跣足カルメル会」の修道院を建立するという案が浮上していた。彼らは請願書を陛下にお送りすることで、計画の撤回の後ろ盾を求めたのである。なんでも、彼らが崇敬するマリア像は百年も昔に奇蹟の涙を流したやんごとなき宝石だというではないか。修道院の建設計画は先住民の信仰をおおきく毀損するものである、彼らはそう主張していた。

直ちに私はこのひと綴を筆写しはじめた。先住民が請願主体であるということにもおおいに興奮していたが、そのときの筆写の主動機は、むしろインディオの御堂を取り毀し、自分たちの修道院を建設しようとしていたのが「跣足カルメル会」であるということのほうであった。当時、文書館の閲覧室には研究者仲間の、それこそ「講」のようなものが生まれていた。休憩の頃には皆でぞろぞろと群れをなしてカフェに足を運んだりもしていたが、特に仲間のテーマに関する史料を自分の文書束に見つけたときにはすぐに知らせてそれぞれの研究を支え合うという無言のルールができていて、まさに互助組織に成長していた。メキシコの跣足カルメル会を研究している相棒マヌエルにとってもリマにおける同会と都市先住民との関係史は多少なりとも参考になるかもしれないと考えたのである。

しかし残念ながら、そのリマの文書はマヌエルの関心を引くことはなかった。いまはペルーまでは手が回らないとのこと。ところがその日の午後、文書館の閉館後に通っていた、スペイン高等科学研究所 Consejo Superior de Investigaciones Científicas のセビージャにおける出先機関であるイスパノアメリカ研究校 Escuela de Estudios Hispano-Americanos の図書館で、ある本を手にした瞬間、それまでの停滞していたセビージャでの灰色の勉強生活が俄に色気を帯びることになったのである。

それは、ペルー教会史の泰斗バルガス・ウガルテが著した『イベロアメリカにおけるマリア信仰と、とくに讃美されている聖像・聖堂の歴史』という題名の書物（刊行は一九五六年）であった(7)。まさしくそこに、その日の午前中に文書館で出会ったばかりのリマの「聖母コパカバーナ信心講」についての短い解説があったのだ。

その頃の私は「コパカバーナ」といえば、ボサノバの曲しか思い浮かばないほど、中南米の歴史にはまだ疎かったが、この書物を読み、コパカバーナとはティティカカ湖畔の土地の名前で、この地に生きるあるインディオがこさえた粗末な聖母像が驚嘆すべき奇蹟の源となる、そしてその後、このマリアへの信仰がアンデス全域へと拡散していったということを知った。どうやら聖母信仰の小さな種は、ティティカカ湖畔の奇蹟からわずか十年ほどして副王領の首都リマにまで届き、信心の華を咲かせていたようなのだが、驚くべきことには、一六七七年に跣足カルメル会の策動に対して先住民代表が主張していた「百年前の奇蹟」がリマ市でほんとうに生起しており、碩学バルガス・ウガルテによれば、出来事の直後に、奇蹟の真純性を明らかにすべく実地調査が施行され、そのときの記録が、何といまもインディアス総文書館に蔵されている、というのである。

この日ほど、夜明けが待ち遠しい日は、それまでの人生においてなかった、と思う。朝一番で文書館に駆け込み、奇蹟調査史料を含む文書束を請求した。それはやはり見たこともないような文書であった。奇蹟、すなわち聖母像が涙を流しはじめたのは一五九一年十二月末の早朝、そしてその日の午後から、リマ大司教代理が主導する調べははじまっていた。現場に居合わせた人々が、次々に奇蹟の様子を証言する。当時の文書には珍しく、直接話法が多用されており、紙片からは生々しい声が響き渡る。

数日かけて、無我夢中で、百二十葉（二百四十頁）ほどの古文書を筆写しながら読み進めていった。しかし、何か引っかかるものがある。奇蹟文書の全体に、ある緊張感が漲っており、この聖母の落涙を、真純な奇蹟として確立しようとする意思と、それに抗う、反発する意思の存在が感知されるのである。この違和感の淵源を突き止めるべく、私は奇蹟が起きる前夜の状況を勉強することにした。前述の図書館で、十六世紀末のペルー教会史や政治史をめぐる研究書や史料集にあたり、さらにそれまで開いては閉じていた文書束をもういちど、すべてめくり直してみることにした。するとどうだろうか、それまで、これは自分のテーマには関係ないやとうっちゃっていた史料群に、この出来事をめぐるさまざまな情報が仰山潜んでいたことがわかったのである。明確な目的と探求の意思とをもって史料に向き合うときとそうでないときの歴然たる差を痛感した。結局、この奇蹟の背景には、リマ市を流れるリマック川の滸《ほとり》に居住するインディオ集団に対しておこなわれた強制集住化政策《レドゥクシオン》という深刻な出来事が潜在しており、それをめぐるリマ大司教聖モグロベッホ、イエズス会、そして集住政策の対象となった先住民など、さまざまな主体の意思と欲望が交錯していたという事実をつかむことができた。私はそれを、聖週間の日々をつかって、スペイン語論文にまとめた。

夜遅くまで聖母像たちの行列につき随い、そして昼間は、聖母の奇蹟をめぐる歴史を安タイプライターで、がしゃっ、ガッシャ、と、一句々々刻印していくという、不思議なシンクロニシティに貫かれて仕事を続けていった。慣れないスペイン語で論文を書くという暴挙におよんでいたのは、それをもってイギリスで開催されるシンポジウムに出席することが決まってしまっていたからだ。その頃、文書館でメキシコ人研究者クララ・ガルシアさんと知り合いになった。彼女はケンブリッジ大学のラテンアメリカ研究所で中南米史の泰斗ブレイディング先生の指導のもと勉強しており、やはり執筆中の博士論文の補完史料を求めてセビージャにやってきていた。彼女がいうには、四月に、ブレイディング教授が中南米植民地の民衆宗教をめぐるシンポジウムを主宰するから、テツヤももし何か面白いテーマがあったら話に来ないか、とのこと、夢中になって勉強していた聖母像の奇蹟の話をすると、それこそシンポジウムにふさわしい主題、イギリスに行くのはおまえの義務だ、と大乗り気になってしまった。そんな事情があって、拙いスペイン語でとぼとぼと書き出していたのだった。

論文は何とかかたちを成し、ケンブリッジにはマヌエルと二人でたどり着いた。彼はメキシコの跣足カルメル会の宗教実践の詳密な分析、そして私は聖母像の奇蹟の政治的力学をめぐる実証の成果をそれぞれ発表した。ちょうどその頃、メキシコ史学の大家オゴルマンが、彼地の国民的信仰の対象グアダルーペの聖母信仰が植民地時代に確立するに際してはたらいた政治性を鮮やかに剔抉する仕事を公にしていたこともあり、私の拙い論稿も「民衆宗教と政治」という点においてそうした研究と共振し、イギリスにおいてもみな前向きに評価してくださった。それに気を良くした私は、その後日本に戻り、助手として勤務を始めた大学の研究紀要に、スペイン語のまま投稿した。それを日本語に翻訳したものが、本書の第四章である。当時の若さゆえの未熟な口吻をあえてのこすように訳出した。

その後二〇一〇年、現在の私にとって最もたいせつな研究の友である国立民族学博物館の齋藤晃さんが、中南米植民地における先住民に対する集住化政策史をめぐる国際的な研究プロジェクトを立ち上げられた。ペルーのみならず、アメリカ合衆国、スペイン、アルゼンチン、そしてチリのこのテーマの専門家を結集した大きな企画であったが、私も齋藤さんに声をかけていただき参加した。そのときに研究課題として設定したのが、リマ郊外に人工的に創出された集住空間「セルカード」であった。

第四章の聖母マリア像の奇蹟はまさにここセルカードで生起していたのだが、奇蹟の出来事を分析したさいに得た「土地勘」のようなものもあったし、また前作では、奇蹟の現場に焦点を集中していたため、集住化政策の犠牲となった先住民たちの実像にもっと迫ってみたいという思いもあった。そこでプロジェクトの資金により、三回にわたるリマでの史料調査を敢行し、奇蹟という出来事の発動因である集住化実施前後の事情を明らかにする多くの史料を蒐集した。研究の成果は、齋藤プロジェクトの集大成でもあった国際アメリカニスタ大会（二〇一二年、ウィーンで開催）のセッションにおいて発表した。共通のテーマに取り組む各国の研究者が与えてくれた学的刺激は強烈であり、それらを糧にして仕上げたスペイン語論文をやはり日本語に直したものが、第五章の論文である。第四章、第五章はその意味で有機的に強く結びついており、併せて読んでいただければ幸いである。

3　冬霧のリマで

さてケンブリッジからセビージャに戻った私は、何とか留学中にひとつ成果を出すことができて少し安堵していたものの、奇蹟論文はいわば副産物のようなものにすぎず、肝心の「偶像崇拝根絶巡察」というテーマについては、なんら進展はなかった。柴田先生に執筆をお約束した論文についても、いまだ手がかりはゼロの状態で大変に気がかりであった。中心史料がリマにあることは間違いない。やはりペルーに行かねばなるまい。スペインでの給費が途切れた一九八八年の六月、私は一番安い航空チケットを入手し、アフリカのセネガル経由でリマに向かった。滞在予定は十カ月ほど。家族からも援助してもらったが、平凡社から刊行されたヤナコーナ論文の原稿料がとてもよく、飛行機代も、そして向こうでの生計のある程度をもまかなうことができたのはとても嬉しかった。

リマに着き、荷解きする時間も惜しみながら、すべての偶像崇拝根絶巡察関係文書を架蔵するリマ大司教座文書館に飛び込んだ。リマ市の心臓部であるアルマス広場に面した大聖堂、その裏側に文書館は張り付いていた。セビージャからずっと恋い焦がれていた偶像崇拝根絶巡察文書は、想像していた以上に迫力のある史料であった。先住民村落を急襲するリマから派遣された巡察使一行、寝耳に水のインディオたちをいきなり逮捕し、ときには拷問をもちいて追いつめていく。先住民たちは、厳しい圧力のもと、先祖代々、ひそかに守り続けてきた伝統的神性ワカへの信仰実践を自供し、そして共犯者たちが芋づる式に確保されていく。偶像崇拝者たちを鞭打ちなどの身体刑に処し、先祖のミイラなどを火あぶりの刑に処すると、収穫に満足した巡察使たちは次の標的を求めて別の村へと移動していく……ケチュア語の通辞を介してであったが、取調べにおける巡察使と被疑者のインディオとの対話は異様なままなましさで文書に刻まれており、私はときの経つのを忘れて筆写し続けた。

一九八八年当時のペルー社会は、しかし、深刻な政治的危機そして経済的困難に喘いでいた。その三年前、ペルー最初の滞在を終えて帰国しようとしていたちょうどその頃に、中南米史上最年少という鳴り物入りで登場した大統領アラン・ガルシアの政権は、数々の経済の失策により驚異的なインフレーションを発生させており、すでに末期の息をしているようだった。砂糖や小麦など、生活のための基本物資が払底しており、パンを購入するのにさえ、行列をつくらなければならなかった。

さらに左翼ゲリラ集団センデロ・ルミノッソがその破壊活動を極大化していたことが、事態の渾沌を招来していた。首都リマに対するセンデロの包囲網も日ましに狭まってきており、郊外に拡がる極貧地区(8)もすでに押さえられた、という流言が首都民の不安を煽り、それを証するように、彼らの町中でのテロルは日常的なものになっていた。リマに電力を供給する送電線網は高圧鉄塔の爆破によりしばしば寸断され、大規模停電《アパゴン》が発生して、リマ市全体が漆黒の闇に包まれるということもしばしば起きた。下宿のすぐ傍でも、自動車爆弾《コチェ・ボンバ》が爆発し、ちょうど便座に腰をおろしていた私の体は、その衝撃で一瞬宙に浮いたようだった。

文書館のすぐ横の通りは、諸団体が毎日のように繰り広げる反政府デモの迂回路になっており、閲覧室のすぐ下で、デモ隊と警察隊はしばしば衝突した。警官たちが投ずる催涙弾の煙は文書館のなかにまで充満し、玉葱の腐敗臭のごときかたまりが鼻孔を襲い、込み上げる吐き気をこらえて、古文書と向かい合い続けた。巡察記録のなかで宗教弾圧者の暴力に立ち向かう先住民と、真下のデモ民衆とが、催涙ガスを媒介にして融けあい、筆写する強度をうみだしていた。

今回のリマ滞在でもさまざまな人々に出会い、そして援けられた。アコスタ先生の紹介で知り合ったルイス・ミゲル・グラーベは、新進気鋭のペルー人史家であったが、研究面で指導してくれたばかりでなく、不安なリマの生活で弱気になっていた私を酒や踊りに誘いながら励ましてくれた。テロリズムの脅威が極限状況に達するいっぽう、しかしサルサの音楽が耳をつんざくダンスホールや民族音楽酒場を中心としたペルーの「宵文化」は健全に機能しており、このアンバランスがなんともラテンアメリカ的であった。サルサがなければ、あのとき、私はリマでやっていくことはできなかっただろう。

文書閲覧室で仕事をしていたのは最初私ひとりだけだったが、やがてスペイン人史家アナ・サンチェスが加わった。彼女もまた私と同じ、十七世紀アンデスのインディオ宗教をテーマとして博士論文を準備していた。最初医学部に入ったものの途中で高校の教師になったという経歴の研究者で、ずいぶん遅くになってからアンデス史研究をはじめたようだ。だから最初は古文書学もよくわかっておらず、おこがましくも私が字の読み方を教える立場にあったのだが、しかしすぐに習熟するや、猛烈なエネルギーで研究を進めていった。彼女はその後、博士論文のみならず、この分野における必須文献となる史料集をも刊行するのである（第七章参照）。

文書館長マリオ・オルメニョ氏と文書管理員のメレシオ・ティネオ氏にはたいへんにお世話になった。ペルー経済の悪化は、古文書館のような文化施設にもよくない影響を及ぼしており、重要古文書のコピーなども全然不可能な状況であったが、マリオさんたちは紙さえもってくればなんとかするから、と困った私を助けてくださった。ただその紙を調達するのが至難であるほど、ペルー社会は困窮していた。

しかしこうして文書館の方々に支えられたこともあって、柴田先生とお約束した論文に取り掛かるだけの素材も十分に集まっていった。偶像崇拝根絶巡察の記録を書き写しながら、先住民たちが高みから押しつけられるキリスト教と日々如何に向き合っていたか、彼らにとって宗教とは何であったかを考え続けた。そして集まった材料をもとに、しばらくは文書館に通うのを中断し、一ヵ月ほど下宿にこもって論文を書き上げた。それが本書第七章の論稿である。

4　インディオ社会史

ここで書名について説明したいと思う。「インディオ社会史」には「インディオ社会の歴史」というよりも「インディオの社会史」という意味を込めている。そしてインディオ世界の社会史的探求へと私を誘ったのも、『ペドロ・パラモ』同様、一冊の書物であり、それは博士課程に進学してすぐに読んだカルロ・ギンズブルグの『チーズとうじ虫』[9]であった。異端審問の遺した裁判記録を基に、イタリア・フリウリ地方に住むひとりの民衆、粉挽き職人メノッキオの脳裏に構築された特異な思考世界を活写した同書を一読し、ああ、一生のうちでこんな歴史が書ければ悪魔に魂を売ってもよいくらいだ、と私は呻いた。いやしかし、もしかすると、メノッキオのような人間は、アンデスにもいるのではないか。インディオ版異端審問ともいえる偶像崇拝根絶巡察の記録を冀求したゆえんである。アンデス植民地世界の底辺において、日々の労働の辛苦に喘ぎながら、しかし心の安寧と喜悦を求めて死んでいった無数の男女たちの生に少しでも近づきたい、そしてなんとか彼らの視点に立って当時の社会の歴史を描き出したい、という思いが、それ以降の私の勉強の駆動力となった。

とはいえ、先住民の真の生に接近することは至難の業であった。首長層やヤナコーナなどをのぞけば、インディオの大部分は、日常的には非文字的空間に沈潜している。ケチュア語をはじめとする先住民言語の音声的世界にあって、彼らが支配者の言葉であるスペイン語と触れる機会は一生のうち僅かであったろう。文書的観点から見れば、沈黙の海を漂うインディオたち、彼らはそのまま生きていれば、いっさいの痕跡を歴史に遺さないような人々である。そうした日常にとつじょ亀裂がはいる。彼らの異教的実践を暴きだすべく派遣された巡察使によって検挙され、発話を強制されることによって、彼らはおずおずと、胸中にある伝統的神々への思いを打ち明けはじめる。だがそこにはメノッキオの示した胆力の強さはめったに感じられない。自らが構築した思想に対する矜持を基点として、抑圧者たる異端審問官に対して積極果敢に抵抗を試みるフリウリの粉挽き職人とは異なり、暴力をちらつかせて睥睨する巡察使の前で、被告の先住民たちが、体を硬直させている様子は、史料を読む者にも伝わってくる（第七章、補論参照）。ヨーロッパの民衆史家よりも、私たちはさらに困難な情況におかれている。先住民発話者の眼前には、たいてい通辞が立ち塞がっていた。被告のケチュア語が、通訳の言語的フィルターによって捩じ曲げられ、さらにそれを巡察使や書記官が植民地主義的インディオ観によって再調理することで、支配する側にとって聴き心地のよい言葉に変貌して紙葉に刻印されていく。そのありさまを、これまで、何度、何度、目の当たりにしなければならなかったか！　最終的に私たちが手にする文書の「インディオの言葉」は、幾重にも折り曲げられ、さまざまな意思によって汚染されたものでしかないともいわれれば、そう、としか答えようがない。表象の不可能性。

しかし、とはいえ、インディオ大衆、いや先住民に限らず、混血者の、黒人の、そしてスペイン系の下層民すべてをそこに含まねばいけない、そうした彼らの生きた世界に近づく努力を放棄してはならぬ。底の見えぬどろどろに汚れた沼に投じられた鉛の錘が、水藻や汚泥に遮られながら、しかしゆっくりと沈んでいって、最後に、ずん、という重い響きとともに水底に触れる瞬間。そのような感覚とともに、ごく偶《たま》さかではあるが、数多くの史料をめくり通したあげくに、インディオたちの魂に触れたのではないか、という微かな思いを手にすることがあるのだ。メノッキオほどの情熱はなくとも、彼らの怒りが、喜びが、思想が、静かに流れ出す瞬間。こちらが息絶えるまで、その「ずん」を待って、日々学び続けることこそがインディオ社会史であると、この頃になって、少しわかってきたような気がする。もとより、ここに輯録したすべての論攷がそうした僥倖の結果などとは、到底、いえないが。

いずれにせよ、叙上の問題関心に基づいて書き下ろしたものが、第三章と第六章の論文である。二つの文化のはざまにあって、両者を接続した通辞は、インディオの真実に接近するための媒介であると同時に、それを妨げる存在でもあった。不慣れな領域ではあるが、言葉の問題に敢えて取り組もうと思った動機は、アントン・ルイスという混血通辞を被告とする裁判記録を読んだことにはじまる。

出来事の背景にあったのは、征服後のエンコミエンダ制度を基軸として編制されたアンデス世界が再構築されんとしていたとき、スペイン王権、征服者／植民者、カトリック教会、そして先住民というさまざまな利害集団によって繰りひろげられた言説と暴力をまじえての闘争的状況であった。スペイン語とケチュア語をよくする通辞アントンはこの渾沌とした局面に放り込まれ、エンコミエンダ制が恒久化することにより、さらに隷属の強度が増すことを怖れて感情を昂ぶらせる先住民たちの前に立ち、事情を説明することを余儀なくされたのであった。そして彼が選択したあるケチュア語の単語が先住民に誤解を与え、事態を悪化させたということが訴因となって、アントンに対する裁判がおこなわれたのだが、通辞の翻訳の瑕疵をめぐって訴訟が出来したケースなど私は寡聞にして知らず、背景となった歴史的状況の重要性も相俟って、インディアス総文書館が所蔵するこの史料に取り組んだ（世の中、便利になったもので、かつてはアンダルシアの地まで足を伸ばさなければ手に取ることができなかった古文書の一部は、現在はデジタル化され、自宅からインタネットを通して軽便に閲覧できるようになっている）。

いっぽうアントンという存在を考える過程で頭をよぎるようになっていたのが、ピサロとアタワルパのあの悲劇の会見を言語的に媒介したフェリピリョという先住民であった。二つの文化の緊迫した「はざま」に無理やり立たされ、出来事の推移のすべての責任を取らされるかたちで歴史叙述のなかにいまも生き続けているこの先住民を、もういちど歴史の現場に戻して、その姿を見つめ直してみようと思い至ったのである。征服直後のアンデスの歴史生成過程において、やはり重要な役割を担ったマルティニリョとともに、錯雑とした史料群の叙述に浮かびあがる通辞たちの姿を浮き彫りにしようと試みた。

私は職場では語学教師として学部前期課程の初修の若者にスペイン語を講じている。また論文や学会発表でも、拙いながらもこの言葉を使って自らの思考を伝えようとつとめているのだが、二つの言語のはざまに自らを置くことの難しさを痛切に感じる日々を過ごしながら、だからなおさらのこと、フェリピリョやアントンが直面した状況での通訳行為にともなうとてつもない緊張を想像することができる。その逼迫した雰囲気とそこから歴史が生成してくるありさまを、文章から感じ取っていただければ幸いである。

第六章では、先住民が作成した遺言書から浮かびあがる歴史に着目した。遺言書もまさしく「生」と「死」というはざまにあって、二つの世界を媒介する文書である。此岸への未練と彼岸への冀望を、定型的スタイルにしたがって整えることにより、人間の生から死への移行をスムーズにさせる貴重な潤滑油なのである。

すでに述べたように、遺言書は植民地時代には公証人によって作成された。それゆえ公正証書の束を一枚一枚めくってゆくと出会うことのある史料なのだが、その頻度はきわめて低い。他の範疇に属する文書、たとえば「権利委任書」や「売買文書」、「債務文書」などは、一レガッホには圧倒的な数で存在しているのだが、いっぽうこれら各々の文書自体が含む情報はごく少ない。たとえば通常、権利委任書を構成する文字の大部分は定型の法的文言の連なりであり、具体的な委任内容に触れていないものも多く、抽出しうるデータは、依頼者、被依頼者の名前、職業・身分程度のものである。もちろんそうした断片的情報ですら、該地域の社会的結合関係を再構成するための貴重な素材になるのだが、これらと比較すると、遺言書の内容的豊饒さは突出している。もちろん遺言書独自の定型句も並ぶのだが、しかしそこには、死を目前に控えた者たちの素直かつ真摯な信仰的情意がたち昇り、また寄進や遺贈の項目からは、該人物の生前の日常がおのずと滲み出てくるのである。

しかし悲しいかな、数がほんとうに少ないのである。日照りの砂漠を徒渉するような文書探索の日々において、先住民遺言書の突然の出現は、文字通り慈雨であった。遺言書は普段は非文字的世界を生きる先住民が、一生のうち、もしかするとはじめて文字というものと向き合う稀有な瞬間であり、インディオの社会史的研究に挑まんとする者に先住民の生の断片に触れることを可能にする貴重な体験の場なのである。

さらに本章のもうひとつの軸になっているのが、先住民首長論である。スペイン人の公共体《レプブリカ》と先住民の公共体のはざまにあって、インディオ首長は、スペイン人側から突きつけられる経済的要求のために共同体を鼓舞しつつ生産を推進し、他方、共同体の伝統的な社会関係の維持にも心を遣らなければならない、という困難に満ちた隘路をバランスをとりながら歩まねばならなかった。

いっぽうに加担しすぎれば、他方の反発を招来するというジレンマに向き合っていた首長たちは、さらに共同体内部から現れた伝統的権力者層に挑戦しようとする新参の上昇志向者たちとも対峙せねばならなかった。そうした苦境におかれていた首長のひとりがこの章であつかうカハマルキであった。このペルー中部カハタンボ地方の由緒ある旧家に生まれた筆頭首長は、ある訴訟に巻き込まれた。彼の首長位を簒奪せんとする下位の首長が、カハマルキを偶像崇拝者として告発したのである。

この件が興味深いのは、収監されたカハマルキの所有財産が没収された際に精細な財産目録が作成されたのみならず、先代の筆頭首長であった彼の父グァイナマルキの遺言書を、まったく別の訴訟記録に見いだすことができるのである。父の遺言書は、伝統的権力の体現者たる地方首長が死を前にして示す宗教的、社会的所作を具《つぶさ》に観察することを可能にし、さらに継受された資産の様相を息子の財産目録に跡づけることにより、首長家父子の系譜的関係を知ることができる。担い手はこの世から消えても、「首長家」は永代にわたって続かなければならない。その強い意思を体現するものとして遺言書が立ち現れる。遺言書という文書ジャンルが、インディオ社会史研究において潜在させる豊かな可能性を実感させる事例である。

とはいえしかし、本来の遺言書研究は、数として十分なケースを確保し、それらを比較考量することにより、数量史学的な知見を得ることができる領域でもある。本章執筆時点において、数的に満足いく遺言書を処理できる段階にはまだなかったために、題目にあえて「序説」と付した次第である。

5　植民地時代のインカ

最初にペルーの地を踏んで以降、日常を過ごすなかでいつも気になっていたのは、生活の場のそこかしこに佇んでいる「インカ」の存在であった。都市の街路や新しく生まれてくる「若い町《プエブロ・ホーベン》」は「パチャクテック」などの歴代インカ王の名前を帯び、商品の包装紙にも「インカ」の名が踊っている。アンデスで最初に訪れた山の街ワンカヨで入手した黒煙草は、甘ったるい味の煙が口にひろがる不思議な両切りであったが、やはり「インカ」と銘打たれていた。

現代ペルー社会に横溢する「インカ」に日々接するうちに、インカ帝国が崩壊したのち「インカ」をめぐるアンデスの人々の感性や思考はどのようなものであったかという興味が生まれていった。それがはっきりと学的探求心へと変わったのは、マドリッドでリマ異端審問関連文書を手に取ったときであった。

一九八九年、リマでの調査を終えて日本に帰る途中、格安航空券の都合でいちどスペインに戻らなければならなかったが、滞在最後の時間を利用して、すでにマドリッドに戻っていた前述のアナ・サンチェスとともにスペイン国立歴史文書館に入ることができた。その際まず手に取ったのが、異端審問文書セクションが所蔵する「定例審問報告書」であった。リマ異端審問所の審問記録のほとんどは、いかなる理由かは知られていないが、散佚してしまっている。そのような事情において私たちにとって幸いなのは、マドリッドの同文書館が、リマの異端審問官たちが定期的に本国に送っていた審問の要約・抜粋を含む報告書を保存していることだ。

この報告書のなかで、特に私の興味をひいたのが、邪術師の嫌疑により裁かれた女たちの審問であった。彼女たちが魔術を施行する際にもちいていた呪文のなかで、邪《よこしま》な目的達成を後押しする超越的な存在として「インカ」を召呼していたのである。帰国が迫るこの時点では、その意味を深く考察する余裕はなかったのだが、帰国後、ただちに該文書のマイクロフィルムを取り寄せ、女邪術師たちの呪文の一つひとつを細密に分析していった。そしてリマ社会の底辺を生きる女たちが脳裏に浮かべていた「インカ」こそが、今日にまで聯綿と持続する民衆的インカ表象のひとつの流れではなかったかと見定めることができた。

ちょうどその頃、セビージャでの生活をともにしたマヌエル・ラモスから、フランスの歴史研究者セルジュ・グルジンスキと中南米植民地の「文化的媒介者」をめぐる国際会議をメキシコ市で開催するから、是非何か発表物をもって話に来い、という電子メイルが届いた。リマの魔女の呪文の話をすると、そういう歴史的事例がまさに欲しいんだ、とのこと、会議の期日は迫っていたが、ただちに分析の成果をスペイン語でまとめてメキシコに向かい、マヌエルとの再会を果たした。会議の成果は、のちに論集にまとめられてメキシコから出版された。今回、その論稿を日本語に翻訳し、若干の改稿を施したものが、本書第八章である。

帝国崩壊後、植民地時代にインカがどのような歴史のもとにあったかということについては、引き続き強い関心をもち続けていた。インカといえば、その都クスコであり、一度、帝国旧都の文書館で調査をしたいと思っていた。幸いにも、同僚の木村秀雄さんがクスコ地方を調査地とする共同研究を計画され、私にも参加しないかと声をかけてくださった。

クスコはインカ帝国の中核であり、インカ族が多く生活していた。スペイン人の征服によって大打撃を被りはしたものの、生き延びた人々は、スペイン王権に忠誠を誓いつつ、再生した都市クスコの先住民社会の中心的地位にあり続けたのである。この人々の、征服後からペルー独立にいたるまでの時代、具体的には十六世紀なかばから十九世紀初頭にいたるまでの存在様態を明らかにすることが、私の研究課題であった。

クスコには二〇〇三年から二〇〇五年まで、毎年一ヵ月ほど滞在することができた。仕事場はクスコ地方文書館Archivo Regional del Cusco. 国立サン・アントニオ・アバット大学構内の図書館に設置されていた。海抜三千四百メートルのクスコにおける調査のはじまりは、高度にあわせて身体を調整していくことにいつも苦労はするものの、適応さえ済んでしまえば文書館での史料博捜にも拍車がかかってくる。文書館にはいつも一番乗りをめざすのだが、しかし常に先着して特等席を占拠しているひとりの地元研究者がいた。しばらくは無言で彼との先陣争いに挑戦していたのだが、やがてどちらからとなく話しかけるようになった。いったいに私は、文書館での友は永遠の友、と至極単純に信じている。史料に向き合う姿に、その人物の本性がおのずと浮かびあがると思っているのだが、このつねに温かい笑みを絶やすことのない、しかしクスコに存在する古文書については世界の誰よりも知り尽くしているドナート・アマードは、こうして私の大切な友となり、その素晴らしい家族を含め、今日まで彼とは愉快な交流が続いている。

クスコの文書館では、こうして望みうる限り最高の水先案内人を得て、植民地時代インカをめぐる史料の海域に漕ぎ出ていった。当時インカ族は、インカ帝国時代の王族の構造を維持しつつ、クスコ市に設定された八つの教区に集住して生活していたが、カトリックの祝祭に際しては、インカ古来の衣裳を身につけて街路を行進し、そのプレゼンスを周囲に見せつけていた。こうした祭礼を通したインカ族の歴史との関わりを、クスコ地方文書館の諸文書から跡づけることができた。帝国史を担う王族の末裔、そしてその歴史を簒奪しようとする非インカ系の人々との攻防、さらには第八章で検討したような、こうしたエリート的なインカ表象とは無縁な民衆的なインカの在り方、これらをインカ表象の「三つの顔」と表現し、その三者の交錯する様相を分析したものが第九章である。

この論稿のもとになっているのは、二本の論文であり、そのひとつは英語でも発表した。この論文を成稿した背景には、私自身が関与したひとつの展覧会があった。二〇一二年三月から、上野の国立科学博物館において「インカ帝国展――マチュピチュ「発見」百年」が開催された。インカ帝国の歴史のすべてを、ペルーやチリなどの諸博物館が所蔵する貴重な遺物を通して提示するという、日本においてははじめての試みであった。展覧会を準備するにあたり、私は監修者のひとりとして加わった。監修の中心は、シカン文明の発見者である島田泉先生、そして日本を代表する分子人類学者篠田謙一先生であり、お二人とははじめてご一緒に仕事をしたが、展覧会を整えていく過程で、濃密な学的刺激をいただくことができた。幸い、考古学、人類学、歴史学という三つの異なったディシプリンが協働してインカ帝国というひとつの巨大な「謎」に挑むという展示のコンセプトは来場者に支持されたようだ。

私が受け持ったのは、征服された「インカ」が、その後どのようになったか、その歴史的過程を示すことであった。ちょうどこのテーマに取り組んでいた私は情熱を傾注した。だが論文で議論を展開するのとは勝手は異なり、展示作品を選り、明快な解説文を通してはじめて「インカ」と出会う方々に歴史を伝えることの難しさを痛感した。

ペルーで作品を借り出すための交渉にも同席した。一九八四年の最初のペルー滞在以降、リマ在住の写真家・義井豊氏には公私にわたり今日までお世話になり続けてきたが——今回も氏が撮影された素晴らしい写真を本書のカヴァーに使わせていただくことができた——その義井さんがコーディネータとして各地の博物館から作品を借り出すべく孤軍奮闘されていた。氏によれば、植民地期部門の目玉となる征服後のインカ王族の堂々たる姿を描き出した肖像画を、所蔵先のクスコ・インカ博物館が貸し出すことに難色を示しているとのこと、そこで私も氏とともに交渉に臨んだ。「この作品を、日本列島の人々は待ちわびています！」とひれ伏すばかりにお願いした情景が蘇ってくる。

島田先生は、展覧会には成果として学術研究書がともなうべきであるとお考えだったが、それゆえインカ帝国展でも、閲覧者用「作品カタログ」以外に、重厚な研究書が日本語と英語で出版された。日本語版は篠田先生が中心となり東海大学出版会から、英語版は島田先生のご努力でテキサス大学出版局からそれぞれ刊行された。論稿を準備する過程では、細かな編纂の労をとってくださった編集者小野雅弘氏から精緻な助言を頂戴することができた。

展覧会の監修を通じて、机上における勉強が、展示物に注がれる人々の視線により、新しい意味を帯びるのを目撃することができたのだが、その意味で貴重だったのは、展覧会のためにはたらいていた若い友人の発した言葉だった。準備の過程で、彼がインカ期にかんする参考文献を問うてきた。昔、こんなものを書いたのだが、と第一章のヤナコーナ論の複写を渡した。数日後、彼は、「いやあ、面白かったです、陳列する「山頂での生贄」の作品の意味がこの論文で鮮明になりますね」と評価してくれた。展覧会の諸遺物と、昔書いた論文とが、最新の考古学的知見によって有機的に接続し、新しい意味が生まれることに彼の言葉で気づかされ、隠栖していた旧稿をもういちど世の中に引っ張り出してもよいかと思いいたった次第である。彼の読後感がなければ、論文集を編もうという気は起きなかったと思う。

また第九章の基になったもうひとつの論稿は、染田秀藤先生と関雄二先生が国立民族学博物館で主催された研究会「インカ帝国再考――「帝国」概念の解体と帝国像の受容過程に関する研究」の成果として世界思想社から出版された『他者の帝国』に収載されたものである。研究会では、両先生からさまざまな知見を教えていただいたのみならず、インカ研究にさまざまな角度から取り組んでこられた研究者諸氏より貴重なコメントをいただけたことは幸いであった。

本書は「インディオ社会史」を謳いながら「インディオとは何か」ということを論じることはなかった。その問いの大きさに正面から向き合えるだけの力量が私にはまだなかったということもあるが、しかし、全九章において描かれたさまざまな「インディオ」の姿を通して（しかしそこには、インディオのみならず混血者も含まれるであろう）その乱反射する像により、「インディオ」という巨大な問題の輪郭が少しでも浮き彫りになればと考えた次第である。コロンの思い違いによって生まれた「インディオ」という言葉。この誤称をあえて使い続けるのは、その負の歴史性をつねに想起するためでもあり、しかしまた、この言葉によって一括して包摂されたアメリカ先住民がその後の歴史において展開した多彩な実存のあり方を、この言葉と反響させつつ、際立たせるためでもある。奴隷的従属状態に置かれたインディオ、スペイン人と肩を並べる経済力を得たインディオ、スペイン語を自由に操るインディオ、紙礫を拋るインディオ、革命の先陣を切るインディオ、キリスト教と真正面から向き合うインディオ、真の自由を求めるインディオ……本書を通じて、アンデス世界に繰りひろげられた彼らの生に触れ、ラテンアメリカ史の異なった側面を理解していただければ私は幸せである。

おわりに

研究をはじめた初源の地点から書き起こし、この論文集が生まれる過程を、お世話になった方々のお顔を想起しつつ各論文の解題とともに記してきた。自分の胡乱さ、迂闊さばかりを外聞もなく曝けだした「ずっこけ譚」でしかないが、これから中南米史を学ぼうとされている若い方々に反面教師として活用していただければと思う。いずれにせよ、拙いながらもこうした研究論文を執筆することができたのは、ここまでお名前を挙げさせていただいた方々のほかにも、多くの友人や同僚に支えられたからこそであった。私が最初に教壇に立ったのは、当時横浜・山手にあったフェリス女学院大学であった。聡明な女学生たちとともに勉強しつつ、東大から移られた柴田三千雄先生をはじめ多くの方々に、教育・研究のたいせつさを教えていただいた。とりわけ、スペイン現代史を研究されている中塚次郎さんにはいろいろなことを教えていただき、また野毛や石川町で夜な夜な交わした歴史をめぐる議論は、私の研究をおおきく方向づけるものであった。

その後は、今日までずっと、東京大学の駒場キャンパスに勤務しているが、同僚や学生との、日々の豊かな知的対話によって、この歳になっても、学問的に成長し続けていく自分を感じている。私に駒場ではたらくよう声をかけてくださった恒川惠一先生をはじめ、スペイン語部会の同僚たちの爽やかなサポートがなければこの書の諸論攷の基礎となる古文書を調べに海外に出かけることなど到底不可能であっただろう。

皆様、ほんとうにありがとうございました。

この書を世に問うことができたのは、みすず書房の石神純子さんのご尽力の賜である。石神さんに最初にお目にかかったときには、別の本のお約束があった。その仕事に何年も取り組みながらもかたちにすることができず、心に大きな負債を抱えていた私を、石神さんは、この書物をまとめることで救ってくださった。好奇心のおもむくまま、てんでばらばらに書き散らしてきた感のある諸論稿をこうして一冊の本に纏めることができたのは、いつもじっと私の言葉に耳をかたむけ、静かに励ましてくださった石神さんのおかげである。長いあいだ待っていただいたことをお詫びするとともに、心から御礼を申し上げたい。インディオ社会史、というかたちでひとつの区切りをつけることができた今、石神さんから課せられた宿題に気持ちを新たに取り組まなければならない。

初出一覧

第一章
「アンデスの隷属民――インカ社会のヤナコーナに関する一考察（上・下）」『月刊百科』一九八八年四月号・七月号、平凡社。

第二章
修士論文「ヤナコーナと呼ばれたインディオたち――十六世紀ペルー植民地社会についての一考察」第二部（一九八六年、東京大学大学院総合文化研究科提出）未刊行。

第三章
書き下ろし。本章の構想は、国立民族学博物館で開催された共同研究会「近代ヒスパニック世界における文書ネットワーク・システムの成立と展開」（研究代表・吉江貴文氏）において発表する機会をいただいた。

第四章
"Las lágrimas de Nuestra Señora de Copacabana: un milagro de la imagen de María y los indios en diáspora de Lima en 1591,"『東京大学教養学部教養学科紀要』第二二号、一九九〇年。

第五章
"Un milagro de la Virgen y la libertad de los indios en Lima: aspectos históricos de la reducción urbana en el caso del Cercado y el barrio de San Lázaro," A. Saito y C. Rosas Lauro (eds.), *Reducciones: la concentración forzada de las poblaciones indígenas en el Virreinato del Perú*, Lima: PUCP, 2017.

第六章
書き下ろし。

第七章

「異文化の統合と抵抗——一七世紀ペルーにおける異教根絶巡察を中心に」『世界史への問い　第五巻　規範と統合』岩波書店、一九九〇年。

（補論）「非文字社会と文字資料——アンデス史の場合」東京大学教養学部歴史学部会編『史料学入門』岩波書店、二〇〇六年。

第八章

"El 'inga' y las mujeres limeñas: un estudio sobre la formación del nuevo simbolismo del inka a través de los procesos inquisitoriales del siglo XVII," M. Ramos Medina et al.（eds.）, *Actas del 3er. Congreso Internacional Mediadores Culturales*, México, D. F.: Centro de Estudios de Historia de México CONDUMEX, 2001.

第九章

「インカへの欲望——植民地主義と表象の歴史的連関をめぐって」染田秀藤・関雄二編『他者の帝国——インカはいかに「帝国」となったか』世界思想社、二〇〇八年。

「インカ、その三つの顔——植民地期インカ表象の歴史的多様性について」篠田謙一・島田泉編『インカ帝国——研究のフロンティア』東海大学出版会、二〇一二年。

"Three Faces of the Inka: changing conceptions and representations of the Inka during the colonial period," I. Shimada（ed.）, *The Inka Empire: a multidisciplinary approach*, Austin: University of Texas Press, 2015.

索　引

あ行

アイマラ語 aymara　60, 207, xlv

アイユ（共同体）ayllu　7, 34, 35, 71, 215, 283, xvi

アウグスティヌス会　124

アウディエンシア Audiencia　37, 47, 48, 56, 64, 92, 94, 96, 154, 173, 199, 283, 287, 303

アギラール Juan de Aguilar　121, 122

アクアビバ Claudio de Aquaviva　127, xxxviii

悪魔 demonio　97, 224, 228, 230–233, 247–251, 255–257, 260, xxxiv, lv, lviii–lx

悪魔崇拝　228, lix

アクーリ Pedro de Aculi　164–170, 172, 173, 176, 177, xlv, xlvi

アクリャ（選別された処女）aqlla, aclla　2, 6, 12–15, 19–25, 28, 29, 40, 41, 277, xx, xxi

アクリャ・ワシ aqlla huasi　20, xxii

アコスタ Antonio Acosta Rodríguez　214, 302–304, 312, xxvii, xxxvi, xli, li, lii

アシエンダ（大農園）hacienda　34, 209, 218, 220, 296

アタワルパ Atahualpa　13, 24, 39, 42, 67–83, 235, 251, 262, 277, 315, xviii, xxx–xxxii, lv

悪口雑言　157, 211

アバンカイ Abancay　26, 41

アビラ Francisco de Avila　204, 214, 251–253, xlviii

アフリカ　12, 31, 32, 69, 239, 310, lvi

アベンダーニョ Fernando de Avendaño　249–251, lviii, lix

アポ（要人・貴人）apo　18, 88, xix, xx, lv

アマード Donato Amado Gonzales　280, 281, 319, lxii–lxv

アリアーガ Pablo José de Arriaga　224, 302, xlviii, xlix, lii–liv

アルゲーダス José María Arguedas　235, lvi

アルコール　136, 251, 300

アルゼンチン　23, 45, 94, 236, 310

アルパカ alpaca　175, 186

アルバラード Pedro de Alvarado　83

アルファルファ alfalfa　52, 188, 190

アルフォンソ十世「賢王」Alfonso X, “el Sabio”　173

アルマグロ Diego de Almagro　36, 70, 78, 83–86, xxx, xxxii

アレキパ Arequipa　23, 33, 35–39, 42, 44–47, 49, 50, 53–57, 295–299, xxiv, xxvi

アンデネス andenes　17

アンパト Ampato　23

イエス・キリスト　73, 74, 98, 113, 123, 143, 177, 186, 191, 192, 196–199, 225, 255, 305, liv, lviii, lx

イエズス会 Compañía de Jesús　49–52, 58, 101, 105, 106, 109, 112–115, 121–124, 126–134, 138–141, 143, 145–148, 154, 174, 196–198, 224, 226, 309, xviii, xxxvi, xxxviii–xliii, xlvii, xlix

遺骸，亡軀　13, 14, 18, 23, 24, 29, 54, 84, 138, 140, 141, 143, 149, 167, 168, 175, 177, 179, 197, 201, 202, 204, 216, xix, xx, xxii, xl–xlii, xlvii

遺言執行人 albacea　53, 55, 141, 164, 168, 172, 179, 184, 189, 196, xl
遺言書 testamento　52–55, 66, 85, 86, 138–143, 161–202, 285, 296, 299, 302, 315–317, xxvii, xxxix–xli, xliv–xlvii, liv
遺言補足書 codicilio　143, 166, 173, 176, 178, 194, 197–199
居酒屋，酒房　139, 196
衣裳　8, 9, 12, 13, 18, 19, 26, 27, 86, 93, 141, 170, 175, 180, 181, 190, 191, 225, 236, 258, 259, 275, 277, 285, 286, 288, 296, 319, xvii, xxviii, xliii, lxv
威信財　8, 193
遺贈　53, 139, 142, 143, 164, 176, 178–183, 185–189, 193, 195, 316, xliii
イダルゴ（下級貴族）hidalgo　275
異端審問 Inquisición　123, 126, 222, 232, 233, 237, 239–244, 249, 255, 313, 317, 318, l, lvii
異端審問官 inquisidor　120, 154, 237–239, 243, 247, 249, 313, 318
一夫多妻　9, 187, xvii, xlvii
遺留分権相続人 heredero forzoso　173
インカ王 inka, inca　2, 3, 5, 11–30, 39–43, 67–85, 88, 93, 185, 187, 188, 216, 235, 236, 247–255, 257–290, 299, 317–320, xv, xvii–xxiv, xxxii, xxxiv, xlvii, liii, lv, lix–lxi, lxiii, lxv
インカ王権　2, 3, 4–6, 10–32, 40–43, 188, 204, 260, 265, 271, 298, xv, xvii, xx
インカ王族，インカ貴族　1, 18, 21, 22, 30, 71, 74, 75, 78, 81, 84, 92, 160, 234–236, 248, 263–265, 268–275, 278–289, 298, 318–320, xix, xxi–xxiii, xxix–xxxiv, lix, lxii, lxiii
インカ帝国　1–3, 5, 6, 9–12, 14–17, 20–32, 34, 36, 37, 41, 61, 65, 67–69, 76–78, 80, 83, 86, 91, 102, 104, 141, 200–202, 207, 216, 236, 252–254, 258, 260, 262, 289–291, 296, 298–300, 317–321, xvi, xvii, xxiv, xxviii, xxxix, xlviii, liii, lix, lxv, lxvi
インカ・ナショナリズム　261, 263, 264, lxi
インカリ Inkarrí　235, 236, 252, lvi
インゲン豆　210
飲酒酩酊　105, 109–111, 131, 137, 279, 287, 289, xxxix
インディアス諮問会議 Consejo de Indias　50, 89, 102, 126, 146
インディアス新法 Las Leyes Nuevas de Indias　36, 37, 40, 87
インディアス総文書館 Archivo General de Indias　50, 100, 101, 301–303, 305, 306, 308, 315, xxiv, xxvi, xxvii, xxxiii–xxxix, xli, xlii
『インディアス法令集』*Recopilacion de leyes de los reynos de las indias*　64, xxix
インディオの公共体（レプブリカ）República de Indios　34, 35, 58, 137, 206, 220, 261, 316
インディオ布教区 doctrina　9, 46, 131, 139, 144, 148, 171, 179, 204, 209–218, 220, 223–225, 304, xli, li
インディオ保護官 protector de naturales, protector de indios　44, 285, 286

ヴィラコチャ（創造神）Viracocha　75
ウエルタ Alonso de Huerta　112–116, 124, 147, 149, 151–153, 155, 156, xxxvi, xlii
ウクルカーナ Don Francisco Uclucana　279–281
牛　105, 175, 178–180, 182–187, 190, 192, 246
馬　55–57, 75, 86, 94, 105, 139, 141, 157, 180–183, 190, 193, 258

永代ミサ挙行基金 capellanía　179, 186, 196
エクアドル Ecuador　18, 33, 35, 38, 200, 279, xxii, xxxiv, lv
エクソダス　130, 139, 144, 159
エステーテ Miguel de Estete　24, 71, 72, 77, xxii, xxx

エスノヒストリー　188
エンコミエンダ encomienda　33-38, 44, 45, 47, 49, 83, 86-93, 96, 105, 110, 206, 207, 293, 294, 296, 298, 314, 315, xxxiii, xxxiv, l, lxiii
エンコミエンダ永代保有　89-93, 95, 96, xxxv
エンコメンデロ encomendero　33, 34, 38, 40, 45, 46, 51-53, 87, 89-91, 95, 96, 105, 106, 141, 195, xxxiii, xlv

オイドール（判事・行政官）oidor　48
王旗掛　273, 274, 279-281, 289
『黄金伝説』　247, lviii
オクロス Ocros　173-175, 177, 179, 182-185, 187, 188, 210, 225
オブラッヘ（織物工場）obraje　209, 210, 221
織物　3, 19-21, 23, 24, 30, 64, 141, 170, 175, 178, 180, 181, 190, 191, 201, 209, 210, 225, 276, xvii, xxviii, xliii
オルギン Diego González Holguín　20, xv, xix, xx
オルーロ Oruro　287
オレホン（インカ貴族）orejón　18, xix, xxiii
オロペサ侯爵領　282, 283

か行

カアカイ Cahacay　174, 177, 179, 182, 183, 189
絵画　259, 264, 271-273, 275, 277, 280, 288, 320, lxi, lxiii
改悛の業 penitencia　100, xlvi
カウディーリョ caudillo　289
火刑　77, 249, 311
カサ・ポブラーダ Casa poblada　86
カスティーリャ Castilla　87, 180, 190, 191, 252
カニェテ侯 Marqués de Cañete　55, 146, xxxviii
カニャル Cañar　33, 35, 38, 42, 53, 54, 279-281, xxii, xxv, xxviii, xxxiv, lxii, lxiv
カハタンボ Cajatambo　173, 174, 213, 219, 227, 276, 316, xlix, lx
カパック・コチャ（カパック・ウチャ）Capac Cocha, Capac Hucha　22
カパック・ユパンキ Capac Yupanqui　11, 251, xviii, lxiii
カハマルカ Cajamarca　26, 27, 38, 39, 42, 65, 67, 69, 70, 73-79, 81, 82, 84, 85, 106, 235, 262, xxx-xxxii
カハマルキ Rodrigo Flores Caxamalqui　174-176, 178-194, 225, 316, xlvii, liv
ガマーラ Agustín Gamarra　289
甕　139, 191, 213
家紋　268, 269, 285
カリェホン（貧民窟）callejón　242, 243
カリスト・トゥパク・インカ Calixto de San José Tupac Inca　160
カリャオ Callao　112, 167, 172
カルアチュンビ Inés Carhuachumbi　228-231
ガルシラーソ・デ・ラ・ベガ Inca Garcilaso de la Vega　13, 15, 22, 29, 30, 68-71, 73, 76-78, 274, xviii, xix, xxi, xxiii, xxix, xxx, xxxii, lxi, lxiii
カルチャキ Calchaquí　236
カルメル会　→跣足カルメル修道会
カルロス五世（神聖ローマ皇帝）＝スペイン国王カルロス一世 Carlos V　63, 68, 73, 74, 87, 89, 90, 268, 269, 274, 285, lxii
川エビ採り camaroneros　106, 111, 139
姦淫　81, 109, 245
監獄　57, 105, 145, 165, 166, 206, 220
カンタ Canta　19, 21, 23, 194, 228
監督者 mayordomo　34

喜捨　142, 162, 168, 169, 176, 179, 186, 196, 210

犠牲, 生贄　20, 22–25, 29, 93, 321, xviii, xxi
奇蹟 milagro　98–102, 108, 113–115, 117–129, 132, 133, 140, 144, 145, 148, 149, 151–156, 159, 196, 223, 224, 307–310, xliii
キト Quito　83, 106, 171, 178, 180, 181, 190, 191, 279, xxxi
キヌア　21
キープ（結縄）quipu　28, 73, 75, 172, xx, xxx, lxii
救済　135, 161, 164–166, 169, 176, 177, 186, 189, 198, 250
救世主, メシア　235, 236, 261
旧村 pueblo viejo　215, 216
教会　55, 98, 103, 105, 107, 109, 112–114, 123, 125–127, 134, 135, 138, 142, 143, 145, 148–150, 152, 153, 155, 159–162, 165–167, 169, 171, 174–177, 179, 187–189, 196, 197, 199, 205–210, 212, 213, 215–224, 226, 227, 232, 239, 242, 248, 250, 251, 256, 268, 280, 297, 302–308, 314, xxxv–xxxviii, xl, l
教義　76, 132, 134, 135, 149, 167, 208, 212, 223, 226, 239, 255, xxviii
教区 parroquia　9, 47, 48, 50–57, 99, 109, 112–114, 148, 150, 268, 273, 275, 278–281, 304, 319, xxvi, xxvii, xxxiv, xxxvi, li, lxii, lxiv
教皇　73, 74, 90, 244
教師 maestro　171, 203
強制労働　222, 275, lvi
行列 procesión　128, 129, 186, 251, 259, 260, 275, 277, 289, 309, 311
儀礼　5, 13, 15, 18, 20–22, 24, 26, 29, 31, 105, 125, 137, 175, 187, 210, 214–221, 227, 228, 230, 240, 243, 246, 253, 255, 258, 297, xxxix, xlii, lviii, lxiii
近親相姦　219, 245
ギンズブルグ Carlo Ginzburg　237, 313, lvi, lxvi

グァイナマルキ Juan Flores Guainamalqui　166, 174–190, 192, 193, 195, 317, xlvii
グァサカチェ Guasacache　49, 50
グアダルーペ Guadalupe　125, 277, 309
グァナカウレ Guanacaure　15
グァマンタンガ Guamantanga　141, 194–196, 224
グァマン・ポマ・デ・アヤラ Felipe Guamán Poma de Ayala　71, 78, 167, 171, 201, 202, 211, xxviii, xxxii, xlvii, lii
クァルテロナ・デ・インディア cuarterona de india　240, lvii
クァルテロナ・デ・ムラータ cuarterona de mulata　240, lvii
クァルテロナ・デ・メスティサ cuarterona de mestiza　240, lvii
グァルパ Diego Gualpa　41, 43, 46
グァンカヨ Guancayo　19
クイ（テンジクネズミ）cui　215, 216, 245, 246
偶像崇拝 idolatría　110, 111, 125, 174, 175, 213, 217, 221, 223, 227, 245, 248, 249, 256, 302, 303, xxxvi, xlix, liii
偶像崇拝根絶巡察 visita de la extirpación de la idolatría　174, 175, 204, 212, 214, 221, 222, 224, 226, 228, 242, 244, 250–252, 257, 276, 302, 303, 306, 310–313, xlix, l, liii
偶像崇拝者 idólatra　189, 212, 228, 256, 311, 316, lx
クエンカ Gregorio Gonzalez de Cuenca　92, 93
クシ・グァルカイ María Manrique Coya Cusi Guarcay, Cusi Huarcay　271, 272
クスコ Cuzco, Cusco　5, 11, 12, 14, 16–19, 21, 23, 24, 26, 27, 30, 37–39, 41, 42, 45, 53, 54, 69, 73, 76, 80, 81, 83, 91–94, 96, 200, 252, 253, 262–264, 266–276, 278–287, 289, 296, 318–320, xviii, xix, xxi–xxiii, xxvi, xxx, xxxi, xxxiii, xxxiv, xliv, lix, lxii
クスコ地方文書館 Archivo Regional del Cusco　264, 269, 282, 285, 319, lxii–lxv

クスコ八教区のインカ貴族の王旗掛 Alférez Real de los Yngas nobles de las ocho parroquias de Cuzco 273, 281, 289
『グスマン・デ・アルファラチェ』*Guzmán de Alfarache* 191, 192, 225
グティエレス Juan Gutiérrez 203, 228
クティンボ Cutimbo 21
クラカ，カシーケ（首長）kuraka, cacique 1, 3, 6-10, 12, 14, 18-23, 26-30, 34, 35, 39-42, 49, 57, 66, 68, 75, 77, 90-93, 96, 104, 163, 166, 170, 173-177, 181, 184, 186-188, 191-194, 206, 211, 217-223, 225-227, 235, 269, 270, 275, 276, 284, 313, 316, xv-xvii, xx-xxiv, liv
クリアード criado 3, 4
クリオーリョ criollo 263, 288, lxi
クリスティアン・ジュニア William Christian, Jr. 99, 100, 126, xxxv, xxxvii
クロニカ crónica 1, 2, 5, 6, 22, 35, 42, 81, 188, 300, xvi, xviii
クロニスタ cronista 1, 5, 22, 23, 69-72, 201, 211, 254, xxi, xxviii
クンビ（最高級織物）cumbi 20, 21, 141, 175, 180, 181, 190, 225, 276, xxviii

ケチュア語 quechua 4, 10, 18, 20, 41, 51, 60, 61, 69, 72, 73, 76, 88, 92, 93, 95, 97, 112, 132, 134, 149, 207, 208, 213, 214, 223, 225, 232, 249, 311, 313-315, xv, xxiii, xxx, xxxi, xxxiv, xlv, l, liv
下僕 34, 51, 53
限嗣相続権 mayorazgo 193

講会 cabildo 172
公開恥辱刑 256
講頭 mayordomo 54, 102, 113, 133, 142, 150, 172, xxxiv, xl-xlii, liii
後宮 20, 187, 254
公教要理 207, 212
絞首 77
講衆（コフラーデ）cofrade 54, 107, 140, 143, 149, 150, 152-159, 169, 197-199, 305, xli-xliii
公証人 notario 38, 44, 85, 143, 164, 170, 171, 194, 198, 248, 255, 256, 269, 295, 296, 315, xlv, lxii
公証人文書（公正証書） 36, 60, 138, 141, 162, 172, 174, 189, 194, 195, 199, 264, 285, 296, 299, 300, 302, 315, xxv, xl, xliv
貢租 tributo 8, 17, 19, 21, 33, 34, 47, 51, 52, 56, 57, 74, 91, 182, 208, 210, xxi, xxxiii
構造喪失 50, 54, 294, 298
貢納 9, 12, 15, 19-21, 25, 29, 45, 47, 50, 74, 91, 104, 144, 274, 280, 285, 298, xvi, xvii, xx-xxii, xxvi
コカ coca 16, 19, 26, 30, 36, 93, 216-218, 227, 230, 243-248, 253-258, 260, lvii, lviii, lx, lxv
黒人 negro 44, 54, 69, 105, 110, 111, 116-118, 131, 139, 142, 154, 158, 162, 170, 175, 180, 182, 184, 185, 187, 190, 195, 201, 238, 240, 242, 314, xxxvii, lvi, lvii
獄吏 279, 281, lxiv, lxv
輿 13, 14, 27, 31, 69, 75, 236, 277, xix, xxii
互酬，互恵 2, 7, 8, 12, 16, 20, 25, 177, 218, 232, xvi, xvii
扈従 46, 85, 250, 258, 259, 277, xxxii
告解 confesión 10, 138, 208, 215, 219, 243, xxxviii
『告解手引書』 207
コパカバーナ Copacabana 108, 308 → 聖母コパカバーナ
コボ Bernabé Cobo 13, 20, 26, 130, xviii, xix, xxi, xxii, xxv, xlii, xxxviii, xlii
小麦 56, 311, xxxix
コヤ（コリャ，皇妃）coya, colla 248, 250, 252, 257
コヤ・ライミ Coya raymi 30
コリャグアス Collaguas 49, xxvi
コリャオ Collao 39, 45

コリャスーユ Collasuyu　17
コルプス・クリスティ　→聖体祭
コレヒオ（学院）colegio　49, 50, 51, 58, 174, 226, 227, xxvi, xlvii
コレヒドール（地方官吏）corregidor　37, 44, 55, 56, 92–94, 133, 175, 207, 225, xxiv, lv
コロン Cristóbal Colón　62, 63, 66, 321, xxix
コンキスタドール（征服者）conquistador　1, 4, 13, 14, 35, 36, 39, 65, 67–69, 71, 72, 74, 75, 77–89, 104, 262, 273, 276, 279, 281, 284, 314, xviii, xix, xxix–xxxii
コンドル　268
コンドルカンキ，「トゥパク・アマル二世」 José Gabriel Condorcanqui, "Tupac Amaru II"　234, 262–264, 281–288, lxv
コンフリクト　4, 11, 100, 121

さ行

債権　164, 172, 184, 185
祭壇 altar　117, 122, 123, 179, 197, 210, 224
裁判所　60, 175, 189
再分配　2, 7, 12, 16, 218, xvii, lxv
債務，負債　57, 90, 156, 164, 184, 296, 316, xxvii
サイリ・トゥパク Sayri Tupac　270, 271, 282, xxxiii
再・歴史化されるインカ　265, 266, 268, 270, 271, 276, 281, 284, 288
サタン　247–249, lxi
雑貨屋 pulpería　141
砂糖黍　213
サパ・インカ Çapa Inca　76, 270, 273, 275
サバト　240, lvii
サラテ Agustín de Zárate　71, 78, xxx
サルミエント・デ・ビベーロ Juan Sarmiento de Vivero　212, 242, lvii
サンク団子 zancu　12, 215, 216, 230
サンタ・アナ教区 Parroquia de Santa Ana　57, 279, 280, xxxiv, lxii, lxv
サンタ・マルタ教区 Parroquia de Santa Marta　48, 50, 51, 53–56, xxvii
サンチェス，「広場〔住み〕」の Miguel Sánchez de la Plaza　150, xli, xlii
サンチョ Pedro Sancho　13, xviii
サンティリャン Fernando de Santillán　19, 38, 39, 41, xx, xxiv, xxv
サント・トマス Domingo de Santo Tomás　90, 93, 208, lv
サンボ zambo, zamba　240, 242, lvii
三位一体　166, 167, 212
残余財産受遺者 heredero universal　173, 179, 184, 193
サン・ラサロ San Lázaro　48, 103, 106–115, 119, 120, 128–130, 132, 133, 135–151, 156, 159, 195, 196, xxxix–xlii

シエサ・デ・レオン Pedro de Cieza de León　14, 15, 17, 19, 22, 24, 26, 28, 71, 78, 79, xvi, xviii–xxii, xxv, xxix, xxx
シキンチャラ Ciquinchara　75
死刑執行人　279, 281, lxiv, lxv
司祭 cura　9, 50–52, 55, 57, 109, 112, 114–119, 124, 144, 149, 151–153, 155–158, 167, 170, 171, 179, 204, 207, 209–215, 228, 229, 232, 233, 243, 251, 272, 304, xxxix, xliii, li, lii, lviii
『七部法典』*Siete Partidas*　173
シトゥア Citua　12
司法　5, 6, 36, 37, 64, 90, 94, 113, 144, 172, 175, 264, 294, xxiv
シマロネス cimarones　44, 45
社会史 historia social　2, 102, 161, 200, 313, 314, 316, 317, 321, 322, xliv, li
社会的結合関係（ソシアビリテ）　36, 54, 162, 163, 316, xlii
ジャガイモ　21, 230
邪教　208, 217, 256

lvii
スペイン国立歴史文書館 Archivo Histórico Nacional de España　237, 318, lvii-lxi
スペイン人の公共体（レプブリカ） República de Españoles　34, 35, 48, 58, 102, 109, 137, 206, 245, 261, 298, 316, xlviii
スポルディング Karen Spalding　35, xvi, xviii, xix, xxiii, xxiv, xlix
スポンディルス貝 Spondylus　23
スリマナ Surimana　284

聖遺物　117, 119, 125, 255, lx
精液　231
請願書　48, 80, 85, 91, 101, 102, 127, 130, 132, 133, 135, 137, 139, 145, 147, 150, 152, 226, 269, 278, 279, 287, 304, 306, 307, xxxix, xl, xlii
性器　231
聖器係 sacristán　167
聖十字架館 Casa de Santa Cruz　217
聖書　72, xlvi
聖職者弾劾訴訟 capítulos　209, li
聖人 Santo　99, 125, 146, 153, 168, 169, 186, 203, 211, 217, 219, 220, 223, 224, 273
聖像 imagen　98, 108, 118-124, 127, 133, 220, 223, 224, 305
生態系　25, 104, 188
聖体祭（コルプス・クリスティ） Corpus Cristi　217, 275, 279, 280, 285, liii
聖堂参事会 Cabildo eclesiástico　133, 149, 150, 152, 304, 306
征服者　→コンキスタドール
聖母コパカバーナ Nuestra Señora de Copacabana　102, 103, 108, 113, 114, 133, 138, 140-143, 149-160, 196-199, 224, 307, 308, xl-xliii
聖母信仰　100, 308, 309
聖マルタ Santa Marta　246, 247, lviii
聖務日課書　72, 191
聖ヤコブ（サンティアゴ） Santiago　105, 138, 273, 285, 289
『説教集』　207, 250, 251
セーニュ Thierry Saignes　260, lxi, lxiv
セビージャ Sevilla　68, 88, 301-307, 309, 310, 318
セルカード Santiago del Cercado　48, 100, 103-106, 108-110, 112-122, 126, 127-141, 143-147, 149, 150, 153, 154, 172, 175, 196, 197, 217, 238, 245, 310, xxxv-xl, xliii
セルトー Michel de Certeau　222, liv, lvi
セロ（山） cerro　256
先住民総代理人 procurador general de los naturales　151, 198
専制王権　1, 78, 80, 85
跣足カルメル修道会　103, 124, 305-309
千年王国　221, xxviii
洗礼 bautismo　66, 208, 220, 249-251, xlv

騒擾　61, 92, 93, 94
相続　162, 164, 169, 170, 173, 176, 184-186, 188, 193, 195, 223, 267
相続人 heredero　164, 173, 184, 186
双分王朝，複合王朝　267
贈与　3, 7-9, 11, 12, 28-30, 38, 43, 46, 53-55, 64, 80, 142, 143, 160, 164, 168, 187, 188, xvii, xxiii, xxxiv, xliii
側妻　20, 187, 252, 254
訴訟　5, 8, 14, 16, 61, 64, 65, 92, 94, 113, 122, 141-143, 152, 155, 157, 158, 162, 163, 171, 174, 175, 187, 189, 190, 195, 196, 198, 199, 209, 212, 221-223, 227, 237, 269, 283, 315-317, xxxiii, xxxix, xliii, xlvii, li
「訴訟好き」 pleitista　157, 209, li
側女　78, 79　→側妻
ソラーノ Francisco de Solano　62, xxix
尊属 ascendientes　173

た行

対抗宗教改革　124, 125, 148, 168, 214
大司教座　101, 109, 112, 114, 150, 152,

な行

は行

ま行

や行

ら行

わ行

註

本文に直接引用した原史料のスペイン語原文については，紙幅の余裕がないために，より重要性の高いものに限定した．原文にあたりたい読者は，どうかスペイン語等で書かれた初出論攷を参照されたい．

第1章　インカ王の隷属民

(1)　ヤナコーナにかんする研究史については，以下を参照せよ．S. Villar Córdova, “La institución del yanacona en el incanato,” *Nueva Corónica*, 1 (1), 1966.

(2)　J. V. Murra, *Formaciones económicas y políticas del mundo andino*, Lima: IEP, 1975.

(3)　M. Rostworowski de Diez Canseco, *Etnia y sociedad: costa peruana prehispánica*, Lima: IEP, 1977; Murra, *Formaciones económicas y políticas del mundo andino*, pp. 225-228. かかる指摘の根拠のひとつは，それまで漠然と奴隷的存在と目されてきたヤナコーナのなかに，地方の首長に任ぜられた社会的上昇者がいたことが明らかになったことであったが，ムラはインカ王権のヤナコーナに関するダイレクトな言及を避け，地方社会に存在したヤナコーナの実態解明へと向かっていった．

(4)　J. H. Rowe, “Inca policies and institutions relating to cultural unification of the empire,” G. A. Collier, R. I. Rosaldo et al. (eds.), *The Inca and Aztec states, 1400-1800: anthropology and history*, New York: Academic Press, 1982.

(5)　ヤナコーナの基になったケチュア語の「ヤナンティン」には「対立，補完」という意味があり，そこから従属する者，相互依存する者という概念が導かれると考える研究者もいる．フランクリン・ピース／増田義郎『図説インカ帝国』小学館，1988年，111頁．

(6)　スペイン王立言語アカデミーが18世紀に編纂した辞書には，「ある家の家人，家来，奉公人．主人が与えた教育や給養ゆえこう呼ばれる」とある．“El doméstico, familiar o sirviente de una casa. Llámase assí por la educación y sustento que le da el Amo,” Autoridades de la Lengua Española, 1729, http://web.frl.es/DA.html.

(7)　ヤナコーナの語義については，D. G. Holguín, *Vocabvlario de la lengva general de todo Perv, llamada lengua Qquichua, o del Inca*, Lima, 1608〔以下，Holguín, *Vocabulario* と略記〕, p. 365. およびその訳語である “criado” の分析については，Rowe, “Inca policies and institutions relating to cultural unification of the empire,” pp. 97s. を参照のこと．

(8)　“Aduenedizo auenzindado en algun lugar,” Holguín, *Vocabulario*, p. 240.

(9)　同様の視点はロウも示している．ロウは，職人を意味する camayo と呼ばれる集団も議論に含め，ひとりの人間が，インカに仕えるヤナコーナであると同時に，居住地においてはミティマエスとして，何らかの専業職人として王権に奉仕するという状態がありえたであろうと論じている．Rowe, “Inca policies and institutions relating to cultural unification of the

empire.” 本論もこのロウの視点を共有するが，ある人間がヤナコーナになる，ということが何を意味したのか，その契機を注視し，再考する．

(10)　この点は，ムラやロウの先駆的業績にもあてはまる．

(11)　J. de Betanzos, *Juan de Betanzos y el Tahuantinsuyo: nueva edición de la Suma y Narración de los Incas*, F. H. Astete and R. Cerrón-Palomino (eds.), Lima: PUCP, 2015〔以下，Betanzos, *Suma y Narración* と略記〕，p. 165.

(12)　アンデス研究における史料の全貌，および史料批判の要諦については，F. Pease G. Y., *Del Tawantinsuyu a la historia del Perú*, Lima: IEP, 1978, pp. 31–115; A. Wedin, *El concepto de lo incaico y las fuentes*, Uppsala: Akademiförlaget, 1966, pp. 32–97. またクロニカ，地方文書それぞれの特質については，シエサ『インカ帝国史』を翻訳した増田義郎の「解説」を読まねばならない．シエサ・デ・レオン『インカ帝国史』（大航海時代叢書　第II期第15巻）岩波書店，1979年，増田義郎「解説」462–475頁.

(13)　ヤナコーナはヤナクーナ，ヤナと表記されることもあるが，本書ではヤナコーナに統一する．

(14)　ワシュテル（小池佑二訳）『敗者の想像力――インディオのみた新世界征服』岩波書店，1984年，169頁以下.

(15)　本節では以下の地方文書に依拠している．これらはみな征服後に作成されたものではあるが，植民地時代に入っても残存するインカ遺制をよく反映する史料である．I. Ortiz de Zúñiga, *Visita de la provincia de León de Huánuco en 1562*, 2 tomos, Huánuco: Universidad Nacional Hermilio Valdizán, 1967〔以下，*Visita de Huánuco* と略記〕; ペルー国立文書館 Archivo General de la Nación del Perú, « Derecho Indígena y Encomienda », Legajo 1, Cuaderno 2, año 1558, “Causas criminales seguidas por don Francisco Tomavilca, principal del repartimiento de Piscas . . .”〔以下，AGN-DIE-L1-C2〕; G. Diez de San Miguel, *Visita hecha a la Provincia de Chucuito por Garci Diez de San Miguel en el año 1567*, Lima: Casa de la Cultura del Perú, 1964〔以下，*Visita de Chucuito* と略記〕.

(16)　先スペイン期，ルパカ社会は貢納者（成年男子）数，約20,000人，チュパイチュ族は同約4,000人により構成されていたことがわかっている．地方共同体の社会構造を一般化して記述することは難しいが，基本的特徴としては次のようにいえよう．ひとつの民族集団は「共通の祖先を出自とする親族である」という共有された観念のもとに結合した人々より生成したアイユ共同体よりなっていた．土地などの生産手段は理念的に共同体の保有のもとにあり，生産は親族的紐帯に基づく成員同士の互恵的関係によって実現した．K. Spalding, *Huarochirí: An Andean society under Inca and Spanish rule*, Stanford: Stanford University Press, 1984.

(17)　たとえばルパカ社会は，チュクイトを首邑とする7つの大きな地区よりなり，さらに各地区が，上地区，下地区に双分的に区分されていた．各地区はいくつかの共同体より構成されていたが，共同体レヴェルの首長の上位に，地区を統轄する2人のクラカがおり，7つの地区全体を首邑チュクイトの上地区のクラカが最高首長として君臨していた．

(18)　*Visita de Huánuco*, tomo I, fol. 11v., 22v. 労務提供は，クラカと共同体民との互恵的関係

のもとにあり，労働期間中，クラカから食料や酒などが提供されるのが慣習となっていた．

(19) *Visita de Chucuito*, fol. 9v.; *Visita de Huánuco*, tomo II, fol. 62v.–r., 90v.–r., 94v.–95r.; AGN-DIE-L1-C2.

(20) *Visita de Chucuito*, fol. 45v., 52v., 58r. など．*Vista de Huánuco*, tomo I, fol. 40v.

(21) AGN-DIE-L1-C2, fol. 2v.–6r., 40r.

(22) 織物や衣裳，家畜の贈与経済における機能についてはムラの次の分析を参照．Murra, *Formaciones económicas y políticas del mundo andino*, pp. 118–170. 互酬・再分配についてはワシュテル『敗者の想像力』96 頁以下に詳しい．

(23) *Visita de Huánuco*, tomo I, fol. 37v. さらに共同体の高齢者，身体の不自由な者がヤナコーナとなっていた例も挙げられる．共同体における生産に携わることのできない人々が，貢納義務の免除とひきかえに，能う限りの労働に従事していた可能性もある．

(24) *Visita de Huánuco*, tomo I, fol. 40v., tomo II, fol. 90v.–91r.

(25) *Visita de Huánuco*, tomo I, fol. 37v., tomo II, fol. 90v.–91r., 94v.–95r.; *Visita de Chucuito*, fol. 10r.–53r.

(26) *Visita de Chucuito*, fol. 52v.–53r.; AGN-DIE-L1-C2, fol. 2r.–v.

(27) 一夫多妻は，一般に，首長層と共同体の上層部に属する一部の成員に見られた．多くの妻をもつことは，その威信をいや増したのみならず，動員しうる労働力が共同体内部の富の多寡を決定していた社会においては重要な特権を構成していたと考えうる．

(28) J. Pérez Bocanegra, *Ritual formulario e institucion de curas para administrar a los naturales de este reyno los santos sacramentos del baptismo confirmacion eucaristia y viatico penitencia extremauncion y matrimonio con aduertencias muy necessarias*, Lima: Gerónimo de Contreras, 1631, p. 131. “54 Quando muere algun curaca, sueles enterrar con el a su muger, o hijos, o a algun criado suyo, diziendo, que vaya tras el, para que en el otro mundo le sirua?”

(29) ヤナコーナの身分としての固定化は，地方社会の大きさ，性格とも関わってくる問題である．たとえばインカ帝国によって滅ぼされた北海岸のチムー王国は，タワンティンスーユと同様，神聖王権を中心とする集権的な社会へと発展していた．そこで見られたヤナコーナ的存在は，インカ王権直属のヤナコーナと同様な性格をもっていたかもしれない．

(30) タワンティンスーユ帝国の経済・社会・政治・宗教・建築・生活・表象などの多様な側面については，以下の書物に収められた諸論文により，今日の最高の研究レヴェルにおいて討究されている．島田泉・篠田謙一編『インカ帝国——研究のフロンティア』東海大学出版会，2012 年．およびその英語版を参照のこと．I. Shimada (ed.), *The Inka empire: a multidisciplinary approach*, Austin: University of Texas Press, 2015.

(31) インカによって創出された貢納体系，被征服地の人口の十進法的区分に基づく統治のあり方などについては，Collier, Rosaldo et al. (eds.), *The Inca and Aztec states, 1400–1800* に収められた諸論文において，さまざまな視点から分析されている．

(32) C. de Castro y D. de Ortega Morejón, “Relaçión y declaraçión del modo que este valle de Chincha . . . ,” *Historia y Cultura*, 8, 1974 [1558]〔以下，“Relaçión de Chincha” と略記〕, pp. 91–104. インカによる征服の最前線のありさまについては，ワンカ社会に対する征服をめぐる記録が鮮

やかに伝えている．それについての分析は以下を参照．T. Amino, “Three faces of the Inka: changing conceptions and representations of the Inka during the colonial period,” I. Shimada (ed.), *The Inka empire*, pp. 347–361.

カパック・ユパンキは王ではなく，将軍であったともされる．マリア・ロストウォロフスキ（増田義郎訳）『インカ国家の形成と崩壊』東洋書林，2003年，103–107頁．

(33)　この点については，ワンカ地方のワカについての叙述が参考になる．M. Jiménez de la Espada, *Relaciones geográficas de Indias: Perú*〔以下，RGIと略記〕, tomo I, Madrid: BAE, 1965, p. 169. クスコに移動したワカは，いわば被征服地が差し出した「人質」のようなものであり，イエズス会士コボの叙述によれば，インカに反逆した地方のワカは首都クスコの公衆の面前で完膚無きまで鞭打たれ，それはその地方がインカ王に恭順の意を表すまで続いたという．B. Cobo, *Historia del nuevo mundo*, tomo 2, Madrid: BAE, 1956, p. 145.

(34)　J. Polo de Ondegardo, *De los errores y supersticiones de los indios . . .*, CLDRHP, 1ª serie, tomo 3, Lima, 1916 [1554], p. 23.

(35)　Spalding, *Huarochirí*, pp. 97–105.

(36)　P. Pizarro, *Relación del descubrimiento y conquista de los reinos del Pirú*, Lima: PUCP, 1978 [1571], pp. 68–69（増田義郎訳『ペルー王国史』（大航海時代叢書　第II期第16巻）岩波書店，1984年，89–92頁．なお，クロニカのうち日本語訳のあるものについては頁数を括弧内に示した．）増田は，ペドロ・ピサロの翻訳に付した詳細な註において，征服者ルイス・デ・アルセの記録を紹介しているが，それによるとスペイン人の虜囚となったインカ王アタワルパに仕える女たちは，王の衣服の上に落ちた彼の毛を全部とって食べていた．アルセがその理由を問うたところ「邪術をかけられることをとても恐れているからだ」という答えを得たという．神聖王については，以下の書物の叙述がとても参考になる．増田義郎『インディオ文明の興亡』講談社，1979年，248–250頁．

(37)　Cobo, *Historia del nuevo mundo*, tomo 2, p. 139. インカ・ガルシラーソ・デ・ラ・ベガ（牛島信明訳）『インカ皇統記』第2巻（大航海時代叢書　エクストラ・シリーズ第II巻）岩波書店，1986年，13–14頁．スペインによる征服後のクスコに生を享け，亡きインカ王朝の歴史を肌で感じて育ったガルシラーソの叙述は貴重な情報を提供するが，インカ社会を美化し称揚するときにしばしば現れる偏向には十分に注意せねばならない．たとえば彼は，宮廷・太陽神殿での奉仕はクスコ周辺の村落から輪番で提供される労働力によっていたとしか述べていないが，後述するように，ある種の強制力をもって地方共同体から切り離された人々が存在したことは地方文書の分析より確実であり，彼はそれを隠蔽しようとしていたとも考えられる．のちに見るように，人間の生贄の存在の有無をめぐる重要な議論もこのことと関連する．

(38)　シエサ『インカ帝国史』67頁；Pizarro, *Relación del descubrimiento y conquista de los reinos del Pirú*, pp. 32s.（58–59頁）．

(39)　ペドロ・サンチョ「カハマルカからクスコまで」フランシスコ・デ・ヘレス／ペドロ・サンチョ（増田義郎訳）『インカ帝国遠征記』中公文庫，2003年，149–150頁．

(40)　ペドロ・ピサロによれば，生前，王に奉仕していた人々が，あたかも生者に接するよ

うに遺骸に仕えた．Pizarro, *Relación del descubrimiento y conquista de los reinos del Pirú*, p. 52（76 頁以下）; Betanzos, *Suma y Narración*, pp. 198s.

(41)　H. Villanueva Urteaga, "Documentos sobre Yucay en el siglo XVI," *Revista del Archivo Histórico del Cuzco*, 13, 1971〔以下，"Documentos sobre Yucay" と略記〕, pp. 96, 108, 131.

(42)　Betanzos, *Suma y Narración*, p. 163. ベタンソスはこれらの若者が既婚であったとしている．

(43)　シエサ『インカ帝国史』134 頁以下；無名征服者（増田義郎訳）『無名征服者によるペルー征服記』（大航海時代叢書　第 I 期第 4 巻）岩波書店，1966 年，500 頁．

(44)　Betanzos, *Suma y Narración*, p. 165.

(45)　シエサ『インカ帝国史』136 頁以下．

(46)　ガルシラーソ（牛島信明訳）『インカ皇統記』第 1 巻（大航海時代叢書　エクストラ・シリーズ第 I 巻）岩波書店，1985 年，292 頁以下．

(47)　分割の実情については，ワシュテル『敗者の想像力』100 頁以下を参照．

(48)　コボによれば，最初に神の土地，ついで国家の土地が耕耘され，人々は晴れ着を身に纏い，仕事のあいだはインカ・神を讃える歌を唱和したという．Cobo, *Historia del nuevo mundo*, tomo 2, pp. 120ss.

(49)　ワシュテル『敗者の想像力』109 頁．

(50)　ワシュテル『敗者の想像力』168 頁以下；"Documentos sobre Yucay," pp. 34–40; M. Rostworowski de Diez Canseco, "Nuevos datos sobre tenencia de tierras reales en el incario," *Revista del Museo Nacional*, 31, 1962, p. 140; Pizarro, *Relación del descubrimiento y conquista de los reinos del Pirú*, p. 52（76 頁以下）．

(51)　"Documentos sobre Yucay," p. 130.

(52)　"Documentos sobre Yucay," p. 39. これらの産物，特にトウモロコシとタワンティンスーユ形成の関係については，増田『インディオ文明の興亡』223 頁以下参照．

(53)　"Documentos sobre Yucay," p. 111.

(54)　RGI, tomo I, pp. 311, 313s.; シエサ『インカ帝国史』221 頁．

(55)　"Documentos sobre Yucay," p. 38.

(56)　Spalding, *Huarochirí*, pp. 86, 102; J. V. Murra, *La organización económica del estado Inca*, México: Siglo XXI, 1978, pp. 218–219.

(57)　Holguín, *Vocabulario*, p. 23. オルギンの辞書では apu と表記されている．

(58)　"Documentos sobre Yucay," pp. 128–131.

(59)　インカ王族は，輪っかを入れて大きくした耳たぶをもつことを貴族の表徴としており，スペイン人はインカ貴族のことを「オレホン＝大耳人」と通称するようになった．インカ貴族については，シエサ『インカ帝国史』44 頁以下を参照のこと．

(60)　"Informaciones del virrey sobre los incas (1570–1571)," R. Levillier (ed.), *Don Francisco de Toledo: supremo organizador del Perú*, tomo II, Buenos Aires, 1940〔以下，"Informaciones de Toledo" と略記〕, pp. 78, 105, 161. クスコの西方，ルカナスの人々は，特に「インカの足 los pies del Inca」と呼ばれて寵愛され，その輿を担ぐ任務に専念していたという記録もあり，インカ

王権に忠誠を示した結果，特権的な地位とともに，特殊な職務を担った民族集団が存在したと推定される．RGI, tomo I, p. 241.

(61) F. de Santillán, "Relación del origen, descendencia, política y gobierno de los Incas," E. Barba (ed.), *Crónicas peruanas de interés indígena*, Madrid: BAE, 1968 [1563], p. 114.

(62) "Relaçión de Chincha," p. 98.

(63) ". . . e que ansy mesmo le dauan <u>yanaconas principales hijos</u> de caciques e mugeres las que le pedia por sus mensageros . . ." « Las tasasciones de los yndios y visitas para que conste que son pocos y dan poco », M. Rostworowski de Diez Canseco, *Señoríos indígenas de Lima y Canta*, Lima: IEP, 1978, Apendice II, pp. 223s.（下線強調は引用者による.）本文中では，下線部に現れる形容詞 "principales" を "hijos"，すなわち息子にかけて「首長の主要な息子たち」としたが，"principales" がyanaconasにかかっている可能性もあり，その場合には「枢要なヤナコーナ」ととらえることもでき，そうすると前述のユカイの谷に見いだされた王の遺骸を見守ったアポ・ヤナコーナと同質の奉仕者であった可能性も出てくる．

(64) Rostworowski, *Señoríos indígenas de Lima y Canta*, p. 229.

(65) この史料はムラの次の論文からの引用である．J. V. Murra, "The mit'a obligations of ethnic groups to the Inka state," Collier, Rosaldo et al. (eds.), *The Inca and Aztec states, 1400–1800*, pp. 253s. ママコーナという名辞はしばしばアクリャの同義語としてもちいられるが，厳密には，アクリャとして選別された少女のうち，成熟しても処女性を保ちつつ，アクリャを指導・統轄する生涯を送った女性をママコーナと呼んだ．スペイン人記録者たちはそれゆえママコーナを，貞潔を維持して遁世した修道女に準えている．

(66) シエサ『インカ帝国史』91頁以下；"Relaçión de Chincha," p. 98. また太陽神に接収されたというチュンビビルカス地方のコタグァシの村は，インカが珍重したさまざまな羽根を貢納すると同時に「眉目麗しい男女」を納めており，女性の場合と同様に，男性の容姿も選別の基準となっていた可能性がある．RGI, tomo I, p. 311.

(67) "Relación de Chincha," p. 96.

(68) "Acllacuna. Las mugeres religiosas que estauan en recogimiento escogidas para el seruicio de su dios el Sol," Holguín, *Vocabulario*, p. 7.

(69) インカ社会における王の支配と「酒」の関係については，以下の書物を参照．Th. Cummins, *Toasts with the Inca: Andean abstraction and colonial images on quero vessels*, Ann Arbor: University of Michigan Press, 2002.

(70) シエサ『インカ帝国史』54頁；P. de Cieza de León, *Primera parte de la crónica del Perú*, Lima: PUCP, 1984 [1553], p. 146; "Relación de los señores (s. f.)," CLDRHP, 2ª serie, tomo 3, Lima, 1919, p. 88.

(71) "Relaçión de Chincha," p. 97; "Relación de los señores," pp. 63–64.

(72) 太陽神殿のヤナコーナの形成に関する記述はないが，おそらくアクリャ同様，共同体から切り離され選別されたのち，それぞれ王宮・神殿などに割り充てられていたと推測される．

(73) *Visita de Chucuito*, fol. 18v., 51v.–52r. ムラは土着の人々が管理していた結縄《キープ》をもとに作成

されたこれらの貢納記録を，先スペイン期の社会においてカテゴリー化されていた「貢租」をめぐるアンデス的概念が反映されたものとして分析している．Murra, *Formaciones económicas y políticas del mundo andino*, pp. 237–262.

(74) *Visita de Chucuito*, fol. 18v., 51r.

(75) ガルシラーソ『インカ皇統記』第1巻，129頁以下；シエサ『インカ帝国史』126頁，136頁以下，また同書に増田義郎がつけた補注8「人間の生贄について」も参照せよ．シエサと同様，コボもまた貢納の一環としての少年，少女の供出を記しているが，地方の貢納記録に現れた男女の供出を，クロニスタが「犠牲」の貢納として描きだし，土着の慣習の異端性を強調していたとも考えられる．Cobo, *Historia del nuevo mundo*, tomo 2, pp. 133–135.

(76) Betanzos, *Suma y Narración*, pp. 196s.

(77) これらの山頂での供犠については，以下の文献を参照．J. Reinhard, and M. Constanza Ceruti, *Inca rituals and sacred mountains: a study of the world's highest archaeological sites*, Los Angeles: University of California Press, 2010; Th. Besom, *Of summits and sacrifice: an ethnohistoric study of Inka religious practices*, Austin: University of Texas Press, 2009; 網野徹哉『ラテンアメリカ文明の興亡』（世界の歴史　第18巻，高橋均との共著）中央公論社，1997年，85–89頁．

(78) もちろん，地方文書に現れる貢納対象のヤナコーナ＝被供犠者とはただちにはいえない．ここで論じたいのは，両者の潜在的な同一性である．また想起すべきは，ガルシラーソをはじめとする記録者の叙述に現れる，インカの王宮に存在したとされる「地方首長の子息学校」である．それらによれば，インカ王は征服した地方の首長の息子たちをクスコに送らせ，宮廷の学校で教育したとされる．インカの統治技法や公用語たるインカ族の言語を学び，将来の統治者としての技量を身に付けた子弟たちは，その後地方に戻り，地元の統治者として君臨したという．ガルシラーソ『インカ皇統記』第2巻，153–155頁．しかしこうした当時のヨーロッパにおける学校を彷彿とさせるような「教育機関」がインカの王宮にほんとうに存在したのか，この点に関しては，慎重に考えなければならない．すでに見てきたように，地方文書に現れる貢納対象としての地方首長の息子たちは，王の奉仕人ヤナコーナとして，あるいは王権・神への生贄として献上された者たちであって，そこには「学校」という概念は不在である．ガルシラーソのような「ヨーロッパ文化中心主義者」（たしかに一面では，ガルシラーソは「インカ文化称揚者」でもあったが）の観念が，「隷属」，「供犠」をめぐるアンデス土着の実態を，近代的なフィルターによって覆い隠してしまった可能性は否定できない．

(79) "Informaciones de Toledo," p. 55. また興味深いのは，ヤナヤコ Yanayaco という地名をめぐって，サルミエントが伝えるヤナコーナの起源伝承である．それによれば，トゥパク・インカ・ユパンキ王が，その兄弟が企てた反乱に加わった廉で処刑の寸前にあった人々をヤナヤコにおいて王妃の仲介によって赦免し，共同体から切り離して宮廷の奉仕人とした．ヤナコーナという名辞はヤナヤコという地名に由来するのだという．サルミエントは，彼らは太陽神への奉仕からは除外されたとしているが，ヤナコーナの無共同体性，死との親和性という点をよく示しているエピソードである．P. Sarmiento de Gamboa, "Historia índica," R. Levillier (ed.), *Don Francisco de Toledo*, tomo III, Buenos Aires, 1942 [1572], pp. 115–119.

(80)　M. de Estete, *Relación de la conquista del Perú*, CLDRHP, 2ª serie, tomo 8, Lima: 1924 [1535], p. 33. 乙女の館，すなわちアクリャ・ワシの番人は去勢されていたという記録はあるが，管見の限り，宮廷に出仕していた人々がそうであったという事実は，エステーテの叙述以外確認できない．シエサも同様のことを記すが，去勢については触れていない．P. de Cieza de León, *Tercera parte de la Conquista del Perú*, Lima: PUCP, 1987, p. 120.

(81)　"Informaciones de Toledo," p. 163.

(82)　シエサ『インカ帝国史』296頁以下；J. Polo de Ondegardo, *Informaciones acerca de la religión y gobierno de los incas*, CLDRHP, 1ª serie, tomo 3, Lima, 1916 [1571], p. 118. 殉死も「人身御供」としてとらえられていた．Cobo, *Historia del Nuevo Mundo*, vol. 2, p. 134.

(83)　シエサ『インカ帝国史』110–116頁；W. Espinoza Soriano, "Los mitimas yungas de Collique en Cajamarca, siglos XV, XVI y XVII," *Revista del Museo Nacional*, 36, 1969–1970, pp. 36, 9–57; Espinoza Soriano, "Colonias de mitmas múltiples en Abancay, siglos XV y XVI," *Revista del Museo Nacional*, 39, 1973, pp. 225–299. またワヌコ文書からも，クスコから辺境地帯の防衛のために当地に派遣されていたインカ族のミティマエス集団が確認される．*Visita de Huánuco*, tomo 2, fol. 37r.–55v. コボは，ペルー全土でインカによって設置されたミティマエスの共同体のない村や谷はほとんど存在しないとまで記している．Cobo, *Historia del nuevo mundo*, vol. 2, p. 110.

(84)　たとえばエクアドルの強力な部族カニャルでは，最高首長および15,000人の男に対して，妻を伴ってクスコに集住するよう命じられたとされる．シエサ『インカ帝国史』247頁；Cobo, *Historia del nuevo mundo*, vol. 2, p. 109.

(85)　Cieza, *Primera parte de la crónica del Perú*, pp. 259s.; Cobo, *Historia del nuevo mundo*, vol. 2, p. 109.

(86)　シエサは，インカ王がミティマエスの多くを家畜番，金銀細工師，石工，農夫，絵師，塑像職人として登用していたと述べている．シエサ『インカ帝国史』112–113頁．

(87)　Espinoza Soriano, "Colonias de mitmas múltiples en Abancay, siglos XV y XVI," pp. 225–236; RGI, tomo 2, pp. 16–30.

(88)　Espinoza Soriano, "Los mitimas yungas de Collique en Cajamarca, siglos XV, XVI y XVII," pp. 10–42.

(89)　*Visita de Huánuco*, tomo I, fol. 10r.–v. これらのヤナコーナは，インカの輿をかつぐ仕事にも服事していたという．

(90)　Espinoza Soriano, "Los mitimas yungas de Collique en Cajamarca," p. 16; Espinoza Soriano, "Colonias de mitmas múltiples en Abancay," p. 246.

(91)　"Informaciones de Toledo," pp. 113s., 133s.

(92)　*Visita de Chucuito*, fol. 38v., 52r., 85v. スペイン人巡察使は，先住民たちの貢納量を低く査定させるため，住民を隠しているのではないかと疑っていた．

(93)　シエサ『インカ帝国史』110–112頁．

(94)　故王の塑像に随従するヤナコーナには，クスコ周辺の地域に家畜と土地が与えられ，その子孫も亡軀に仕えるよう命じられた．Betanzos, *Suma y Narración*, pp. 198s.

(95) ガルシラーソ『インカ皇統記』第1巻，320頁．ガルシラーソがしかしいっぽうでは「人身御供」の存在を否定するために事実をねじ曲げるべく奮闘していたことも忘れてはならないのだが．

(96) C. de Molina (Cuzqueño), *Ritos y fábulas de los Incas*, Buenos Aires, 1959 [c. 1575], pp. 60s.; M. de Murúa, *Historia del origen y genealogía real de los reyes incas del Perú*, Madrid: CSIC, 1946 [1590], p. 237. クスコに祗候した経験をもつワヌコ地方チュパイチュ族の首長シャグアは，1549年の地方巡察に際し，その家政に4人のオレホン，すなわちインカ貴族がおり，その奉仕を受けていると陳述している．彼らがインカ王によってシャグアに贈与されたかどうかは定かではないが，インカの貴族層のなかにもヤナコーナと同様，こうした贈与の対象となっていた人がいた可能性もある．*Visita de Huánuco*, tomo I, Sf. 158r., pp. 295s.

(97) "Informaciones de Toledo," pp. 55ss.

(98) W. Espinoza Soriano, "Los señoríos étnicos de Chachapoyas y la alianza hispano-Chacha," *Revista Histórica*, 30, 1967, pp. 242s., 294.

(99) E. E. Evans-Pritchard, "The divine kingship of the Shilluk of the Nilotic Sudan: the Frazer lecture, 1948," *HAU: Journal of Ethnographic Theory*, 1 (1), 2011, p. 411. 王が死ぬと，これらの召人のある者は，故王の生地に王の未亡人とともに移動し，彼らの末裔が霊廟の管理にあたったとされる．

(100) 中島星子「マダガスカルの奴隷制をめぐる考察」『筑波大学地域研究』2号，1984年；G. Feeley-Harnik, "The King's Men in Madagascar: slavery, citizenship and Sakalava monarchy," Africa, 52 (5), 1982, pp. 37-47.

第2章　植民地時代を生きたヤナコーナたち

(1) アンデスの先住民首長は，ケチュア語でクラカ kuraka と呼ばれたが，スペイン人はカリブ海地域から首長を意味するカシーケ cacique という言葉を「輸入」し，この言葉が植民地時代の公文書ではより多く使われた．

(2) J. Lockhart, *Spanish Peru, 1532-1560: a colonial society*, Madison: University of Wisconsin Press, 1968, pp. 12-33. 特にこの二つの "República" の概念については，L. Bethell, *The Cambridge History of Latin America*, vol. 2, Cambridge: Cambridge University Press, 1984 所収のロックハートの論稿がクリアに論じている．

(3) この新しい研究潮流を代表するものとして，以下の書物を挙げることができる．S. J. Stern, *Peru's Indian peoples and the challenge of the Spanish conquest: Huamanga to 1640*, Madison: University of Wisconsin Press, 1982; R. Keith, *Conquest and agrarian change: the emergence of the hacienda system on the Peruvian coast*, Cambridge, Mass.: Harvard University Press, 1976; K. Spalding, *Huarochirí: an Andean society under Inca and Spanish rule*, Stanford: Stanford University Press, 1984.

(4) G. Kubler, "The Quechua in the colonial world," *Handbook of South American Indians*, 2, 1946, pp. 337ss. 本稿執筆後に刊行されたヤナコーナをめぐる重要な研究としては，以下の書物を挙げることができる．A. M. Wightman, *Indigenous migration and social change: the forasteros of Cuzco,*

1520–1720, Durham and London: Duke University Press, 1990.

（5）　ヤナコーナの語義については，第 1 章 3–4 頁を参照せよ.

（6）　K. Spalding, *De indio a campesino: cambios en la estructura social del Perú colonial*, Lima: IEP, 1974.

（7）　K. J. de Matienzo, *Gobierno del Perú*, Lima-París: Instituto Francés de Estudios Andinos, 1967［1567］, pp. 26–30.

（8）　本章で依拠するのは，以下の公文書館が所蔵する史料である．アレキパ県文書館 Archivo Departamental de Arequipa〔以下，ADA と略記〕, ペルー国立文書館 Archivo General de la Nación del Perú〔以下，AGN〕, ペルー国立図書館 Biblioteca Nacional del Perú〔以下，BNP〕, インディアス総文書館 Archivo General de Indias〔以下，AGI〕.

（9）　Lockhart, *Spanish Peru*, pp. 3–10.

（10）　S. Zavala, *El servicio personal de los indios en el Perú: extractos del siglo XVI*, tomo 1, México: El Colegio de México, 1979, p. 8.

（11）　A. Málaga Medina（ed.）, *Catálogo de actas de sesiones y acuerdos del Cabildo de Arequipa*, Arequipa, n. d. コレヒドールは勅任官吏であり，植民地の地方行政・司法において権能を行使した.

（12）　K. A. Davies, *Landowners in colonial Peru*, Austin: University of Texas Press, 1984.

（13）　C. H. Haring, *The Spanish empire in America*, New York and London: A Harvest/HBJ Book, 1975, p. 51.

（14）　M. Góngora, *Studies in the colonial history of Spanish America*, Cambridge: Cambridge University Press, 1975, pp. 128s., 155; *Colección de documentos inéditos relativos al descubrimiento, conquista y colonización de las posesiones españolas en América y Oceanía*, Madrid, 1871〔以下，CDIA と略記〕, tomo 16, p. 386.

（15）　Zavala, *El servicio personal de los indios en el Perú*, p. 15.

（16）　F. de Santillán, "Relación del origen, descendencia, política y gobierno de los Incas," E. Barba（ed.）, *Crónicas peruanas de interés indígena*, Madrid: BAE, 1968［1563］, p. 132. サンティリャンは，征服以降のヤナコーナが爆発的に増加した現状を憂慮しつつ，インカ時代のヤナコーナと比較している．インカ期のヤナコーナは，勤勉かつすぐれた人々であり，インカ王に重用されて首長職に就く者もあった，しかし，現在のヤナコーナは，堕落した人々であり，博徒，かっぱらい，酔いどればかりである，ただちにこの情況は改善されなければならない，と熱を帯びて論じている.

（17）　BNP, A595, año 1559, "Cartas de donación de Lucas Martínez de Vegazo en favor de varios indios principales de unas tierras."

（18）　E. Trelles Arestegui, *Lucas Martínez Vegazo: funcionamiento de una encomienda peruana inicial*, Lima: PUCP, 1983, pp. 13–36.

（19）　Trelles Arestegui, *Lucas Martínez Vegazo*, p. 27. ペドロ・ピサロもガブリエル・デ・ロハス率いる 60 名がカンチス地方から 2,000 頭の家畜を調達したと述べている．P. Pizarro, *Relación del descubrimiento y conquista de los reinos del Pirú*, Lima: PUCP, 1978, p. 144.

（20）　G. Diez de San Miguel, *Visita hecha a la Provincia de Chucuito por Garci Diez de San Miguel en el año 1567*, Lima: Casa de la Cultura del Perú, 1964, fol. 85v.

(21) ADA, Registro Notarial, Diego de Aguilar: 1569 年 9 月 30 日．以下，公正証書をしめすときは，1569. IX. 30 のように略記する．

(22) I. Ortiz de Zúñiga, *Visita de la provincia de León de Huánuco en 1562*, Huánuco: Universidad Nacional Hermilio Valdizán, tomo II, 1972, fol. 187v.–189v.

(23) Santillán, “Relación del origen, descendencia, política y gobierno de los Incas,” p. 121.

(24) M. Jiménez de la Espada, *Relaciones geográficas de Indias*〔以下，RGI と略記〕, tomo I, Madrid: BAE, 1965［1557–1586］, pp. 357–361.

(25) W. Espinoza Soriano, “Colonias de mitmas múltiples en Abancay, siglos XV y XVI,” *Revista del Museo Nacional*, 39, 1973, p. 251.

(26) たとえば，ADA, Registro Notarial, Juan de Vera: 1575. I. 25.

(27) シエサ・デ・レオン（増田義郎訳）『インカ帝国史』（大航海時代叢書　第 II 期第 15 巻）岩波書店，1979 年，110–116 頁，244 頁以下；B. Cobo, *Historia del nuevo mundo*, vol. 2, tomo 92, Madrid: BAE, 1956, vol. 2, tomo 92, pp. 109ss.

(28) バルタサール・デ・オカンポ（旦敬介訳）『ビルカバンバ地方についての記録』（大航海時代叢書　第 II 期第 16 巻）岩波書店，1984 年，335 頁以下．植民地時代のカニャル人，チャチャポーヤ人の動向については，本書第 9 章，および拙著『インカとスペイン――帝国の交錯』（興亡の世界史　第 12 巻）講談社，2008 年を参照のこと．

(29) W. Espinoza Soriano, *La destrucción del imperio de los incas*, Lima: Amaru Editores, 1990.

(30) RGI, tomo 1, pp. 357–361. グァルパによれば，主人のお使いの途中に，癇癪を起こした兵士たちにけしかけられた猛犬に噛まれ重傷を負わされるという事件に巻き込まれたのだが，それを知った主人は怒りのあまり，件の兵士のひとりを殺害したという．ヤナコーナと主人のあいだに生まれた強い絆を物語る逸話といえよう．

(31) Matienzo, *Gobierno del Perú*, pp. 27–31.

(32) V. M. Barriga, *Documentos para la historia de Arequipa*, tomo II, Arequipa: Editorial La Colmena, 1940, p. 215.

(33) Lockhart, *Spanish Peru*, p. 219.

(34) ADA, Registro Notarial, Juan de Vera: 1564. IV. 1; 1564. I. 3; 1564. I. 3; 1564. III. 9; 1564. IV. 1; 1564. IV. 5; 1564. IV. 21; 1564. V. 4; 1564. VI. 13; 1564. XI. 4; 1564. XI. 8; 1564. XI. 24; 1568. I. 11; 1568. II. 16; 1568. III. 16; 1568. III. 17; 1568. III. 31; 1568. V. 13; 1568. V. 15; 1568. VII. 23; 1568. VIII. 16; 1568. IX. 3; 1568. IX. 3; 1569. IX. 24; 1570. III. 14; 1570. XII. 2; 1571. I. 5; 1571. I. 24; 1571. II. 7; 1571. II. 28; 1571. II. 28; 1571. VII. 3; 1571. VIII. 9; 1571. XII. 16. Diego de Aguilar: 1567. IX. 23; 1567. X. 30; 1567. XI. 3; 1568. IX. 9; 1568. IX. 15; 1568. IX. 24; 1568. IX. 24; 1568. IX. 30; 1568. X. 5; 1568. X. 13; 1568. X. 14; 1568. XI. 19; 1569. II. 25; 1569. III. 1; 1569. III. 5; 1569. III. 10; 1569. III. 29; 1569. VIII. 1; 1569. IX. 9; 1569. XI. 11; 1569. XI. 15; 1570. I. 7; 1570. VI. 13; 1571. V. 4; 1571. VII. 17; 1571. VII. 21; 1571. VIII. 7.

(35) Lockhart, *Spanish Peru*, p. 217.

(36) インディオが手にしたこの平均的賃金は，ヨーロッパ人がこうした契約によって獲得した報酬に比べると微々たるものであった．たとえばトラキア出身のクリストバルは，葡

萄園管理業務を期間4年で契約し，年250ペソの賃金，および衣類を受け取ることになっていた．ADA, Juan de Vera: 1564. XII. 10.

（37） AGN, Sección Notarial, Diego de Ardrada: 1576. XI. 15. Pedro de Entrena: 1574. VI. 15. A. C. Hosne, *The Jesuit missions to China and Peru, 1570–1610*, New York: Routledge, 2013, p. 113.

（38） 本章38頁参照．彼は1555年の時点では，その母とともにルーカス・マルティネスに仕えていた．

（39） Trelles Arestegui, *Lucas Martínez Vegazo*, pp. 133ss.

（40） ADA, Diego de Aguilar: 1564. IV. 1.

（41） R. Levillier, *Gobernantes del Perú: cartas y papeles, siglo XVI*〔以下，GPと略記〕, tomo 3, Madrid, 1921, pp. 639s.; A. Málaga Medina, "Consideración económica sobre la visita de la provincia de Arequipa," N. D. Cook（ed.）, *Tasa de la visita general de Francisco de Toledo*, Lima: Universidad Nacional Mayor de San Marcos, 1975, pp. 294–311.

（42） CDIA, tomo 8, p. 247.

（43） GP, tomo 4, pp. 108, 433–436.

（44） 全国巡察では，まずワマンガ市においてヤナコーナの原簿を作成し，クスコ市では，8つの教区をもうけてヤナコーナを収容した．CDIA, tomo 8, p. 247; GP, tomo 4, pp. 435s.; Cook（ed.）, *Tasa de la visita general de Francisco de Toledo*, pp. 210–213, 252s.

（45） A. Málaga Medina, *Visita general del Perú por el virrey Don Francisco de Toledo: 1570–1575*, Arequipa, 1974, pp. 158–168.

（46） GP, tomo 7, pp. 138ss., 176.

（47） リマ市の事情については，AGI, Patronato Real 248, Ramo 34, 35において，その二重生活の様子が鮮やかに描き出されている．この点についてはさらに第5章で詳述したい．

（48） Zavala, *El servicio personal de los indios en el Perú*, pp. 164, 200, 212; GP, tomo 14, p. 172s.

（49） BNP, B1832［1624］, "Relación de los indios tributarios y yanaconas, reducidos en el asiento de Guasacache, estancia de los padres de los Jesuitas."

（50） BNP, B1832［1624］, fol. 12v., 15v. 105名のうち貢納負担者tributario（18–50歳男子）は23名．老人男子5名，女性52名，18歳未満の青少年25名であった．23名の貢納負担者の出身地は，すべてアレキパ市管内であることがわかる．すなわちコリャグアス地方13名，コンデスーユ地方3名，それ以外のアレキパ管内出身者2名，当コレヒオで生まれた者5名であった．高橋均は，コリャグアス地方に属する飛び地的なインディオ村落が先スペイン期よりアレキパ盆地に存在し，征服後も同地方と飛び地村落とのあいだに積極的な結びつきがあったこと，すなわちラ・チンバと呼ばれるアレキパ市近郊のインディオ村落がコリャグアス地方からの出稼ぎ的移住民の拠点として機能していたという興味深い事実を論証しているが，このコレヒオの例は，16世紀末にはたんに一時的移住ではなく，ヤナコーナとして恒久的に都市に定住する同地方出身のインディオが出現していたことを物語っている．H. Takahashi, "Migración y trabajo en el sur andino, siglo XVI," S. Masuda（ed.）, *Etnografía e historia del mundo andino: continuidad y cambio*, Tokio: Universidad de Tokio, 1986, pp. 109–138.

(51) "Visita de Yanquicollaguas (Urinsaya): 1591," Franklin Pease G. Y. (ed.), *Collaguas I*, Lima: PUCP, 1977, fol. 58v.–59r.

(52) ワシュテル『敗者の想像力』岩波書店，1984 年，第 2 章参照.

(53) 17 世紀以降のヤナコーナの状況を概観する書物としては，以下を参照のこと. J. Matos Mar, *Yanaconaje y reforma agraria en el Perú: el caso del Valle de Chancay*, Lima: IEP, 1976.

(54) AGI, Audiencia de Lima 309, "Parte del pleito entre la Compañía de Jesús, hacienda Guasacache, y el cura licenciado Arias Vecera, párroco de Santa Marta, Arequipa por unos indios yanaconas." この文書のインディアス総文書館における所在は，アコスタの次の論文によって知った. A. Acosta Rodríguez, "Religiosos, doctrinas y excedente económico indígena en el Perú a comienzos del siglo XVII," *Histórica*, 6 (1), 1982, pp. 1–34.

(55) AGI, Audiencia de Lima 309, fol. 2v.

(56) AGI, Audiencia de Lima 309, fol. 4v. だが実際に計算すると，司祭の算出した数字よりも若干大きな額が得られる. 2 レアル × 365 × 3/7 × 1/8 ≒ 39 ペソ.

(57) さらにトレドは，ポトシ銀山ではたらくヤナコーナの重要性をも認めていた. 彼は「ヤナコーナは採鉱の達人であるから，彼らがいなければ，ミタ労働で各地からやってきたインディオは役に立たない」と報告書のなかで述懐している. GP, tomo 5, pp. 255ss.

(58) ADA, Antonio de Herrera: 1585. XI. 2.

(59) ADA, Juan de Vera: 1575. II. 28.

(60) ADA, Juan de Vera: 1575. I. 25, 1576. III. 31.

(61) ADA, Antonio de Herrera: 1585. I. n. d.

(62) ADA, Juan de Vera: 1570. X. 13; 1571. II. 2; 1575. X. 8. またヤナコーナたち相互の関係は，遺言書に記された債務関係のリストからもうかがわれる. たとえばドン・フアン・ブスタマイタは，メルセー修道院のヤナコーナ二人，ドミニコ会修道院のヤナコーナ一人に，それぞれ，5 ペソ，5 ペソ半，10 ペソ半を貸していたことを遺言書のなかで述べている. 先住民の遺言書については，第 6 章を読まれたい.

(63) ADA, Antonio de Herrera: 1577. X. 25; 1585. III. 26; 1585. XI. 2; 1587. IX. 6; 1587. IX. 9; 1587. X. 5; 1587. X. 16; 1588. III. 21; 1588. VI. 4; 1588. VI. 26.

(64) M. Marzal, *Transformación religiosa peruana*, Lima: PUCP, 1983, pp. 403–419.

(65) ADA, Antonio de Herrera: 1588. IX. 23. またルーカス・マルティネスのヤナコーナたちの子孫もサンタ・マルタ教区に居住していたが，彼らと都市に出てきたばかりのインディオたちが結婚を契機に結びついていたこともわかる.

(66) BNP, A594 [1598], "Los indios yanaconas que fueron de Lucas Martínez de Vegazo contra don Álvaro de Bedoya Mogrovejo. Información por provisión del señor virrey."

(67) BNP, A594 [1598], fol. 6v.

(68) BNP, A594 [1598], fol. 11r.

(69) ADA, Juan de Vera: 1564. VI. 6, "Poder de Don Pedro Chauca Banpire a Martín Álvarez y a Gonzalo Batelón."

(70) BNP, A594, fol. 8r.–v.

（71）　BNP, A594, fol. 8r.

（72）　BNP, A594, fol. 10r.–v.

（73）　BNP, A594, fol. 17v.–19v. " . . . porque estaban los mas ricos e descanzados yndios que habia en esta provincia y todo cuanto tenian se lo han comido y consumido de cuatro años a esta parte . . . ."

（74）　BNP, A594, fol. 8v.

（75）　S. J. Stern, *Los pueblos indígenas del Perú y el desafío de la conquista española: Huamanga hasta 1640*, Madrid: Alianza Editorial, 1986, p. 59. この「タキ・オンコイの乱」については，しかし近年，従来の反乱像を修正しなければならないという考えが強くなりつつある．「千年王国主義的」「抵抗運動」といった本文で触れた概念についての再考も促されている．この問題に関しては，拙稿「植民地体制とインディオ社会――アンデス植民地社会の一断面」歴史学研究会編『講座世界史』第 2 巻，東京大学出版会，1995 年を参照のこと．

（76）　本稿ではヤナコーナとインディオ共同体，インディオ文化とのあいだに横たわる精神的距離を測定することはできなかった．これはきわめて微妙な論証を必要とする問題であろう．まず「衣裳」の問題がある．16 世紀末のクロニスタ，ムルーアは，スペイン人に仕えるヤナコーナたちは，その衣裳に磨きがかかっていることを得意にしていると記述しているが，それに続いて描写された彼らの衣服とは，インカの時代に非常に高い価値を置かれていた上質な毛織物クンビ cumbi でできた長衣 manta，シャツ camiseta，細かな宝石で飾られた頭帯 llauto，華やかな草履 ojota など，先スペイン期の被服伝統とスペイン人のもたらした衣裳とが混成したものであった．M. de Murúa, *Historia del origen y genealogía real de los reyes incas del Perú*, Madrid: CSIC, 1946［1590］, p. 181.

　いっぽう，先住民のクロニスタ，グァマン・ポマ・デ・アヤラは，先住民共同体に生きる一般のインディオ＝ハトゥンルナから見たヤナコーナ像を描き出すが，それはきわめてネガティヴなものである．F. Guamán Poma de Ayala, *El primer nueva corónica y buen gobierno*, tomo II, México, D. F.: Siglo Veintiuno, 1980. 彼はヤナコーナをカニャル人，チャチャポーヤ人，ワンカ人と同定し，追いはぎ，強盗呼ばわりしている（p. 361）．特に挿絵においてヤナコーナの具体的な姿を，楽器を奏でる男性とその側で軽快にステップを踏む女性として描き出し，「遊び人，怠け者，飲んだくれ，楽器を弾き，歌い惚ける人々，神も国王をもかえりみない連中，謙譲さも，慈悲深さも，カトリックの教義をも欠く，傲岸不遜な輩」（p. 803）と徹頭徹尾，罵詈を書き連ねてこき下ろしている．アンデスの伝統を保持し，それを再生させることこそ植民地社会の変革には不可欠であると考えていたグァマン・ポマ・デ・アヤラが描くこのヤナコーナ群像も，先住民の伝統に基づくヴィジョンがとらえた貴重なものであると私は考える．

第 3 章　通辞と征服

（1）　本章執筆後，以下の文献の出版を知った．ここで扱う問題の解明におおいに資する重要な研究と思われるが，本稿にそれを活かすことはできなかった．R. A. Valdeón, *Translation and the Spanish empire in the Americas*, Amsterdam/Philadelphia: John Benjamins Publishing Company,

2014.

(2)　F. D. Solano, *Documentos sobre política lingüística en Hispanoamérica*, Madrid: Consejo Episcopal Latinoamericano, 1991.

(3)　ラス・カサス（長南実訳）『インディアス史』第1巻（大航海時代叢書　第II期第21巻）岩波書店，1981年，452頁，Solano, *Documentas sobre política lingüística en Hispanoamérica*, p. xxvi.

(4)　ラス・カサス『インディアス史』第1巻，411頁.

(5)　ラス・カサス『インディアス史』第1巻，414頁.

(6)　ラス・カサス『インディアス史』第1巻，462頁以下．通辞養成ということで構想されうるもうひとつの方向性としては，新しい土地を支配しようとする側が，土着の言語を学ぶということが考えられる．その意味で興味深いのは，やはりラス・カサスが叙するコロンの航海・植民史に現れるクリストバル・ロドリゲス Cristóbal Rodríguez という人物である．彼には「レングア＝通辞」という渾名《あだな》が付けられており，エスパニョーラ島の言語を覚えた最初の人物であったとされる．もともと船乗りであったロドリゲスは，インディオの言語を学ぶために，わざわざインディオたちのあいだで数年間暮らし，そのあいだキリスト教徒とはまったく話をしなかったとされる．ラス・カサス（長南実訳）『インディアス史』第3巻（大航海時代叢書　第II期第23巻）岩波書店，1987年，224–225頁.

(7)　Solano, *Documentos sobre política lingüística en Hispanoamérica*, p. 16.

(8)　Solano, *Documentos sobre política lingüística en Hispanoamérica*, p. 17.

(9)　*Recopilacion de leyes de los reynos de las indias, mandadas imprimir, y pvblicar por la magestad catolica del rey don carlos II, nuestro señor*, tomo I, Madrid: Ivlian de Paredes, 1681, fol. 273v.–275v.

(10)　*Recopilacion de leyes de los reynos de las indias*, tomo I, fol. 275r.

(11)　先住民を選抜し，通辞育成のために現地から連行するというこの方法は，その後1573年に発布された王勅によって公認されている．そこでは，征服に際し，土地のインディオを連行することは厳重に禁じられているものの，3–4名の先住民を通辞として連れて行くことは例外とされていた．Solano, *Documentos sobre política lingüística en Hispanoamérica*, pp. 71–72.

(12)　J. Lockhart, *The men of Cajamarca: a social and biographical study of the first conquerors of Peru*, Austin: University of Texas Press, 1972, pp. 448ss.; P. de Cieza de León, *Crónica del Perú: tercera parte*, Lima: PUCP, 1987, pp. 66ss.

(13)　Cieza de León, *Crónica del Perú: tercera parte*, pp. 165s.

(14)　J. Hemming, *The conquest of the incas*, New York: Harcourt Brace & Company, 1970, pp. 81s.

(15)　Solano, *Documentos sobre política lingüística en Hispanoamérica*, p. 38; L. Fossa, *Narrativas problemáticas: los inkas bajo la pluma española*, Lima: PUCP, 2006, p. 247. フォッサはしかし，フェリピリョがここで学んだという直接的な証拠を提示しているわけではない.

(16)　ガルシラーソは，スペイン人征服者を父に，インカ皇統に連なる女性を母としてもつ混血男性である．それゆえただちに先住民系とカテゴライズすることはできないが，しかしスペイン人系の記録者たちが圧倒的にスペイン人としての自覚から叙述を展開するのに

対し，自らが深く先住民文化に関わっているというガルシラーソの意識は強烈であり，ここではあえて先住民系と分類する．

(17)　I. Garcilaso de la Vega, *Comentarios reales de los incas*, tomo III, Madrid: BAE, 1960, p. 48.

(18)　フランシスコ・デ・ヘレス（増田義郎訳）『ペルーおよびクスコ地方征服に関する真実の報告』（大航海時代叢書　第 II 期第 12 巻）岩波書店，1980 年，496 頁；無名征服者（増田義郎訳）『無名征服者によるペルー征服記』（大航海時代叢書　第 I 期第 4 巻）岩波書店，1966 年，492 頁；M. de Estete, *Relación de la conquista del Perú*, 2ª serie, tomo 8, Lima: CLDRHP, 1924［1535］, p. 26; ペドロ・ピサロ（増田義郎訳）『ピルー王国の発見と征服』（大航海時代叢書　第 II 期第 16 巻）岩波書店，1984 年，59–60 頁．ペドロ・ピサロは，会談には，修道士のほかエルナンド・デ・アルダーナというスペイン人が同行したということを記しているが，同書の註における増田義郎の解説によれば，この人物に言及している記録者はペドロだけであり，彼はカハマルカ到着以前に，すでにケチュア語を話せるようになっていたという．

(19)　Garcilaso, *Comentarios reales de los incas*, tomo III, p. 48. キープが情報統計を記録する装置として機能していたことは疑いを容れないが，しかし歴史的事態を記録することができたか否かについては，いまだ議論が続いている．この問題に関しては，M. Pärssinen, *Tawantinsuyu: the Inca state and its political organization*, Helsinki: Societas Historica Finladiae, 1992 を参照のこと．

(20)　Garcilaso, *Comentarios reales de los incas*, tomo III, pp. 48–53.

(21)　ベタンソスの記録の最も信頼のおける定本は，2015 年にペルー・カトリカ大学出版局より厳密な古字解読と校訂を経て出版された．J. de Betanzos, *Juan de Betanzos y el Tahuantinsuyo: Nueva edición de la Suma y Narración de los Incas*, Lima: PUCP, 2015〔以下，Betanzos, *Suma y Narración* と略記〕．

(22)　Betanzos, *Suma y Narración*, p. 397.

(23)　Betanzos, *Suma y Narración*, p. 401.

(24)　Garcilaso, *Comentarios reales de los incas*, tomo III, p. 50.

(25)　ヘレス『ペルーおよびクスコ地方征服に関する真実の報告』548–551 頁；無名征服者『ペルー征服記』509–511 頁；M. de Estete, *Relación de la conquista del Perú*, 2ª serie, tomo 8, pp. 41s.

(26)　ペドロ・ピサロ『ピルー王国の発見と征服』85 頁以下．ペドロ・ピサロによれば，アタワルパが集めさせている財宝は，カハマルカにあとからやってきた者には与えられない，という取り決めがあった．財宝は刻一刻積みあがっていっても，アタワルパが生きている限り，アルマグロ一党は指をくわえているしかなかったのであり，アタワルパの死がその協定を無効にするという認識が彼らにはあったとしている．またカハマルカにおける貴金属の分配については，同書に付された訳者増田義郎の補注 6 に詳しい．

(27)　王の側女については，本書第 1 章を参照のこと．

(28)　Cieza, *Crónica del Perú: tercera parte*, pp. 165ss. A. de Zárate, *Historia del descubrimiento y conquista del Perú*, Lima: PUCP, 1995, pp. 83s.

(29) R. Varón Gabai, “Pizarro, Pedro,” J. Pillsbury (ed.), *Guide to documentary sources for Andean studies, 1530–1900*, vol. III, Norman: University of Oklahoma Press, 2008, pp. 524ss.

(30) この点にかんしては，拙著『ラテンアメリカ文明の興亡』(世界の歴史　第18巻，高橋均との共著) 中央公論社，1997年，第4章「成熟する植民地社会」を参照.

(31) Varón Gabai, “Pizarro, Pedro,” pp. 524ss. またこの先住民を証人とする調査に関しては，拙著『インカとスペイン——帝国の交錯』(興亡の世界史　第12巻) 講談社，2008年を参照のこと.

(32) ペドロ・ピサロ『ピルー王国の発見と征服』86–87頁.

(33) Hemming, *The conquest of the incas*, pp. 82ss. ヘミングは，すでに1550年代から征服者たちの「名誉挽回」の動きは存在し，それと同時に，フェリピリョの「贖罪の山羊」化が起きたと論じている.

(34) U. Oberem, “Notas y documentos sobre miembros de la familia del Inca Atahualpa en el siglo XVI,” *Estudios etnohistóricos del Ecuador*, Guayaquil: Casa de la Cultura Ecuatoriana, 1976, pp. 51ss. 請願の主体はフランシスコとディエゴというアタワルパの二人の息子で，彼らはカハマルカの征服当時はキトにいた. 処刑を目前にひかえるアタワルパは，涙ながらに子供たちの後事をピサロに託したが，遺児たちは領袖の命令で，キトからクスコに連れて行かれ，当時ドミニコ会士の庇護のもとで生活していた. クスコの彼らには土地や年金もなく，貧困に喘いでおり，その窮状から脱することを求めて請願した次第であった. またこの調査記録には，これまで通説とされてきた事柄の訂正を迫るようないくつかの重要な証言も収録されている. たとえば虜囚の身にあるアタワルパはピサロに対し，ある部屋の壁に白い線を引き，その線にいたるまで，金銀で部屋を埋め尽くすから命を助けてほしいと懇願したとされている. 現在もカハマルカ市には「身代金の部屋 Cuarto de Rescate」という精巧な石組み造りの遺構があり，ペルー観光のひとつの目玉となっている. しかし証言によれば，アタワルパが白い線を引いた部屋は実際に存在してはいたが，今日「身代金の部屋」とされているような立派なものではなく，掘立小屋 (文書では bohío と書かれている) であり，しかもそれは金・銀の集積が終わる前に火事で焼けてしまったのだという.

(35) “. . . dixo ques berdad que mataron en caxamalca al dicho Atabaliba e que lo mataron por mentira de la lengua que herai [sic] don felipe porque se levanto que se queria alçar con la tierra e questo lo hizo el dicho don felipe porque se avia hechado con vna muger del dicho Atabaliba e de miedo que no le matase le levanto que se queria alçar e por esto le mataron . . . ,” Oberem, “Notas y documentos sobre miembros de la familia del Inca Atahualpa en el siglo XVI,” p. 51.

(36) しかし，この証言もまた，先住民通辞を媒介として，ケチュア語からスペイン語に翻訳されたものであることを忘れてはならない. 不可知論を弄ぶことなく，しかし発話が記録されている場にはたらいている諸力を，そして緊張感を繊細に覚知し，それを歴史叙述に反響させなければならない.

(37) しかしラマーナは先住民系の記録にこのケースが記されているがゆえに，事実としての信憑性は高いと見ている. G. Lamana, *Domination without dominance: Inca-Spanish encounters in early colonial Peru*, Durham & London: Duke University Press, 2008, pp. 93, 237 (n. 19).

(38)　ベタンソスのヴァージョンもやはりインカ族のあいだで流通していた説話であると考えられるが，そこにも多くの興味深いディテールが含まれている．カハマルカのアタワルパには何名もの女性が傅いていたが，そのなかにサンクタ Sancta と呼ばれる色白で眉目麗しい女性がいた．サンクタに懸想した通辞は，アタワルパが居室を離れた隙にサンクタを手込めにしてしまった．この行為の最中に部屋に入ってきたアタワルパは通辞の所業を見るや「海岸部の犬畜生野郎め，よりにもよって朕の妻と……朕はまったく捕らわれの身であることよ．さもなくば，おまえとおまえの血統，そしておまえの郷国のすべての者どもの記憶が一切残らぬよう罰するだろう」と悔しがった．インカ王はこのことを口外することはなかったが，通辞は「アタワルパが逃亡して兵士を集めて反乱計画を立てている」という話をでっち上げれば，王は処刑され，女は彼のものになるであろうと目論んだ．フランシスコ・ピサロにことを告げると調査が開始された．もうひとりの通辞は，該通辞の虚説を否定するが，アタワルパと不仲であったアルマグロが処刑を主張したために，結句，王は殺された．Betanzos, *Suma y Narración*, p. 410. ベタンソスは通辞の名前を挙げていないが，別の箇所（pp. 391, 397）から，スペイン人は死すべき存在であるという，インカ族のあいだに流布していた異人＝神的存在という誤った認識を修正する重要情報を提供したのがマルティニリョであることも仮定しうるので，該通辞の虚説を否定した通辞というのはマルティニリョであった可能性がある．これから見ていくように，この二人の通辞は犬猿の仲であった．フェリピリョの奸計とインカ王の死とを結びつけている先住民系の記録者は，ベタンソスのほか，グァマン・ポマ，そしてインカ・ガルシラーソ・デ・ラ・ベガである．F. Guamán Poma de Ayala, *El primer nueva corónica y buen gobierno*, tomo II, 1980, México, D. F.: Siglo Veintiuno, p. 363; Garcilaso, *Comentario reales de los incas*, tomo III, pp. 66s.

(39)　この時代のコンキスタドールの動向については，以下の文献がとてもよく描いている．A. P. Cook and D. Cook, *Good faith and truthful ignorance: a case of transatlantic bigamy*, Durham & London: Duke University Press, 1991.

(40)　このエピソードを叙するゴンサロ・フェルナンデス・デ・オビエドはフェリピリョの来歴について異説を示している．それによれば，フェリピリョは先住民農夫の子であり，アルマグロの扈従として，パナマにあるアルマグロ邸で育てられた．スペイン語に堪能となり，またカトリックの素養にも恵まれた人好きのする才気煥発な青年として成長したものの，年齢を重ねるとともに，徐々にその内面に悪辣な心が芽生えていったとされる．こうした情報は他の記録者の提示するフェリピリョ・イメージとは大きく異なっている．G. Fernández de Oviedo, *Historia general y natural de las indias*, Madrid: Atlas, 1959, pp. 140s. またアルマグロがフェリピリョに対する怒りを鎮めたのは，当時，彼ほど通辞として優れた者はペルーにはまだ存在しなかったからだという．この言語的能力に長けたフェリピリョというイメージも，ガルシラーソのそれとは正反対である．

(41)　B. Segovia, [Cristóbal de Molina, El Almagrista], “Relación de muchas cosas acaecidas en el Perú,” *Crónicas peruanas de interés indígena*, Madrid: BAE, 1968 [1552], pp. 80s.

(42)　Fernández de Oviedo, *Historia general y natural de las indias*, p. 141; F. L. Gómara, *Historia general de las indias*, tomo II, Plaza Editorial, 2011, pp. 34s.

(43) 以下の叙述は，次の史料に依拠している．Archivo General de Indias〔以下，AGI〕, Patronato Real 114, Ramo 9, "doña francisca pizarro, hija de don martin pizarro sobre que se le haga una merced por los servicios de su padre."

(44) AGI, Patronato Real 114, Ramo 9.

(45) 先住民がエンコミエンダを受領した例外的ケースとして，スペイン人支配に反旗を翻し，クスコ東方のアンデス山中ビルカバンバに籠城して抵抗を続けたインカ王族の首領サイリ・トゥパクがペルー副王の説得によって和解の意を示した際，その見返りとしてクスコ地方のユカイなどにエンコミエンダを得ている．拙著『インカとスペイン』参照.

(46) C. A. Romero, "Algunos documentos inéditos sobre el Perú colonial," *Revista Histórica*, 16, 1943, pp. 124–152. "casa poblada" という概念については，J. Lockhart, *Spanish Peru, 1532–1560: a colonial society*, Madison: University of Wisconsin Press, 1968, p. 21.

(47) フランシスカという命名は，彼の主《あるじ》的存在フランシスコ・ピサロから頂戴したものであろう．

(48) AGI, Patronato Real 114, Ramo 9, fol. 11r.

(49) エンコミエンダの封建特権としての世襲化・売却をめぐる問題については，以下の諸文献を参照のこと．M. Goldwert, "La lucha por la perpetuidad de las encomiendas en el Perú virreinal, 1550–1600," *Revista Histórica*, 22, 23, 1955–1956, 1958–1959, pp. 350–360, pp. 207–220; C. Sempat Assadourian, *Transiciones hacia el sistema colonial andino*, Lima: IEP, 1994; Th. A. Abercrombie, "La perpetuidad traducida: del 'debate' al Taqui Onqoy y una rebelión comunera peruana," J.-J. Decoster (ed.), *Incas e indios cristianos: elites indígenas e identidades cristianas en los Andes coloniales*, Cuzco: CBC, 2002; 拙著『インカとスペイン』; J. Mumford, *Vertical empire: the general resettlement of Indians in the colonial Andes*, Durham & London: Duke University Press, 2012.

(50) B. Díaz del Castillo, *Historia verdadera de la conquista de la Nueva España*, Madrid, 1632, fol. 251v.–252v.

(51) Sempat Assadourian, *Transiciones hacia el sistema colonial andino*, p. 221.

(52) Mumford, *Vertical empire*, pp. 55, 213 (n. 9).

(53) Goldwert, "La lucha por la perpetuidad de las encomiendas en el Perú virreinal," pp. 356ss.

(54) Mumford, *Vertical empire*, p. 56.

(55) 先住民たちはエンコメンデロの支配を離れ，王権の直轄下に入ることを希望していたが，当時王権の直轄地となっていた先住民共同体のほうが，一般のエンコミエンダ下の先住民よりもはるかに少ない貢租を納めていたという事実が背景としてあったと考えられる. R. Harrison, *Sin and confession in colonial Peru: Spanish-Quechua penitential texts, 1560–1650*, Austin: University of Texas Press, 2014, p. 194.

(56) B. de Las Casas, "Memorial del Obispo Fray Bartolomé de Las Casas y Fray Domingo de Santo Tomás, en nombre de los indios del Perú," J. P. de Tudela (ed.), *Obras escogidas de Fray Bartolomé de Las Casas*, tomo 5, Madrid: BAE, 1958, pp. 465–468.

(57) クスコにおける植民地期のインカ族の動向については，拙著『インカとスペイン』を参照のこと．

(58)　以下の叙述については，アントン・ルイスをめぐる訴訟記録である AGI, Justicia 434 を参照している．該史料については，PARES（Portal de Archivos Españoles, http://pares.mcu.es/）においてデジタル化されており，これを利用した．この訴訟において興味深いのは，本章でもたびたび触れた記録者ベタンソスが，裁判通辞として登場することである．インカ皇女と結婚し，そのケチュア語の高い運用能力によって，インカ王朝正史の聞き書きをすることができたと考えられているベタンソスは，実際当時，クスコの公式通辞として勤務していた．

(59)　E. Lissón y Chavez, *La iglesia de España en el Perú: Colección de documentos para la historia de la iglesia en el Perú*, tomo II, Sevilla: Editorial Católica Española, 1943–1947, p. 202.

(60)　カニャル人はもともとクスコからは僻遠の地にあるエクアドル地方出身の民族集団だが（第 1 章，第 2 章参照），インカ王の強制移住政策により，同族の多くの人々がミティマエスとしてクスコで生活していた．また征服後は，スペイン人の積極的な補助者となっていた．クスコにおけるカニャル人とインカ族の対立については，拙著『インカとスペイン』を参照のこと．また先住民集会は，カニャル人たちが集住するサンタ・アナ教区，インカ族が集住するサン・ブラス教区，市のはずれにあるカオカチェの御堂で開かれている．

(61)　混血ということは，おそらくは父親がスペイン人，母親が先住民であると考えられるが，1530 年に誕生したとすると，母親がアンデスの外部世界出身者であった可能性も考慮しなければならない．

(62)　16 世紀，一般の先住民が家内労働者や農業労働者としてスペイン人と一年契約を結ぶときに，その給金は 8-12 ペソ＋衣料というのが標準であったから，150 ペソというのはかなりの金額であったことがわかる．当時の労務契約の概況については，本書第 2 章を参照のこと．

(63)　“v. yten si sauen que para dar a entender los negoçios de la dha perpetuidad e lo q. hera perpetuarse [a] los yndios hablando en lengua del inga es nesçessario declarar por esta palabra de landi que quiere dezir enaxenaçion digan lo que saben . . . ,” AGI, Justicia 434, pieza 1, fol. 52r. 文中の « landi » は，当時の辞書では « randi » の綴りで記載されていた．当時ケチュア語を既述するさい，« l » と « r » はしばしば混同されていた．また « ranti » と記される場合もあった．

(64)　AGI, Justicia 434, pieza 1, fol. 57v.–58r.

(65)　“La obra y acción juridica que se hace para que passe el Señorío o domínio de alguna cosa del uno al otro,” Autoridades de la Lengua Española, http://web.frl.es/DA.html.　また同義語的に「贈与 donación」という言葉も例文で挙げられている．

(66)　この「翻訳の不可能性／困難さ」については，本書第 7 章において，布教の現場でカトリックの概念である「悪魔」という言葉が「スーパイ」というケチュア語に翻訳される際に生じていた問題に触れつつ，論じている．

(67)　Harrison, *Sin and confession in colonial Peru*, pp. 156–176, 185. ハリソンは「売り買い」をあらわす「カトゥ catu」という言葉をランディと対比的に分析し，前者は利益を目指す「市場」での食物などの売買を意味していたとする．もしもアントンが翻訳の現場でランディのかわりに「カトゥ」という言葉をもちいたとしたら，ただちに奴隷の「売買」という認識が

聞き手のインディオによってなされていたかもしれない．またアバークロンビィも，ランディとエンコミエンダ永代保有化との問題を分析している．Abercrombie, "La perpetuidad traducida."

第 4 章　コパカバーナの聖母の涙

(1)　W. Christian, Jr., *Apparitions in late medieval and Renaissance Spain*, Princeton: Princeton University Press, 1981. また同じ年に出版された以下の書物も大変に重要である．W. Christian, Jr., *Local religion in sixteenth-century Spain*, Princeton: Princeton University Press, 1981.

(2)　Archivo General de Indias〔以下，AGI と略記〕，Patronato Real 248, Ramo 24.

(3)　R. Vargas Ugarte, *Historia del culto de María en Iberoamérica y de sus imagenes y santuarios más celebrados*, tomo II, Buenos Aires: Editorial Huarpes, 1947, pp. 182ss. またペルー教会史史料集を編纂したリソン・イ・チャベスも，この奇蹟調書の一部を翻刻している．E. Lissón y Chávez, *La iglesia de España en el Perú: Colección de documentos para la historia de la iglesia en el Perú*, Sevilla: Editorial Católica Española, tomo IV, 1945–46.

(4)　V. Rodríguez Valencia, *Santo Toribio de Mogrovejo: organizador y apóstol de Sur-América*, Madrid: CSIC, 1957, p. 310.

(5)　この史料を分析したロドリゲス・バレンシアは「オリジナル」であると述べているが，同史料には「コピー」と記してある．Rodríguez Valencia, *Santo Toribio de Mogrovejo*, p. 313. またオリジナルはリマ大司教座文書館に存在するといわれていたが，同文書館で調べたものの，見つからなかった．

(6)　AGI, Lima 334, "Las cartas enviadas por los indios cofrades de Nra. Sra. de Copacabana."

(7)　レドゥクシオンは，先住民を特定の空間に強制的に集住させる政策を意味するが，また先住民が集住させられた空間をもレドゥクシオンと呼ぶ．

(8)　AGI, Lima 273, "Información sobre la reducción de los indios de San Lázaro, año de 1590."

(9)　エンコミエンダ，エンコメンデロについては第 2 章を参照のこと．

(10)　スペイン語の動詞 "cercar"（囲う，の意）の過去分詞「囲われた」が名詞化したものが（el）"Cercado" ＝（エル・）セルカードである．

(11)　AGI, Lima 273, fol. 395r.–399v.

(12)　リマ大司教座文書館 Archivo Arzobispal de Lima〔以下，AAL と略記〕，Cofradías, Copacabana, Legajo 72, Exp. 4, año 1604, fol. 12r.; Legajo 11, Exp. 3, año 1607, fol. 410r.

(13)　ラディーノ ladino とは「スペイン語をよくするインディオ」という意味であり，ヤナコーナと同義語でもちいられることもあった．この言葉については第 2 章参照のこと．

(14)　"Sesión del 28 de junio de 1589," J. Bromley, *Libros de Cabildos de Lima*, tomo 11, 1936–1964, pp. 122s.

(15)　AAL, Cofradías, Copacabana, Legajo 72, Exp. 4, fol. 11r.–12.

(16)　AAL, Cofradías, Copacabana, Legajo 72, Exp. 4, fol. 87v.

(17)　"Sesión del día 15 de octubre de 1590," Bromley, *Libros de Cabildos de Lima*, tomo 11, pp. 458ss.

(18)　AGI, Lima 273, fol. 399r.

(19)　総巡察 Visita General については第 2 章参照.

(20)　ワカとは，一般的に，アンデスにおける「聖なるもの」の謂であるが，信仰の対象物についてもワカという言葉がもちいられた.

(21)　AGI, Lima 273, fol. 405v.-406r.

(22)　とりわけ「反偶像崇拝」という言説は，何らかの行政措置を実施したり，あるいはそれに携わった個人の昇進を可能にする手ごろな武器であった．反偶像崇拝言説と政治・権力との関係については，以下の文献が有益である．G. Ramos, “Política eclesiástica y extirpación de la idolatría: discursos y silencios en torno al Taqui Onqoy,” *Revista Andina*, 10 (1), 1992.

(23)　“Sesión del día 11 de enero de 1591,” Bromley, *Libros de Cabildos de Lima*, tomo 11, p. 490.

(24)　AAL, Santo Toribio, tomo I, fol. 323r.; Lissón y Chávez, *La iglesia de España en el Perú*, tomo III, p. 622; AGI, Patronato Real 248, Ramo 21 y Ramo 35. レドゥクシオン実現の背景には，イエズス会と副王庁とのあいだに親族的な紐帯が存在していたこともつけくわえるべきかもしれない．セルカードを管轄していたイエズス会士のひとりは副王メンドーサの兄弟であった.

(25)　大司教は国王に向けその心情を端なくも吐露している．「イエズス会の神父たちは本件を遂行し，インディオたちをセルカードにおいて自らの管轄下におくべく，私をたいへんに苦しめております．私の意思に反し，インディオを自らの教区に置く計画を進めていくことは冷酷無比なことと思われます．〔強制的に集住させられた〕インディオたちは司牧者たる私が導く羊なのですから……」AGI, Patronato Real 248, Ramo 21.

(26)　教会が創設されたのは，1590 年 11 月 7 日であった．AAL, Cofradías, Copacabana, Legajo 10, Exp. 2, fol. 188v.-189r.

(27)　AAL, Documentos Importantes, Legajo 3, Exp. 4, Sagrario, año 1592, fol. 13r.-v.

(28)　“. . . teniendola por nra. señora del rreposo como consta del libro presentado y despues su señoria ill$^{ma.}$ la m$^{do.}$ poner de copacabana . . . ,” AAL, Cofradías, Copacabana, Legajo 72, Exp. 4, año 1604, fol. 43r.

(29)　こうした在俗教会と諸修道会とのあいだの司牧権をめぐる闘争は，次世紀に入ると非常に熱を帯びて展開する．その意味では「セルカード問題」は，司牧権をめぐる大司教座と修道会の対立の早期の発現ととらえることができるかもしれない．ペルー副王領におけるこの闘争については，以下の論文に古典的な価値がある．A. Acosta Rodríguez, “Religiosos, doctrinas y excedente económico indígena en el Perú a comienzos del siglo XVII,” *Histórica*, 6 (1), 1982.

(30)　この節の叙述はほぼすべて AGI, Patronato Real 248, Ramo 24 に依拠している．テクストの証言には，直接話法が多用されており，テクストのニュアンスを損なわないために，できるだけ丁寧に証人たちの発話を再現しようとつとめた.

(31)　AAL, Beatificación de Toribio Alfonso de Mogrovejo, fol. 324r. アロンソ・デ・ウエルタの任命状については，本章 112-113 頁参照.

(32)　“. . . mira, aquella imagen que parece esta sudando . . .”; “. . . anda que es barniz que le han dado y quedo alguna nota . . . ,” AGI, Patronato Real 248, Ramo 24, fol. 9r.

(33)　黒人とスペイン人の混血者のことをこう呼ぶ.

(34)　". . . como lo oyo este testigo sin detenerse a cosa ninguna ni tomar su capa se fue . . . corriendo y sin cerrar la puerta . . . ," AGI, Patronato Real 248, Ramo 24, fol. 25v.

(35)　この人物は，帽子をかぶり直したものの，奇蹟のことを思うとまた帽子が落ちそうになったので，帽子を脱ぎ，手にもって教会に向かった. ". . . se le espeluznaron los cabellos y porque no se le cayese el sombrero, lo encasqueto en la cabeza y admirado de lo que le habian dicho por parecerle que se le volvio a quitar el sombrero de la cabeza lo quito y lo trajo en la mano hasta entrar en la dha iglesia de nuestra senora de copacabana . . . ," AGI, Patronato Real 248, Ramo 24, fol. 3r.

(36)　". . . y estandola diciendo el dicho padre que tiene declarado media misa vio esta testigo que nuestra señora de copacabana echaba agua . . . y esta testigo decia en su corazon mira que esta haciendo la madre de dios para mi salud? y no sabia esta testigo si estaba llorando o sudando ni los oso decir a nadie porque como es negra entendio que no hicieran caso della . . . ," AGI, Patronato Real 248, Ramo 24, fol. 72v.

(37)　AGI, Patronato Real 248, Ramo 24, fol. 96v.

(38)　AGI, Patronato Real 248, Ramo 24, fol. 35r.

(39)　". . . aunque esta testigo dijo muchas veces estando sudando la dha imagen a los indios le fuesen a llamar para que viniese a ver lo que pasaba y una maravilla grande, le respondian los indios a esta testigo que ya habian ido a llamrle y que el no queria venir . . . ," AGI, Patronato Real 248, Ramo 24, fol. 74v.

(40)　AGI, Patronato Real 248, Ramo 24, fol. 33v.

(41)　". . . dijo que esta testigo tubo intencion al tiempo que rocio el dho altar que cayese alguna agua asimismo en la dha imagen y su hijo precioso que tiene en los brazos y vio que en el ropaje de la dha imagen cayeron algunas gotas de la dha agua y asimismo en el lado izquierdo de la cara del dho niño jesus . . . ," AGI, Patronato Real 248, Ramo 24, fol. 79r.–v.

(42)　AGI, Patronato Real 248, Ramo 24, fol. 79v.

(43)　AGI, Patronato Real 248, Ramo 24, fol. 84v.–87r.

(44)　M. Brickel, "Sobre los extranjeros en Lima: el proceso inquisitorial contra un catedrático francés de la Universidad de San Marcos, siglo XVI," *Histórica*, 1 (2), 1977, pp. 171s.

(45)　J. Bilinkoff, *The Avila of Saint Teresa: religious reform in a sixteenth-century city*, Ithaca: Cornell University Press, 1989.

(46)　E. O'gorman, *Destierro de sombras*, Mexico City: UNAM, 1986.

(47)　このあたりの事情については，以下の書物が詳細に論じている. Christian, *Local religion in sixteenth-century Spain*.

(48)　F. A. de Montalvo, *El sol del nuevo mundo*, Roma, 1683.

(49)　Christian, *Local religion in sixteenth-century Spain*, pp. 100ss.

(50)　A. de Egaña (ed.), *Monumenta Peruana*, tomo 5, Roma: Monumenta Historica Societatis Iesu, 1970, pp. 35ss.

第 5 章　聖母の信心講とインディオの自由

（1）セルカードにすむインディオの人口について，イエズス会の地方管区長アティエンサは，告解の年齢に達したものが 600 名いると 1589 年の時点で書いており，さらにレドゥクシオンがおこなわれれば，4,000 人以上の先住民が収容されようと記してもいる．A. de Egaña（ed.）, *Monumenta Peruana*, tomo 4, Roma: Monumenta Historica Societatis Iesu, 1966, p. 478.

（2）“Carta del provincial Rodrigo de Cabredo al general Aquaviva, año 1600,” *Monumenta Peruana*, tomo 7, 1981, p. 49.

（3）B. Cobo, *Fundación de Lima*, Madrid: BAE, 1964, p. 353.

（4）F. Mateos（ed.）, *Historia general de la Compañía de Jesús en la provincia del Perú*, tomo 1, Madrid: CSIC, 1944, p. 235.

（5）“Carta del provincial José de Acosta al general Mercuriano, año 1577,” *Monumenta Peruana*, tomo 2, 1958, pp. 220ss.

（6）「この〔セルカードの〕村は，すでに述べたようにリマの近郊にあるものの，空気や気温の点でリマ市よりも心地よく，それゆえ副王カニェテ侯は教会の横に部屋を設えさせ，そこをご自身の家とされている．副王は気分転換と余暇を過ごすためによく行かれる.」“Carta de Joseph de Arriaga al General Aquaviva, 6 de abril de 1594,” *Monumenta Peruana*, tomo 5, 1970, p. 379.

（7）Archivo General de Indias〔以下，AGI と略記〕, Patronato Real 248, Ramo 37.

（8）以下，原文の文法的誤用や綴り方のミスをそのまま残して引用している．“. . . asotandonos y tresquilandonos por las calles desnudos porque no vivimos en el dho sercado . . . ,” AGI, Patronato Real 248, Ramo 37.

（9）“. . . bivimos con buen enxemplo entre españoles y husando buenas costumbres los dias de fiastas y domyngos acudimos a la yglesia catredal desta ciudad a oyr doctrina y sermon por las mañanas a las siete y ocho del dia . . . acabado a que esto ansi de oyr misa sermon doctrina y practica del sr. arsobispo acudimos a nuestras cofradias que tenemos . . . que nos ocupamos hasta las nueve del dia . . . como somos criados entre españoles y entendemos la lengua española todos en xeneral por nuestras devociones nos quedamos a oyr otra mysa y sermon de españoles . . . a las onse poco antes y en la tarde acudimos a la dotrina y sermon al conbento del sr. sto. domyngo en la lengua xeneral y a la conpañya de jesus . . . ,” AGI, Patronato Real 248, Ramo 37.

（10）AGI, Patronato Real 248, Ramo 37.

（11）AGI, Patronato Real 248, Ramo 37.

（12）AGI, Patronato Real 248, Ramo 37.

（13）“. . . primeramente quitarnos nuestras deuosiones de oyr mysa y sermon dotrina en la çivdad con boluntad y gusto y amor porq. oygamos en el sercado con tanto apremyo y contra gusto hasta la vna y las dos de la tarde porq. el amor y boluntad y libre alvedrio dios con ser ynfinyto y poderoso nos la dio a cada vno libre para q. le amasemos y diesemos alabansas con berdadero corason como lo haziamos en la çiudad . . . ,” AGI, Patronato Real 248, Ramo 37（下線強調は引用者による）.

（14）AGI, Patronato Real 248, Ramo 37.

(15)　AGI, Patronato Real 248, Ramo 37. チチャ酒は，トウモロコシを醸してつくった酒で，インカの時代は宗教儀礼などにおいて摂取されるきわめて重要な飲料であったが，植民地時代に入るとその無軌道な消費が問題となっており，インディオの道徳的頽廃を招く一因であると認識されていた．

(16)　AGI, Patronato Real 248, Ramo 37.

(17)　この表現は，彼らの別の訴訟においても自らを形容するときに現れてくる．Archivo Arzobispal de Lima〔以下，AAL と略記〕, Cofradías, Copacabana, Legajo 72, Exp. 4, año 1604.

(18)　以下のセルカードの先住民の遺言書についての叙述は Archivo General de la Nación del Perú〔以下，AGN と略記〕, Protocolos Notariales, Testamento de Indios, Legajo 1 に基づいている．

(19)　信心講は，講頭《マヨルドモ》を筆頭に合議体を形成し，選ばれたメンバーが講の重要事項を決め，あるいは基金や予算を管理した．この選ばれたメンバーが「二十四人衆」であったが，ここで分析する遺言書から，このポストが御布施とひきかえに得られる名誉称号的な意味をもっていたことがわかる．

(20)　チチャ酒，およびそれが惹起する爛酔・酩酊をめぐってはさまざまな問題が生じていた．1577 年にフェリペ二世は勅令を発布し，次のように命じている．「朕への報告によれば，諸王の都（リマ市）のイエズス会の修道士たちは，セルカードにおいて販売されるチチャ 1 甕につき，半トミンを徴収しているようだが，かかる事実の正否を調べたし……」このようにセルカードにおけるチチャ酒の売却はスペイン国王も知るところとなっていた．*Monumenta Peruana*, tomo 1, 1954, p. 740. それにもかかわらず，まさに同じ年，当時イエズス会の地方管区長であったホセ・デ・アコスタは，次のように得意げに語っている．「これらのインディオの最大の悪癖はソラ〔チチャ酒〕と呼ばれる一種の飲み物を摂取することであり，これは理性をはなはだしく乱し，有害である．行政官や高位聖職者たちがこの陋習をリマ〔のインディオたち〕から取り除こうとしてきたにもかかわらず詮無かった．ところがサンティアゴ〔セルカード〕においては，彼らを管轄する神父がそれをやめるよう一声掛けたところ，彼らは快くそれに従い，ただちにチチャ酒をやめた」．*Monumenta Peruana*, tomo 2, p. 220. しかしながら，1604 年時点において，事態はアコスタの認識とはずいぶん異なっていた．サン・ラサロのインディオたちの先述請願書によれば，この時期イエズス会士たちは，「半トミン」ではなく，その倍の「1 レアル」をチチャ酒 1 甕につき徴収するようになっていたし，インディオ女性をして，セルカード内の畑で生産されるトウモロコシを使ってチチャ酒を醸させていたこともわかる．「次に，前述のセルカードの神父や司祭はチチャ酒 1 甕につき 1 レアルを病院の運営費ということで徴収する．神父たちは小麦やトウモロコシの畑をもっており，小麦は〔パンのために〕捏ねさせる．こうして，セルカードのすべてのインディオ女性に対してチチャ酒を醸造するよう命じており，セルカードのどの通り，家でもインディオ女性たちがチチャ酒を売る姿を見かける．インディオたちは酩酊し，殺人も横行している……」AGI, Patronato Real 248, Ramo 37.

(21)　AGI, Patronato Real 248, Ramo 37.

(22)　AGN, Protocolos Notariales, Siglo XVI, Rodrigo Gómez de Baeza, Legajo 52, año 1592, fol. 1073r.–1075r.

(23)　レサーナは「聖母コパカバーナ信心講」がセルカードにおいて再創設されたときにも，創立者のひとりとなった．

(24)　興味深いのは，1599年，ペドロ・デ・レサーナが（このときは貴族性を表す “don” という称号を名前に冠しているのだが）フェリペ二世に送られた請願書の嘆願者筆頭として現れることであり，そのなかで彼らは，依然としてセルカードに居留させられているサン・ラサロのインディオたちの旧居住区への帰還許可を求めているのである．*Monumenta Peruana*, tomo 6, 1974, pp. 656ss.

(25)　“. . . yten m^do.^ que mi cuerpo sea lleuado a la yglesia m^or.^ desta çiudad a la capilla menor de n^ra.^ señora de copacavana de quien yo soy cofrade e fundador de la cofradia questa fundada en la dha capilla de los naturales e pues su señoria del señor arçobispo nos hizo merçed de dar aquella capilla para los naturales atento que soy tal cofrade y he servido mucho a la dha cofradia desde que se fundo que mi cuerpo sea enterrado en la dha capilla ensima de las gradas del altar mayor en vna esquina de las dhas gradas a la mano esquierda o dr^a^ . . . ,” AGN, Protocolos Notariales, Siglo XVI, Rodrigo Gómez de Baeza, Legajo 52, año 1592, fol. 1073r.–1075r.

(26)　AGN, Protocolos Notariales, Rodrigo Gómez de Baeza, Legajo 52, año 1592, fol. 1073r.–1075r.

(27)　このレサーナという人物について，歴史家ガブリエラ・ラモスは非常に示唆的な分析をしている．G. Ramos, *Death and conversion in the Andes: Lima and Cuzco, 1532–1670*, Notre Dame: University of Notre Dame Press, 2010, pp. 195s., 298 (n. 124)．彼女はレサーナがこの遺言書を作成してから11年が経った1603年に改めて作成した遺言書を見つけている（AGN, Protocolos Notariales, Siglo XVII, Cristóbal de Pineda 1534, año 1603, fol. 347）．私もこの遺言書をペルー国立文書館の公正証書セクションにて参看しようとしたが，文書が損傷しているという理由で閲覧がかなわなかった．この二番目の遺言書においても，レサーナは「聖母コパカバーナ信心講」の講頭たちに遺言執行人になるよう依頼しており，同信心講への親和感を維持していることがわかるが，しかし，彼は自らの亡軀については，セルカードの総本山サンティアゴ教会に埋葬されるという遺志を示していたという．この情報から，彼自身が先頭に立った1599年のサン・ラサロ帰還運動にもかかわらず，1603年の時点において，信心講の創立者レサーナは懐かしき街区に戻るという積年の希みを断念せざるをえない状況に置かれていたことも想像できる．いっぽうラモスは，レサーナの遺骸をセルカードのイエズス会教会に埋葬させようとするイエズス会士側からの「圧力」が存在したことを示唆しているが，この推測は，このあと分析するフアナ・チュンビにもあてはまろう．

(28)　当時，アンデス世界に流入していた中国製産品については，拙著『インカとスペイン』を参照のこと．

(29)　AGN, Real Audiencia, Causas Civiles, Legajo 83, Cuaderno 310, año 1631.

(30)　T. Vergara Ormeño, “Growing up Indian: migration, labor, and life in Lima (1570–1640),” O. E. González and B. Premo (eds.), *Raising an empire: children in early modern Iberia and colonial Latin America*, Albuquerque: University of New Mexico Press, 2007, pp. 75–106.

(31)　“yten mando que la cassa grande en que yo al pressente vivo en la dicha calle de malambo goçe della y de sus fueros el dicho pedro de los reyes con quien al presente soy cassada por todos los dias de

su vida y despues dellos la mando y doy a la yglesia de nuestra sseñora de copacabana de los naturales desta dicha çiudad con cargo de que los mayordomos que fueren de la dicha yglessia hagan desir y que sse digan por mi alma y las de mys padres y demas mis parientes y los que an sido mis maridos y del dicho pedro de los reyes que al presente lo es quarenta missas resadas cada año perpetuamente para siempre xamas . . . ," AGN, Real Audiencia, Causas Civiles, Legajo 83, Cuaderno 310, 1631.

(32) このイエズス会士アルバロ・ピント神父は，サン・ラサロ街区の先住民に敵対する人物であったことが別の史料からもわかるのだが，それは次節で検討しよう．

(33) AAL, Cofradías, Copacabana, Legajo 11, Exp. 3, año 1607.

(34) この断簡は，おそらくは大司教モグロベッホに宛てられたものと推定される．

(35) "illustrissimo señoria; aqui en este pueblo de sercado nos tienen preso por la reducion dos semana a padeciendo hambre he sed mas de catorze pobres pues en el çepo no nos dexa sequiera ha orinar ansi pido y suplico a su señoria por amor de dios se escriua vn reglon al p$^{e.}$ cura juan bazques que nos suelte . . . desta carçel felipe de reynoso," AGI, Patronato Real 248, Ramo 37.

(36) 各古文書館において懸命にこの「執行命令勅書」を博捜したが，見つけることはできなかった．その細かな内容がわかれば，レドゥクシオン実施の最高責任者である王室がこの問題をどのように認識していたかについて貴重な知見がもたらされるであろう．

(37) C. García Irigoyen, *Santo Toribio: nuevos estudios sobre la vida y gobierno de Santo Toribio*, Lima: Imprenta y Librería San Pedro, 1906, pp. 95ss.

(38) "Carta del Dr. Alonso de Huerta," AGI, Lima 134, año 1599.

(39) García Irigoyen, *Santo Toribio*, p. 99.

(40) AGI, Patronato Real 248, Ramo 21.

(41) インディオ布教区と経済的利得との関係については，アントニオ・アコスタの諸論攷がおおいに参考になる．とりわけ以下の論文を参照のこと．A. Acosta Rodríguez, "Los clérigos doctrineros y la economía colonial, 1600–1630," *Allpanchis*, 19, 1982.

(42) AAL, Cofradías, Copacabana, Legajo 11, Exp. 3, año 1607, fol. 409v.

(43) AAL, Cofradías, Copacabana, Legajo 11, Exp. 3, año 1607, fol. 410ss. 信心講の創設メンバーのなかには，すでに前節でその遺言書を分析したペドロ・デ・レサーナの名前が出てくる．

(44) AAL, Cofradías, Copacabana, Legajo 11, Exp. 3, año 1607, fol. 410ss.

(45) インディオ講衆の遺骸を大聖堂内の御堂に埋葬することについても，その是非をめぐって激しく議論されていた．AAL, Documentos Importantes, Legajo 3, Exp. 4, Sagrario, año 1592.

(46) この「広場」のミゲル・サンチェス Miguel Sánchez de la Plaza も，「聖母コパカバーナ信心講」の講頭として非常にアクティヴに活動した人物であり，信心講の大義を確立すべく，さまざまな請願をおこなっている．歴史家アングロ，そして彼の論考に依拠して議論する研究者たちは，この人物の名前を誤って "Miguel Sánchez de la Peaza"（下線強調は引用者による）と転記しているが，別の史料から，ミゲル・サンチェスが広場（おそらくはリマ中央広場）に住んでいたがゆえに，「広場の」と呼ばれていることがわかり，このこと自体が，「聖母コパカバーナ信心講」のインディオたちの都市的性格を物語っていると思われる．AAL, Cofradías, Copacabana, Legajo 11, Exp. 1, año 1608 には次のように書かれている．

「最初に，講頭としてドン・ペドロ・デ・ラ・クルスと広場に住んでいるミゲル・サンチェスを選んだ……（下線強調は引用者による）」“primeramente elijieron por mayordomos a don pedro de la cruz y miguel sanchez el que vive en la plaça . . . ,” fol. 24r.

(47)　リマ大司教座参事会文書館 Archivo del Cabildo Metropolitano de Lima, Acuerdos capitulares, tomo 3, año 1606; AAL, Cofradías, Copacabana, Legajo 70, Exp. 1, año 1620.

(48)　もうひとつ考慮すべきは，この請願書が書かれる3カ月前にモグロベッホ大司教が他界していたという点である．たしかにモグロベッホはインディオの庇護者として立ち現れていたものの，聖母像をインディオの手からもぎ取って真っ先に大聖堂に移動させたのはほかならぬ彼であったし，奇蹟のマリア像を大聖堂のシンボルとして独占しようとしていたとも考えられる．そのモグロベッホが死去したことにより，聖母像とそれを軸に生まれた宗教結社をサン・ラサロに連れ戻す良い機会が到来したとインディオたちが考えた可能性もあるが，このあたりのことについては，あくまでも推測の域を出ない．

(49)　居住民にはインディオたちが退去したあと同街区に住むようになったスペイン人たちも含まれていると推定される．第4章参照のこと．AAL, Cofradías, Copacabana, Legajo 10, Exp. 7, año 1616/1617, fol. 1r.–v.

(50)　AAL, Cofradías, Copacabana, Legajo 10, Exp. 7, fol. 3r.–4v. 大司教は移転許可のみならず，新御堂に祈禱のために足を運ぶ者には40日の赦免が与えられるという特免をも下賜している．

(51)　この間の事態の推移については不透明な部分が多い．御堂自体は，ずいぶん前に完成していた可能性はある．イエズス会の記録者ベルナベ・コボは，1617年にはサン・ラサロに新しい御堂が建立され，旧大聖堂に張り付くようにしておかれていた古い御堂から聖母像が移転されたと述べている．Cobo, *Fundación de Lima*, p. 454. しかし彼が移転時期を1617年と考えているのであれば，コボは誤った情報を手にしていたことになる．また1621年に大司教ロボ・ゲレロは，信心講衆たちに，街区に建築された新しい御堂に，その遺骸を埋葬する許可を与えている．AAL, Cofradías, Copacabana, Legajo 10, Exp. 10, año 1621. この時点でもうすでに御堂ができ上がっていたのだとすると，聖母コパカバーナ信心講に属する人々は，彼らの本尊たる奇蹟の聖母像が不在なまま，新しい本山でマリア崇敬の諸儀礼をおこなうという，いわば「信仰の身体」を切り裂かれたような奇妙な状況を生きていたことになる．

(52)　もうひとつの可能性として推定される要因が，信心講の内部，あるいはサン・ラサロの旧住民であったインディオたちのあいだに，何らかの意思の不一致が存在し，それが統一行動の速やかな実現を阻止していたのではないか，ということである．社会的結合関係を担うひとつのシステムとしての信心講という制度は，かならずしも調和と和合の精神に満たされていたわけではない．いやむしろその内部には最悪の場合には講を機能不順に陥れてしまうような矛盾や対立関係が孕まれていたと考えたほうがよかろう．この点を解明するためには，信心講の議事録などの分析が必要となろうが，それには文書のさらなる博捜が必要となる．

(53)　ウエルタ神父の生涯については，以下の書物を参照のこと．García Irigoyen, *Santo*

Toribio, p. 179 (n. 1). また彼の「業績調書 probanza de méritos y servicios」は AGI, Lima 212 に存在する．この調書では，セルカードから奇蹟の聖母像が大聖堂に移転されるに際し，大聖堂に御堂を造ったときの彼の尽力が強調されている．

(54) 前節で，すでに私たちはこのピント神父と出会っている．フアナ・チュンビ所有下の家屋をめぐり，聖母コパカバーナ信心講の講衆がイエズス会管轄下の信心講を相手取ってはじめた訴訟に登場していた．彼こそが，最初聖母コパカバーナ信心講に遺贈されることになっていたフアナ・チュンビの当該家宅の贈与先をイエズス会に差し替えようと試みていたのである．AAL, Cofradías, Copacabana, Legajo 11, Exp. 3, fol. 415v.

(55) アンデス世界における先住民の信心講の歴史を知るためには，ラモスの近著がその全体像をつかむのにとても有益である．Ramos, *Death and conversion in the Andes*, pp. 109–113.

(56) AAL, Cofradías, Copacabana, Legajo 11, Exp. 2, año 1613, fol. 39r.

(57) 聖母コパカバーナ信心講もその意味では積極的に財源を模索した結社のひとつであり，リマの近郊のインディオ村落に畜群を囲う牧場を所有していた．

(58) AAL, Cofradías, Copacabana, Legajo 10, Exp. 2, año 1605, fol. 202r., スルコ村出身のラディーノのインディオ，ディエゴ・ポヤンテの証言．

(59) AAL, Cofradías, Copacabana, Legajo 10, Exp. 2, año 1605, fol. 209r. ". . . porque auiendo hecho el dho milagro del sudor y trasladadose a la yglessia mayor como esta dho entraron por cofrades mas de quatro mill personas y entre ellas oydores ynquisidores caualleros gente eclesiastica y demas ciudadanos de todo genero de gente . . . ," AAL, Cofradías, Copacabana, Legajo 11, Exp. 1, fol. 418r.

(60) AAL, Cofradías, Copacabana, Legajo 72, Exp. 4, año 1604, fol. 29r.

(61) Ramos, *Death and conversion in the Andes*, pp. 109–113.

(62) AAL, Cofradías, Copacabana, Legajo 72, Exp. 4, año 1604, fol. 29r.

(63) AAL, Cofradías, Copacabana, Legajo 10, Exp. 2, año 1605.

(64) AAL, Cofradías, Copacabana, Legajo 11, Exp. 2, año 1613, fol. 3r.–4r.

(65) 1617 年，ドン・ペドロ・デ・ラ・クルスは御堂付司祭たちの猫糞《ねこばば》の実態を苦々しく回顧している．「1592 年よりこのかた，御堂に付いていた司祭たちは，信心講の財産——たくさんの銀細工製品，金をふんだんに使った宝石，高級な織物や衣裳など——を自らのものとしてきた．その結果財産はおおいに減ってしまい，いまやそれらの銀や，〔聖母の〕冠や宝石などで信心講にのこっているものは壊れたり欠損したりしたものだけである……」，AAL, Cofradías, Copacabana, Legajo 10, Exp. 9, año 1617, fol. 7r.

(66) AAL, Cofradías, Copacabana, Legajo 10, Exp. 2, año 1605, fol. 127r.

(67) AAL, Cofradías, Copacabana, Legajo 72, Exp. 4, año 1604, fol. 97r. 後任の御堂付司祭ディエゴ・エルナンデス・デ・アビラのように，実際インディオの肉体に対する暴力行為におよんだ神父もいた．AAL, Cofradías, Copacabana, Legajo 11, Exp. 2, año 1613, fol. 26v.

(68) AAL, Cofradías, Copacabana, Legajo 11, Exp. 2, año 1613, fol. 101r.

(69) AAL, Cofradías, Copacabana, Legajo 11, Exp. 2, año 1613, fol. 57v. この法令自体は，トレド関係の法令集に見いだすことはできなかったが，17 世紀の聖職者ペーニャ・モンテネグロも同法規について言及している．A. de Peña Montenegro, *Itinerario para párrocos de indios en*

que se tratan las materias más particulares tocantes a ellos para la buena administración, tomo 2, Madrid: CSIC, 1996［1668］, p. 557.

（70）“. . . tiene a los dhos yndios e negros por ynutiles y generalmente borrachos de poco credito e menos ffee y en lo demas que pregunta dize se rremite a la hordenanza en ella contenido［sic］y este t°dize que no solo seis t°s no valen por vn testigo pero ni avn çiento no valen por vno pues no se les halla dezir verdad . . . ,” AAL, Cofradías, Copacabana, Legajo 11, Exp. 2, año 1613, fol. 86r.

（71）J. A. Suardo, *Diario de Lima*, tomo I, Lima: Universidad Católica del Perú, 1935, p. 302.

（72）N. Van Deusen, *Entre lo sagrado y lo mundano: la práctica institucional y cultural del recogimiento en la Lima virreinal*, Lima: PUCP, Instituo Francés de Estudios Andinos, 2007, p. 264.

（73）L. M. Glave, “Memoria y memoriales: la formación de una liga indígena en Lima（1722-1732）,” *Diálogo Andino*, 37, 2011, pp. 5-23.

（74）F. A. Loayza, *Fray Calixto Túpak Inka: documentos originales y, en su mayoría, totalmente desconocidos, auténticos, de este apóstol indio, valiente defensor de su raza, desde el año de 1746 a 1760*, Lima: Librería e Imprenta Domingo Miranda, 1948, p. 51.

第6章　アンデス先住民遺言書論序説

（1）C. M. N. Eire, *From Madrid to Purgatory: the art and craft of dying in sixteenth-century Spain*, Cambridge: Cambridge University Press, 1995, pp. 20ss. ここでごく簡潔に，遺言書をめぐる研究史をみておこう．イベリア的伝統における遺言書研究の白眉は，いま挙げたアイアの研究『マドリッドから煉獄まで』である．これはマドリッドの都市民が作成した膨大な数の遺言書を基にした総合的研究である．遺言書の総体的歴史から，作成の実態，数量的分析にいたるまで，遺言書と社会の関係が鮮やかに析出されており，このイベリア的遺言書伝統から発出してラテンアメリカ各地に散種され，そこに根付いていった新世界の遺言書文化を研究する者に多くの示唆を与えてくれる佳き書である．

ラテンアメリカ植民地社会における遺言書をめぐる社会史的な一般像をつかむためには，ケロッグとリストールが編んだ以下の論文集がきわめて有用である．S. Kellogg and M. Restall（eds.）, *Dead giveaways: indigenous testaments of colonial Mesoamerica and the Andes*, Salt Lake City: University of Utah Press, 1999. メソアメリカ・アンデス各地域で発掘された遺言書に依拠した実証的な研究論文が連なっており，またそれぞれの地域で開花した遺言書文化のもつ個性，差異もおのずから浮かびあがってくる．アンデスにかんしては，ガブリエラ・ラモスの近著が最も重要である．G. Ramos, *Muerte y conversión en los Andes: Lima y Cuzco, 1532-1670*, Lima: IEP, 2010. 同書において彼女は先スペイン期から植民地期にかけてのアンデス先住民と「死」との関係の歴史的様相を，豊かな史料をもちいて明らかにしたが，その際，特に植民地時代の「死と先住民」のあり方を叙述するためにもちいたのが公正証書中に見いだした遺言書であった．彼女はリマとクスコにおいて遺言書の網羅的博捜を試み，量的な分析にも着手している．今後もアンデス世界における遺言書研究はさらに深化していくと考えられるが，このラモスの研究は，その意味で橋頭堡的な価値を有していると考えら

れる.

また女性史家カレン・グロバートも，その著書『私たちの労働と汗で——ペルーにおける先住民女性と植民地社会の形成』において，リマとペルー北部の都市トゥルヒージョの公文書館に蔵されている遺言書をもちいて，とりわけ先住民女性の社会的動態を明らかにしている．K. B. Graubart, *With our labor and sweat: indigenous women and the formation of colonial society in Peru, 1550–1700*, Stanford: Stanford University Press, 2007.

(2) Eire, *From Madrid to Purgatory*, p. 21.

(3) 相対的に，スペイン人の遺言書と出会う確率のほうがはるかに高い．しかし文書調査の経験からの印象論ではあるが，スペイン人住民のなかでも遺言書を作成した人は限定されていたのではないかと思われる．

(4) アイアは本章でいう第一部をさらに二分し，全体五部構成としているが，内容から判断して，第一部をまとめても問題はないと考える．Eire, *From Madrid to Purgatory*, p. 36.

(5) Eire, *From Madrid to Purgatory*, p. 22.

(6) フィリップ・アリエス（成瀬駒男訳）『死を前にした人間』みすず書房，1990 年，163 頁，Eire, *From Madrid to Purgatory*, p. 20.

(7) "en el nombre de dios amen . . . ."

(8) Archivo General de la Nación del Perú〔以下，AGN と略記〕, Protocolos Notariales, Antonio Tamayo, Legajo 1851, "Testamento de Pedro de Aculi," fol. 485v.–488r. 当時，先住民は，通常，洗礼名に続き先住民名，すなわちケチュア語，アイマラ語などの土着言語の名前を連ね，これが「姓」の機能を果たしていた．Ramos, *Muerte y conversión en los Andes*, p. 165. ペドロ・デ・アクーリの場合，先住民姓はすでにそこにはない．彼がラディーノと自称していることからも，ペドロはすでに都市などにおける生活を経て，文化的にかなりスペイン化していたと考えられる．またアンデスにおいては，該先住民の名前，出身地が問われてのち，その実質的な支配者——エンコメンデロか王室直属か——についての情報が求められている．こうした都市在住のラディーノについては，本書第 2 章を参照のこと．

(9) ". . . estando enfermo/ma del cuerpo y sano/na de la boluntad y en mi entero juicio memoria y entendimiento natural . . . ," たとえば，AGN, Protocolos Notariales, Antonio Tamayo, Legajo 1851, "Testamento de Diego Guaman," fol. 550r.–552v.

(10) Eire, *From Madrid to Purgatory*, pp. 37, 64.

(11) ". . . estando como estoy presso en la carçel real desta corte y condenado a muerte por auer muerto a fran$^{co.}$ toledo yndio y a xpoual hernandez ansimismo yndio . . . ," "Testamento de Pedro de Aculi."

(12) "y temiendome della [de la muerte]," "Testamento de Pedro de Aculi." 同じ公証人タマヨが作成した先住民の遺言書において，この表現が出てくるのは，私が参看できたもののなかでは，ペドロ・デ・アクーリだけである．

(13) "Testamento de Pedro de Aculi."

(14) "Testamento de Pedro de Aculi."

(15) Eire, *From Madrid to Purgatory*, pp. 170ss.

(16) コフラディアについては，本書第 4 章，第 5 章を参照のこと．殺人という大罪を犯し

たアクーリが，地獄に一気に落ちることなく，遺言書における他者や信心講への施しを通じた改悛により煉獄に到達する可能性がのこされているという思考がこの遺言書作成の背景にあったのか，この点については，現段階ではよくわからない．

（17）植民地時代，1 ファネガはひとりの人間を 50–75 日養うのに足りる分量であると考えられていた．Ch. Gibson, *The Aztecs under Spanish rule: a history of the Indians of the Valley of Mexico, 1519–1810*, Stanford: Stanford University Press, 1964, p. 311.

（18）“Testamento de Pedro de Aculi.”

（19）A. de Peña Montenegro, *Itinerario para párrocos de indios en que se tratan las materias más particulares tocantes a ellos para la buena administración*, tomo 1, Madrid: CSIC, 1995［1668］, pp. 343ss.

（20）“Testamento de Pedro de Aculi.”

（21）二十四人衆の意味については，Ramos, *Muerte y conversión en los Andes*, pp. 224s. また本書第 5 章も参照せよ．

（22）セルカードについては，本書第 4 章，第 5 章を参照のこと．

（23）Peña Montenegro, *Itinerario para párrocos de indios*, tomo 1, pp. 345s.; Ramos, *Muerte y conversión en los Andes*, pp. 228s; Graubart, *With our labor and sweat*, pp. 103–105.

（24）ラモスによれば，証人の数は 5–7 人，できるだけ隣人や親族を除く中立的な立場の人物の立ち会いが要請されていた．とりわけ，リマにおいては，先住民が遺言書を作成する場合，スペイン人が証人となることが望ましいとされていたという．Ramos, *Muerte y conversión en los Andes*, pp. 168s.

（25）Archivo Arzobispal de Lima〔以下，AAL と略記〕, Sección Testamentos, Legajo 21, Exp. 5-A, años 1634–1635.

（26）この記録は，リマ大司教座文書館 AAL の « Sección Hechicerías e Idolatrías » にではなく，« Sección Capítulos » に含まれている．本章では，この文書の翻刻をおさめた以下の史料集を参照している．J. C. García Cabrera, *Ofensas a Dios, pleitos e injurias: causas de idolatrías y hechicerías, Cajatambo siglos XVII–XIX*, Cuzco: CBC, 1994, pp. 171–347.

（27）植民地期アンデスの先住民の子弟教育については，以下の文献がとても有益である．M. Alaperrine-Bouyer, *La educación de las elites indígenas en el Perú colonial*, Lima: Institut Français d'Études Andines/IEP/Instituto Riva-Agüero, 2007.

（28）網野徹哉「17 世紀アンデス社会考——流動する時代」友枝啓泰ほか編『アンデス文化を学ぶ人のために』世界思想社，1997 年，54–92 頁．

（29）García Cabrera, *Ofensas a Dios*, pp. 216s., 245s.

（30）“. . . estando como estoy bueno del cuerpo y en mi entero juyzio y entendimiento . . . ,” AAL, Sección Testamentos, Legajo 21, Exp. 5-A, años 1634–1635.

（31）AAL, Sección Testamentos, Legajo 21, Exp. 5-A, años 1634–1635.

（32）田川健三訳著『新約聖書　訳と註 1　マルコ福音書／マタイ福音書』作品社，2008 年，96 頁．

（33）AAL, Sección Testamentos, Legajo 21, Exp. 5-A, años 1634–1635.

(34) Eire, *From Madrid to Purgatory*, pp. 105-113. アイアはこれらの僧衣はフランシスコ会から入手しなければならなかったから，同会の確実な収入源になっていたとする．またグァマン・ポマ・デ・アヤラも，もしも可能であれば，聖フランシスコの僧衣を亡軀に纏わせるのがよいと推奨している．F. Guamán Poma de Ayala, *El primer nueva corónica y buen gobierno*, tomo II, México, D. F.: Siglo Veintiuno, 1980, p. 589.

(35) AAL, Sección Testamentos, Legajo 21, Exp. 5-A, años 1634-1635.

(36) AAL, Sección Testamentos, Legajo 21, Exp. 5-A, años 1634-1635.

(37) 「とりなしの祈り」や「ミサ」の，同時代のスペイン民衆にとっての意味については，Eire, *From Madrid to Purgatory* の第5章「Planning for the soul's journey（魂の旅のためのプランニング）」に詳述されている．

(38) カハマルキ自身，「誘惑に負けやすい性《さが》ゆえ」，少なくとも二人の女性を妾としていることを認めている．García Cabrera, *Ofensas a Dios*, pp. 226-230.

(39) AAL, Sección Testamentos, Legajo 21, Exp. 5-A, años 1634-1635.

(40) AAL, Sección Testamentos, Legajo 21, Exp. 5-A, años 1634-1635.

(41) Eire, *From Madrid to Purgatory*, pp. 215s.

(42) なお本文中，書物のタイトルは，これを現代風に書き改めた．史料中では以下のように示されている．"... — un flos Santorun de vidas de santos. — un breviario biejo. — un librito meditaciones de la santisima paçion de nuestro señor de Jesucristo. — otro libro de guerras cibiles de Granada. — otro yntitulado sumas de Cordova. — otro yntitulado Medina. — otro libro yntitulado araucana. — otro libro de Gusman de Alfarache. — otro de a pliego yntitulado hordenes militares. — otro libro pequeño de quentas. — otro yntitulado oras de nuestra señora con manillas de plata. — otro yntitulado pulitica de [e]scrituras. — otro yntitulado cinodales del señor don Bartolome ...."

(43) "... yten declaro que tengo como veinte cuerpos de libros poco más o menos grandes y chicos los quales mando al dho don rodrigo mi hijo ...," 表1, C-1.

(44) この書物群については，やはりアラペリンヌ＝ブイエが詳しく分析しているが，彼女は，これらをイエズス会学院出身者である息子カハマルキが構築した蔵書群のように論じている．Alaperrine-Bouyer, *La educación de las elites indígenas en el Perú colonial*, pp. 210-212.

(45) AAL, Sección Testamentos, Legajo 21, Exp. 5-A, años 1634-1635.

(46) García Cabrera, *Ofensas a Dios*, p. 185. グァイナマルキの遺言書中「使い古しの椅子 otra silla ya traida」(A-29) があるが，これがティアナだった可能性もある．

(47) インカ王の椅子は金でできていたとされている．

(48) M. de Contreras, *Padrón de los índios de Lima en 1613*, Lima: Universidad Nacional Mayor de San Marcos, 1968, p. 359.

(49) 本章執筆のために依拠したフアナ・チュンビの遺言書をめぐる訴訟文書は，以下である．AGN, Real Audiencia, Causas civiles, Legajo 82, Cuaderno 310, año 1631．またグロバートもこの訴訟文書を，その著書で利用している．

(50) T. Vergara Ormeño, "Growing up Indian: migration, labor, and life in Lima (1570-1640)," O. E. González and B. Premo (eds.), *Raising an empire: children in early modern Iberia and colonial Latin*

America, Albuquerque: University of New Mexico Press, 2007, pp. 95s.

（51）　こうしたスペイン人の公共体たる都市において果敢に生きた先住民については，本書第 2 章を参照のこと．

（52）　第 5 章 151 頁を参照せよ．

（53）　AGN, Real Audiencia, Causas civiles, Legajo 82, Cuaderno 310, año 1631, fol. 99r.-110v.

（54）　Peña Montenegro, *Itinerario para párrocos de indios*, tomo 1, p. 346.

（55）　AGN, Real Audiencia, Causas civiles, Legajo 82, Cuaderno 310, año 1631, fol. 60r.

（56）　AGN, Real Audiencia, Causas civiles, Legajo 82, Cuaderno 310, año 1631, fol. 62r.-66r.

（57）　比較史的研究の近年の最大の成果は，本章註 1 で取り上げた以下の書物である．Kellogg and Restall（eds.）*Dead giveaways*.

（58）　H. D. Klaus, "Bioarchaeology of life and death in colonial South America: systemic stress, adaptation, and ethnogenesis in the Lamayeque valley, Peru AD 900-1750," 2008, http://hdl.handle.net/1811/32093.

（59）　渡部森哉・峰和治「埋葬形態から見る植民地時代の社会変化――ペルー北部高地タンタリカ遺跡の事例」*Annual papers of the Anthropological Institute*, vol. 1, 2011.

（60）　"Sea amortaxado, descubierto la cara y manos y pies porque los yndios suelen poner algo en la cara y boca, plata, oro y comida, y en las manos lo propio en los pies ojotas al huzo de los Yngas," Guamán Poma de Ayala, *El primer nueva corónica y buen gobierno*, tomo II, p. 589. 引用文中，「インカ時代の慣習にしたがい」という部分が，「サンダルを履かせたり」のみにかかっている可能性もある．

第 7 章　異文化の統合と抵抗

（1）　Archivo Arzobispal de Lima, Sección Hechicería e Idolatría〔以下，AAL-HI と略記〕, Legajo 5, Exp. 15, año 1677, Checras（Chancay）. ". . . los santos eran dioses de los españoles y lo que oia de los misterios de nuestra santa fe catolica lo tenia por cosa de burla pero que habiendosele muerto cinco hijos que habia ofrecido a sus idolos dijo en su corazon 'quiza sera mejor el dios de los españoles yo me quiero volver a el' y que se fue a un indio nombrado don fernando que era maestro de la capilla para que le enseñase a rezar y el modo que tendria de rezar el rosario a la santisima virgen y que estubo algunos días . . . ." 文書番号は文書館の移転に伴って変更されたようだが，本稿では古い文書番号をもちいる．

（2）　ペルー植民地における 17 世紀の時代状況については，拙稿「17 世紀アンデス社会考――流動する時代」友枝啓泰ほか編『アンデス文化を学ぶ人のために』世界思想社，1997 年を読まれたい．

（3）　このフランシスコ・デ・アビラの告発については，彼自身が著した以下の書物の序文において詳述されている．F. de Ávila, *Tratado de los evangelios que nuestra madre la iglesia propone en todo el año . . .*, Lima: Gerónimo de Contreras, 1648. またリマの大広場で実施された呪物やマルキの焼却については，アリアーガの記録も詳しく伝えている．この記録を翻訳した増

田義郎の詳細な注釈とともに参照されたい．アリアーガ（増田義郎訳）『ピルーにおける偶像崇拝の根絶』（大航海時代叢書　第 II 期第 16 巻）岩波書店，1984 年．

(4)　註としては少し長くなるが，偶像崇拝根絶巡察の研究史を簡潔に振り返っておこう．本章の基になる論稿を執筆していた当時（1980 年代の終わり），偶像崇拝根絶巡察をめぐる研究はとても少なかった．日本に限れば，前註で触れた増田義郎によって訳出されたイエズス会士アリアーガの記録がこの制度にかんして読むことのできる数少ない文献であった．世界的な研究レヴェルで見れば，当時，制度としての該巡察の生成と運用の歴史を詳述したデュビオルの研究が金字塔のように聳えていた．P. Duviols, *La destrucción de las religiones andinas: conquista y colonia*, México: UNAM, 1977. しかし実際にこの巡察の対象となった先住民村落に住むインディオたちが，いかにこの巡察と向き合ったか，そして彼らの宗教的実践の具体相はいかなるものであったか，という点に踏み込んだ研究は本論文執筆時にはほとんどなかったのだが，スポルディングの『ワロチリ』によってようやくワロチリ地方の偶像崇拝の実践の具体相が明らかにされ，このテーマへの関心が惹起された．K. Spalding, *Huarochirí: An Andean society under Inca and Spanish rule*, Stanford: Stanford University Press, 1984. またデュビオルはその後，カハタンボ地方に対象を限定し，当地で施行された巡察記録を翻刻する．P. Duviols, *Cultura andina y represión: proceso y visitas de idolatrías y hechicerías: Cajatambo, siglo XVII*, Lima: CBC, 1986〔以下，Duviols, *Documentos de Cajatambo* と略記する〕．それは偶像崇拝根絶巡察研究への重要な貢献ではあったが，古文書の転記に深刻な問題があり，史料集としての価値をおおいに減じるものであった（この問題を解消すべく厳密な原史料の再校訂を経て，同書は新しいかたちで刊行された．P. Duviols (ed.), *Procesos y visitas de idolatrías: Cajatambo, siglo XVII*, Lima: Instituto Francés de Estudios Andinos, 2003）．しかし 90 年代に入ると，偶像崇拝根絶巡察研究は急速に進展する．そのなかでも代表的なものはミルズ（K. Mills, *Idolatry and its enemies: colonial Andean religion and extirpation, 1640–1750*, Princeton: Princeton University Press, 1997）そしてグリフィス（N. Griffiths, *The cross and the serpent: religious repression and resurgence in colonial Peru*, Norman: University of Oklahoma Press, 1995）の研究であり，これらの労作によって巡察の制度史的側面のみならず，いわゆるカトリックの布教をめぐる異文化の相克の問題がより深く理解されるようになった．またサンチェス（A. Sánchez, *Amancebados, hechiceros y rebeldes: Chancay, siglo XVII*, Cusco: CBC, 1991）やガルシア・カブレラ（J. C. García Cabrera, *Ofensas a Dios, pleitos e injurias: causas de idolatrías y hechicerías: Cajatambo, siglos XVII–XIX*, Cuzco: CBC, 1994）によって巡察が遺した重要な審問記録の一部が，丁寧な史料批判とともに翻刻され，研究はおおいに容易になった．ただリマ大司教座文書館には未刊行の巡察審問記録がまだ数多くあり，今後さらに研究が進展する可能性はある．また日本においては，齋藤晃がこのテーマをめぐる重要な著作を刊行している．齋藤晃『魂の征服——アンデスにおける改宗の政治学』平凡社，1993 年．さらにごく最近では，ブロッスダー（C. Brosseder, *The power of huacas: change and resistance in the Andean world of colonial Peru*, Austin: University of Texas Press, 2014）のように，偶像崇拝根絶巡察の記録をもちいて，先スペイン期から植民地期にかけての先住民の伝統的神性であるワカへの信仰を考察する研究も現れている．旧稿を執筆して以降に刊行されたこれらの研究に対する批判的考察を本章

において展開し，さらに新しい知見を議論のために取り入れたいのはやまやまではあるが，与えられた紙幅はそれを許さず，本章はあえて1989年頃に執筆した当時の内容をほとんどそのままにし，訂正などは，語句や用語，表現の変更などごく最低限にとどめ，また加筆も説明の補強程度にした．ただし審問や弾劾の記録からの引用部分については，註において，その重要性の高いものについては，スペイン語の原史料該当部分をしめし，精確を期すようにつとめている．偶像崇拝根絶巡察にかんしては，すでに筆写した史料を改めて読み直し，またあらたな素材を探求しつつ，じっくりと腰を据え，稿を改めて論じたいと考えている．

(5)　16世紀，先住民社会に対する植民地支配の歴史的実態をめぐっては多種多様な研究があるが，邦語文献としては，以下の拙著を参照されたい．『ラテンアメリカ文明の興亡』（世界の歴史　第18巻，高橋均との共著）中央公論社，1997年.

(6)　エンコミエンダ特権をはじめとする利権をめぐる征服後の紛争については本書の第2章，および第3章などを参照のこと．

(7)　ペルー教会の制度史的側面にかんする最も基本的な文献のひとつは，デュビオルの前掲書（Duviols, *La destrucción de las religiones andinas*）であるが，ほかにも，F. Armas Medina, *Cristianización del Perú, 1532–1600*, Sevilla: Escuela de Estudios Hispano-Americanos, 1953; M. Marzal, *Transformación religiosa peruana*, Lima: PUCP, 1983 等を基本文献として挙げられよう．また近年の注目すべき研究として，16世紀に3回開催されたリマ大司教座管区会議を軸に，先住民言語と布教の関係について詳細に考究したハリソンの著作がある．R. Harrison, *Sin and confession in colonial Peru: Spanish-Quechua penitential texts, 1560–1650*, Austin: University of Texas Press, 2014.

(8)　S. MacCormack, “The heart has its reasons: predicaments of missionary Christianity in early colonial Peru,” *Hispanic American Historical Review*, 65 (3), 1985, pp. 443–466. その後私も，拙著『インカとスペイン』（興亡の世界史　第12巻）講談社，2008年において，異宗教を奉じる人々に対していかにしてキリスト教を伝えていくかという布教運動の歴史的変遷を，イベリア半島の中世世界から新世界への連続性のもとで考究した．

(9)　D. de Santo Tomás, *Lexicón, o vocabulario de la lengua general del Perú*, Valladolid: Francisco Fernandez de Cordoua, 1560. 同書，fol. 9r. において“alma”（魂）というスペイン語の言葉については，ケチュア語の“camaquenc”という言葉をあてている．こうした点については，近年，布教にもちいられたケチュア語などの先住民言語を精緻に分析し，言語と植民地主義との聯関を探求する優れた研究が現れている．本章註7であげたハリソンの研究のほかに，B. Mannheim, *The language of the Inca since the European invasion*, Austin: University of Texas Press, 1991; A. Durston, *Pastoral quechua: the history of Christian translation in colonial Peru*, Notre Dame: University of Notre Dame Press, 2007 などがある．

(10)　レドゥクシオンについての研究は数多くあるが，古典的なものとして以下を挙げておきたい．A. Málaga Medina, “Las reducciones en el Perú, 1532–1600,” *Historia y Cultura*, 8, 1974. また先頃，世界のレドゥクシオン研究者が最新の研究成果をもちよった論文集がペルー・カトリカ大学出版局から刊行された．A. Saito y C. Rosas Lauro (eds.), *Reducciones: la concentración*

forzada de las poblaciones indígenas en el Virreinato del Perú, Lima: PUCP, 2017. なお本書第 5 章は，同書に寄稿したスペイン語論文，T. Amino, “Un milagro de la Virgen y la libertad de los indios en Lima: aspectos históricos de la reducción urbana en el caso del Cercado y el barrio de San Lázaro” を日本語に翻訳し，書き改めたものである．

(11) ミタ制度については第 8 章をも参照のこと．

(12) 本書第 5 章で見たように，リマ市で実施された先住民の集住の背景にあったのも，リマ市の整備計画という政治的な思惑であった．

(13) スペイン語の “doctrina” を，インディオ布教区と訳出した．スペイン人の宗教的居住単位である教区 parroquia に対し，先住民へのキリスト教布教を目的として設定された空間が “doctrina” と呼ばれた．また布教区付きの司祭は “doctrinero” と称されていた．

(14) スペイン語では “capítulos.” 定訳はないが，史料の性格から「聖職者弾劾訴訟」と訳す．リマ大司教座文書館には 17 世紀におこなわれた聖職者弾劾をめぐる膨大な史料が保存されている．

(15) 本書第 5 章を参照．

(16) この弾劾訴訟記録を扱うときに注意せねばならないのは，史料にかかっているバイアスである．「訴訟好き」という言葉に象徴されるように，先住民は当時の法システムの運用実態を熟知しており，どのようにして言説を積み重ねていけば勝訴に結びつくか，彼らに有利にはたらくか，という道筋をしっかりと理解していた．聖職者を弾劾する際にも，その行為の不法性をどのようにクロウズ・アップし，強調すれば良いかということを承知していたので，当然，弾劾形式も類似してくる．それぞれの訴訟記録をめくっていると，弾劾項目が反復的に出現することが観察されるのである．たとえば，後述するような聖職者の非道徳的振る舞いは，弾劾訴訟でかならずといっていいほど取りあげられる事案である．しかしながら項目的には相同であっても，各事案を構成する具体的なディテールは多様であり，むしろ本論ではこの各弾劾訴訟の細部を注視したいと考えている．いずれにせよ，こうした史料を扱う際には，インディオ社会史研究者は，より繊細な注意を払う必要がある．まったく無実の布教区司祭が先住民の機嫌をちょっと損ねたがゆえに弾劾の憂き目に遭っているという可能性も史料を前にしたとき想定しておかなければならないのである．「支配するスペイン人植民者・聖職者／虐げられる先住民」という一般的な理解図式をあっさりと反転させてしまうような，スペイン人司祭が先住民に対して潜在的に抱いていた「恐怖」については，1588 年に『覚書』を著したバルトロメ・アルバレスの文章が濃密に語っている．B. Álvarez, *De las costumbres y conversión de los indios del Perú: memorial a Felipe II*, Madrid: Ediciones Polifemo, 1998 [1588].

(17) インディオ布教区における聖職者の経済的活動に着目した先駆的な研究者がアコスタである．代表的な論稿として以下を参照されたい．A. Acosta Rodríguez, “Los clérigos doctrineros y la economía colonial, 1600-1630,” *Allpanchis*, 19, 1982; “Los doctrineros y la extirpación de la religión indígena en el arzobispado de Lima, 1600-1620,” *Jahrbuch für Geschichte von Staat, Wirtschaft, und Gesselschaft Lateinamerikas*, 19, 1982; “Religiosos, doctrinas y excedente económico indígena en el Perú a comienzos del siglo XVII,” *Histórica*, 6 (1), 1982.

（18） Archivo Arzobispal de Lima, Sección Capítulos〔以下，AAL-Capítulos と略記〕, Legajo 2, año 1610, Conchucos.

（19） AAL-Capítulos, Legajo 9, año 1632, Pachas.

（20） AAL-Capítulos, Legajo 20, año 1663, Ocros.

（21） AAL-Capítulos, Legajo 9, año 1632, Tongos.

（22） AAL-Capítulos, Legajo 20, año1644, Quinti.

（23） Acosta, "Religiosos, doctrinas y excedente económico indígena en el Perú a comienzos del siglo XVII," pp. 2ss.

（24） AAL-Capítulos, Legajo 7, año 1630, Vegueta.

（25） AAL-Capítulos, Legajo 9, año 1632, Chinchaycocha.

（26） AAL-Capítulos, Legajo 4, año 1622, Chaclla.

（27） AAL-Capítulos, Legajo 9, año 1632, Tongos.

（28） AAL-Capítulos, Legajo 18, año 1655, Lunaguana.

（29） Guamán Poma de Ayala, *El primer nueva corónica y buen gobierno*, tomo 2, México, D. F.: Siglo Veintiuno, 1980, pp. 574s. グァマン・ポマによれば，子供を乗せたラバごと谷に落されたともいう．

（30） AAL-Capítulos, Legajo 18, año 1655, Lunaguana.

（31） AAL-Capítulos, Legajo 4, año 1621, Pacarán.

（32） AAL-Capítulos, Legajo 18, año 1655, Lunaguana.

（33） A. Sánchez, *Amancebados, hechiceros y rebeldes*, pp. 102s.

（34） AAL-Capítulos, Legajo 7, año 1630, Vegueta. ". . . yten que el dicho cura hace minga en su chacra como los indios antiguamente hacian en sus chacras con muchas botijas de chicha y guarapo emborrachando hasta perder sus sentidos y los mas son dias de fiestas y domingos . . . ." この部分は，司祭自身が「感覚を失うまで酔っていた」と解釈することもできる．

（35） AAL-Capítulos, Legajo 4, año 1623, La Barranca.

（36） AAL-Capítulos, Legajo 20, año 1664, Cajatambo.

（37） A. Acosta Rodríguez, "Los doctrineros y la extirpación de la religión indígena en el arzobispado de Lima"; "Francisco de Avila, Cuzco 1573（?）-Lima 1647," A. Acosta y G. Gaylor（eds.）, *Ritos y tradiciones de Huarochirí: manuscrito quechua de comienzos del siglo XVII*, Lima: IEP, 1987.

（38） Duviols, *Documentos de Cajatambo*, año 1656, San Pedro de Hacas, p. 154. ". . . aunque eran de piedra ablaban con sus antepasados y despues que vinieron los españoles y saserdotes algunos destos ydolos no daban respuesta y otros si . . . ."

（39） AAL-HI, Legajo 4, Exp. 15, año 1653, Moyobamba（Checras）.

（40） Duviols, *Documentos de Cajatambo*, año 1656, Otuco, p. 62.

（41） AAL-HI, Legajo 3, Exp. 24, año 1660, Pampa（Tupe）.

（42） AAL-HI, Legajo 5, Exp. 15, año 1677, Maray（Chancay）.

（43） こうしたワカ信仰の多様なあり方については，アリアーガが『ピルーにおける偶像崇拝の根絶』において詳細に記録している．とりわけ「第二章　今日，インディオたちはな

にを崇拝し，そして彼らの偶像崇拝の本質はなんであるか」において詳しく紹介されている．また本書第 8 章でも述べるように，偶像崇拝根絶巡察の記録においては，インカの宗教的残滓はあまり見あたらない．もちろん太陽は植民地時代に入っても最重要なワカとして信仰されているが，しかしインカの時代のようにそれが最高神格に置かれることはなく，さまざまな信仰対象群のひとつと化している印象である．

(44) この信仰偽装については，アリアーガ『ピルーにおける偶像崇拝の根絶』460 頁を参照せよ．万聖節，コルプス・クリスティ祭に際しての供犠については，以下を参照のこと．Duviols, *Documentos de Cajatambo*, año 1656, Cajamarquilla, p. 8.

(45) Duviols, *Documentos de Cajatambo*, año 1656, Cajamarquilla, p. 27.「聖母に向けておこなうすべての祝祭において，講頭であった本証人は，リャマを心臓のあたりで突き殺し，その心臓と血をワカに捧げるべくもっていった」．

(46) AAL-HI, Legajo 1, Exp. 2, año 1660, Pilas (Omas).

(47) AAL-HI, Legajo 2, Exp. 17, año 1660, Omas (Yauyos).

(48) AAL-HI, Legajo 2, Exp. 23, año 1660, Quinti (Huarochirí); Legajo 5, Exp. 5, año 1662, Sallán (Chancay) など．

(49) AAL-IH, Legajo 4, Expediente 15, año 1653, Moyobamba (Checras).

(50) Duviols, *Documentos de Cajatambo*, año 1656–1658, Hacas, p. 145. ". . . en este tiempo docmatisaba este testigo y enseñaba al pueblo que no adorasen a Dios nuestro señor ni a sus sanctos porque eso era para los españoles que eran guacas y camaquenes dellos y que eran vnos palos pintados y dorados y eran mudos que no les daban respuestas a los yndios de lo que les pedian como se la daba su ydolo guamancama y otros ydolos y malquis de su tiempo antiguo que cuando los consultan y les hasen sacrificios le dan respuesta de lo que les preguntan y que el dios de los españoles no les da nada a los yndios y asi no le deben adorar sino a sus malquis y guacas porque estos les dan aumentos de yndios chacras y lo demas . . . ."

(51) Duviols, *Documentos de Cajatambo*, año 1656, Otuco, p. 61.

(52) Duviols, *Documentos de Cajatambo*, año 1656–1658, Hacas, p. 145.

(53) AAL-HI, Legajo 4, Exp. 2, año 1615, Cauri.

(54) Duviols, *Documentos de Cajatambo*, año 1656–1658, Hacas, p. 164.

(55) Duviols, *Documentos de Cajatambo*, año 1656, Otuco, p. 70.

(56) AAL-HI, Legajo 4, Exp. 2, año 1646, Llantán.

(57) AAL-HI, Legajo 5, Exp. 12/13, año 1665, Iguari (Chancay). この興味深い人物にかんしてはアナ・サンチェスの鋭利な分析を参考のこと．Sánchez, *Amancebados, hechiceros y rebeldes*, pp. XXXVIII–XLIII.

(58) そもそも，タキ・オンコイ運動自体が，組織的な反スペイン運動であったかを疑問視する向きもある．タキ・オンコイ運動史をめぐる論争において，最も重要な文献はラモスの論稿である．G. Ramos, "Política eclesiástica y extirpación de la idolatría: discursos y silencios en torno al Taqui Onqoy," *Revista Andina*, 10 (1), 1992, pp. 147–169. また拙論においても，ラモスの問題提起に導かれつつ，タキ・オンコイ運動などの諸問題について分析を試みているの

で，参考にされたい．網野徹哉「植民地体制とインディオ社会――アンデス植民地社会の一断面」歴史学研究会編『講座世界史』第 2 巻，東京大学出版会，1995 年，127-157 頁．

（59）　本章の基になる論稿を執筆していたときには理論的領域における問題関心としては顕在化していなかったが，今日，こうした二つの文化の境域において生成する新しい文化的な営みに関心が寄せられている．プラットはそうした領域を「コンタクト・ゾーン」という概念で思考しようとしたが，この概念に最近の歴史研究者の多くが依拠するようになっている．M. L. Pratt, *Imperial eyes: travel writing and transculturation*, London & New York: Routledge, 1992.

（60）　ミシェル・ド・セルトー（山田登世子訳）『日常的実践のポイエティーク』国文社，1987 年，71 頁，93 頁．

（61）　AAL-HI, Legajo 4, Exp. 34, año 1667, Cochalaraos.

（62）　AAL-HI, Legajo 5, Exp. 15, año 1677, Checras（Chancay）.

（63）　M. Marzal, *Transformación religiosa peruana*, pp. 203ss.

（64）　アリアーガ『ピルーにおける偶像崇拝の根絶』464 頁．「彼らは，じぶんたちのワカを拝み，同時に父と子と精霊を神と見なして，イエス・キリストを崇拝することが可能だ，と感じもするし，また言いもするのである．」

（65）　AAL-HI, Legajo 2, Exp. 7, año 1634, Guamantanga.

（66）　AAL-HI, Legajo 4, Exp. 30, año 1660, Quinti（Huarochirí）. “. . . en el pueblo de Santiago de Anchocaya se puso el anteojo el dicho pedro sebastian y conocio que era hechicera una india que no se acuerda del nombre . . . .” 原史料中，“un anteojo” とある単語を，本章では「眼鏡」と訳出しているが，そう同定するにはじつは若干の問題がのこされている．史料中，この言葉は “un anteojo” と単数形で表現されているが，18 世紀に編纂されたスペイン王立言語アカデミーの字引（http://ntlle.rae.es/ntlle/SrvltGUILoginNtlle）においては，単数形では「望遠鏡」という意味がまず出てくる．ただ該史料においては，まずこの “anteojo” が巡察使側に “espejo”（鏡）と間違って理解されていて，それを被告のセバスティアンが，いや “anteojo” であると訂正する場面が出てくるので，形状的には鏡のようなものであると推定でき，そうなるとこれは眼鏡，それも片眼鏡ではないかと思われるのである．また “se puso el anteojo,” “poniendoselo” という再帰動詞の表現からも，望遠鏡ではなく，身につけるものとしての（片）眼鏡，という理解がとりあえず妥当ではないかと現段階では考え，そう訳出した．しかし「遠眼鏡」＝望遠鏡であった可能性も否定しきれない．

（67）　カハマルキの蔵書，およびその父の遺言書にみられる蔵書との関係については，本書第 6 章を参照のこと．

（68）　AAL-Capítulos, Legajo 12, año 1642, Ocros.

（69）　Duviols, *Documentos de Cajatambo*, año 1656-1658, Hacas, p. 232. 17 世紀の先住民首長のおかれていた状況については，以下の拙稿において総括している．「17 世紀アンデス社会考――流動する時代」．

（70）　“. . . y que asi estubo algunos dias pero que despues se volvio a sus idolatrias como antes . . . ,” AAL-HI, Legajo 5, Exp. 15.

(71)　AAL-HI, Legajo 2, Exp. 10, año 1650, Pomacocha（Canta）.

(72)　アポ apo，カパック capac はケチュア語で「偉大な」，「王の，尊き」という意味である.

(73)　ドミニコ会士ドミンゴ・デ・サント・トマスの編纂した辞書によれば，スーパイ "çupay" には "angel bueno, malo," "demonio, trasgo de casa" というスペイン語が充てられている．Santo Tomás, *Lexicón, o vocabulario de la lengua general del Perú*, fol. 131. あるいは，悪魔の同義語としてワカ huaca という言葉が選ばれていたかもしれない．huaca ＝悪魔という図式も完成されつつあった.

第 8 章　リマの女たちのインカ

(1)　この論稿のインスピレーションの源は，アルベルト・フローレス・ガリンドの諸著作であり，とりわけ以下の書物である．A. Flores Galindo, *Buscando un inca: identidad y utopía en los Andes*, Lima: Editorial Horizonte, 1986 [1983].

(2)　インカの表記にかんしては，16-17 世紀の文書では「インガ inga/ynga」と g 音で書かれるのが普通であった．インガがインカとなぜ表記されるようになるのか，それ自体研究に値する興味深いテーマではあるが，とりあえず本書では，原史料中では「インガ」と記されていても，インカと現代的表記に改めている.

(3)　この世紀の諸反乱については無数の研究が存在する．とりわけ以下の書物を参照されたい．S. Stern, "The age of Andean insurrection, 1742–1782: a reappraisal," S. Stern（ed.）, *Resistance, rebellion, and consciousness in the Andean peasant world: 18th to 20th centuries*, Madison: University of Wisconsin Press, 1987; A. Flores Galindo, *Túpac Amaru II — 1780: antología*, Lima: Retablo de Papel Ediciones, 1976; Ch. Walker, *Smoldering ashes: Cuzco and the creation of Republican Peru, 1780–1840*, Durham: Duke University Press, 1999.

(4)　ホセ・マリア・アルゲーダスの見いだしたインカリ神話については，彼の人類学関係の論文を集めた以下の書物を参照のこと．J. M. Arguedas, *Formación de una cultura nacional indoamericana*, México: Siglo Veintiuno, 1987 [1975]. またインカ王の処刑とインカリ神話との関係については，拙著『ラテンアメリカ文明の興亡』（世界の歴史　第 18 巻，高橋均との共著）中央公論社，1997 年を参照のこと.

(5)　F. Pease G. Y., *Perú, hombre e historia*, tomo II（entre el siglo XVI y el XVIII）, Lima: EDUBANCO, 1992. ピースは，この出来事が起きたとき，ワンカベリカで「インカがもちいていたような象徴財が製造・使用されていたか否かについての調査がおこなわれた」としている．また彼は，同時期，インカ王アタワルパの末裔を名乗る人物が，エクアドルのある地方のコレヒドールを自称し，同地域の先住民のあいだで非常に大きな影響力を発揮していたという事例をも挙げている.

(6)　A. M. Lorandi, *De quimeras, rebeliones y utopías: la gesta de inca Pedro Bohorques*, Lima: PUCP, 1997.

(7)　アンデス世界を研究する者に認められるこうした傾向，偏向について，歴史家エンリケ・ウルバーノが根柢的かつ鋭い批判的議論を展開している．H. Urbano, "Historia y

etnohistoria," *Revista Andina*, 9 (1), 1991. 私も，本章で扱われる17世紀の新しいインカ表象を，軽々に，アルゲーダスのインカリ，あるいは18世紀の革命的インカたちに結びつけようとは考えていない．

(8)　P. Castañeda Delgado y P. Hernández Aparicio, *La inquisición de Lima*, tomo I, Madrid: Editorial DEIMOS, 1989.

(9)　カルロ・ギンズブルグ（上村忠男訳）「人類学者としての異端裁判官」『歴史を逆なでに読む』みすず書房，2003年．

(10)　17世紀リマの人口については，L. M. Glave, *De Rosa y espinas: economía, sociedad y mentalidades andinas, siglo XVII*, Lima: IEP, 1998; P. J. Charney, "El indio urbano: un analisis económico y social de la población india de Lima en 1613," *Histórica* 12 (1), 1988; N. D. Cook, *Demografic collapse: Indian Peru, 1520–1620*, Cambridge: Cambridge University Press, 1981 などを参照のこと．

(11)　おそらくは日本列島に出自をもつと思われるこの人々については，以下の拙論を参照のこと．T. Amino, "Lateinamerika und Japan im 16. und 17. Jahrhundert. Japaner in einer demographischen Untersuchung in Lima aus dem Jahre 1613," *Veroeffentlichungen des Japanisch-Deutschen Zentrums Berlin*, 36, 1999, pp. 47–56.

(12)　惜しむらくは，私たちが検討している文化的混淆の諸様相には，アフリカ大陸を起源とするものの痕跡をなかなか見いだすことができないという事情がある．将来のたいせつな研究課題となろう．

(13)　こうした概念については，M. L. Pratt, *Imperial eyes: travel writing and transculturation*, London & New York: Routledge, 1992; M. ド・セルトー（山田登世子訳）『日常的実践のポイエティーク』国文社，1987年などを参照のこと．

(14)　リマにおける魔術的実践については，特に女性研究者たちにより，優れた論稿が発表されている．A. Sánchez, "Mentalidad popular frente a ideología oficial: el Santo Oficio en Lima y los casos de hechicería, siglo XVII," H. Urbano (ed.), *Poder y violencia en los Andes*, Cusco: CBC, 1991; M. E. Mannarelli, "Inquisición y mujeres: las hechiceras en el Perú durante el siglo XVII," *Revista Andina*, 3 (1), 1985; G. Ramos, "El tribunal de la Inquisición en el Perú, 1605–1666," *Cuadernos para la Historia de la Evangelización en América Latina*, 3, 1988; G. Ramos y H. Urbano, "Inquisición en América Latina: guía bibliográfica," *Cuadernos para la Historia de la Evangelización en América Latina*, 4, 1989.

(15)　これら魔女たちの一般的像については，前註の諸文献を参照のこと．また「雪売り」とは，おそらく冷凍保存用に切り出されたアンデス山脈の氷雪を売る職業であったと考えられる．行政当局が先住民に課した強制労働ミタのひとつに，リマに雪を運搬するという仕事があった．こうした氷雪が，市中において小売りされたのだろう．

(16)　Ramos, "El tribunal de la Inquisición en el Perú."

(17)　Mannarelli, "Inquisición y mujeres."

(18)　Mannarelli, "Inquisición y mujeres."「メスティソ女性（メスティサ）」はスペイン人とインディオを両親とする女性．「ムラート女性（ムラータ）」はスペイン人と黒人を両親とす

る女性.「サンバ」はインディオと黒人を両親とする女性.「クァルテロナ・デ・ムラータ」は，スペイン人とムラートを両親とする女性.「クァルテロナ・デ・メスティサ」は，スペイン人とメスティソを両親とする女性.「クァルテロナ・デ・インディア」は，メスティソとインディオを両親とする女性である．ここにあげた人種区分については，植民地主義の力学を前提とすれば，例外はたしかに存在するが，基本的に，父親が「スペイン人」，母親が「非スペイン人」であると考えてよいと思う.

(19) Mannarelli, “Inquisición y mujeres”; Ramos, “El tribunal de la Inquisición en el Perú.”

(20) スペイン語ではサバトを “aquelarre” という.

(21) 植民地時代，女性がもしも男性至上主義的社会に対して，敢えて自らの意思で抗おうとしたところで，けっして多くの手だてがあったわけではなかったが，そのひとつは，本章の諸事例に見られるように，超自然界に潜む力に縋《すが》るべく魔術世界に自らを滑り込ませることであった．ほかにも，俗世界に生きながら宗教的生活を送る「篤信女 beata」となり，「神」と神秘的な合一を目指す道を選ぶ女性たちもたくさんいた. B. Lavallé, “Divorcio y nulidad de matrimonio en Lima, 1650–1700: la desavenencia conyugal como indicador social,” *Revista Andina*, 4 (2), 1986, pp. 427–464; A. Lavrin (ed.), *Sexuality and marriage in colonial Latin America*, Lincoln & London: University of Nebraska Press, 1989.

(22) M. E. Mannarelli, *Pecados públicos: la ilegitimidad en Lima, siglo XVII*, Lima: Ediciones Flora Tristán, 1994.

(23) スペイン国立歴史文書館 Archivo Histórico Nacional de España, Inquisición〔以下，AHN-Inq と略記〕, Libro 1031, fol. 527r., 531r.

(24) R. Behar, “Sexual witchcraft, colonialism, and women's powers: views from the Mexican Inquisition,” Lavrin (ed.), *Sexuality and marriage in colonial Latin America*, 1989. メキシコにおける邪術実践については，以下の文献を参照のこと．N. Quezada, “The Inquisition's repression of curanderos,” M. E. Perry and A. J. Cruz (eds.), *Cultural encounters: the impact of the Inquisition in Spain and the New World*, Berkeley: University of California Press, 1991.

(25) フアン・サルミエント・デ・ビベーロは，そのドラスティックなインディオ訴追において特筆されるべき人物である．ビベーロについては，以下の文献を参照のこと．A. Sánchez, *Amancebados, hechiceros y rebeldes: Chancay, siglo XVII*, Cusco: CBC, 1991.

(26) Archivo Arzobispal de Lima, Sección Hechicería e Idolatría〔以下，AAL-HI と略記〕, Legajo 7, Exp. 6.

(27) Mannarelli, *Pecados públicos: la ilegitimidad en Lima*, pp. 88s.

(28) AHN-Inq, Libro 1032, fol. 417v.; AAL-HI, Legajo 7, Exp. 6. こうした異端審問の権限を熟知したフアナ・デ・マヨが，仲間の先住民女性と交わしていたやり取りについては，拙著『インカとスペイン――帝国の交錯』(興亡の世界史　第 12 巻) 講談社，2008 年を参照のこと.

(29) コカについては以下の証言がある.「コカを嚙む女たちはみな，葉を口に入れるのは，歯の嚙合わせを良くするためとか胃液のためとか嘯《うそぶ》くが，それはみな虚偽であり，邪《よこしま》な目的を糊塗するためである．ほんとうは盥をのぞき込んだり，あるいは，少なくとも，未知

の隠された事柄を知るためである．もしも希っていることが起きるときにはコカは甘く感じられ，そうでないときには苦く，あるいは味がしない．この点については，さまざまな者たち〔の嫌疑〕をめぐる（そのなかには司祭や修道士らも含まれる）証言が存在している．」AHN-Inq, Libro 1031, fol. 374v.

(30)　“. . . a roma fuy, amigas mias, y llame a la puerta del papa, y salio vn cardenal . . . ,” AHN-Inq, Libro 1031, fol. 517r.

(31)　AAL-HI, Legajo 5, Exp. 19.

(32)　AAL-HI, Legajo 5, Exp. 18, Expediente 23. ノエミ・ケサーダによれば，同時代のメキシコにおいても，たとえば幻覚作用のある植物 “peyote” の使用を禁ずる信仰布告が発せられていたという．Quezada, “The Inquisition’s repression of curanderos.”

(33)　AAL-HI, Legajo 4, Exp. 18; AHN-Inq, Libro 1032, fol. 406v.

(34)　ワカについては，第 7 章 216 頁，また第 1 章 12 頁を参照のこと．

(35)　AAL-HI, Legajo 4, Exp. 38; AHN-Inq, Libro 1032, fol. 417v. スペイン人女邪術師のひとりで，ドニャ・イネス・デ・パディーリャという女は，金細工職人であったインディオと結婚していた（当時スペイン人女性が先住民男性と結婚することはきわめて稀であった）．彼女はやはりアンデス高地の伝統的な儀礼素材である「蜘蛛」をその術に用いていた．先住民である夫からこうした技法を学んだのだろうか．

(36)　“Santa Marta no la digna ni la santa la que anduvo a orillas del rio, la que vubo sujeto al fuerte dragon tu me sujetas a fulano cojon del miembro del pulmon de las telas del coraçon y me lo traygas ha sido rendido vendado arrodillado dandome quanto tubiere diciendome quanto supiere aborreciendo quantas viere pareciendole todas perras paridas bacas flacas puercas salidas. . . ,” AHN-Inq, Libro 1031, fol. 527r.

(37)　AHN-Inq, Libro 1029, fol. 504v. スペインにおいて唱えられていた「聖マルタの呪文」については，サンチェス・オルテガの以下の文献を参照のこと．M. H. Sánchez Ortega, *La Inquisición y los gitanos*, Madrid: Taurus, 1988; “Sorcery and eroticism in love magic,” M. E. Perry and A. J. Cruz (eds.), *Cultural encounters*, 1991. またマーティンは，イタリア・ヴェネツィアにおいても類似の祈禱を見いだしている．R. Martin, *Witchcraft and the Inquisition in Venice, 1550–1650*, Oxford: Blackwell, 1987. またアナ・サンチェスは「黄金伝説」と聖マルタとの関係について興味深い分析を施している．Sánchez, “Mentalidad popular frente a ideología oficial.”

(38)　AHN-Inq, Libro 1031, fol. 374v. 正統キリスト教に背を向け，悪魔的存在の力によって己の目的を達成せんとする女邪術師たちにとって，処刑されるイエスのかわりに釈放されたバラバは反イエス的＝反キリスト教的存在の象徴として扱われていたと考えられる．

(39)　AHN-Inq, Libro 1031, año 1655, fol. 374v.-376v.

(40)　当時のキリスト教の説教言説の典型としては，後述する有名な説教師フェルナンド・デ・アベンダーニョのものがある．こうした問題については，デュビオルの以下の著書を参照のこと．P. Duviols, *La destrucción de las religiones andinas: conquista y colonia*, México: UNAM, 1977.

(41)　“. . . diçiendo: Ynga yo te baptizo y te quiero baptizar con Barrabas, con Satanas, con Lucifer para

que me digas la verdad . . . ," AHN-Inq, Libro 1031, fol. 529v.

(42) 女性と男性的権力，悪魔崇拝との関係については，拙著『インカとスペイン』を参照のこと．

(43) Mannarelli, "Inquisición y mugeres." またフローレス・ガリンドも，このマンナレッリの議論に基づいて以下のような解釈を示している．「悪魔はインカの身体的相貌を獲得しえた．この連想は，「悪」というものが，先スペイン期の宗教性と結びつけられていたのだから当然ともいえる．当時，多くの人々にとって，悪魔はポジティヴな意味をもつ人物像に変換された．すべての民衆文化において見られる〔公的な〕言説が転倒される傾向によって，このことは説明しうるかもしれない．」Flores Galindo, *Buscando un inca*. メキシコにおいて，先住民と悪魔とがどのように関連付けられていたかについては，セルバンテスが繊細かつ詳細な議論を展開している．またセルバンテスは，先住民が自らを悪魔化するというプロセスについて興味深い理路を示している． F. Cervantes, *The Devil in the New World: the impact of diabolism in New Spain*, New Haven: Yale University Press, 1994.

(44) F. de Avendaño, *Sermones de los misterios de nvestra santa fe catolica, en lengva castellana, y la general del inca, impvgnanse los errores particvlares qve los indios han tenido*, Lima: Jorge Lopez de Herrera, 1648, fol. 44r., 114v.–115r.

(45) ". . . hinga mio padre mio io te baptizo con este vino por la christima i por el agua que te falto en el baptismo io te brindo y te mingo a ti a todos tus sequaces a los tres maiores de la suerte . . . ," AHN-Inq, Libro 1031, año 1655, fol. 383r.

(46) AHN-Inq, Libro 1031, año 1655, fol. 390r.–v.

(47) J. C. Estenssoro Fuchs, "Descubriendo los poderes de la palabra: funciones de la prédica en la evangelización del Perú (siglo XVI–XVII)," G. Ramos (ed.), *La venida del reino: religión, evangelización y cultura en América, siglos XVI–XX*, Cusco: CBC, 1994, p. 90.「コリャス」はペルー南部地方，「カナス」はクスコの一地方，「ユンカス」は海岸部を指し，また「チムー」はペルー北海岸の一地方である．

(48) Estenssoro Fuchs, "Descubriendo los poderes de la palabra," p. 91.

(49) ". . . y quando estuvo presso el marido de esta rea masco con las dhas hechiçeras la coca con vn conjuro que ocultaba pero decia que a cada [mas]cado dixessen coca mia ñusta mia ynga mio como para ti nada vbo imposible que no vencis assi me vences el coraçon de los juezes para que no ahorquen a mi marido . . . ," AHN-Inq, Libro 1031, fol. 526r.

(50) 女邪術師たちの多くは字を識らない文盲層であったと思われるが，スペイン人女性などには多少は字を読むことのできる者もいたかもしれない．

(51) AHN-Inq, Libro 1032, fol. 380r. パヤ palla とはインカの貴族女性のことを意味する．

(52) AHN-Inq, Libro 1032, fol. 417v. ". . . yten estando esta rea por haberla dejado un amigo suyo masco la coca conjurandola y diçiendola mama coca por la tierra en que fuiste sembrada tu eres querida del inga asi me has de traer a mi amigo queriendome . . . ."

(53) AHN-Inq, Libro 1031, fol. 382r. ". . . i que lo que ella enseño a una mujer que nombro para adereçar la coca es como se sigue inga capa yaya colque guacho por los tres peñas donde el inga te tubo

que me digas la uerdad asi como el inga quiso la palla asi quiera fulano a fulana . . . .” インカ以降は，同格であると考えられる．capa はカパック，「偉大な」という意味である．yaya は「子供」，colque は「銀」，guacho は「孤児」．偉大であると同時に，寂しく幼き存在というこうしたインカの多義的な相貌は，魔女たちが独自に創造したイメージであろうか．

(54)　AHN-Inq, Libro 1031, fol. 531r. たとえばある女邪術師はこんなことをいっている．「被告が施術をしてやった女性たちの支払いは良かった．被告は彼女たちにいった．コカは聖なる葉なので十分に信仰をもたなければならない．コカを嚙むのは，月曜日，水曜日，金曜日で，そのときはロサリオ，スカプラリオ，聖遺物を外し，イエスの名前を称えてはいけない，と．」

(55)　Sánchez Ortega, *La Inquisición y los gitanos.*

(56)　この「トポス」に宿る悪魔について，ペルーの歴史家フローレス・エスピノーサは，以下のように論じている．すなわち中央権力が座する場を表象する存在を招請することにより，魔女たちは「象徴的に植民地権力が発出する源を自らのものとしたのである．苦境下の反秩序的な領有である」と．J. Flores-Espinoza, “Hechicería e idolatría en Lima colonial (siglo XVII),” H. Urbano (ed.), *Poder y violencia en los Andes*, 1991, pp. 67ss. しかしこの推論は，魔女的存在＝反権力の担い手，とただちに結びつけておりいささか短絡的である．たとえば呪文では「墓場の悪魔」なども招喚されるが，これも反植民地権力のシンボルとして考えるのだろうか．「四つ辻の悪魔」などに象徴されるように，これらの悪魔たちは，多種多様なトポスに棲まうと想像されていた霊的存在であり，それぞれの力（その力にどのような差異があったかはまだわからないが）を，ありったけ，貪欲に求めたい彼女たちの気持ちが，これら悪魔たちの羅列として表現されていると私は現時点では考えている．

(57)　AHN-Inq, Libro 1032, fol. 394, 425r.

(58)　AHN-Inq, Libro 1032, fol. 380r. “. . . mama coca mama querida linda mia . . . te conjuro por el diablo de los escribanos . . . por aquella alma más aburrida y más desesperada que anda de guaca en guaca y de zerro en zerro asi venga en busca mia con los ojos vendados y las manos abiertas dandome cuanto tubiere y muriendose por mi . . . .”

(59)　AHN-Inq, Libro 1032, fol. 426r.

(60)　「骨でできた指 2 本分の高さの小偶像を本被告はインカと考えていた．それはあるワカで見つけたものであった．. . . un idolillo de guesso de dos dedos de alto a el qual tenia esta rea por el inga i . . . lo auia hallado en vna guaca . . . 」, AHN-Inq, Libro 1031, año 1655, fol. 385r.

(61)　特筆すべき例外は，カハタンボ地方における巡察の際に記録された事例である．この村において偶像崇拝者との容疑をかけられた人物が，ある祝祭に際して，二名のインディオとともにインカに扮し，スペイン人を装った他のインディオたちと模擬戦に興じたことがあると供述している．P. Duviols (ed.), *Procesos y visitas de idolatrías: Cajatambo, siglo XVII*, p. 609. フローレス・ガリンドはこの事例をアンデス・ユートピアの誕生の「出生証明書 partida de nacimiento」のひとつかもしれないと考えている．Flores Galindo, *Buscando un inca.* この事例は，第 9 章 276 頁において，より詳しく紹介している．

(62)　AHN-Inq, Libro 1032, fol. 417v. “. . . e dijo esta rea haria otro remedio que seria apagar la vela

estando de noche mascando la coca y que con la luz de brasero veria entrar a linga en vna silla bordada en que se auia de sentar çercado de sus criados y que si viniesse a cauallo seria señal que vendria el amigo y si viniese bueltas las espaldas seria señal que no auia de venir . . . .”

(63) AHN-Inq, Libro 1031, fol. 374r.

(64) AHN-Inq, Libro 1031, fol. 375r. “. . . i queriendole poner la acusaçion pidio audiençia de su uoluntad i dijo que queria descargar su conçiençia i con lagrimas y arrepentimiento a lo que pareçio dijo que auia cometido graues delitos . . . como en el bino del lebrillo ueia a sus amigos i si trataban con otras mujeres las ueian junto a ellos en unas figurillas como de un dedo uio a el inga en uestido de indio i con una estrella en la frente las quales figuras por señas decian lo que auia de suçeder . . . .” この証言にある，盥にあらわれる小さな像 figurilla のとった仕草については以下のような共犯者の証言がある．「術の最中，被告は語った．盥を見始めるとき，サタンと葡萄酒で乾杯する．すると多色の旗を手にした指の大きさの像が現れる．頭には王冠をかぶり，丁寧にお辞儀をすると，小さな椅子に腰をかける．さらに 6–7 体の，冠をかぶらない小像も見えてくる．これらは王冠をかぶった像のまわりに立つ．被告が彼らに酒を捧げると，彼らも丁寧に応じてくれた．やがて椅子から立ち上がると，被告に挨拶をして，消えた．他の像も同じように消えていった．」AHN-Inq, Libro 1031, fol. 374v.

(65) アンデス植民地世界を流通していたインカ王をモチーフとした絵画については，拙著『インカとスペイン』を参照のこと．また以下の諸文献も重要である．T. Gisbert, *Iconografía y mitos indígenas en el arte*, La Paz: Editorial Gisbert y Cia, 1980; J. C. Estenssoro Fuchs, “Los Incas del Cardenal: las acuarelas de la colección Massimo,” *Revista Andina*, 12 (2), 1994, pp. 403–426.

(66) 書物にかんしては，たとえばインカ・ガルシラーソ・デ・ラ・ベガの『インカ皇統記』などがリマを流通していた可能性はあるが，下層社会に生き，また非識字的日常を過ごしていた女邪術師たちが頁を繰ってインカ像を求めていた姿は少し想像しにくい．

(67) T. Saignes, “¿Es posible una historia chola del Perú?: acerca de *Nacimiento de una utopía* de Manuel Burga,” *Allpanchis*, 35/36, vol. II, 1990, pp. 638ss.

(68) インカ・ナショナリズム，およびその問題点については，次章を参照のこと．この概念についての古典的研究は以下である．J. H. Rowe, “El movimiento nacional inca del siglo XVIII,” A. Flores Galindo (ed.), *Túpac Amaru II— 1780*, 1976.

第 9 章　インカ，その三つの顔

(1) トゥパク・アマル一世の処刑については，拙著『インカとスペイン――帝国の交錯』(興亡の世界史　第 12 巻) 講談社，2008 年を参照のこと．

(2) クリオーリョ criollo とは，植民地に生まれたスペイン人のことをいう．イベリア半島に生まれ，新世界にやってきた人々はペニンスラール peninsular と呼ばれた．

(3) J. H. Rowe, “El movimiento nacional inca del siglo XVIII,” A. Flores Galindo (ed.), *Túpac Amaru II — 1780: antología*, Lima: Retablo de Papel Ediciones, 1976; A. Flores Galindo, *Buscando un inca: identidad y utopía en los Andes*, Lima: Editorial Horizonte, 1986 [1983].

(4)　C. Dean, *Inka bodies and the body of Christ: Corpus Christi in colonial Cuzco, Peru*, Durham: Duke University Press, 1999.

(5)　こうした媒体として征服以前の先住民が唯一所有していたのは結縄《キープ》であった．キープについては第3章を参照のこと．

(6)　D. Cahill, "Primus inter pares: la búsqueda del marquesado de Oropesa, camino a la gran rebelión, 1731-1780," *Revista Andina*, 37, 2003.

(7)　M. Pärssinen, *Tawantinsuyu: the Inca state and its political organization*, Helsinki: Societas Historica Finladiae, 1992. こうした多様な王朝史観については，フランクリン・ピース／増田義郎『図説インカ帝国』小学館，1988年を参照のこと．

(8)　たとえば代表的な論者はペルーのピースである．フランクリン・ピース／増田義郎『図説インカ帝国』．いっぽうジュリアンは，スペイン人が到来する以前，すでにインカ王家には，のちに生成する王朝系譜のプロトタイプになるようなものが存在しており，それを基にして王朝正史が構築されたという興味深い仮説を示している．C. J. Julien, *Reading Inca history*, Iowa City: University of Iowa Press, 2000.

(9)　8つの先住民教区とは「ベレン」教区，「先住民病院」教区，「サン・クリストバル」教区，「サン・ブラス」教区，「サン・セバスティアン」教区，「サン・ヘロニモ」教区，「サンティアゴ」教区，「サンタ・アナ」教区であった．このうちサンタ・アナ教区は，インカ族ではなく，先スペイン期から植民地時代にかけて，終始インカ族と対抗関係にあったカニャル族やチャチャポーヤ族などの外来民族集団の居住区であったが，これもインカ族の教区に包含されていた．理由はわからない．

(10)　染田秀藤『インカ帝国の虚像と実像』講談社，1998年．

(11)　Archivo Regional del Cusco〔以下，ARCと略記〕, Corregimiento: Causas Ordinarias, Legajo 49, Exp. 1122. とりわけクスコ地方文書館に保存されている「ベタンクール家文書」（後述）には，こうしたカルロス五世発給による特権下賜証書の「写し」が多数収録されている．ARC, Libros de Betancur, I/II. この時期，カルロス五世がおこなったとされるインカ貴族へのさまざまな特権授与の問題をはじめ，植民地時代のクスコに盤踞したインカ貴族の動態にかんしては，以下の論文が最重要である．D. Amado Gonzales, "El alférez real de los incas: resitencia, cambios y continuidad de la identidad indígena," J.-J. Decoster (ed.), *Incas e indios cristianos: elites indígenas e identidades cristianas en los andes coloniales*, Cuzco: CBC, 2002.

(12)　植民地時代クスコにおける文書の生産と公証人との関係については，近年バーンズが刺激的な研究を刊行している．K. Burns, "Notaries, truth and consequences," *American Historical Review*, 110 (2), 2005, pp. 250-279; *Into the archive: writing and power in colonial Peru*, Durham: Duke University Press, 2010.

(13)　ARC, Libros de Betancur, I, fol. 122r. また fol. 128r. には，1545年9月5日にやはりカルロス五世からドン・フアン・ティト・トゥパク・アマルに下賜された特権が記されている．

(14)　G. Urton, *The history of a myth: Pacariqtambo and the origin of the Inkas*, Austin: University of Texas Press, 1990; "La historia de un mito: Pacariqtambo y el origen de los Incas," *Revista Andina*, 7 (1), 1989, pp. 129-216. また私自身がこの村を訪れた際の経験を基に，この問題の概略を論

じた拙著『インカとスペイン』も参考にされたい.

(15)　G. Lamana, "Identidad y pertenencia de la nobleza cusqueña en el mundo colonial temprano," *Revista Andina*, 14 (1), 1996, pp. 73-106; "Estructura y acontecimiento, identidad y dominación: los incas en el Cusco del siglo XVI," *Histórica*, 21 (2), 1997, pp. 235-260; "Definir y dominar: los lugares grises en el Cuzco hacia 1540," *Colonial Latin American Review*, 10 (1), 2001, pp. 25-48.

(16)　オレホン orejón については第1章18頁を参照せよ．また儀礼的な挨拶・辞儀モチャは，第7章でも見た通り，17世紀のリマ大司教座管内の先住民たちが聖なる存在ワカに対しておこなっていた崇拝と同質のものである.

(17)　H. Urbano, "Sexo, pintura de los Incas y Taqui Onqoy: escenas de la vida cotidiana en el Cuzco del siglo XVI," *Revista Andina*, 15 (1), 1997, pp. 239s.

(18)　この「インカ＝僭主《ティラノ》」という副王トレドが捏造しようとしていたインカ史の公式見解をめぐって，インカ族が神経をとがらせていたことがトレドが伝える次の逸話からも了解される．それによれば，エンコミエンダ特権の廃絶をめぐってスペイン王に反旗を翻し，内乱を扇動して処刑されたゴンサロ・ピサロ，エルナンデス・ヒロンらのスペイン人が当時やはり "tirano" と呼ばれていたのに対し，インカを彼らと一緒にしてくれるな，とインカ族の人々が苦衷に満ちた表情で副王のところに抗議に訪れ，彼らを納得させるのに大変だったという．G. Levillier, *Gobernantes del Perú*, tomo IV, Lima, 1924, pp. 132ss.

(19)　T. Gisbert, *Iconografía y mitos indígenas en el arte*, La Paz: Editorial Gisbert y Cia, 1980, p. 119.

(20)　それぞれ当時，"Alférez Real de los Yngas nobles de las ocho parroquias de Cuzco," "El Cabildo de los veinticuatro electores" と称されていた.

(21)　Amado Gonzales, "El alférez real de los incas," pp. 223s.

(22)　上諸王家は，第一代マンコ・カパック王家，第二代シンチ・ロカ王家，第三代リョケ・ユパンキ王家，第四代マイタ・カパック王家，第五代カパック・ユパンキによって，いっぽう下諸王家は，第六代インカ・ロカ王家，第七代ヤワル・ワカ王家，第八代ヴィラコチャ王家，第九代パチャクティ王家，第十代トゥパク・インカ・ユパンキ王家，第十一代ワイナ・カパック王家によって構成されていた．ピース／増田『図説インカ帝国』50頁．王家の数については，情報が錯綜していてよくわからないところがある．「二十四」という数字は，一王家2名×12によって導き出されたものであろうが，第十一代ワイナ・カパック王家に次いで，第十二代にあたるワスカル王家についての言及が少なく，実質的には11王家しか存在していないようにも思われる．このあたりについては，さらに考究する必要があろう.

(23)　ARC, Corregimiento, Causas Civiles, Legajo 2, Exp. 46.

(24)　インカ・ガルシラーソ・デ・ラ・ベガについては，本書第3章を参照のこと.

(25)　インカ・ガルシラーソ・デ・ラ・ベガ『インカ皇統記』第2巻（大航海時代叢書　エクストラ・シリーズ第II巻）岩波書店，1986年，525頁以下.

(26)　D. T. Garrett, *Shadows of empire: the Indian nobility of Cusco, 1750-1825*, Cambridge: Cambridge University Press, 2005.

(27)　絵画に見られるインカ貴族の図像学的な分析については，Dean, *Inka bodies and the body*

of Christ を参照のこと．

（28） P. Duviols（ed.）, *Procesos y visitas de idolatrías: Cajatambo, siglo XVII*, Lima: Instituto Francés de Estudios Andinos, 2003, p. 609.

（29） T. Saignes, "¿Es posible una historia chola del Perú?: acerca de *Nacimiento de una utopía* de Manuel Burga," *Allpanchis*, 35/36, vol. II, 1990, pp. 639s.

（30） J. D. Mugaburu, *Chronicle of Colonial Lima*, Norman: University of Oklahoma Press, 1975［1640–1697］, p. 52.

（31） T. Cummins, "We are the other: Peruvian portraits of colonial kurakakuna," K. Andrien and R. Adorno（eds.）, *Transatlantic encounters*, Berkeley: University of California Press, 1992.

（32） C. Romero, "Una supervivencia del Inkanato durante la colonia," *Revista Histórica*, 10, 1936, pp. 76–94.

（33） F. Rodríguez Marín, "Don Quijote en América en 1607," Rodríguez Marín（ed.）, *Estudios cervantinos*, Madrid: Atlas, 1942, pp. 573–596; T. Cummins, "La fábula y la historia," Cummins（ed.）, *Los incas, reyes del Perú*, Lima: Banco de Crédito, 2005.

（34） ARC, Corregimiento: Pedimentos, Legajo 82, 1582–1699.

（35） スペイン人の征服前後のカニャル人の動向については，拙著『インカとスペイン』を参照のこと．

（36） ARC, Libros de Betancur, I, fol. 70v.–73v. ". . . dho don francisco vclucana siendo asi que el susodho no tiene d$^{ro.}$ para sacar el dho estandarte porque no es desendiente el ni su hijo de los yngas sino que es desendiente de los cañares que para el dia de corpus salen con sus insignias de cañares hechos soldados porque asi lo ordeno el excelentisimo señor don francisco de toledo virrey que fue de estos r$^{nos.}$ por sus ordenanzas porque los dhos cañares y chachapoyas no son naturales de dha ciudad sino que son adbenedisos de los pueblos de quito y banca［huanca?］que los yngas les lleuaron a dha ciudad para que les siruiesen porque al t$^{po.}$ que se conquisto este r$^{no.}$ se hallaron con los conquistadores y les dieron la ynsignia de cañares y no pagan tasa sino que acuden a la carzel a ser porteros y verdugos y por esta rason no se pueden poner la ynsignia de mascapaycha ni sacar el estandarte real que es en gran daño de nosotros y de todos estos n$^{ros.}$ descendientes porque no se pone vn yndio particular la dha ynsignia es menosprecio a n$^{ra.}$ sangre real y las honrras que nos hizo el rey n$^{ro.}$ señor en sus cedulas reales por n$^{ra.}$ nobleza . . . ."

（37） Dean, *Inka bodies and the body of Christ*, pp. 79ss.

（38） Amado Gonzales, "El alférez real de los incas," pp. 228ss.

（39） ティンクイとは，二つの異質なものが交わる点——たとえば，川の合流地点——のことを意味し，そこには，特異な力が生まれると考えられていた．網野徹哉「植民地期インカ・イメージ生成論再考」『Odysseus』7，2003年，29–58頁；T. Amino, "Three Faces of the Inka: changing conceptions and representations of the Inka during the colonial period," I. Shimada（ed.）, *The Inka Empire: a multidisciplinary approach*, Austin: University of Texas Press, 2015.

（40） 免税等の特権を享受しつつも，しかしそれとひきかえに，死刑執行人や獄吏という賤業に身を窶《やつ》すカニャル人やチャチャポーヤ人の苦悩は，こうした職からの解放を希って彼

らが作成した権利委任状に深く刻み込まれている．この文書によれば，サンタ・アナ教区の先住民共同体の人々の多くが，こうした仕事を嫌い，共同体から逃亡してしまうという現実があった．その結果，共同体民の人口は減少するばかりであり，こうした事態をなくすためにも，死刑執行人や刑吏といった職にサンタ・アナ教区の住民を就けることはもうやめて欲しい，というのがその請願の内容であった．ARC, Sección Protocolo Notarial, Varios Escribanos, 313, año 1683–1720.

(41)　Cahill, "Primus inter pares."

(42)　ARC, Sección Protocolo Notarial, Tomás Gamarra, año 1778–1779, Legajo 176, fol. 497r. ss.

(43)　ARC, Libros de Betancur, II, Nº 28.

(44)　ARC, Libros de Betancur, II, Nº 28.

(45)　ARC, Libros de Betancur, II, Nº 38.

(46)　ARC, Libros de Betancur, II, Nº 38.

(47)　ドナート・アマード氏の御教示による．

(48)　反乱の概要については，拙著『インカとスペイン』を参照のこと．

(49)　この「脱・歴史化／非・歴史化」したインカの表象とは，インカ帝国，インカ王という「歴史」のコンテクストから切断された，超自然的な力の根源，大地の力の具現という考え方であり，また民衆の救済者として神格化されたものでもあった．この層は，今日の歴史研究においても，最もとらえにくいものであるが，その層に連なるイメージの束が，リマの魔女の呪文のなかで生成していた可能性を第 8 章で考察した．いずれにせよ，ホセ・ガブリエル・コンドルカンキ＝トゥパク・アマル二世は，反乱の過程で，こうした神秘的な力の体現者となっていく．いにしえのインカ王のように，コカの葉や衣裳を再分配する 18 世紀の新しいインカ王の周りに蝟集した民衆は，たとえばインカに死者を蘇らせる力があることを信じ，反乱はユートピア待望革命の様相を帯びていった．しかし逆に運動の過激化が，当初トゥパク・アマルの社会改革の構想に賛同していた白人層などの離反を招き，運動の早期挫折をもたらすことになったともいえよう．

(50)　D. A. Brading, *The first America: the Spanish monarchy, creole patroiots, and the liberal state, 1492–1867*, Cambridge: Cambridge University Press, 1991, pp. 490s. および拙著『ラテンアメリカ文明の興亡』（世界の歴史　第 18 巻，高橋均との共著）中央公論社，1997 年を参照のこと．

(51)　ARC, Intendencia, Legajo 133, año 1785.

(52)　Ch. Walker, *Smoldering ashes: Cuzco and the creation of Republican Peru, 1780–1840*, Durham: Duke University Press, 1999.

(53)　C. Méndez, "Incas sí, indios no: notes on Peruvian creole nationalism and its contemporary crisis," *Journal of Latin American Studies*, 28, 1996, pp. 197–225.

第 *x* 章　謝辞と解題

(1)　フワン・ルルフォ（杉山晃・増田義郎訳）『ペドロ・パラモ』岩波現代選書，1979 年．

(2)　N. Wachtel, *La vision des vaincus*, Paris: Éditions Gallimard, 1971. この本はそののち『敗者の

想像力』というタイトルで日本語に翻訳された．ワシュテル（小池佑二訳）『敗者の想像力――インディオのみた新世界征服』岩波書店，1984 年．

(3)　増田義郎先生は，2016 年 11 月 5 日に逝去された．この拙い書を先生にお見せできなかったことが心から悔やまれる．増田義郎先生のインカ史研究については，再刊された先生の最初のご著書である『インカ帝国探検記』（中公文庫，2017 年）に短い「解説」を書かせていただいた．初版からすでに 50 年以上も経った同書ではあるが，インカ史とその征服の歴史に興味を抱くものがまず手に取るべき価値を有する重要文献である．

(4)　坂野氏のパラグアイにおけるヤナコーナの研究は「16 世紀パラグアイのヤナコナ――スペイン人の家産内に住まうインディオたち」（『史學雜誌』119 (2)，2010 年，1–34 頁）という優れた論文として結実した．

(5)　これらの文書は « probanza de méritos y servicios » と称される．

(6)　マヌエル・ラモスはその後フランスの Ecole des Hautes Etudes en Sciences Sociales で博士論文を仕上げ，のちにそれを，*Imagen de santidad en un mundo profano: historia de una fundación*, México D. F.: Universidad Iberoamericana, 1990 として公刊した．

(7)　R. Vargas Ugarte, *Historia del culto de María en Iberoamérica y de sus imágenes y santuarios más celebrados*, Madrid: Talleres gráficos Jura, 1956.

(8)　この頃は「若い町」という言葉よりも，「人間定住地 asentamiento humano」というなんともあからさまな名辞が使われるようになっていた．

(9)　カルロ・ギンズブルグ（杉山光信訳）『チーズとうじ虫』みすず書房，1984 年．

著者略歴

（あみの・てつや）

1960年，東京都に生まれる．1984年，東京大学文学部西洋史学科卒業．1989年，東京大学大学院総合文化研究科地域文化研究専攻博士課程中退．東京大学教養学部助手，フェリス女学院大学文学部国際文化学科専任講師等を経て，2012年より東京大学教授．専攻はラテンアメリカ史．特にアンデスの先スペイン期（インカ）から植民地時代までの歴史を追い，近年は，異端審問をめぐる思想史や，先住民の遺言書に刻まれた歴史，アンデス世界に生きた女性の歴史などを考究．著書に，『インカとスペイン——帝国の交錯』〈興亡の世界史〉12（講談社，2008），『ラテンアメリカ文明の興亡』〈世界の歴史〉18（高橋均と共著，中央公論社，1997），『アンデス世界——交渉と創造の力学』（共編，世界思想社，2014）ほか．

網野徹哉

インディオ社会史

アンデス植民地時代を生きた人々

2017年 8月28日　印刷
2017年 9月 8日　発行

発行所　株式会社 みすず書房
〒113-0033 東京都文京区本郷5丁目32-21
電話 03-3814-0131（営業） 03-3815-9181（編集）
http://www.msz.co.jp

本文組版　キャップス
本文印刷所　萩原印刷
扉・表紙・カバー印刷所　リヒトプランニング
製本所　誠製本
装丁　安藤剛史

ISBN 978-4-622-08630-7
［インディオしゃかいし］